新 五国風土記

ひょうご彩祭

神戸新聞社・編

私たちは、先人によって培われた伝統のもとで暮らしている。伝統はそれぞれの時代において淘汰され、変容しながら現代社会に受け継がれてきた。それだけに、伝統には多様な時代層が含まれている。古代的なものもあれば、中世、近世のみならず明治以降、いや極論をすれば、昭和・平成に誕生したものも存在する。さまざまな伝統文化に触れる私たちは、日本歴史のエッセンスを享受して暮らしていることになる。

また、それぞれの土地のもつ歴史や文化、風土によって多様な伝統が生み出された。兵庫県は、淡路・摂津・播磨・丹波・但馬の旧五国により形成される。都からの距離、街道、日本海、瀬戸内海、島、荘園、藩などの地理的・歴史的環境が影響を与え、地域ごとに異なる伝統が形成された。

『新五国風土記　ひょうご彩祭』（以下、『新五国風土記』）は、神戸新聞創刊１２０周年を記念して企画され、新聞に連載された。新聞社の視点から、兵庫県における伝統的特質の現代性に取り組んだ企画である。本書に収められた話題は75話。テーマは、淡路国は「はじまりの島」、摂津国は「都市のモザイク」、播磨国は「祭礼の大河」、丹波国は「霧の立つ里」、但馬国は「海山美《みやび》の春」など、10部から構成されている。叙情的なテーマのもとで、伝統を基軸に据え、特色ある現代生活を繙《ひもと》いていったのである。机上のみの仕事ではなく、現地へ出向き、地元の人に話を聞く。新聞記者の常套であるが、そのやりとりに伝統の現代が

冬の朝 五感研ぎ醸す
丹波杜氏 原点は灘五郷
屋台担い手へ「青年入り」
第2部 都市のモザイク⑦
復活 船だん

新 五国風土記 ひょうご彩祭

見えてくる。本書の醸し出す魅力は、この点にある。

時代の移り変わりが早い現代社会において、伝統のみならず、日常の生活を記録する作業は大切である。しかし、都道府県を単位として現代生活を俯瞰し、生活の異相を導き出そうとする試みはあまり行われていない。昭和45年（1970）、神戸新聞社は『兵庫探検・民俗編』を新聞に連載し、民俗事象をとおして兵庫県の地域性、風土、文化の異相を追い求めた。集積された高度経済成長期前後の情報は、今から思えば、まさに国民生活の転換点を捉えていたのである。

それから50年が経ち、『新五国風土記』がまとめられた。都市部の拡大と地方の過疎化、時代の流れが、兵庫県に暮らす人たちの生活意識に変化をもたらしたのは間違いない。しかし、本書を一読して思うのは、自分たちが暮らす地域や家族への思い、生業への愛着をヒシヒシと感じずにはいられないということである。『新五国風土記』は、兵庫県各地で生きる人々の姿を活き活きと描き出した。兵庫県の現代史としても、その役割を十分に果たしている。

こうした仕事は、兵庫県下の縦横に巡らされた神戸新聞社のネットワークなしには、紡ぎ出すことができなかった。異色の歴史書を生み出したことに敬意を表したい。

播磨学研究所副所長　小栗栖健治

新五国風土記 ひょうご彩祭 目次

第1部 はじまりの島

第2部 都市のモザイク

第3部 祭礼の大河

第4部　霧の立つ里

第5部　海山美《みやび》の春

第6部　不思議巡り

第7部　水ものがたり

※本書は神戸新聞の連載「新五国風土記 ひょうご彩祭」(2017年4月16日〜2019年2月24日)を、一部加筆、修正してまとめたものです。本文中に登場する人物の所属・肩書・年齢などは原則掲載当時のままとしています。

※篠山市は2019年5月より「丹波篠山市」に市名変更していますが、本書内では新聞掲載時のままとしています。

第１部

はじまりの島

１

人が紡ぐ「国生み神話」

自称１５８センチ、93キロ。鮮やかなオレンジの衣装で、いっそうふくよかに見える恵比須さまが、金色の竿《さお》を振る。「引いた、引いた」「大きなもんじゃ、大きなもんじゃ」はやしの声も上ずる。舞は最高潮に。桜色のタイが跳ね上がった瞬間、特設舞台を取り囲む幾重もの人垣から歓声が上がった。

３月12日、青い空と海に面する淡路市岩屋の石屋《いわや》神社。明石海峡大橋のたもとにあり、たこフェリーの発着地として栄えた漁師町の「浜芝居」は、島に根付く風土を今に伝える。

本格化する漁の恵みや安全を祈願する祭りの目玉が「恵比須舞」だ。庄屋宅を訪れた恵比須さまが大杯を重ね、船で沖へ出てタイを釣る物語。由来は江戸後期の天保《てんぽう》年間とされ、人形浄瑠璃の一座が、演目に挟む「間狂言《あいきょうげん》」として披露していたという。

春風に舞う大漁旗の下で、氏子総代長の坂尻日出夫さん(76)が幼いころを振り返る。「前の晩からござを敷いて、場所を取ったもんや。娯楽が少なかったから、年に１度の芝居をみんな心待ちにしとった」。ちょうど漁期が重なるイカナゴの成魚、フルセの巻きずしが観劇のお供の定番だったが、近年は水揚げ自体がほとんどない。

１００年以上にわたり岩屋の人々を楽しませた人形の恵比須さまも、姿を消した。１９７０年代、浄瑠璃の一座が後継者難で解散した。氏子らが「せめて恵比須舞だけでも残そう」と知恵を絞り、編み出したのが、人が面を着けて演じる現在の形とされる。

恵比須さまの大役を果たした宮本力さん。面を外しても…＝淡路市岩屋

存続にこだわった理由には、地元住民の親しみに加え、ルーツの地の誇りがある。えびす神の総本社は西宮神社(西宮市)だが、イザナギとイザナミの子ヒルコ(蛭子)が岩屋から西宮に流れついて信仰に発展した、と伝わる。昨年、文化庁の「日本遺産」に認定された「国生み神話」の一編だ。

「沖は大漁、陸《おか》は万作」「岩屋の浦には宝がおさまる」

軽快な太鼓の連打が石屋神社の境内に響く。舞の終わり。恵比須さまが拍手に背を向けて遠慮がちに面を

春の潮風が吹く境内で、タイを釣り上げる恵比須さま。舞台を取り囲む住民から歓声が上がった＝淡路市岩屋、石屋神社

外し、再び振り返った。

細い目に、赤く染まった丸い頬。「ほんまに恵比須さまそっくりやなあ」「ひげ書いたら、面いらんぞ」。愛情たっぷりの声掛けに、えびす顔で、突き出した両手を振る。

宮本力《ちから》さん、30歳。時代の移ろいに揺れながらも、連綿とした人々の営みを受け継ぐ、島外出身の若手漁師だ。

■　■

石屋神社の「恵比須舞」で主役を演じた宮本力さん(30)は、出身地を「向かい」と呼ぶ。明石市のことだ。島の北端に位置し、本州を望む岩屋で、古くから使われてきた言い回しという。

高校卒業後に岩屋へ移り、漁師の祖父とともに沖へ出る生活が始まった。「兄ちゃん2人が高校出て働いとったし、大学に行くつもりはなかったです。しゃべんの苦手やし、陸《おか》の仕事が水に合わんと思ったから」

漁師町の岩屋では、日常会話に「陸《おか》」が出てくる。サラリーマンや公務員は「陸人《おかびと》」、取れたての魚の路上販売は「陸《おか》売り」。先輩の漁師にかわいがられ、近所の人に心やすく接してもらったおかげで、すっかり地元に溶け込んだ。

ただ、宮本さんが住み始めた12年前と今とでは、周囲の様相は大きく異なる。岩屋と明石をつなぐたこフェリーが2010年、明石海峡大橋の通行料値下げなどを受けて運航休止に追い込まれた。

観光客やトラック運転手が激減。雑貨店やお好み焼き店、スナックが次々にシャッターを下ろした。フェリーで車の誘導をしていた次兄は職を失い、高速道路の料金所の係員に転じた。

「夜が、とにかく静かになった」と宮本さん。しばらく黙って、言葉を継ぐ。「将来がどうなるか、よう分からん。そういうこと、あんまり考えんので」

1980年代には約450人いた岩屋の漁師は半分以下に減り、今は200人ほど。島全体で進む漁業の先細りは、この町も例外ではない。一因とされる収入の不安定さに、漁獲量の低迷が影を落とす。

■ ■

わせ六分　しらす三分　たこ一分―。

石屋神社の掲示板に、一年の農漁業の吉凶を占う「粥占《かゆうら》」の結果が張り出されている。玉井文子宮司(70)によれば、五分が平年並みらしい。

イカナゴは「七分」。氏子総代長で漁師の坂尻日出夫さん(76)は言う。「まあ、よくて二分か三分ってとこやったな」。以前は4月末まで続いていた稚魚のシンコ漁が、今年は3月18日で打ち切られた。

浜芝居は、イカナゴ漁で活気に満ちあふれる岩屋の象徴的な催しだったが、昨年から2年続けての不漁となった。成魚のフルセもほとんど網にかからない。地元の伝統食だったフルセの巻きずしが消えた。

魚の取れ高にかかわらず、途絶えつつある料理もある。ベラやシログチ、タイなどの魚の身をほぐして味を付け、酢飯にのせた「こけら寿司《ずし》」。名前の由来は、押し固めた具が屋根ぶきに使うこけら板に似ているとか、「こけら落とし」から来ているとか、諸説ある。

こけら寿司を味わう坂尻日出夫さんと妻信子さん。作り方は同じでも、家庭によって具材や味付けが異なるとか

松竹梅の型枠を使うのが特徴だが、慶事限定ではなく、普段の食卓に並ぶ定番料理だ。坂尻さんの家では、妻信子さん(72)が折に触れて調理し、余った分は近所にお裾分けするが、「手間が掛かるからね。スーパーとかができて便利な生活に慣れた若い人たちは作らないでしょう」。

岩屋を取り巻く環境や、そこで暮らす人たちの日常が移ろう中で、浜芝居の位置付けも変わった。年に1度の娯楽から、漁師町の伝統を継ぎ、盛り上げる起爆剤へ。恵比須さまの経験者でもある坂尻さんの後継に若い宮本さんが選ばれたのも、そんな氏子らの思いが強まったためだ。

2月末に淡路市であった「全国被災地語り部シンポジウム」の懇親会など、恵比須舞を披露する機会は増えている。人形浄瑠璃の衰退による苦肉の策として形を変えて半世紀近く。淡路を代表する伝統芸能と認められるようになったのは、他の風習が次々に姿を消している裏返しでもある。

■ ■

「『やります』とはよう言いませんでしたけど、『嫌』いう言葉も出なくて」

約2年前、恵比須さまを引き受けた時の心境を宮本さんが淡々と振り返る。昨年1月にお披露目し、メインの浜芝居は2回目。所作も板に付いてきた。

終演後、地元の関係者らも舞台に上がり、恒例の餅まきが始まった。息子の晴れ舞台を「向かい」から見に来た母洋子さん(60)がほほ笑む。

父昌和さん(61)は、長田神社(神戸市長田区)の追儺式《ついなしき》で鬼の役を務めたことがある。「人前に出るのが得意やない性格やけど、あの子には祭りのDNAが流れてるんよ」

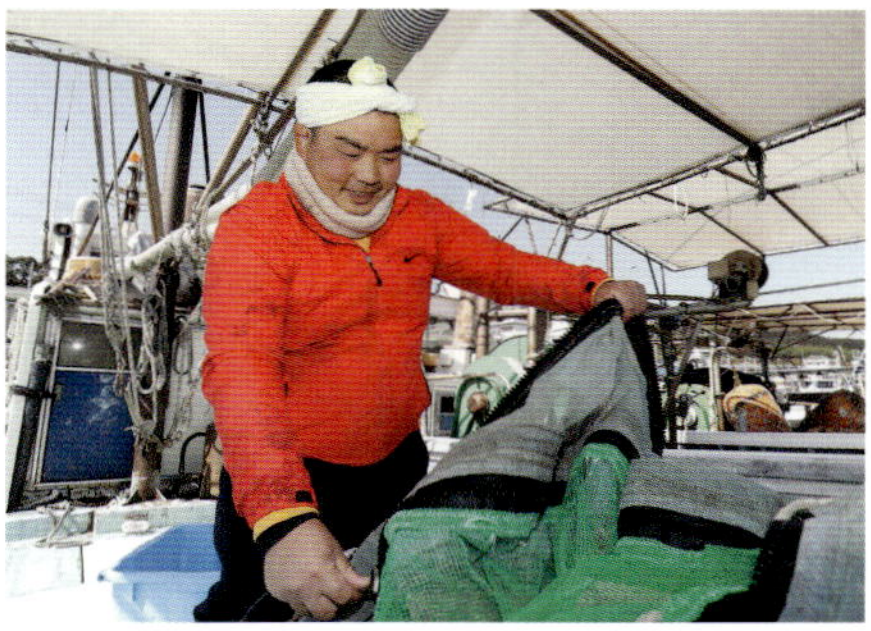

漁から戻り、後片付けをする宮本力さん

本番の2日前に丸刈りにし、前日の晩から絶食して恵比須さまを演じきった宮本さん。託された期待の重みをどこまで理解できているかは分からない。ただ、自分なりに受け止めようとは思っている。

「こっち、こっち」「もっとちょうだい」。福を授かろうとする住民の歓声がひときわ高まる。宮本さんは汗をぬぐいながら、餅をまき続けた。

(2017年4月16日掲載)

浜芝居では、沖に出た漁船からタイを放流する船渡御もあった

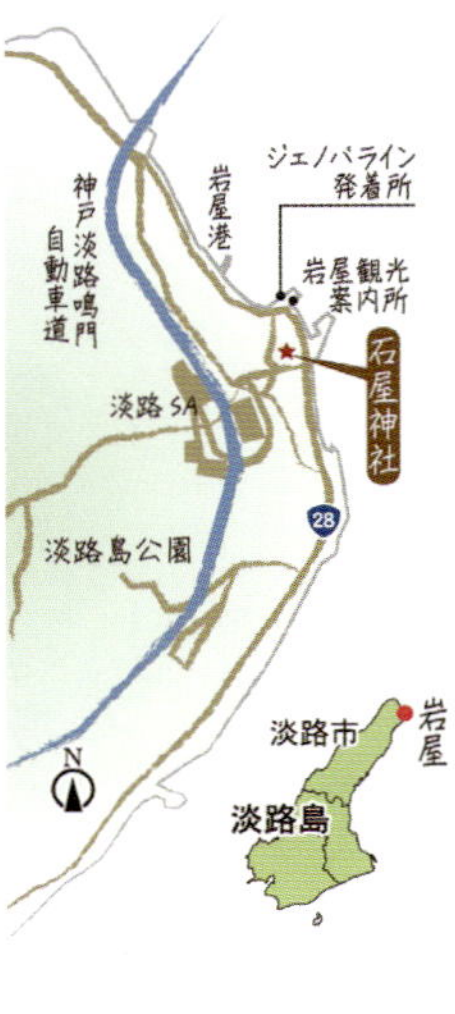

〈淡路島の人形浄瑠璃〉 国の重要無形民俗文化財。鎌倉時代、大阪の四天王寺から舞楽など神事を生業とする楽人が移り住んだのが発祥とされる。18世紀初めには40以上の座本が千人の人形役者を抱え、全国を巡業して人形芝居を伝えた。第2次大戦後、娯楽の多様化や後継者不足で衰退が顕著になり、伝統を残そうと1964年に「淡路人形座」が誕生。南あわじ市の常設施設で公演を続けている。

2

親族総出、祝うハレの日

まだ冷たい潮風に、「ねり子」のまとう晴れ着の裾が揺れる。数え年3歳。額と頬に朱色で十字を描かれた子どもたちが親の腕に抱かれ、海の方角へと坂を下る。かつては走ったが、今は歩く。付き添う十数人の親族も和装や洋装で着飾って。

漁師町で知られる由良（洲本市）。由良湊神社の春季例大祭「ねり子祭り」本宮の2月11日、境内からお旅所までの約700メートルは、氏子入りした子どもをお披露目するにぎやかな道中となる。後ろには、厄年の男性が担ぐ神輿《みこし》と7地区のだんじりが続く。

昔は「ねり子」を抱いて大人が駆け抜けた参道を、今は着飾った親族と練り歩く＝洲本市由良

「おめでとうさん」「かわいいわ」。路地から住民の声。「サージャー」「ヤーショ」。地区ごとに異なる掛け声、太鼓も響く。

今年は3組、親族は総勢約50人が参加した。300組が練り歩いたかつてに比べれば寂しい。それでも、由良が最も華やぐ一日だ。

■　■

おわんの中から、湯気が立ち上る。とろみのある汁の中にニンジン、キヌサヤ、サトイモ、鶏肉など色とりどりの具材。「のっぺ汁」の味は素朴だ。

由良湊神社の春季例大祭「ねり子祭り」の本宮が終わった。神輿を先導した総代ら十数人が宮司の家に集い、料理を囲みながら、一息ついた。

「今年のねり子は去年より少なかったな」「まぁ、無事に済んでよかったで」

ねり子の呼び名は、神輿とともに「練り歩く」から、あるいは子どもを「練り鍛える」から付いたともいわれる。数え年で3歳になる幼子の氏子入りを祝うとともに、健やかな成長を願う、江戸時代から続く祭りだ。

祭りの後には、素朴な「のっぺ汁」を味わう

「来年はどうかの」。主役の子どもをよそに、大人たちはしごく満足顔だった。

■■

本宮の朝。神社から歩いてすぐの「トキ美容室」に、4人の女性が集まっていた。「ハレの日」の盛装に、順に仕上げられていく。

近くに住む伊富貴《いぶき》江利さん（65）と次女の亜矢さん（37）。長女の前田沙智さん（39）は尼崎から来た。大阪に住む次男大志さん（33）の妻智子さん（35）も、あでやかな和装に変身を遂げつつある。

「ほら、きれいだ？　ねり子祭りは一番ちゃんとせなあかん日や」

美容師の井内好子さん（75）が、江利さんの髪にかんざしを挿す。この地に美容室を構えて半世紀以上。壁には、着飾ったわが子を抱えて全力疾走する父親の写真がある。

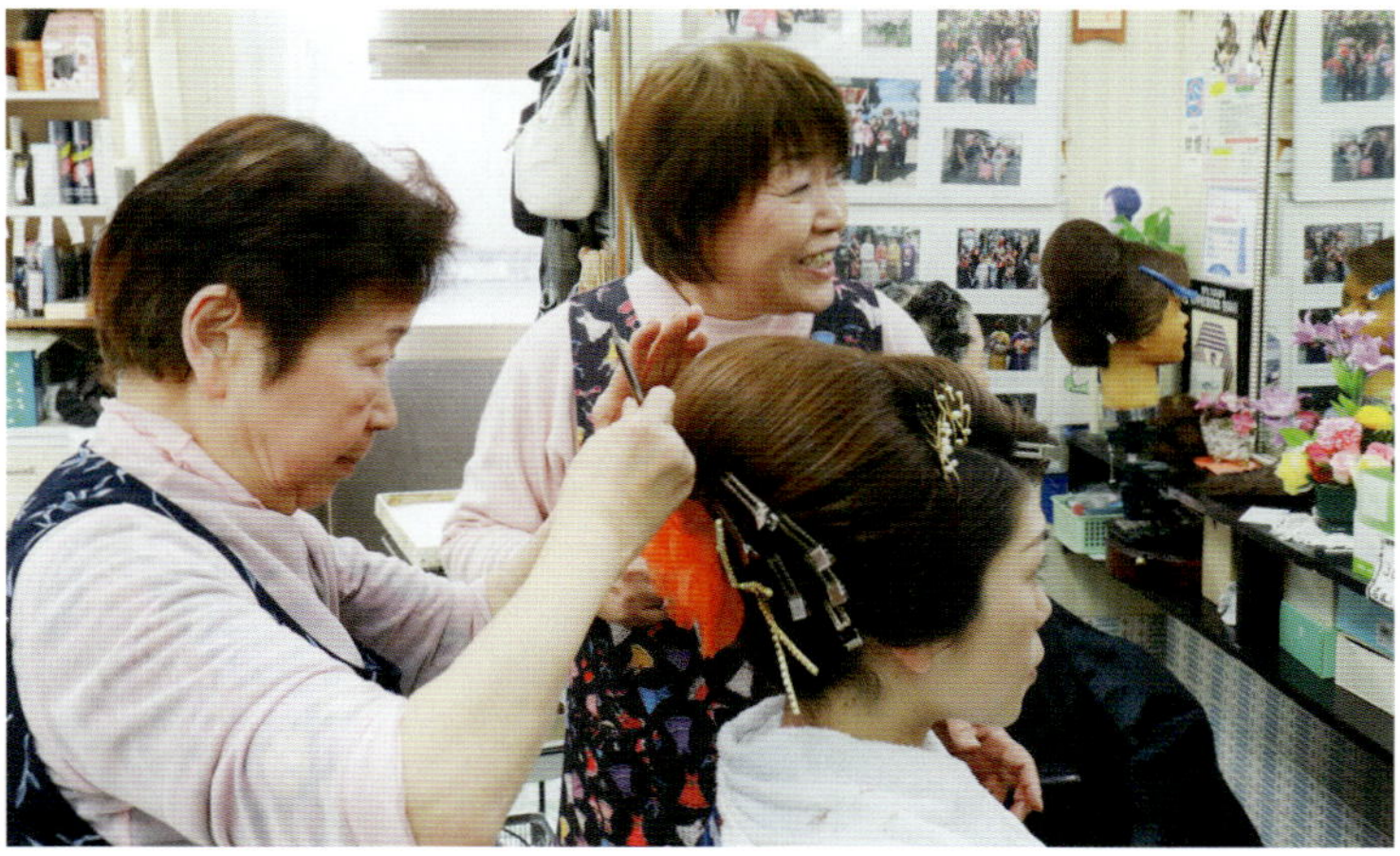

「トキ美容室」で井内好子さん（左）に髪を結ってもらうねり子の母親、伊富貴智子さん

「ちょっと前までは100組ぐらい来てたんやで。赤ちゃん抱えて競走してたんや」

ねり子を抱いた親族一行は、宵宮で授かった神のよりしろ「御幣《ごへい》」を手に、神殿の周囲を右回りに3度回ってから、約

７００メートル離れたお旅所の事代主《ことしろぬし》神社までを練り歩く。そこで御幣を納め、神主がねり子の頭の上で鈴を振って祝福する。

戦後、お旅所への一番乗りを目指し、ねり子を担いで走る人が現れた。全力で駆ける男の肩に幼子がしがみつき、泣き叫ぶ。走り手が力尽きれば、次の走者に幼子を渡す。子どもが多かったころ、担いで一斉に走りだすさまは壮観だった。沿道を埋めた見物人を大いに楽しませた「ねり子リレー」の慣習は２０００年まで続いたが、転倒する人も相次いで危ないこともあり、歩くようになった。

以前は由良湊神社からお旅所まで一番乗りを目指し、子どもを担いで全力で走った＝1979年2月15日（伊富貴江利さん提供）、いずれも洲本市由良

ねり子である悠人《ゆうと》ちゃん（1）の母智子さんが、薄いピンク色の晴れ着姿で現れた。夫の大志さんに抱かれた幼子の顔に、「特別な存在」の印である十字が口紅で描かれた。

「じゃ、行こか」。親族総勢11人が神社へ向かった。

■■

紀淡海峡に臨む天然の良港・由良。旧陸軍「由良要《よう》塞《さい》」跡の生石《おいし》公園に上る。対岸の和歌山・友ケ島は手が届きそうなほど近い。

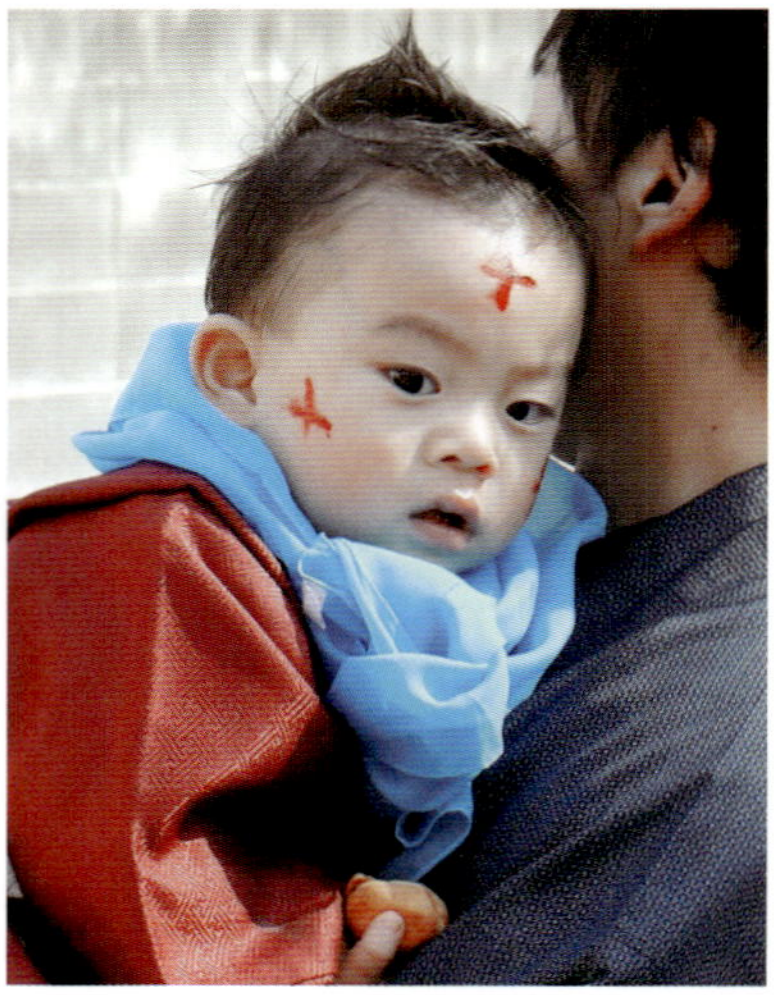

額と左右の頬に、口紅で十字を描かれたねり子

約20年前まで、大阪南部・岬町の深日《ふけ》港を結ぶ定期航路があった。由良の人にとって、大阪や和歌山が都会だった。魚や釣り具の部品などを船で運び、大阪で売った。出稼ぎや往来も盛んで、今でも由良には「和歌山に親戚がおる」と話す人は少なくない。

井内さんも中学を出て、和歌山の美容室に住み込みで働いた。由良から深日までは高速艇で30分。寂しくはなかった。20代で故郷へ戻り、美容室を開いた。祭りの2日間は一番の稼ぎ時。20組も30組も予約があった。

１９８５年には6千人近くいた由良の人口は、今は約３３００人。蚕の絹糸腺《けんしせん》から作る釣り糸「磨きテグス」は昭和初期の一大産業で、女性従業員が８００人いた。戦後、ナイロンに取って代わられたが、その技術を顕彰する石碑が今も海に向かって立つ。

旅館の座敷で数十人が飲食を楽しむ写真がある。それぞれの手元には、果物をたっぷり盛った大籠が置かれている。「引き出物ですわ。本宮の後の宴会は披露宴みたいなもんやから」。伊富貴江利さんが約40年前のアルバムを繰りながら笑う。婚礼行事のない時代、祭りが新妻のお披露目を兼ねた。親族もそろって着物を新調し、1着に100万円以上かけることもあった。家族はねり子が終わると親族や友人、ご近所さんらを招き、夜中までもてなした。

ねり子の晴れ着は昔、ほどいて大人用に仕立て直せるように縫われていた。
前田沙智さんは、38年前に着た晴れ着で今年の祭りに臨んだ＝1979年（左、伊富貴江利さん提供）、2017年（右）

何年もかけてためた金を一夜のうちに使い果たす。派手な散財は、「板子《いたご》一枚下は地獄」という漁師特有の人生観ゆえとも、他に娯楽がなかったからとも。今は貸衣装で済ませる家族も多く、宴会は外食に形を変えた。お旅所までの路地は空き家が目立つ。それでも、祭りはすたれていない。大志さんは大学進学を機に島を離れたが、当たり前のように帰ってきた。

２０１６年、関西空港と洲本を結ぶ定期航路の復活へ、試験運航があった。訪日外国人観光客を島に呼び込もう。そんな期待が、井内さんの耳にも聞こえてくる。

「由良にも来てくれたらいいねぇ」。そのときは、きっぷがいい男と女が守り継いできたこの町の祭りを見てほしい。

（２０１７年４月23日掲載）

〈お旅所〉 神社の祭礼で、ご神体やよりしろを乗せた神輿《みこし》などが氏子地域を進む「渡御《とぎょ》」の際に立ち寄る場所。または渡御の目的地。神様の休憩所や宿泊所との意味合いがある。氏子にとって重要な場所がお旅所になっていることが多く、地域内の別の神社や山、海、河川敷である場合もある。神輿がお旅所に到着すると、神事を執り行う。

3 厄年　つながる男たち

白装束をまとった男たちが、淡路市育波《いくは》の育波八幡神社本殿に並んだ。

「エイヤー」。照れくさそうに、代表の片山勝博さん（40）がなぎなたを振るう。しめ縄が真っ二つになる。それを合図に、黄金色の神輿《みこし》を肩に掛け、境内を出て御旅所《おたびしょ》へ繰り出す。

4月9日にあった春祭りの主役は、勇猛なだんじりと彼ら「厄年」の男たち。数えで41歳の前厄《まえやく》、42歳の本厄《ほんやく》、43歳の後厄《あとやく》と、春と秋に合わせて6度、祭りで神輿を担ぐ。

散財が厄を落とす。鎌倉（神奈川県）や別府（大分県）まで夫婦そろって旅行をした年もある。神社への寄進や餅まきの餅代は本厄が持つ。厄年が近づくと、同窓会が開かれ、この一大行事の打ち合わせに力が入る。

「大変やけど、厄年があったからつながれる」と片山さん。行列は山道へ入った。

■■

農村部が「里」。漁師町は「浜」。淡路市育波の春祭りは、異なる風土をまとう2台のだんじりが競う。

田中智博さん（28）は２０１７年、里の青年会長になった。地元の高校を卒業し、青年会に入って10年目。「人を引っ張るタ

和気あいあいと「厄年みこし」の行列が進む＝淡路市育波、育波八幡神社

イプやないです」と首を振るが、腹をくくった。

青年会は高校卒業から前厄入りする前の男たちでつくる。30年前は40人いたが、今は18人。年2回の祭りの〝実働部隊〟だ。

「見るとやるとでは、全然違う。太鼓の世話、全部せなあかんので」。宵宮の後は、だんじりを見守り泊まり込む。氏子から手渡される「お花（ご祝儀）」は、誰から何をもらったかを書き留め、年長者には酒をつぐ。

「浜」（左）と「里」のだんじり。男たちが声を合わせ、祭りの盛り上がりは最高潮に＝淡路市育波、育波八幡神社

浜はまだ漁師として残る若者がいるが、里は特に担ぎ手が減った。だんじりが上がらない。こうした背景から、里では30年ほど前から「罰金制」が取られている。

身内に不幸があった場合などの〝遠慮〟を除き、会員が宵宮、本宮を休むと、それぞれ1万円を徴収する。

「昔は休んだら5万円やった」「祭りの費用、全部持たせるいう話もあったんや」。聞けば、おっかない話も出てくる。

「何とか人を寄せたい。太鼓を上げたい。そのために始まった」。青年会OBの仙藤修一さん（59）が振り返る。青年会の衰えは、厄年行事の消滅につながる。ひと昔前から、祭りはそんな状況にある。

■■

金色の神輿が揺れる。

「よーっ、さっじゃー」の掛け声で進み、「どっこい、まかせ」で向きを変える。4月16日、タマネギ畑が周囲に広がる亀岡八幡宮（南あわじ市阿万《あま》上町）の春祭りでも、白装束による厄年の行事があった。

担ぎ手25人は、気ままに前進と後退を繰り返し、3キロほど南の浜へ。神事が終わり、帰ろうとしたところで突然、男たちが波打ち際に突進した。

制止する氏子を振り切って海へ入り、神輿を上下して気勢を上げる。ずぶぬれで浜辺に戻る。「どっこい、まかせ」の掛け声で、再び海へ。

実はこの動き、神事とは関係がない。前川眞澄宮司（68）は「神様を海に入れて、逆に厄が付くんちゃうか」と苦笑い。かつて、その場の乗りで海に入ったことがあり、定番化したというが、阿万地区の厄年代表、岡本孝史さん（40）は前向きに受け止める。

「『最後のやんちゃ』みたいな感じやね。同窓会感覚で、みんなわいわい楽しくやれるから、行事が続いている面もある」

町中を練り歩く祭礼の行列＝南あわじ市阿万下町

厳かな風習も残る。本厄に入り半月たった1月15日前後の「棚流し」。夜、亀岡八幡宮の七つの鳥居を黙ってくぐり、玉ぐしを乗せた4尺7寸3分の木の船を沖に流す。

船の長さは「死なさん」の語呂合わせ。厄を流して帰宅した男たちを、家族がこう言って出迎える。

神輿ごと海へ入る氏子たち＝南あわじ市阿万西町

「2か2かと思っていましたが、3になっていましたか。おめでとうございます」

元日に迎えた本厄を儀式ではらい、無事に43歳になりましたね、という意味だ。近年はこの祝言が消えかかっているようだが、そっくりな言い回しを守る地域がある。

漁師町の洲本市由良。本厄を迎えた男たちが、毎年1月23日未明に「二十三《にじゅうさん》夜《や》待《まち》」を執り行う。

由良湊神社で神事を終え、草履に履き替え家路に就く。橋のたもとで草履を脱ぎ、餅、お金と箱に収めて厄を置き去りにする。

自宅では、タイの尾頭に、おせち料理、おとそが待つ。戻ってきた男たちは、子どもにお年玉を配り、改めて「新年」を祝う。その際に掛けられるのが、「2か2かと思わっしゃれば、3にならしゃっておめでとうございます」の言葉。

土地柄が違う、二つの町に似た祝言が伝わる。厄年が暮らしに根付いてきた証しだ。

■　■

本厄を迎えた男たちが２度目の「新年」を祝うおせち料理＝洲本市由良

〽さればなァ〜え〜え〜　これから　ヨイヨイ　氏神様《うじがみさま》よ
ああそうにせ　ええやにせ
やれ里の御神燈《ごしんとう》　えええ
それさそおう　奉る

育波の春祭りで、里や浜など5地区の代表が御旅所で「ねり唄」をささげた。春は豊作や豊漁を願い、秋は実りへの感謝を。どこか物悲しい旋律に、桜の花びらが重なる。

歌が終わり、厄年の男たちは再び神輿を手にした。

境内へ戻り、2台のだんじりとの競演が始まる。

里のだんじりは上がっては沈む。誰かが叫んだ。「太鼓に上がれ」。青年会長の田中さんが遠慮がちに、担ぎ棒に上る。「ほら、ひーの、ふーの」。最初は小さかった声が、次第に大きくなる。「おーしゃーしゃーの、しゃーんと来い」

厄年による餅まきで、祭りは終わる。お花をくれた人の家や店を回り、ねり唄をささげる。

青年会の務めは、日が暮れても続いた。

（2017年4月30日掲載）

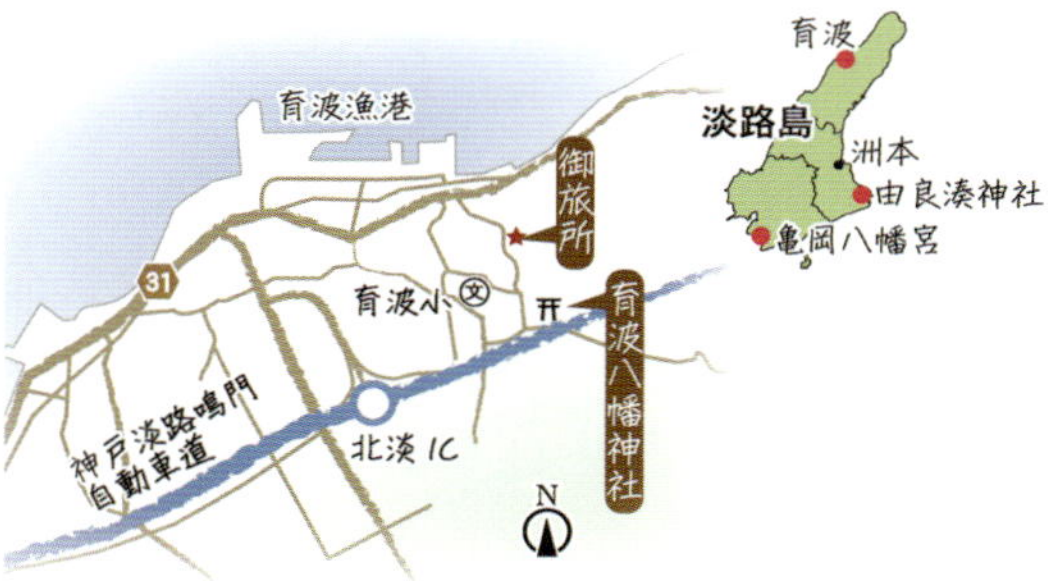

〈厄年〉　災難が起こりやすい年齢とされ、神社本庁（東京）は「平安時代から厄年の考え方はあったのではないか」とみる。地域によって異なるが、いずれも数えで男性は25、42、61歳、女性は19、33、37歳―などが一般的だ。中でも、男性の42歳と女性の33歳は「死に」「さんざん」との響きに掛けて大厄とされ、現在も各地で厄払いの催しや祈願が行われる。

4

ドラクエとおにぎり

さわやかな春風が吹き抜ける島の真ん中に、先山《せんざん》（洲本市）が立つ。標高448メートル。国生み神話で一番初めにつくられたとされる霊峰は、あの大ヒットゲーム「ドラゴンクエスト」の作者堀井雄二さん（63）の幼少期の遊び場だった。ドラクエの着想も、先山から得たところがあるという。

崖の前で一斉におにぎりを放る参拝者＝洲本市上内膳、千光寺

ドラクエの勇者の気分で一躍、山頂の千光寺《せんこうじ》へ。

〝モンスター〟級の石段が現れた！

「いちだん飛ばし」の技を使った！

ばてた！

水を飲んで回復した！

何とか205段を征服する。境内の外れに、喪服姿の人たちがいた。

崖の際まで行くと、くるりと背を向ける。何かを後ろ向きに放り投げる。

のぞき込んでみた。茂みにピンポン球くらいの白い物体が点々と。カラスが、物欲しげに見つめている。

—おにぎりだ。

■■

「昔は米が貴重やったから、だんごを投げてたいうことやろう」

「だんご転がし」と言いつつ、おにぎりを放る理由を、千光寺の岡本宜照《ぎしょう》住職（83）が説明する。淡路島に古くから伝わる葬送儀礼。「高山《たかやま》参り」や「施餓鬼《せがき》」、端的に「おにぎり投げ」と呼ぶ人もいる。

儀礼といっても、故人の死後三十五日目に合わせ、親族がおにぎりを放る。それだけ。おにぎりの形は三角ではなく丸、ノリを巻いたり具を入れたりはしない、斜面に背を向けて放る―など、緩やかな決まりはあるが。

島内各地の高い山で見られ、千光寺はその代表格だ。よく晴れた4月2日は、境内の端にある少し開けた場所から、6組が次々とおにぎりを放った。

洲本市の会社員、島井淳司さん(59)は、81歳で亡くなった父の弔いに9人で訪れた。1人ずつ投げるのか、並んで一斉に投げるのか。ちょっとした議論になったが、「どっちでも構わんやろ」と順々にポイ、ポイ。1個余った。島井さんが「それじゃあ」と引き取り、ほぼ横向きの状態で、ポイ。終始、和やかな雰囲気が漂う。

これまでに10回ぐらいおにぎりを放ったという島井さん。「意味を考えだしたら『別にやらんでもええやん』ってなる。『昔からやっとるしな』『亡くなった人が気持ちよう旅できたらええな』ぐらいの気軽な感じやから続いてるんじゃないかね」

父の葬儀では、ひつぎの上に魔よけの刃物を置いた。出棺の際には「この世に戻らず、きちんとあの世に行けるように」と故人が愛用していた茶わんを割った。いずれも都市部では消えつつある習わしだが、特に意識して受け継いでいるわけではない。


「土着信仰を仏教が取り込んだ例は多い。お盆の墓参りなんかは典型やな」

岡本住職は、だんご転がしのルーツを民間信仰に求める。死者の霊が山を登る時、行く手を邪魔する悪霊の気を引くために食べ物を投げる―。この伝承がいつしか、仏教で閻魔《えんま》大王の審判を受けるとされる三十五日目の法要と結びつき、餓鬼への施しで功徳を積む行為になったという。千光寺でおにぎりを投げた親族らは、その足で閻魔大王と六地蔵をまつる境内の「六角堂」へ移動し、別に用意したおにぎりを供える。

でも、これも諸説の一つ。島内の寺院の多くが真言宗という事情が背景にあるとも言われるが、はっきりしない。

テレビアニメ「まんが日本昔ばなし」でだんご転がしが紹介さ

千光寺の境内にそびえる〝モンスター〟級の石段。地震の影響で傾きや段差のずれなどがあり、登るのに一苦労
＝洲本市上内膳、千光寺

おにぎりを投げた後、六角堂で執り行う法要。閻魔大王と六地蔵にもおにぎりを供える＝洲本市上内膳、千光寺

法要を終え、一礼して寺を辞す参拝者
＝洲本市上内膳、千光寺

れた際、発祥の地とされたのが「津名の奥座敷」と呼ばれる東山《とうさん》寺《じ》(淡路市)。檀家《だんか》がいない山奥の信者寺という点で千光寺と同じだが、文献などは一切なく、やはり起源は判然としない。

由来はあいまいなまま、根強く残る珍しい風習にも、変化がみられる。

漁師町の由良(洲本市)では、千光寺でだんご転がしをしていた住民の多くが、約10年前から地元の心蓮寺《しんれんじ》に頼むようになった。近くの山の麓からおにぎりを投げるものの、5メートルほど下は道路。木々がうっそうとした千光寺や東山寺とは大きく異なる。

「仏さんに疎遠になっとる証しでは」。心蓮寺の林真康住職(48)が苦笑する。千光寺の険しくそびえる石段が、お年寄りにはきついというのが大きな理由だそうだが、「地元で済ませた方が楽」との思いも見え隠れする。

■■

「ドラゴン何とか？　知らんなぁ…」

岡本住職が、首をかしげる。取材の終盤に、気になっていたことを尋ねてみた。

洲本市出身の堀井雄二さんと先山との関わり、手掛けたゲーム…。どれもピンとこないようだ。「先山に影響を受けた人はたくさんおるやろうけど、『お世話になりました』って言うてくるわけでもないしなぁ」

話題は、再びだんご転がしへ。岡本住職がある横文字を唐突に口にした。

「おにぎりを投げた人の功徳はな、亡くなった人に譲り渡される。おかげで、レベルアップした死後の世界に行けるわけやな」

…ん？

「餓鬼への施しは、他者に対する思いやりや。投げた人も、功徳はなくなるけど、精神がレベルアップするわけや…」

…レベルアップ？

6組の家族が六角堂に供えたおにぎり＝洲本市上内膳、千光寺

再び尋ねる。「本当に、ドラクエを知らないんですか」。けげんな顔の岡本住職。「知らんて。ゲームとか、詳しくないんや」

霊峰に伝わるだんご転がしの謎は、妙な余韻と混ざり合い、さらに深まっていった。

（2017年5月7日掲載）

ひつぎに魔よけの刃物を置く風習も根強く残る。今は模造刀を使うことが多い＝洲本市宇原、ベルコシティホール洲本

〈先山と千光寺〉　「国生み神話」で、イザナギとイザナミが淡路島をつくったときに最初にできた山ということから「先山」と名付けられたとされる。優美な山容から「淡路富士」と呼ばれ親しまれてきた。山頂にある千光寺からの眺めは「洲本八景」の一つに数えられる。狩人が大イノシシに化身した観音菩薩《ぼさつ》に導かれ、先山にたどり着いて開基したとの縁起が伝わり、境内には駒猪《こまいのしし》が鎮座している。

5　「生」で五色のサワラ

とろけるように柔らかく、ほんのりと甘い。タイよりは味が濃いけれど、トロほど脂っこくはない。

「生で食べてみて。五色のサワラのうまさは、刺し身で分かるんや」

淡路島西浦の洲本市五色町都志《つし》。食堂「お多福」の橋詰政直さん(57)が勧める。取れたてのサワラは足が早く、海が近い町ならではのごちそうだ。

銀色の皮に薄黒い斑点。身はうっすら桜色だ。バーナーで皮目をあぶれば、脂がジュッと音を立てる。のどが鳴る。白飯にのせて、とろろ、薬味と一緒にいただく。

播磨灘で4月20日、サワラの流し網漁が解禁となった。五色の漁港からも一斉に出漁した。

「知ってほしいのは『サワラ』やない。『サワラの生食』やねん」

橋詰さんが、体長1メートル弱のメスをさばきながら力を込める。

■　■

魚へんに春。サワラが島に春を告げる。

「流し網漁が始まるとな、4月や5月は『さわら会』の予約で毎日満室やった」

あぶった切り身を豪快に盛り付けた「生サワラ丼」＝洲本市五色町都志、「お多福」

1892（明治25）年創業の老舗旅館「川長《かわちょう》」（洲本市五色町都志万歳）の4代目、川﨑晴康さん（80）が懐かしむ。
焼き物。煮付け。酢の物。あえ物。刺し身。たたき。揚げ物。

早朝の水揚げ作業。前夜の漁で網に掛かった1メートルほどのサワラが、次々に並べられていく＝洲本市五色町鳥飼浦、鳥飼漁港

茶漬け。丼物。握り。すき焼き。しゃぶしゃぶ――。サワラのフルコースは、昭和30～40年代の春先、五色町で盛んに催された「さわら会」の定番料理だった。

会の由来は、田植えの労をねぎらう農家の行事「泥落とし」だ。田植えを終えた農家は親戚らを家に招き、もてなした。

新鮮なサワラずくめを、勤め人たちはうらやんだ。「わしらもやったらんかい」。青年団や消防団、ＰＴＡなどが何かと理由をつけては「さわら会」を開いたという。

「川長」は今も「さわら会席」をメニューに掲げる。農家で振る舞われた漬《づ》け丼や茶漬けは今、島内の他の飲食店でも楽しめる。新名物「生サワラ丼」として。

■■

淡路島産の牛肉、タマネギ、米を使った牛丼を島中で味わえる。２００８年に始まった牛丼プロジェクトは、島の豊かな食材を全国に知らしめた。11年には「生しらす丼」が発表され、気軽に立ち寄り食べられる〝丼スタイル〟は、観光客に大いに受けた。

そこに五色のサワラが加わる。14年、9店舗で生サワラ丼が売り出された。条件は淡路島産の「生食」を使った丼であること。刺し身だけでなく、「漬け」や軽く火を入れた「あぶり」、「たたき」もＯＫだ。

山かけ、カルパッチョ風…。農家のごちそうは進化した。「みそ漬けしか食べたことがない」と話す人はその甘さに驚く。島内各地に広がり、今年は29店舗に増えた。漁船の上で血抜きを済ませ、臭みをとことん消したサワラを使う店もある。

ただ、喜んでばかりもいられない。明石海峡大橋の開通は島を日帰り圏にし、宿泊客を減少させた。都志に19軒あった旅館・民宿は5軒となり、会席料理の注文も減った。

「丼は生き残り策なのかもしれんね」と川﨑さん。飲食店や旅館だけじゃない。漁師も一緒に考え、動く。

長さ約1.6キロの網を仕掛ける「流し網漁」。サワラが編み目に掛かるのを待つ＝洲本市五色町沖

■ ■

日がすっかり落ち、暗くなった海から網を巻き上げる。銀色の輝きがのぞく。

「初日に顔を見られてよかった。ゼロのときも普通にあるんでね」。漁師の舟瀬定《さだむ》さん(45)が、編み目にすっぽり刺さったサワラを手で抜き取った。

播磨灘でサワラの「流し網漁」が解禁された4月20日。兵庫県内で唯一手掛ける五色町漁業協同組合の鳥飼、都志漁港から、計23隻の漁船が出漁した。くじで3班に分かれた漁師たちは午後2時、3時、4時ちょうどに港を出る。

「場所取りが全てや」「流し網はギャンブル」。漁師が口をそろえる。潮の流れに任せて網を張るだけに、一晩で100本以上かかる日も、全くかからない日もある。エンジンは最初から全開。全速力で沖を目指す。

午後6時。サワラが回遊するポイントを狙って位置に付いた漁船は、長さ約1・6キロの網を一斉に下ろし始めた。進路を遮るように仕掛けてじっと待つ。1~2時間後、網を巻き上げながら、編み目に刺さった魚を取り外す。漁は午後10時ごろま

江戸期に作られたという船神輿。豊漁豊作を祈り、都志八幡神社から海岸まで練り歩いた＝洲本市五色町都志大宮

で続いた。

翌朝に水揚げされ、初日は計235本、915キロだった。福島富秋組合長(55)は「今年は順調。味もいい」と胸を張る。

県内の瀬戸内海でのサワラ漁獲量は、1987年の2378トンをピークに、98年に最少の33トンになった。その後は資源保護に取り組み、近年は200～400トンで推移する。

漁師の家では、豊漁を願いサワラの尾を軒先に張り付ける風習があった。近年は見かけないが、大漁祈願の習わしは残る。

4月2日。都志八幡神社の春祭りで2基の船神輿《ふなみこし》が町を練り歩いた。漁師の小谷正三《まさみ》さん(63)は担ぎ手を卒業したが、今年も若手に手を貸した。豊漁を祈る祭りで神輿を絶やすわけにはいかない。

脂がのったサワラの切り身。あぶると輝きが引き立つ＝洲本市五色町都志、「お多福」

漁の解禁初日。一直線に沖を目指す漁船の中、反時計回りに3周、海を旋回する船があった。元組合長の福岡武雄さん(72)だ。

「初日はちゃんと神様にごあいさつ。若い漁師はせえへんけどな」。昔はどの漁船も、五色浜に立つ恵比須神社の前を旋回してから初漁に出た。「命をいただくことに感謝し、五色のサワラ漁を守りたいんや」

都志の食堂「お多福」の橋詰政直さんは想を練る。「祭りに参加してからサワラを食べる。そんなツアーも企画したい」

生のサワラは皿までなめる、という。丼で味わってほしいのは食だけじゃない。それを育む人たちと町の物語。

(2017年5月14日掲載)

〈サワラの流し網漁〉 帯状の網を海中に数時間仕掛け、回遊してくるサワラが編み目に刺さったところを引き上げる。昔は手作業で網を巻き上げていたが、今は直径2メートルほどの電動巻き上げ機を使う。一本釣りよりも一度に大量のサワラを取ることができるとして、洲本市五色町以外に岡山、香川などでも実施。近年は資源回復のため編み目の直径を10・6センチ以上に統一し、小型魚を保護している。

6

自宅で花嫁姿に

応接間の姿見の前でほほ笑む白無垢の花嫁＝南あわじ市北阿万伊賀野

慣れ親しんだ自宅で、白無垢《むく》姿に変わる。

南あわじ市北阿万《あま》伊賀野。山と畑に囲まれた集落の一軒家。挙式を迎えた森理衣《あやえ》さん(23)が、応接間の姿見の前に座る。仕上げに純白の綿帽子をかぶる。笑みがこぼれる。

「姉ちゃん、きれいなぁ」。3人の弟が近づき写真を撮る。目に涙をにじませる祖父母も、見守る両親も、穏やかな表情だ。

午前8時すぎ。母の加代さん(46)の右手に理衣さんが左手を重ね、つないだまま玄関を出る。家の前では花嫁を一目見ようと、近所の人々が集まっていた。

「行ってらっしゃい」。理衣さんが小学校へ通った幼いころと同じ、優しい声が包む。

澄んだ空気の中、向かう先は、同じ集落に住む花婿の家。新郎宅で花嫁を披露する「嫁入り」。淡路島でも珍しくなった伝統の婚礼行事が始まる。

■■

4月30日、晴れ。会社員の山本竜也さん(24)、公務員の森理衣さんが、淡路市内のホテルで結婚式を挙げた。

ともに南あわじ市北阿万伊賀野で育った。挙式に先立ち、竜也さん宅では島に伝わる婚礼行事「嫁入り」が執り行われた。

朝、自宅で着付けを終えた理衣さんは、家族と竜也さんの家へ。「花嫁は縁側から夫の家に入る」というしきたり通り、庭に面した掃き出し窓から入り、仏壇に線香を供えた。

その後、白無垢に身を包んだ理衣さんが姿を見せた。庭を向いて置かれたいすにそっと腰を下ろし、笑顔を向けた。

その数、１００人はいただろうか。窓を取り巻くように集まった近所の人たちが歓声を上げ、手を振った。カメラのシャッターを切る音が響いた。部屋の奥では、紋付きはかま姿の竜也さんが、両家の両親とともにその様子を見守った。

「こんなに大勢来てくれるなんて…。緊張よりも感謝の思いが大きいです」とはにかむ理衣さん。竜也さんも「朝早くから集まってもらえて幸せです」と息を合わせる。

白無垢姿を披露した後はお色直し。赤の色打ち掛けに変身すると、再び歓声と拍手に包まれる。「美男美女やねぇ」「嫁入りなんて何年ぶりやろ」

庭では、親族が市販の駄菓子を包装した「嫁菓子」を近所の人々に配っていた。子どもたちが手を伸ばし、用意した５００個があっという間にさばけた。

「嫁入り」は1時間ほどで終わった。新郎宅を出発するときは、全員が玄関から出る。両家そろって、挙式会場へ向かった。

■■

婚礼の数日前に、新郎が新婦宅を訪れる「婿入り」。新婦が自宅で家族や先祖に感謝の気持ちを伝え、ご近所にも花嫁姿をお披露目する「出《で》立ち」。そして「嫁入り」。

こうした婚礼行事は、自宅で祝言を挙げた明治以前からあり、

花嫁の姿を一目見ようと、新郎宅の庭に集まった近所の人たち＝南あわじ市北阿万伊賀野

旅館や宴会場で派手な披露宴を開くようになった昭和期も続いた。自宅で着付けをする手間などからか、近年は減少。それでも「祖父母のために」などと、簡略化して「嫁入り」をする夫婦はいる。

行事以外の婚礼にまつわる風習も、現代に受け継がれている。例えば、「嫁菓子」。洲本市の本町商店街にある駄菓子店「まるみ堂」は「花嫁菓子」の看板を掲げる。

「包み紙が、赤とか黄色とか華やかなのを選ぶの。茶色は避けるかな」

母親に手を引かれ、自宅から新郎の家へ向かう森理衣さん（左）＝南あわじ市北阿万伊賀野

「寿」と書かれた透明の袋に、森山悦子さん(65)が手際よく駄菓子を詰めていく。中身は時代とともに変わり、今は箱入りのポテトチップス、個包装のパイ、スナック菓子など7個ほど。「割れない」ように偶数は避けるとも。リボンを結び、高さ10センチほどの嫁菓子が1袋30秒で出来上がった。

かつて、出立ちでは新婦側が、嫁入りでは新郎側が、それぞれ数百個単位で用意した。今は披露宴の引き出物に入れたり、職場に配ったり。十数年前、東京で披露宴をした森山さんの長女は、会場に嫁菓子を積み上げた。「感謝の気持ちと故郷への思い。その両方を詰め込めるでしょ」

駄菓子を詰め合わせた「嫁菓子」。今も披露宴などで配られる＝洲本市本町8、「まるみ堂」

花婿の家まで花嫁を運ぶ「花嫁タクシー」も健在だ。「洲本観光タクシー」(洲本市)は、前面に「寿」の銘板を掲げ、後部座席に赤い布を敷いた黒塗りの車両を持つ。

花嫁の綿帽子を乱さないよう、天井の一部が跳ね上がる。「後退は厳禁」「北から入ってはいけない」など、運転にも決まり事がある。和装での挙式が人気の近年は、神社から披露宴会場への移動にも使われる。

■■

「島全体が裕福やったいうことかなぁ」

南あわじ市八木養宜上《ようぎかみ》で贈答品店「津川」を営む津川浩路さん（81）が振り返る。昭和30年代から平成の初めにかけ、島内や四国の旅館、宴会場で披露宴の司会を務めた。

人力車に乗って登場する花嫁。かつて淡路島の披露宴は派手な演出であふれた＝1986年11月、兵庫県西淡町（現・南あわじ市）

昇降機で登場。和傘を差して座敷を歩く。人力車に乗って入場する花嫁もいた。余興はまるでカラオケ大会。だんじり唄を披露する人も。招待客は100人を優に超え、6時間を超える宴は当たり前だった。

特徴は引き出物の多さ。「派手さと引き出物の数は感謝の大きさ。それと、島の人の見えとちゃいますか？」

竜也さんと理衣さんの両親も、一連の婚礼行事と派手な披露宴をした。両家は直線距離で約300メートルの近さ。2人は1歳違いで、同じ小中学校に通った。嫁入りは、理衣さんの父、文昭さん（49）の提案で実現した。

結婚後、2人は故郷を離れ、洲本市内で暮らし始めた。伝統の婚礼行事を「やってよかった」と思う。人々のぬくもりを感じられたから。感謝を胸に、2人で歩んでいく。

（2017年5月21日掲載）

〈婚礼行事〉「嫁入り」にまつわる風習は全国各地に残っているが、地域ごとに形態や伝わり方は異なる。「嫁菓子」は淡路島以外に但馬、徳島県、京都府北部、名古屋市などでみられ、市販の駄菓子の詰め合わせもあれば、手製のせんべいを包んだものもある。名古屋では、餅まきのようにベランダから菓子をばらまく地域もあるという。

7 ミルクからビーフへ

10キロのサーロインの塊に、包丁が入った。音も抵抗もなく、赤い断面が顔を見せる。外気にさらされて鮮やかさを増し、白く細かい霜降りとの対比が際立っていく。

島内で生まれた和牛の地域ブランド「淡路ビーフ」。精肉店「新谷《しんたに》」（淡路市）の新谷隆文さん（50）が、表面を覆う分厚い脂身に触れた。指紋をかたどるように、液体がにじみ出る。体温で溶けるこの融点が、火を入れた時にとろけるような食感を生み出し、肉質のよさを増幅させるのだという。

国内外の和牛人気の高まりとともに、「ミルクの島」は「ビーフの島」に姿を変えつつある。血統と品質を守り、神戸ビーフや松阪牛といった全国ブランドの一大生産地に成長。地元市場の取引価格は近年高騰しているが、浮き沈みを知る畜産農家は口をそろえる。

「牛は、水物やから」

■　■

シャン、シャン、シャン…。

牛の鼻先で、錫杖《しゃくじょう》が甲高い音を立てる。驚いて体を揺するもの。おとなしくじっとしているもの。4月28日に覚王寺（淡路市下司《くだし》）であった伝統行事「牛寄せ」だ。

淡路ビーフのサーロイン。鮮やかな赤身に、「さし」と呼ばれる脂身が広がる＝淡路市志筑新島、新谷カリヨン店

発祥は古く、江戸時代とされるが、和牛に祈禱《きとう》するようになったのは15年前からと新しい。先代の住職、生柳昭巌《うやぎしょうがん》さん(86)は「農耕信仰が、時代の流れで畜産信仰に変わった」と表現する。牛寄せは、長く農耕牛を対象としてきた。稲作の本格化を前に、人と一緒に田畑を耕し、肥料や収穫物を運ぶ「家族」の健康と安全を祈っていた。しかし、1950年代に入ると、トラクターや自動車が普及。農耕牛は徐々に姿を消し、60年代後半からは人だけが参拝するようになった。

一方で、島に牛は残った。高度成長期、一般家庭の生活が豊かになり、牛肉食が広がると、和牛の繁殖に乗り出す農家が増加。神戸ビーフなどの素牛《もとうし》の生産地として名をはせるが、2001年に起こった牛海綿状脳症(BSE)問題で価格が暴落する。翌年の牛寄せから、農家が「健康な子牛が生まれるように」と和牛を連れてくるようになった。

牛寄せの日。大日如来の前には、供え物と共に「牛馬安全」の文字も
＝淡路市下司、覚王寺

新しいイベントも始まった。行事が終わると、農家が境内にしちりんを並べ、別に手配しておいた牛肉に舌鼓を打つ。BSE問題による風評被害を打ち払う願いが込められた「供養」だったそうだ。

神聖な寺院で、殺生を連想させる焼き肉。15年に住職を継いだ谷内祐樹さん(25)も「『こんなん、ええんか』と、最初は驚きました」と苦笑するが、農家には貴重な懇親の場だ。ビールを手に、当時の苦労が信じられないほど高価になった肉をひたすら食べる。

その一角にいた庄田全宏《まさひろ》さん(61)が、つぶやいた。「こうや

牛寄せに連れられてきた和牛。経文を頭に乗せられ、錫杖で健康祈願を受ける
＝淡路市下司、覚王寺

ってみんなが集まるんも、いつまで続くんかなあ」

■ ■

「花とミルクとオレンジの島」

「文人知事」と親しまれた阪本勝・兵庫県知事（1954～62年在任）が提唱したとされる淡路島のキャッチコピーだ。タマネギ、牛丼、サワラ―。近年、矢継ぎ早に打ち出されるPR戦略の先駆けといえるが、その陰にうずもれつつある。

国の統計では、花と果樹の売り上げはピーク時の3分の1程度に減り、牛乳も半分以下に落ち込んだ。島内の酪農家は140戸ほどで、800戸を超える和牛の繁殖農家に大きく水をあけられている。

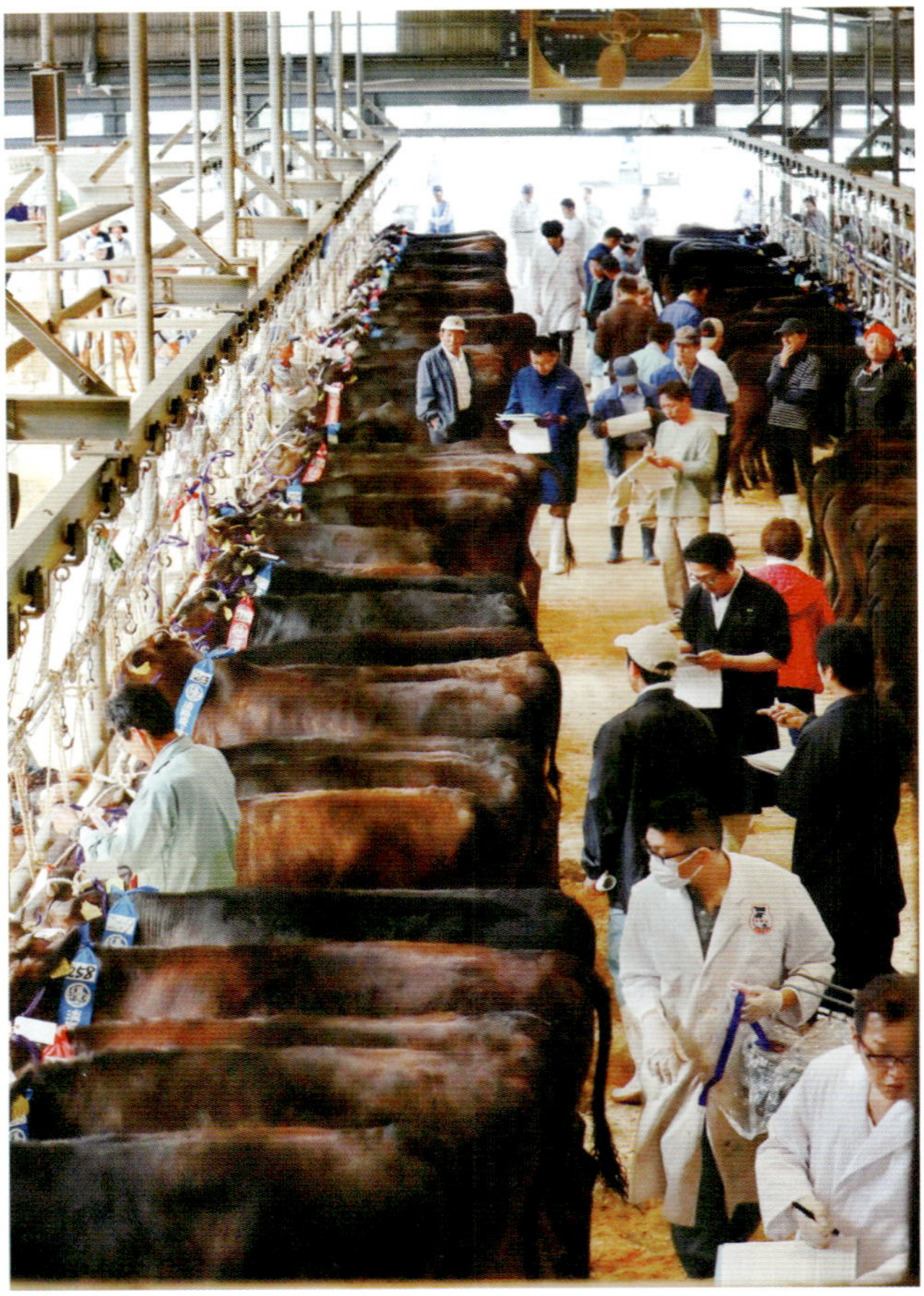

競りを控え、ずらりと並ぶ子牛。毛並みを整える農家や肉付きを確かめる購買者らがひっきりなしに行き交う＝淡路市塩田新島、淡路家畜市場

庄田さん一家は、このコピーの盛衰をなぞるように歩んできた。コメ農家だった父、照己さん(86)が61年に乳牛を飼い始め、20年後には40頭に拡大。牛肉の需要が高まると、BSE問題で廃業した農家から和牛を買うなどし、それぞれ20頭ずつに調整した。

「時代に合わせたりあえて逆張りしたり、結果的にうまいこと波に乗ってきとるんや」と庄田さん。3年ほど前、大病を機に乳牛を売り払い、和牛の繁殖一本に絞った。乳牛は1日2回、決まった時間に搾乳しなければならず、ふん尿は和牛の数倍出る。

体力的な負担を考慮して下したこの決断も、当たった。

■ ■

「50万円からです。はい、どうぞ」。立会人のアナウンスを合図に、電光掲示板の金額が瞬く間に上がっていく。70万、80万…。100万円超えも、珍しくない。

5月18日、淡路家畜市場(淡路市塩田新島)で開かれた月1回の競り市。生後250～300日程度の和牛の子牛が島内から集められ、肥育農家に買われていく。

1頭当たりの最低価格は、50万円前後。宮崎県で発生した口《こう》蹄疫《ていえき》に東日本大震災による風評被害が重なった2011年度は、落札額の平均が40万8902円だった。それが、16年度は86万5466円にまで跳ね上がった。

一方で、販売頭数は11年度の5932頭から、16年度は4748頭と半世紀ほど前の水準にまで下落した。世界的なブランドに成長した神戸ビーフなど和牛の人気が膨張する陰で、後継者不足による農家の減少は深刻だ。

「かわいがっとったら飼っとられへんよ。どこまでいっても経済動物やから」。競りに出す子牛を引きながら、庄田全宏さんがぽつりと漏らした
＝洲本市安平町宮野原

庄田さんはこの日、雌2頭を競りに出した。「努力したさかい、報われる世界ちゃうからな。どんなに気を使っても病気になるもんはなるし、立派に育った思うても、需要がなかったら何の意味もない」。淡々と語りながら、直前まで毛並みや汚れを気にかける。

2頭合わせて約150万円で落札された。「もうちょい、（値が）いくと思うたんやけど」と苦笑い。飼育も販売価格も水物の牛を無事に育て上げ、買い手が付いた安心感が、また前を向く原動力になる。

「将来が見通せる業界やないのは分かっとる。でも、牛飼いである以上、淡路産は日本一、どこにも負けん気概で育てんとな」

（2017年5月28日掲載）

〈淡路島の畜産〉 今年2月時点の畜産農家は、和牛繁殖が849戸と約83％を占め、酪農と肥育を大きく上回る。兵庫県産の黒毛和牛として認定された「但馬牛《たじまうし》」の血統を継ぐ子牛を競りに出し、県内のほか、松阪や近江など各地の肥育農家に販売。県内で生まれ、育てられた但馬牛で、肉質など一定の基準を満たす「神戸ビーフ」のうち、淡路島産が約6割を占める。島で生まれた個体を対象とした「淡路ビーフ」という地域ブランドもある。

8

タマネギ島のルーツ

５月の風に乗り、ツンとした匂いが鼻をくすぐる。青く伸びた葉が地面に寝そべり、収穫の合図を送る。つやつやとした丸い頭が、畝からのぞいている。

そう、淡路島といえば、「タマネギ島」。とりわけ三原平野の広がる南あわじ市は、島内生産の約９割を占める。

産地の一つ、阿万《あま》地区にある亀岡八幡宮。春祭りの見物に訪れると、境内にはなんと、「玉葱《たまねぎ》神社」が。由来碑によると、集団栽培・販売の始まった１９２３（大正12）年から30年目を記念し建立したという。

タマネギは身近だけれど西洋野菜。古来「御食国《みけつくに》」と呼ばれた淡路では１００年ほどの新顔なのに、存在感は絶大だ。

碑文は続く。「普及に当たって、先進地泉州から講師を招聘《しょうへい》して栽培技術習得の講習会が重ねられた」

…ん？　淡路タマネギのはじまりは、大阪にあり？

■　■

バイブルというべき本がある。「淡路玉葱発達誌」。終戦の年、９月１日に発行された謄写版だ。編者は阿万町（現・南あわじ市）農業会技師の宮本芳太郎。その頌徳《しょうとく》碑が、ＪＡあわじ島阿万支所の前にある。

亀岡八幡宮の玉葱神社。お供えはもちろんタマネギ。由来碑の台座もタマネギ形だ＝南あわじ市阿万上町

集団栽培の先駆け、広田地区で早生タマネギを収穫する谷口保さん。近くの広域農道は「オニオンロード」と呼ばれる＝南あわじ市中条中筋

「種子も栽培法も悉《ことごと》く泉州より移入されたもの」と同書は記す。ただ一説に、泉州のタマネギのはじまりは、神戸の西洋料理店「外国亭」にあるというから面白い。

1879（明治12）年、現在の大阪府岸和田市土生《はぶ》町で農作物試験場を営む坂口平三郎は外国亭を訪問。タマネギの味に感動する。店に持ち込んだ米国人を居留地で見つけて、譲り受けると、手探りで採種・栽培に挑戦。見事成功し、神戸で販売したという。

その数年後、坂口を通じてタマネギを試作したのが、近在の田尻村（現・同府田尻町）の今井伊太郎。米国の品種を改良し、全国の秋まきタマネギの親とされる「泉州黄《せんしゅうき》」を生んだ〝玉葱王〟だ。

淡路島では明治時代に試作の例はあるが、集団栽培は大正半ばから。泉南の淡路出身者が仲介し、麦より有利な水田の裏作として、三原郡一帯に見る見るうちに広まった。

温暖で、雨が少なく、水はけがいい。密植など技術改良で、10アール当たりの収量は泉州を

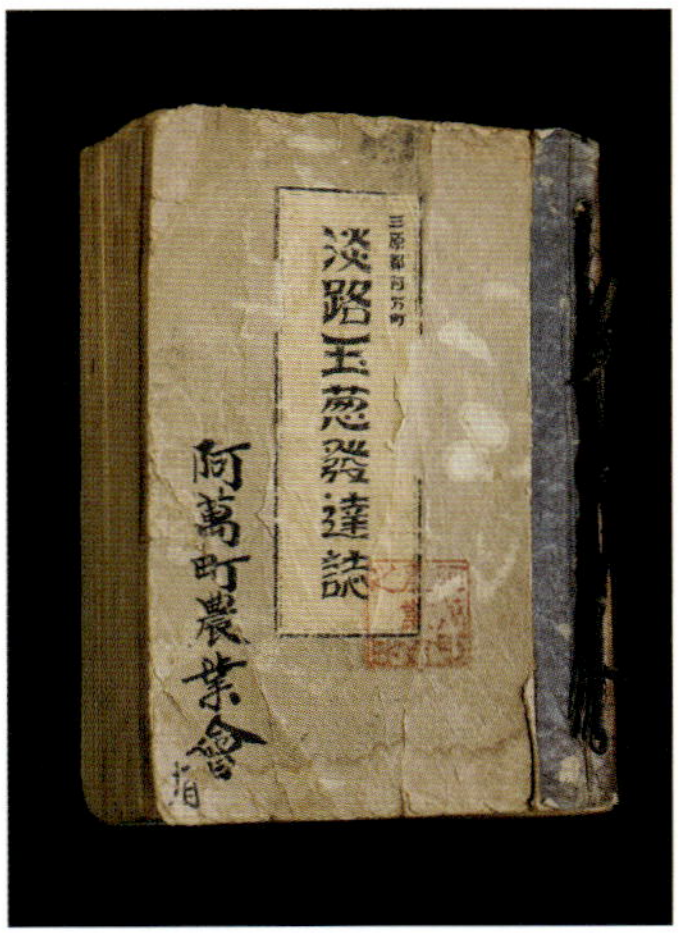

ごく少部数の出版だった「淡路玉葱発達誌」。1995年に復刊された（兵庫県玉葱協会蔵）

しのぎ、貯蔵性も優れた。早生《わせ》・中生《なかて》・晩生《おくて》と収穫期が長いタマネギの需要は拡大。島の海運による大量輸送で、中四国や九州に販路が広がり、神戸港から輸出された。

■■

「全国一になったこともありますよ」。元淡路農業技術センター次長谷口保さん(89)が胸を張る。1964(昭和39)年、作付面積は3千ヘクタール、生産量はトップになったと、農業公園「淡路ファームパーク・イングランドの丘」正面にある「玉葱の里」記念碑は誇らしげに記す。その地位は、北海道産が減反政策で飛躍的に増えるまでの数年続いた。

「淡路1号、2号によるものですね」

谷口さんが農業試験場淡路試験地に入った50年、和歌山に委託していた種子が高騰し、淡路での採種と品種改良に取り組んだ。篤農家斉藤幸一さんと農業改良普及員西川真二さんの協力で、丸く、大きい母球を選抜。採種・栽培を繰り返し、57年、収穫期を分散させた斉藤1号と10号を育成した。

「普及したもんで、2人が名を付けてくれというてきて」。61年に淡路中甲高黄《ちゅうこうだか》1号、2号と改められた。

名実ともに淡路タマネギとなり今に至る…と思いきや、谷口さんは首を振る。

「種は全国的に香川が多いです」。では、淡路1号、2号は?

「だいたい昭和40年代まで。今はF1種(一代雑種)です」

採種は七宝《しっぽう》玉葱採種組合（香川県三豊市）に委託していたが、品質管理のため母球の親(原々種)は試験場で栽培した。それも作業負担から七宝に任せることになり、やがて、晩生の「もみじ」、中生の「ターザン」など七宝の育成したF1が、淡路にも普及することになった。

農業技術センターができた81年、谷口さんはガラス室を二つ設けた。「淡路独自の品種を残すべきと、望みを捨て切れんかった」。しかし、交配に人手が掛かり、中断。「あれは私の大失敗」と手放したことを惜しむ。

■■

淡路が9割以上を占める兵庫産タマネギ。全国2位の座を守

大鳴門橋開通の1985年、「くにうみの祭典」会場として淡路ファームパークが開業。「玉葱の里」記念碑は、試作から約100年を祝って建てられた＝南あわじ市八木養宜上

ってきたが、農林水産統計によると99年に佐賀と逆転、差が広がる。

「佐賀に教えなんだらよかったと思った時期もあった」。冗談めかして谷口さんは言う。「作り方は全く同じです」

昭和30年代半ば、「淡路の技術を導入したい」という佐賀の技術員に、植え付けの機械を持ち帰らせた。品種も、タマネギ小屋も、防除法も淡路から伝えられたのだという。

佐賀の産地、白石地区は有明海の干拓地。「機械化が進んで、作付面積が広がった」とJAさが白石地区中央支所の坂井明博総合部長(58)。一方の淡路では、高齢化などで重量野菜からレタスへ切り替わったこともある。「ただ、淡路のタマネギは品質も収量も高い。とても追いついたとは思っていません」

はもすきは淡路の初夏の味。タマネギの甘みが溶け出しただしで食べるのが絶品だ＝南あわじ市灘土生、はぶ荘

甘く、柔らかいと人気の淡路タマネギ。

「種も作り方も同じなら、よそとそんなに違うはずはない」と谷口さんは冷静に見るが、淡路ブランドは絶大だ。考えられるのは、「花とミルクとオレンジの島」と呼ばれた酪農の風土である。

「堆肥を入れた土づくりは佐賀にない特色やね。なんや分からんけど、総合的なもんというのが私の考えです」

味に秘密あり。淡路タマネギに歴史あり。むいてもむいても、果てがない。

（2017年6月4日掲載）

〈淡路島のタマネギ〉 2016年は作付面積1501ヘクタール、生産量はべと病の影響で前年比約2割減の7万1958トン（兵庫県玉葱協会まとめ）。1985年をピークに約3千ヘクタールで推移していた面積は、2000年に2千ヘクタールを割り込んだ。生産量も06年以降は10万トンを下回り、12年度から「10万トン復活大作戦」として機械化一貫体系の促進や担い手育成を進めるが、現在は農産物全体の底上げに目標を切り替えた。

9

島一番の働きモノ

見たこともないものを、タマネギ島で見た。

鉄骨むき出し、エンジン丸見え、運転席は吹きさらし。太いタイヤに、大きな荷台。丸々太ったタマネギを物ともせずに、あぜを乗り越え運び出す。

半端でない手作り感が、シブくもかわいい。思わずカメラを向けると、地元の人がけげんな顔で聞く。

「農民車が珍しいんか」

農民車とは、地元の鉄工所が作った農耕作業用車。圃場《ほじょう》の中にぐいぐい入り、収穫作業には欠かせない。堆肥を運んで地を肥やし、農薬を積んで防除に励む。島一番の「はたらくくるま」だ。

一台一台比べて見ると、顔も形も年代もさまざま。島には何か、独自の進化を遂げる環境があるのだろうか。ガラパゴス諸島に上陸したダーウィンのように、車種の多様性に興奮する。〝種の起源〟を尋ね歩くと、ある鉄工所に行き着いた。

■■

「トラクターこしらえるいうのがならなんで、農民車になったんよ」

タマネギ畑が周囲に広がる南あわじ市榎列《えなみ》松田の前田鉄工所。今は製造をやめた工場で前田定男さん（72）が〝開発秘話〟を語る。

これが淡路の農民車。重たいタマネギに力を発揮。嫁入り道具を運ぶ姿を見た人も＝南あわじ市賀集鍛治屋

兄の敬語さん（故人）が始めた鉄工所は、耕運機を作っていた。国産トラクターが普及する1962（昭和37）年ごろ、敬語さんはいとこの相談を受け、見よう見まねで自作に挑戦。自動車のフロントを使い、中古の農業用発動機を積み、荷車用の車輪を付けると、でき上がったのは風変わりな車だった。

体は自動車でも心は農機具。土着的なハイブリッド車はたちまち評判を呼んだ。

淡路の「じゅるい（ぬかるんだ）」農地に当時の軽トラックは弱かった。タマネギなど重量野菜を運ぶにはパワーも足りなかった。そこへ現れたのがオーダーメードの農民車。四輪駆動を導入し、堆肥を運ぶためにダンプ機能を、タマネギを小屋につるためにリフト機能を荷台に取り入れた。

「設計図はないさかい、我流での。1カ月で50台くらいこしらえた時もあったの」

生産は島内の鉄工所に広がり、10社以上が手掛け、80年代は推定1万台とも記される。見た目の多様性は、寄せ集めた部品による、おおらかな作り方によるものだ。

自動車整備のプロが作る農民車。こだわりの青色を見たら、それは上原鈑金塗装工場製だ＝南あわじ市神代国衙

「淡路の鍛治屋さんの知恵の塊やね」と元淡路農業技術センター次長谷口保さん（89）。昔は農民車の発表会もあり、「もっと行政で取り上げてはと言うたこともありました」。丈夫で長持ち、40年以上の車も珍しくない。「あれがなくなると、農業がいっぺんに衰退してしまう」と、その役割を評価する。

しかし、農業人口が減り、かつ、圃場整備や軽トラックの

リフトダンプにしびれ、改造後の「ログズギャラリー農民車」。現在は洲本市内の倉庫で待機中という（提供）

性能向上につれて、農民車を作る鉄工所も姿を消していく。

同市神代国衙《じんだいこくが》の上原鈑金《ばんきん》塗装工場は、40年ほど前に農民車製造に転じた数少ない現役。今ではフレームは規格化し、使用するのは軽自動車の中古エンジンだ。年間20台ほどの注文を休みなくこなすが、「この先どうなるか分からへん」と2代目の上原直樹さん(43)は打ち明ける。

自動車のハイテク化により、対極的な存在の農民車に使える中古部品は、供給が細っている。加えてタマネギ農家の省力化のため、収穫から出荷までの機械化の促進が、農民車の出番を少なくする。

■■

伝統行事や農耕儀礼のように、時代の変化で失われてしまうのだろうか。

「農民車は地域の文化財。民俗的な部分に引かれる」と、インターネット上で「淡路島農民車考」を運営する近野新さん。90年以降、農民車を数千枚も撮りため、独自に分類したのは、誰も記録していなかったから。運転は実は一度もしたことがない。

「農家に生まれていたら、空気のような存在の農民車に興味は湧かなかったかもしれません」

必要なのは、外部の目かもしれない。兵庫県立三原高（現淡路三原高）放送部は2003年、農民車を追った番組「田舎のスーパーカー」で県高校総合文化祭の銀賞に輝いた。

「『ほんまにあんなのが走っとるん?』と大受けでした」。当時の顧問の坂井啓太郎・あわじ特別支援学校教頭は振り返る。だ

淡路農民車コレクション

が、撮影当初は「どんな場面を見せればいいのか、気付くのに時間がかかった」。あまりに当たり前すぎる存在だからだ。だから、見る人が見るとアートにもなる。

「農民車製作プロジェクト」を11～13年、アートユニット「ログズギャラリー」（活動休止中）の浜地靖彦さん（46）＝大阪府吹田市＝と中瀬由央《ゆきひさ》さん（46）＝神戸市灘区＝は手掛けた。

農民車を生んだ前田鉄工所。製造を終えた今も、40年ほど前に作った農発エンジン車が修理に持ち込まれる＝南あわじ市榎列松田

農民車を初めて見たとき、「映画『マッドマックス』の車におばあちゃんが乗ってる！」と衝撃を受けた。車を動くメディアとする作品を発表していた2人だが、構造や溶接などは未知の領域だった。農民車の情報の少なさから、「自作自動車」と妄想したことで、製作へのエンジンがかかった。

身の回りの製品の多くが、便利だけど仕組みは分からない。「ブラックボックス化している時代に、自分で手が付けられるものは今後も大事なんじゃないか」。自由と創造の可能性は、島にこそあるのかもしれない。

開放的な農民車が、淡路の気風そのものに見えてくる。いつか「農民車博物館」ができるといい。略して「みんぱく」。淡路らしい民俗博物館となること、間違いない。

（2017年6月11日掲載）

〈農民車〉　淡路島内でも地域性があり、北部の狭い山地では「津名型」。小回りが利くよう車長や車幅を切り詰め、エンジンをリアに積むことで登坂力を高めている。沼島周辺などでは、車輪の小さい「漁民車」もある。かつては、タマネギ産地である佐賀のほか、徳島ではナシ、沖縄ではサトウキビの収穫に農民車が使われていたことがあるという。

10

タマネギ愛ランド

淡路島の南の端、大鳴門橋を眺めに行くと、おお、大きな黄色い謎の物体が。

泣かせてばかりのタマネギも、大きくなればこの笑顔。たまげたサイズのタマネギだ＝うずの丘大鳴門橋記念館

人気前衛アーティストのパロディー作品か？　大ヒットゲーム「ドラゴンクエスト」原作者の出身地だけに、キャラクターのスライムか？

その名も「おっ玉葱《たまねぎ》」。南あわじ市福良丙《へい》の観光施設「うずの丘大鳴門橋記念館」に昨春お目見えした、高さ２・８メートル、直径２・５メートルの巨大オブジェだ。

それだけじゃあない。

昼の長寿番組で見かけるような、タマネギヘアーのかつらも用意。見渡せば、顔出しパネルも、ベンチもタマネギ。クレーンゲームも、生のタマネギが入った「たまねぎキャッチャー」だ。

休日ともなると、記念撮影する人がひっきりなしに訪れる。だが、「７年ほど前までは、団体客が去ると閑古鳥が鳴いてました」。

まさに、タマネギさまさま。健康だけでなく、島の観光にも効く、万能野菜の面目躍如だ。

■
■

大鳴門橋記念館の開館から四半世紀を経た２０１１年、飲料メーカーによる自動販売機設置の営業がはじまりだった。

「タマネギを自販機にプリントしてくれたら、と頼んでみると、やってくれたんです」と広

報の宮地勇次さん（32）。これが当たり、写真をSNS（会員制交流サイト）に投稿する人が現れ、口コミで広まった。

宮地さんは東京からのUターン者。南あわじ市の実家はタマネギ農家だが、「島を出て、おいしさに気づけた」と話す。「意外と知られてない淡路のほんまもんを発信したい」と、地元食材を使ったハンバーガーやメニューの開発とともに、若手で企画を練りだした。

たまねぎキャッチャーも、元はポスター用の企画会社案だったが、「シュールで受ける」と撮影中に設置を決め、ネーミングや飾り付けも自分たちで手掛けた。

タマネギたちをつかまえて！　1回100円、6回500円。成功すれば1.5キロ（時期により変更）をプレゼント
＝南あわじ市福良丙、うずの丘大鳴門橋記念館

「面白そうだと足を運んでくれるリピーターを増やし、島全体を活性化したい」と宮地さん。島の恵みは皆のもの。「自分とこのことだけ考えてたら伝わらないと思う」

タマネギ碑のある農業公園「淡路ファームパーク・イングランドの丘」（南あわじ市八木養宜上《ようぎかみ》）では、「オニオンピック」を09年から毎年開催する。数ある〝競技〟の中でも大声コンテストは名物企画だ。

「タ・マ・ネ・ギ〜!!」と4文字を青空に響かせ、大人も子どもも満足そう。女性1位は神戸から来た金井祐子さん（33）。「3年前から毎年出てる。こんなの、ほかではあり得ない」と景品のタマネギを手に笑う。

オニオンピックで〝タマネギ挙げ〟。こんなに重いの上がるかな？
＝淡路ファームパーク・イングランドの丘

■■

あふれんばかりの「タマネギ愛」も、淡路島のブランドあってこそ。

収穫のピークは6月。梅雨に打たれてしまわぬように、田の水張りに間に合うように、中生《なかて》、晩生《おくて》と休みなく家族総出で作業する。

畝から引くと、葉っぱを残し、20個ほどをひとくくりに。山になるほど農民車に積んで、運び込むのはタマネギ小屋だ。風の吹き込む素通しの小屋に、「なる」と呼ばれる横木を渡して、次から次へと掛けていく。

自然の風で乾燥させる「つり玉」は、伝統の貯蔵法。「葉が枯れるまで養分がいくから味が違うと思う」と元淡路農業技術センター次長の谷口保さん（89）。同センターの研究によると、つり玉の貯蔵後は、ピルビン酸含量が低下して辛味は薄れ、糖含有率が高くなり甘みが増す。柔らかさの食味評価でも、他を上回る。外皮も赤みが増して、鮮やかになるとの成果が出ている。

それでも目立って価格が伸びたのは、この10年ほどのこと。「1キロ当たり100円がなかなか出ない時代があった」とJA

タマネギのある風景

あわじ島の出口智康販売部長（54）は振り返る。
淡路に代わって全国2位の産地に躍り出た佐賀産が、京浜市場への出荷を増やしたことなどが背景にあったという。安価な外国産の攻勢があり、産地偽装の問題もあった。数と価格の前に、淡路産は陰に隠れた。

■■

それが昨年の市場価格は、佐賀産の病害もあるが、8～12月はキロ２００円を超えた。地域団体商標「淡路島たまねぎ」を取得したのは、２０１０年。品質保持や安全性の確保と、大消費地でのＣＭや拠点販売など地道な努力が実を結んだ。

地域団体商標の使用者数は意外なことに、淡路市と洲本市で75%を占める。南あわじ市で9割を生産しているにもかかわらず、だ。

生産者の規模が小さい分、農協や商社への出荷より、直売する傾向が強い―というのが関係

タマネギのある風景

者の見方。「商標があれば、お客さんに対して分かりやすい」。淡路市小田で「才田《さいた》農園」を営む黒田美福《みふく》さん(40)は言う。

レタスを中心にタマネギも漢方由来の肥料で栽培。神戸市内の直売所のほか、ハーバーランドの産直イベント「カルメニマルシェ」にも出店する。「ゆくゆくは自前でラベルやポスターを作りたい」とPRを図る。

大きな二つの橋が架かり、インターネットの普及もあり、消費者との距離はぐっと近くなった。需要拡大の余地はあるが、高齢化で農業人口は減少。重労働のつり玉は、コンテナ乾燥へ機械化しつつある。

6月、タマネギ小屋で「つり玉」が熟成し、タマネギ畑は田んぼに変わる。多毛作が発達してきた淡路島の季節感ある風景だ＝南あわじ市神代地頭方

それでもタマネギ小屋は、失うには惜しい淡路島の風景。手間暇掛けたつり玉が、付加価値として価格に反映されるようになれば、景観も守られるかもしれない。

食べてよし、眺めてよし。島おこしのアイテムとして、まだまだ魅力を秘めている。

（2017年6月25日掲載）

つり玉作業は重労働。ひとくくり約10キロ。約5万個を農民車から掛けていく＝南あわじ市中条中筋、谷口保さん方

〈タマネギ小屋〉 タマネギを乾燥・貯蔵するための小屋で、大阪・泉州から伝わった。淡路型は間口2間に奥行き3間（約4×6メートル）。上下7段掛けが一般的だが、9段もある。木造・瓦ぶきの小屋が今も残るが、昭和40年ごろから鉄骨に変わった。農民車や農機具置き場としても使われている。コンテナ貯蔵、除湿乾燥や通風乾燥などの機械化により、つり玉をしていない小屋も少なくない。

11 お日さまを待つ朝

早朝の海に、宮司の吹くひちりきとニワトリの声が響く。あいにくの曇り空だが、雲の奥に朝日の気配を感じ取る。14人の男たちが海に向かって、こうべを垂れた。

「丹精した稲が無事に育ちますように」

太陽を待つから「お日待《ひま》ち」。五穀豊穣《ほうじょう》などを願う神事は播磨や但馬の山間部でも見られるが、淡路島東海岸の洲本市小路谷《おろだに》では、海辺で日の出を迎える。

海にせり出した地に立つ住吉神社。東の空が白み始めるころから祭壇を設け、神事は午前5時に始まる。

今年も田植えを終えることができた。祈りをささげる男たちの背中から、そんな安堵《あんど》感も伝わってくる。

淡路島各地に残る農耕にまつわる風習や神事。一方で、途絶えてしまったものも少なくない。

さりげなく伝わっているようでいて、長く続くには理由がある。その「わけ」とは…。

■　■

淡路島北部には、今も「女人禁制」の風習を守り続ける神社がある。

記者は女性だが、門前払いに遭わないだろうか。やや緊張し

日の出に向かって深々と頭を下げ、稲の成長を願う人々＝洲本市小路谷

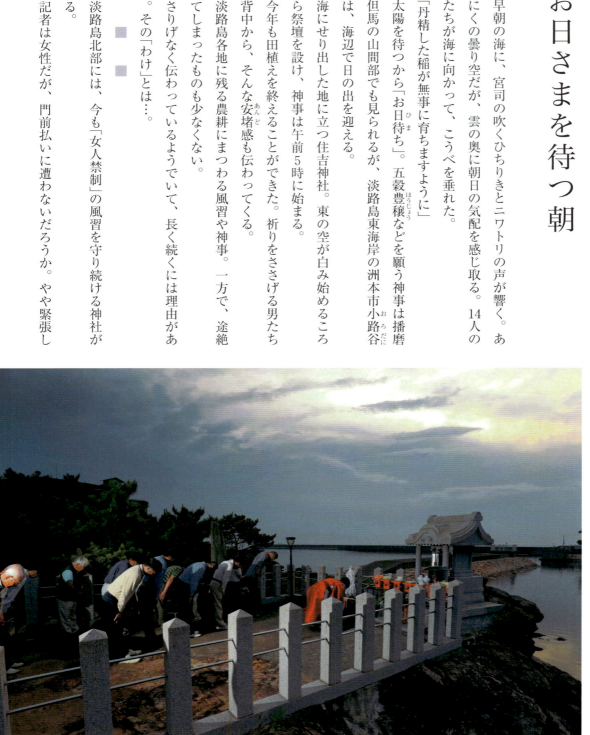

ながら、淡路市舟木の石上《いわがみ》神社へと車を走らせた。

標高約160メートル。うっそうと木々が茂り、霊妙な雰囲気だ。境内入り口、鳥居のそばに「女人禁制」と赤く刻まれた岩がある。脇には「女性の方　参拝こちら」の案内板。それに従い、小道を進むと稲荷社がある。鎖の向こうに、重さ約20トンという巨石の御神体が鎮座していた。

同神社の春季例祭は、農繁期を控え、豊作を祈願する。毎年3月9日にあり、約10人の男性が集まった。現在、二十数世帯の舟木集落はほとんどが農家。神職が御神体の前に膝をつき、祝詞を唱えた。

石上神社は、伊勢（三重県）から三輪山（奈良県）を経て淡路島に至る北緯34度32分の緯度線上に位置する。「太陽の道」と呼ばれるこの東西軸には、日の神信仰にまつわる著名な遺跡や寺社がほぼ一直線に並ぶ。

鳥居の脇にある岩に「女人禁制」の文字が刻まれている＝淡路市舟木

これらの地には、「日を迎える座（朝日に向かって祭事をする）」と「日を追う座（夕日に向かって祭事をする）」がある。前者は男性が、後者は女性がつかさどる。石上神社は前者で、それが女人禁制の由来という。

「最近は、観光バスに乗って、若い女性グループも来ますよ」

前町内会長の赤松武志さん（67）によると、女性用参拝路は昔からあったが、数年前に歩きやすいように町内会費で舗装した。「なんで女性は入れない？」。問われることもあるが、風習は今なお固く守られている。

秋季例祭で、五穀豊穣を感謝する神事「座り相撲」も長く受け継がれてきた。氏子が東西に分かれ、膝を立てた姿勢で組み合う。東が勝てば「万作」、西なら「豊年」。必ず引き分けるので豊年万作。さぞ由緒が、と思いきや、神職の森本明さん（66）はさらりと言う。

「昔は立ってたんとちゃいますか。けがをせんよう、座り相撲になったんやろう」

■ ■

舟木と同じ淡路市の山間部、久野々《くのの》集落では、田植えが終わった後に行われる風習が伝わる。「廻《まわ》りご祈禱《きとう》」という。

毎年7月11日朝、集落の全世帯から男性が1人ずつ集まる。

白っぽい服装であればTシャツでも構わない。2班に分かれ、ほら貝をブォーと吹き、鈴をチリンと鳴らしながら、あぜ道を巡る。1軒ずつ全ての家に上がって読経し、酒とごちそうでもてなされる。

石上神社の秋季例祭で奉納される「座り相撲」。膝立ちの姿勢で組み合い、豊作を感謝する＝2004年10月、淡路市舟木（淡路市教育委員会提供）

日が暮れても「ご祈禱」は続いた。「全部の家で飲んで、食って…。最後は酔っぱらってあぜ道で眠りこけてた」。上田愛直《よしなお》さん(74)が、十数年前を振り返る。

だが、久野々も二十数世帯に減り、もてなしは簡素になった。女性は祈禱の列には加わらず、家で迎えるのみだが、高齢女性の独居世帯も多い。

「数年後には消えてるんちゃうかなぁ」と上田さん。多くの観光客を集めた「かかし祭り」も、過疎化と高齢化で準備が難しくなり、2年前に幕を閉じた。毎年執り行われるご祈禱も継続が危ぶまれる。

「廻りご祈禱」で使用するほら貝と鈴＝淡路市久野々

「やめたら罰が当たるかもしらんし、ずっと続けてきたもんやしなぁ」。そう話す上田さんの隣で、妻の富子さん(73)が笑う。「田植えの後、家中を掃除するいいきっかけになるから、続けたらいいんですよ」

集落の棚田はもう水をたたえている。今年も、ご祈禱の日が近づいている。

昔の田植えは、人の手で一株ずつ植えていく数を頼みの作業。地域で結いを組み、互いの家族が協力し合った。田植えが終わると打ち上げをして、労をねぎらった。

洲本市小路谷の「お日待ち」もそう。住吉神社に集まり、夕刻に神事を行い、酒食を楽しみながら、翌朝の日の出まで一緒に過ごした。今は簡素化され、夜にいったん解散し、早朝に再び集まる。集落で農業を営むのは22世帯だが、その大半が兼業だ。お日待ちの参加者も以前より減っている。

7月に「廻りご祈禱」をする久野々集落。対岸には明石市や神戸市の住宅地が見える＝淡路市久野々

神社の立つ古茂江《こもえ》海岸は、摂州、泉州、紀州、播州を見渡せる景勝地だったことから「四州」と呼ばれ、元々は太陽を見る場所。古代から何らかの信仰の地だったのだろう。

「そんな場所で行事を絶やすわけにはいかんでしょ」と氏子総代の谷克明《よしあき》さん(69)。谷さん自身も兼業農家だが、「収入やのうて代々の土地を守るため」に農業を続ける。

雨をたっぷりいただいて、青々とした田んぼが広がっている。夏はすぐそこに。時は移れど、太陽を「お日さま」と呼び、敬う心は忘れずにいたい。

(2017年7月2日掲載)

〈稲作にまつわる神事〉 淡路島各地では昭和期まで、家族や集落単位で田植えの前後に執り行うさまざまな神事があった。田植えを始める前、あぜにお神酒や木の枝をまつる「サイキ」「サビラキ」。田植えが終わった後、餅を神棚に供えたり、近所に配ったりする「サノボリ」。「サ」は稲の神を表し、里に下りてきた神様が、田植えが終わると山に帰っていくという信仰に基づく。

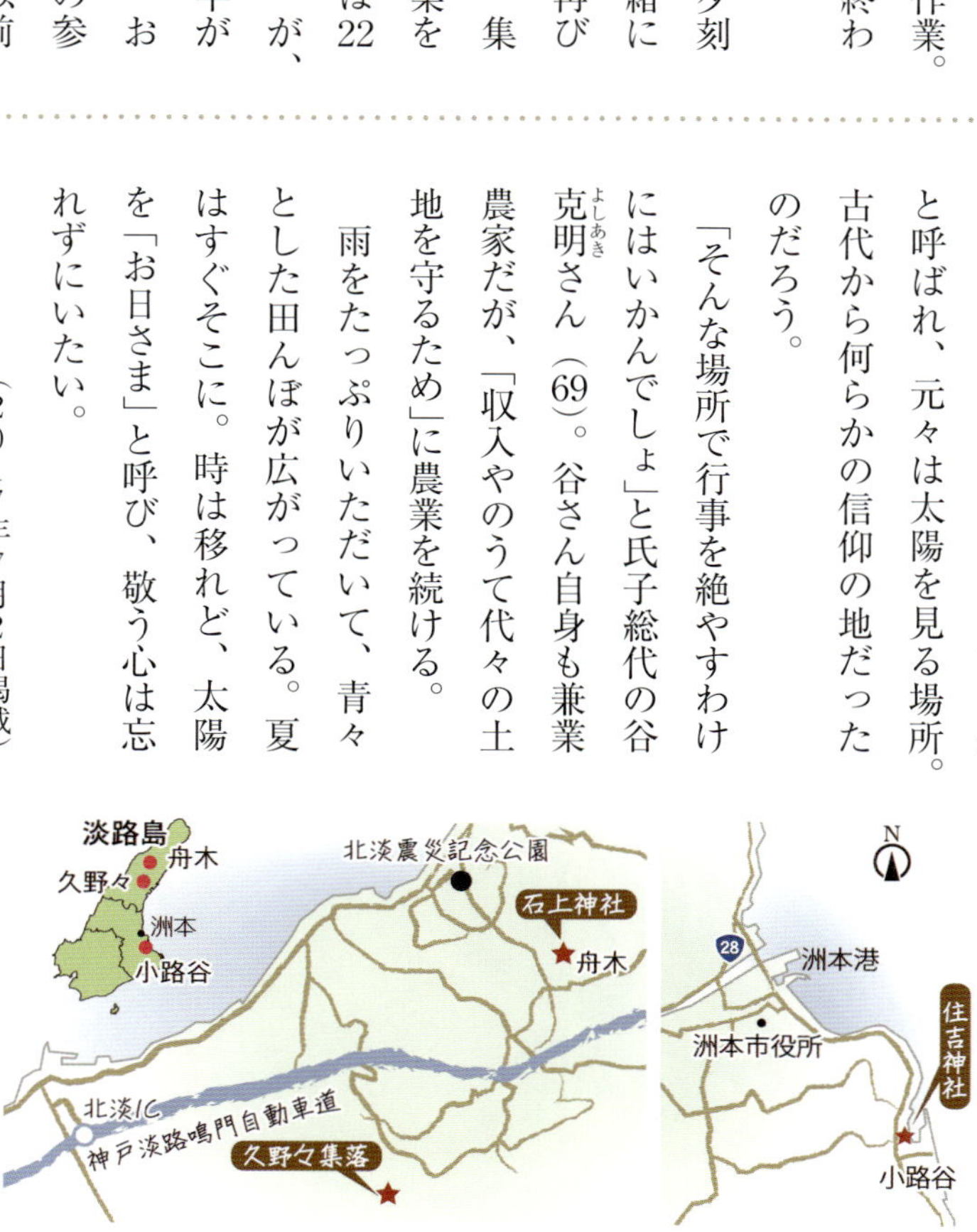

12

御食国《みけつくに》のゆくえ

自動ドアを抜けると、土の匂いが広がった。入り口に展示されている「農民車」。淡路島の象徴がでんと居座るその向こう側に、400点を超える生鮮・加工食品が並んでいる。

6月中旬、南あわじ市の直売所「美菜恋来屋《みなこいこいや》」。目に付いたものを手にする。タマネギ、ビワ、レタス、タイ、ハマチ、牛ロース…。あっという間に、テーブルがいっぱいになった。

橋が架かり、積極的なPR戦略もあって、島の〝食彩〟は成長の一途だ。裏作の一つだったタマネギが、日本を代表するブランドになった。農家が田植え終わりに食べたサワラは、生シラスに次ぐ丼の具材として注目を集めている。

豊かな風土が育んできた一片が、スポットライトを浴びて「特産」に。一方で、華やかな舞台とは一線を画しつつも確かな彩りが、島にはまだまだある。

日常に溶け込み、淡々と、脈々と。

■　■

どろっとした汁に、小さな豆と白いだんごが浮かんで

野菜、魚、肉…。四季を彩る島の幸と、趣向を凝らした加工品の数々＝南あわじ市八木養宜上、美菜恋来屋

いる。知らない人がおわんを見たら、十中八九「ぜんざい」と言うだろう。そして、一口食べて驚くだろう。「全然、甘くない」と。淡路島に伝わる郷土料理「ちょぼ汁」だ。小豆のように見えるのはササゲ豆。ズイキと呼ばれるサトイモの茎も入っている。

5月21日、国登録有形文化財の邸宅「春陽荘《しゅんようそう》」（洲本市）で、地元の食をテーマに料理教室が開かれた。講師の沢井淑子さん（75）が解説する。「お乳がよく出るようにって、出産直後の女性に母親が作ってあげるのよ」

ササゲ豆（上）とズイキ（中）が入った「ちょぼ汁」（下）＝洲本市宇山2、春陽荘

あんを詰めた餅（上）をいびつの葉（中）でくるんだ「いびつ餅」（下）＝洲本市宇山2、春陽荘

呼称には、生まれた子どもが「かわいいおちょぼ口になるように」との願いが込められているそうだ。昆布のだしが効いた素朴な味わい。参加した洲本市の会社員川口歩美さん（29）が「小さい頃は好きではなかったけど、久々に食べたら体に良さそうな、染みるような感じ」と笑いながら箸を進める。

献立には「いびつ餅」もあった。「かしわ餅」と似ているが、葉っぱが異なる。淡路島に自生し、「いびつ」と呼ばれるサルトリイバラを使う。農家が作業の合間に食べていたというが、手作りする家庭は減っている。

川口さんが日々の食卓を思い浮かべる。「野菜とか魚とか、なるべく旬の食材を使うようにはしているけど、パッパッとできるメニューを優先してしまいますね」。もち米を蒸して練り、裏山に分け入って葉っぱを採る。確かに手間はかかる。

■■

島の北部に伝わる「こけら寿司」もそう。ベラやシログチといった魚の身をほぐし、小骨を取り除いて包丁で細かく刻んでいく。味付けは単純だが、やはりコンビニエンスでもファストでもない。

「最近は、郷土料理を学びたいという需要がそもそも少ない。今の家庭の食卓に入っていく余地がないというか、とっぴな感じがしてしまうのよね」

沢井さんが打ち明ける。大阪の専門学校で調理を学び、1966年から洲本市で「淡路クッキングスクール」を主宰する。地元の食材や伝統料理へのこだわりは強いが、若い世代と意識の違いを感じることがある。

淡路島の食材を使った料理教室のメニュー。野菜を添えたローストビーフは、もちろん淡路産の牛肉だ＝洲本市宇山2、春陽荘

印象に残っているのが、数年前にちょぼ汁を作った時の参加者の一言だ。「なぜササゲやズイキを使わなければいけないんですか。スーパーとかで簡単に手に入るもので代用すればいいでしょう」

出来合いの総菜が店頭に並び、スマートフォンをいじれば手軽さを売りにしたレシピがいくらでも見つかる時代。「ササゲやズイキは栄養価が高く、古い血を下す」という先人の知恵が伝わりにくくなってきている。

■ ■

生活が便利になり、明石海峡大橋の開通で流通形態も一変した。こうした外的な要因に加え、沢井さんは淡路島の風土や環境も影響していると考えている。

例えば、冬の寒さが厳しい土地では、保存食に創意工夫を凝らし、時代が変わっても大切に受け継いでいく。一方で、資源豊かな海に囲まれ、温暖で農業や畜産業にも適した「御食国《みけつくに》」の淡路島。春夏秋冬、その時その場所でとれた新鮮なもので暮らしていけるだけに、一つ一つの食に対するこだわりが薄いように感じられるという。

「花とミルクとオレンジの島」のフレーズが生まれてから半世紀余り。多彩な食を売りに多くの人々が訪れる「国生みの島」は、さらに半世紀がたったとき、どのような姿に変わっているだろうか。

（2017年7月9日掲載）

豊かな風土が育んできた郷土料理の作り方を教える沢井淑子さん（右）＝洲本市宇山2、春陽荘

サワラ丼

こけら寿司

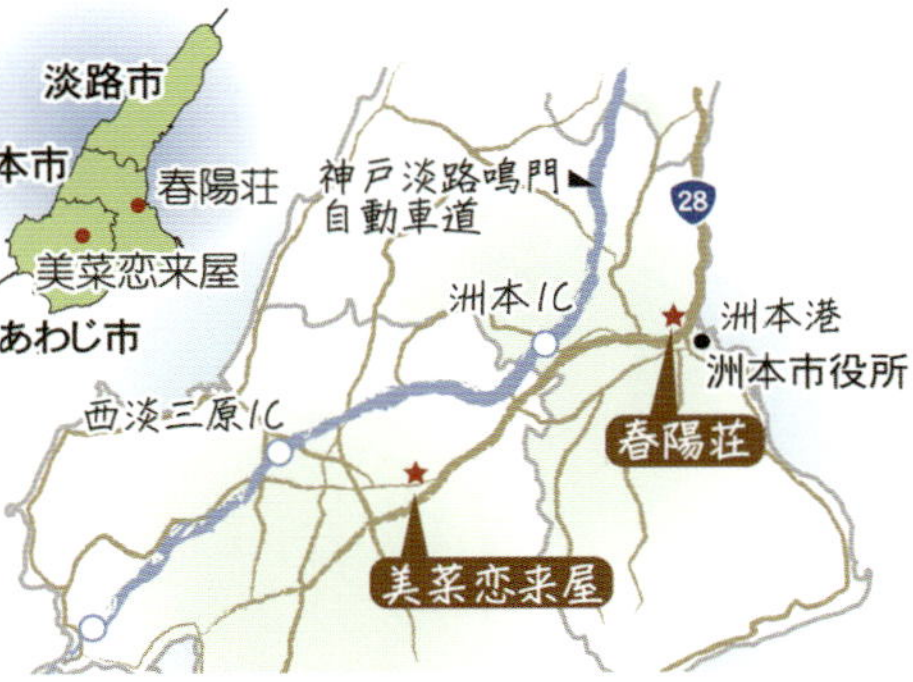

のっぺ汁

牛の健康祈って焼き肉

神戸ビーフの一大産地・淡路島のある寺院では年1回、盛大な〝焼き肉パーティー〟が開かれる。和牛の繁殖農家ら数十人が本堂に七輪《しちりん》を並べ、昼間からビールを手にぱくぱく。神聖な境内で、仏教が禁じる殺生を連想させる催しが続く背景は―。

シャン、シャン、シャン…。

毎年4月28日、淡路市下司《くだし》の覚王寺では伝統行事「牛寄せ」が執り行われる。近所の繁殖農家が連れてきた子牛の健康を祈る錫杖《しゃくじょう》の金属音は、程なくして香ばしい網焼きの音に変わる。

ジュー、ジュー、ジュー…。

「念のためやけど、連れてきた子牛とちゃうで。別に用意しとった肉やからな」「供養や、牛の供養なんや」

牛飼いの男たちが、笑いながら次々に箸を伸ばす。本堂が、食欲をそそる白煙に包まれていく。

牛寄せ後の焼き肉は2002年に始まった。きっかけは前年に起こった牛海綿状脳症（BSE）問題。子牛の価格が暴落し、風評被害が拡大する中、景気付けと安全性のアピールを狙った。

とはいうものの、場所は神聖な寺院。当初は境内の片隅で遠慮がちに七輪を囲んでいたそうだが、雨が降った年を契機に、本堂に上がり込むようになった。

「牛寄せ」が終わり、本堂にござを敷いて焼き肉を食べる繁殖農家ら＝淡路市下司、覚王寺

シン・ゴコク　余話

「仏さんの前で、こんなんええんやろうか」。住職の苦笑いとは裏腹に、農家にとっては貴重な懇親の場として定着した。

近年、国内外で広がる和牛ブームによって子牛の価格は高騰しているが、いつまでも続く保証はない。農家の後継者不足も、深刻化の一途をたどる。

「みんなでわいわい語り合えることが、ほんまに幸せなんや」。

浮き沈みに翻弄されてきた農家の高齢男性はしみじみ語った。

禁じられた飾り

淡路市育波の浜地区には、ある〝タブー〟が存在する。「端午の節句にこいのぼりを上げない」

地元の歴史に詳しい高田欣二さんが理由を説明してくれた。明治初期、浜地区の有力者・佐藤清兵衛は待望の男の子の誕生に立派なこいのぼりを掲げたが、直後にその子が井戸に落ちて早世。佐藤家は跡取りができず、家系も絶えてしまった―。

以来、浜地区ではこいのぼりは不吉と忌み嫌われているそう。お年寄りからは「兜も飾らない」「桃の節句のひな飾りも避ける」といった話も聞かれる。「何かを行うこと」だけでなく、「何かを行わないこと」も風習である。

第2部

都市のモザイク

1

神戸・北野、多国籍こそ日常

仰げば山の緑まぶしく、涼風が吹き抜ける。振り返ればビル群のかなたにかすむ海。石段を上った北野天満神社（神戸市中央区）から、異人館が手に取るように見える。

5月、同神社であった「北野国際まつり」。神戸ポートアイランド博覧会が開催された１９８１年に始まり、今年で37回目になる。

「南無阿弥陀仏、南無阿弥陀仏」。拝殿で紫のけさをまとった浄土宗願成寺《がんじょうじ》、濱田賢時《けんじ》僧侶(49)がかねをたたいて念仏を唱える。白い祭服に身を包んだ西神福音ルーテル教会の多久和律《たくわりつ》牧師(70)は「剣を鋤《すき》に変え、槍《やり》を鎌に変えよ」と聖書の一節を引用し、「平和をもたらしてください」と両手を広げた。

「互いに認め合って生活をする。神戸からこの思いを発信したい」。北野天満神社の佐藤典久宮司(46)が黙とうを呼び掛けた。観光客や屋台の店主らも一緒に目を閉じた。

世界平和と心の国際交流を。提唱者の米国人ジェイ・グラックさんの思いを受け継ぐ「ピースセレモニー」は、さまざまな宗教者が集い、それぞれの流儀で祈りをささげる。

西アフリカ太鼓の演奏が始まった。中国舞踊に獅子舞、バリ舞踊に南インド古典舞踊…。拝殿は多国籍なダンスステージと化した。初めて見る者は目を丸くするが、国際まつりは地域の風習として定着した。

佐藤宮司が言った。

シーク教寺院で、日曜の昼にある礼拝＝神戸市中央区野崎通２

「『伝統ある神社に似つかわしくない』との声はいつの間にか消えた。この場所で続いているのは、偶然じゃなく必然なんです」

１５０年前の開港以来、多種多様な文化が入ってきた神戸。その中でもとびきり異国が薫る北野。佐藤宮司の言葉を確かめようと、石段を下り、街へ。

■■

異人館。明治の神戸人は、山手の斜面を埋めたカラフルな洋館をこう呼んだ。

大勢の観光客が訪れる異人館街、神戸市中央区北野町と山本通。東西2キロ、南北４００メートルの狭い地域に、キリスト教、ユダヤ教、ジャイナ教など世界11の宗教施設が集う。

１８６８年の神戸港開港に伴い、外国人と日本人が同じ地域に住むことを許される「雑居地」に指定されたことで、のどかな農村だった北野の運命は決まる。「西欧の街」がすっぽりはめ込まれ、ここから強烈なエキゾチシズムとモダニズムが放射された。

外国商人らの子孫も、海を望むことで遠い祖国とのつながりを感じられるこの地を気に入ったのだろうか。中央区に住む外国人の国や地域は、今や１００を超える。

日曜日の昼。神戸・三宮の東、同区野崎通の住宅街にあるシーク教寺院を訪れた。

ターバンを巻いた男性たちと、民族衣装をまとう女性たちが、部屋の両端に分かれて座る。中央で太鼓とハーモニウムの奏者

拝殿で繰り広げられるインド舞踊。「北野国際まつり」は初夏の風物詩として定着した＝神戸市中央区北野町3、北野天満神社

が歌声を響かせる。パンジャーブ語による、どこか哀愁を帯びた祈りが続く。

1時間後。「パルシャード」と呼ばれる菓子が配られた。終わりの合図だ。小麦粉と、ギーというバターオイルで作られた甘い菓子が、一人一人に手渡された。

階下では豆カレーにチャパティ、ヨーグルトが振る舞われる。「いっぱい食べや」。北野でインド料理店を営むデワン・ラジャさん(54)が、妻さちよさん(53)と席に着く。

北野のレストランで出会い、結婚して25年になる。生花店に勤めるさちよさんを見て、ラジャさんは「花の中に花がいる!」と一目ぼれしたそうだ。

関西弁を覚えた。子どもができてからは日本国籍を取得し、地元の消防団にも入った。

そんなラジャさんも週に1度、ここでは「インド人」に戻る。

「1時間だけでも神様のことを考える。それがええんや」。さちよさんは「お正月は一緒に神社に初詣に行きます。わが家は風習もごちゃまぜです」と笑った。

祈りの後、振る舞いのカレーを食べるデワン・ラジャさん（右）と妻さちよさん＝神戸市中央区野崎通2

北野に住んだ外国人が仕事場のある居留地へと馬車で通ったトアロード。その近くに神戸華僑会館がある。

木曜日の夜、神戸華僑総会舞獅《ぶし》隊の練習が始まった。

巨大な獅子がうねる。男の肩に別の1人が乗り、4メートル近い高さに伸び上がったかと思うと、小さく丸まり横になる。頭をかまれると無病息災。いわれは日本の獅子舞と同じだ。

「中国では結婚式に欠かせません。神戸でも、華僑同士の結婚や、開店などのお祝い事に呼ばれます」

5代目隊長の盧健良《ろけんりょう》さん(38)が教えてくれた。80年前、祖父母が中国・広東省から神戸へ。北野で生まれ育った華僑3世だ。神戸中華同文学校を卒業し、神戸の公立高校へ進んだ。「ずっと華僑の仲間で固まっていたのが、急に日本社会に放り出されて」。多くの華僑が通る道だという。

高校3年から舞獅隊に加わり、のめり込んだ。日本の伝統芸能と同じく、担い手不足に悩む。理由は「華僑意識の薄れ」だ。3世になると、日本人との結婚も増える。

獅子舞を知らない同世代も多いが「中国から見たら異国の神

神戸華僑総会舞獅隊の中国獅子舞＝神戸市中央区北野町3

戸で大事なものが続いているのはすごい。絶やしたくない」と盧さん。誇りものぞくが、「古里は、と聞かれると、広東省じゃなく、神戸なんです」。

■ ■

日本、インド、中国、フランス。ルーツが異なる神戸、阪神間の子どもたち14人が次々に歌い、踊る。

「世界の童謡フェスティバル」に出演した子どもたち。和装にチマ・チョゴリ、インドの民族衣装が一堂に。「いろんな国の子がいて当たり前」と張文乃さん（2列目左から4人目）＝神戸市中央区中山手通2

5月、トアロードに面するNHK神戸放送局で「世界の童謡フェスティバル」があった。上海出身の父と愛媛出身の母の間に生まれた張文乃《ちょうふみの》さん（76）が企画した。「世界のこどものごあいさつ」を全員で合唱する。8回目となり、少しずつ定着してきた。

インド人のサーハニ・アイーシャちゃん（6）ら3人は、象の顔をしたガネーシャ神の踊りを披露した。大阪で生まれ、20代で南インド古典舞踊を始めたモガリ真奈美さんが手ほどきした。

「インドで学んだ踊りを、インド人に教えるのは変な気持ち」。モガリさんは笑うが、在日インド人からの依頼が最近、増えた。受け継ぐのに、国籍は関係ないのだろう。

海を渡ってもたらされた文化や信仰は、生活の薫りを感じるからこそ、伝わってきた。華やかさに淡い郷愁がにじむ「雑居地」の記憶が、いま伝統としての輝きを放つ。

高台から神戸の海を眺める。その向こうに、異国の人々の故郷を見た気がした。

（2017年7月16日掲載）

〈神戸の外国人〉 神戸市内に住む外国人は4万5994人（2017年5月末現在）。兵庫県全体の半数近くを占める。中央区や長田区を中心に、朝鮮・韓国、中国、ベトナム、台湾、米国、フィリピン、インド、ネパール、ブラジルなどが多く、国籍・地域数は142に上る。10年前と比べて27増えており、多国籍化が加速。世界各地の人たちが暮らす日本有数の国際都市となっている。

夏越しのキュウリ

提灯《ちょうちん》の下に、見慣れぬ供え物がある。半紙で巻かれ、紅白の水引で一結び。中から顔を出すのは、あれキュウリか。

本殿前に奉納されたキュウリ。それぞれの願いを胸に手を合わせる＝神戸市兵庫区上祇園町、祇園神社

神戸市兵庫区の山裾にある祇園神社。「平野の祇園さん」の名で親しまれる。今年も13日から8日間開かれた「祇園まつり」。100近い露店が軒を連ね、大勢の参拝者でにぎわったが、隠れた主役がキュウリだ。家族の人数分を供え、半紙に名前、性別、干支《えと》、年齢を書いて夏を健康に過ごせるように祈る。

御神紋の「五《い》つ木瓜《もっこう》」が輪切りのキュウリと似ていることから供えるように。氏子は祭りが終わると斜めに切って食べる。神紋を口に入れるのは畏れ多いと思いきや、斜めなら禁忌に触れない、との柔軟さだ。

娘の分と2本供えた山根美代子さん(75)は「猛暑を乗り切るには、やっぱりキュウリでしょ」。食べて、疫病退散。これも祇園信仰。

■■

7月といえば祇園祭。でも、それは京の専売特許ではない。

神戸・平野の有馬街道沿い。「平野の祇園さん」は、88段の急な石段を上った先にある。祇園まつりの期間中、11町の氏子たちはこの石段を何度も上り、お札売りや防犯の当番をするなど神社の夏祭りを支える。

「子どものころは、露店が楽しみで1日に3回行きよった。クワガタ売りに夢中でな。もう石段を上がれんぐらいになるまで通った」。地元で酒・食料品店を営む小林二郎さん（81）が懐かしむ。

市電の始発・終着点だったことから、年配の人は今も平野を「終点」と呼ぶ。昭和30年代には、祭りになると、参拝者が終点を目指して押し寄せた。夕方には有馬街道は通行止めとなり、人々は夜を徹してそぞろ歩きを楽しんだ。

路地をたどれば、「上祇園町」や「下三条町」「雪御所《ゆきのごしょ》町」といった住所表示が目に入る。この地を愛した平清盛は1180年、京都から福原に都を移す。わずか半年だったが、町名が栄華の名残を伝える。

祇園神社の創建はさらに古く、貞観《じょうがん》地震があった869年。京都で大流行した疫病を鎮めるため、姫路・広峯神社から京都・八坂神社へ素戔嗚尊《すさのおのみこと》の分霊を運ぶ途中、1泊したのが平野の地とされる。

その八坂神社も、神紋がキュウリに似ていることから、祇園祭の間、氏子はキュウリを避ける。供えることはおろか、食べることもしない。

「平野は近くに荒田《あらた》という地名がある。夏に川が氾濫して田が荒れ、疫病に苦しんだ歴史が関係しているのでは」と中島憲司宮司（44）。キュウリの空洞に災いを閉じ込める―との意味を込め、いつしか供えるようになった。供え終わると川に流していたが、やがて土に埋めるようになり、今は当番を務めた氏子

昭和38年の祇園まつり。参拝者が有馬街道の平野交差点にあふれている＝神戸市兵庫区（平野商店街振興組合提供）

に手渡すという独自の発展を遂げた。

当番を終えた夜。氏子たちは「斜めに切ってください」との教えを受け、持ち帰る。サラダにしたり、酢の物にしたりして食べる。

■　■

「水無月《みなつき》の　夏越《なご》しの祓《はら》へする人は　千歳の命　のぶといふなり」

今月17日。造船所が多い和田岬にある三石《みついし》神社（神戸市兵庫区）で、和歌を唱えながら茅《ち》の輪をくぐる行事があった。おはらいと同じく、左、右、左と3回くぐり、疫病退散と夏の間の無病息災を願う。

和歌を唱えながら茅の輪をくぐる人たち＝神戸市兵庫区和田宮通3、三石神社

茅の輪を作るチガヤは、主に近くの三菱重工業神戸造船所で生えているものを使う。船との関わりが強い同神社は新造船の進水式神事も執り行うが、阪神・淡路大震災後は激減。小林友博宮司（68）は「地域の活気を取り戻すためにも、茅の輪をくぐってほしい」と話す。

6月にあった進水式神事。三石神社の宮司が執り行ったのは約2年ぶり＝神戸市兵庫区吉田町3、金川造船

紙に半年間のけがれを移し、無病息災を祈る大はらえがあったのは長田神社（神戸市長田区）。6月末、氏子ら約20人が、人形《ひとがた》に息を吹きかけ、体にさすりつけた。神職が回収し、神社前の苅藻川に1、2枚を流す。主婦の江野脇悦子さん（57）は「自分を見つめ直すきっかけに」と毎年欠かさず訪れる。

大はらえでけがれを移す人形＝神戸市長田区長田町3、長田神社

身と心を清め、夏を乗り切る。大都市の真ん中で、信仰が息づく。

いか焼きのにおいが立ち込め、くじ引き店から呼び込みが聞こえる。夕暮れ時、祇園まつりが華やぐ＝神戸市兵庫区上祇園町

再び、祇園まつり。子どもみこしが始まった。太鼓を2回、そして「ワッショイ」。ゆったりとした響きが平野の町並みに溶け込む。

2年前、平野など近隣の4校が統合され、神戸祇園小学校になった。みこしを見守る平野小卒業生の吉本甚太郎さん(69)は「私のころは1学年に10クラスほどもあった。人数が多くて、みこしを担がせてもらえなかったのにね」と寂しげだ。

数は減ったが、祭りを心底楽しむ姿は今も昔も変わらない。

太鼓を担いだ梅谷亘永《ひろと》君(12)に好きな露店を尋ねてみた。「えっと、いか焼きと…キュウリの一本漬け！」

なるほど、切らずに丸ごと食べればいいんだ。キュウリ信仰は、しっかり受け継がれている。

(2017年7月23日掲載)

〈茅の輪くぐり〉 一説では起源は次の故事に基づく。蘇《そ》民将来《みんしょうらい》、巨旦将来《こたんしょうらい》という兄弟にスサノオノミコトが宿を求めた。弟の巨旦は裕福でありながら宿を拒む。貧しい兄の蘇民は泊めてもてなした。スサノオは大いに喜び、後年、蘇民の家を訪れ、一家に茅の輪を着けさせた。そして、神力で巨旦を滅ぼした。茅の輪を着けていた蘇民家は後々まで栄えたことから、茅の輪をくぐる風習が生まれた、とされる。

3

ちょっと、一寸豆

一寸。「いっすん」とも「ちょっと」とも読む。尼崎の伝統野菜「富松《とまつ》一寸豆」は「いっすんまめ」だが、実は誤読にも一定の知名度がある。

１９９０年代中ごろ、尼崎市役所であった一寸豆のＰＲ会見。ある記者が真面目な顔で質問した。

「この『ちょっと豆』ですが…」

出席していた富松神社宮司の善見壽男《よしみひさお》さん（68）が取り繕う。「少ししか採れないし、『ちょっと豆』がふさわしいかもしれませんね」。笑い話はすぐに広がり、「富松ちょっと会」という地域団体までできた。

収穫量も生産者もちょっとだけ。20年ほどたった今も、一寸豆を取り巻く状況は変わっていない。むしろ、少しずつ減っている。

一寸先は闇という。その将来を安易には描けないが、地元の愛着の深さは、ちょっとどころではない。

一寸の豆にも、アマの魂。

■　■

一寸。いっすん。３・０３センチメートル。さやに入った粒の長さから、「富松一寸豆」は名付けられた。いわゆるソラマメ

ちょっと…いや、だいぶ大きい？　収穫を迎えた富松一寸豆＝尼崎市富松町3

よりも一回り大きい。

「うわー、でっけー」「持ってみ、ずっしりやで」

5月15日、尼崎市富松町の畑に収穫体験に訪れた尼崎北小学校の4年生148人が驚きの声を上げた。はしゃぐ子どもたちに、「富松豆保存研究会」事務局長の肩書も持つ善見宮司がルーツを紹介する。「インドのえらいお坊さんが伝えた豆なんやで」

地元では、富松一寸豆が日本のソラマメの起源と伝わる。奈良時代の736(天平8)年、来日した菩提仙那《ぼだいせんな》が持参した豆を行基《ぎょうき》上人が受け取り、今の尼崎市で試作させた。行基といえば、同市のほか、「行基町」の地名が残る伊丹市など近畿各地で開墾指導などに携わったとされる。

想像力をかき立てる「はじまりのアマ」の言い伝え。その後、千年以上にわたり記録は途絶えるが、一帯の農家が米の裏作として栽培を続けたと解釈されている。

尼崎の伝統野菜、富松一寸豆。一つのさやに1～3粒ほどが入っている＝尼崎市富松町3

収穫体験には、近くに住む保存研究会の一員、高尾元三《もとぞう》さん(65)も来ていた。不動産の管理で生計を立てる傍ら、専業農家だった父から継いだ畑で一寸豆を育て続ける。

苗で500ほどという栽培量は、10軒足らずとなった生産農家の中でも多い方だが、家族で食べ、親しい人に配るとなくなってしまう。宅地開発で田畑が減少し、農家が先細るという高度成長期以降の全国的な傾向は一寸豆にも当てはまり、店頭に並ぶことはない。

富松一寸豆の収穫期に合わせて掲げられた保存研究会の幕＝尼崎市富松町3

そんな現状を、かつて農作物を扱う商社に勤めていた高尾さんは冷静に受け止める。「流通ルートに乗せて変に踊らされるよりは、地元で育てて地元で食べる昔ながらのサイクルを続けた方がいい」

■■

ちょっとしか採れない一寸豆だが、ふっくらとした食感を生かしたメニューは多彩だ。塩ゆで、バターいため、かき揚げ、そして「福煮」。高尾さんの家では、妻の久子さん(62)が代々の味を引き継ぐ。

使うのは、乾燥させて茶色くなった一寸豆。重曹と砂糖、しょうゆを加えて弱火で煮る。9時間後、より柔らかく、より甘くなった黒く輝く豆が姿を現す。

伝統野菜を象徴するこの伝統料理は、収穫体験の2日前の5月13日、神前に供えられた。26回目を数え、地元に定着した富松神社の「一寸豆祭」。豆が販売される唯一の機会でもあり、大勢の家族連れやお年寄りが列を作る。

「知名度も大切だが、地域の幅広い世代に愛され、コミュニティーを保つ存在に」。普及に取り組んできた保存研究会のメンバーは願う。善見さんが、笑いながらあるエピソードを挙げた。「ふざけて『ちょっと豆』と言うと、怒りだすぐらい誇りを持っている人もいるんですよ」

富松一寸豆を使った伝統料理「福煮」。法事などで振る舞われるという＝尼崎市富松町3

■■

「武庫一寸」「河内一寸」「陵西《りょうさい》一寸」。明治期以降を中心に、富松一寸豆はいくつもの系統に派生し、全国に広がった。その伝播《でんぱ》の歴史に、新たな一ページが刻まれるかもしれない動きがある。

仕掛け人は、有馬温泉観光協会の会長、金井啓修《ひろのぶ》さん(62)。有馬周辺に自生し、かつてさまざまな料理に使われた「有馬山椒《さんしょう》」の復活を目指している。

その過程で、各地の在来作物を調べていたところ、富松一寸豆がアンテナに引っ掛かった。尼崎の農地を開き、豆の栽培を持ち込んだとされる行基は、衰えていた有馬温泉にお堂を建てて復興させた話が残る。

昨秋、富松でもらい受けた25粒ほどの一寸豆を、神戸市北区の畑に植えた。「別の地域では育たない」とも言われていたが、冬の寒さをわらの囲いでしのぐなど気を配り、この春には多く

昨年秋から神戸で試験栽培が始まり、さやを付けた富松一寸豆。金井啓修さん（左）のアイデアに、農家の中川優さんが協力した＝神戸市北区大沢町神付

大きく実った富松一寸豆を手に喜ぶ尼崎北小の児童ら＝尼崎市富松町3

がさやを付けた。

味はどうなのか、収穫した豆が再び芽を出すのか。〝有馬一寸〟の本格栽培に向けた課題は多いが、金井さんは壮大な夢を描く。「行基ゆかりの二つの土地が、現代になって一つの伝統的な作物で結ばれる。有馬の温泉旅館で一寸豆の料理が提供できたらすてきでしょう」

ちょっとしたきっかけが、新たな展開につながった富松一寸豆。尼崎では地に根を生やし、有馬では天を仰ぎ見て。物語は、紡がれていく。

（２０１７年７月30日掲載）

〈有馬山椒〉 有馬温泉周辺に自生し、多彩な料理に用いられた。サンショウを使った料理が「有馬煮」と呼ばれるなど定着したが、ライフスタイルの変化などにより１９６０年代に流通ルートから姿を消す。２００９年、復活を目指す地元の観光関係者が有馬の山中で野生のサンショウを採取し、接ぎ木により栽培を拡大。地域固有の伝統食を守る国際的な制度「アルカ」にも登録された。

南の調べ　踊る朝まで

神戸からおよそ千キロ。徳之島（鹿児島県）から海を渡り伝わった南の調べが響き渡る。

JR新長田駅前の神戸奄美会館。男女30人が輪になり踊る。太鼓、手拍子、指笛に歌声が重なる。徐々にテンポが上がる。盛り上がりが最高潮に達した瞬間、踊りはふいに終わる。そして、また始めから。

徳之島・神之嶺《かみのみね》小学校区の出身で、神戸に移り住んだ人たちでつくる「神戸神校《しんこう》会」。毎月、この「夏目《なつめ》踊り」で絆を深める。島ではお盆すぎに祭りがあり、朝まで踊りに酔いしれる。

徳之島町立神之嶺小学校の校庭に根づくガジュマル
＝鹿児島県徳之島町神之嶺（同校提供）

「ネグリャーティチ」

中学2年で神戸に移り住んだ豊永文一さん（68）が言った。「島の言葉でな、大きく広がっても根っこは一つ、いう意味や」

神戸に来た時期や理由は異なる。でも、踊りは故郷と人々とをつなぐ糸。母校の校庭で枝を広げるガジュ

夏目踊りが始まる。1人、また1人と輪に加わり、笑顔が広がる＝神戸市長田区若松町3、神戸奄美会館

マルの下にいるように、一つになれる。

■■

真夏なのに、正月踊り。夏目踊りの別称だ。

奄美群島の一つ、徳之島。中心部に近い井之川《いのかわ》地区では、毎年お盆すぎに、この踊りが盛大に繰り広げられる。五穀豊穣《ほうじょう》を願い、地区の家々を回り、夜を徹して踊り、歌う。その後、人々は一つ年を重ねる。「夏の正月」と言われるゆえんだ。

鹿児島県の無形民俗文化財に指定された真夏の舞。神戸ではアマミンチュ（奄美人）を一つにする役割を担う。

「みんな名字では呼ばないわ。他人行儀でしょ。男の人でも、正さんとか、文ちゃんとか、下の名前で呼び合うの」

16歳で神戸に来た徳丸里恵子さん（68）が、神戸神校会の雰囲気を教えてくれた。「神校」は徳之島町立神之嶺小学校の略で、約４５０人の会員の大半が卒業生だ。

島はサトウキビで有名だが、働き口が足りない。明治以降、阪神工業地帯の存在を背景に、造船や製鉄の職を求めて多くの人が神戸・阪神間にやって来た。徳之島から神戸港中突堤まで貨客船「波之上丸」などで40時間。親類がたどった道筋を頼りに、職を手にした。

故郷はいとおしく、離れて暮らす人々は、移り住んだ先で集う。顔を合わせれば、夏目踊り。幼いころに踊った記憶と、決して平たんではなかった歩みが、人の縁を紡ぐ。

■■

「体がリズムを覚えとる。体が勝手に動くんよ」

神戸市兵庫区に住む清《きよし》文子さん（87）が、すっと輪に加わった。

月に１度の神戸神校会の集い。郷土料理に舌鼓を打つ＝神戸市長田区若松町3、神戸奄美会館

４月15日、神戸の中華料理店。徳之島からの訪問団を迎え、神戸神校会が開いた歓迎会は、熱気であふれていた。

清さんが島を離れたのは、太平洋戦争中の１９４４（昭和19）年８月。14歳だった。沖縄に米軍が迫る中、兄や姉が住む神戸に向かう。

「『とにかく生きて』。そう言われて、親と水杯を交わしてね。怖いというより、『おなかすいた』いうのが先やった」

船と汽車を乗り継ぎ、神戸に着いた。須磨区にあった社員寮で、給仕として住み込みで働いた。奄美や朝鮮半島の出身者が多くいた。

翌年３月、神戸大空襲。寮に焼夷弾《しょうい》が落ち、焼け出された。別棟にいた同僚が犠牲になった。

終戦後、いったん島に戻ったが、食べていけず、再び神戸へ。企業の事務やスナック経営で身を立てた。阪神・淡路大震災では自宅が全壊。奄美群島・加計呂麻《かけろま》島出身の夫信雄さんは他界し、１人で暮らす。

「シマクンジョ（島根性）よ。無我夢中でやってきた」。太鼓の音が速まり、踊りが激しさを増す。

「私は奄美人であり、神戸市民。このことを忘れないで、１００歳まで生きるんよ」。清さんは人懐っこく笑った。

４月16日、尼崎で開かれた「関西奄美会創立１００年」の記念式典。神戸神校会は、徳之島の人たちと夏目踊りを披露した。

関西奄美会の創立100年を祝う記念式典。徳之島からの訪問団と、神戸神校会が一つになり、夏目踊りを踊った＝尼崎市昭和通2、あましんアルカイックホール

島で暮らす町田進さん(69)は「神戸のみんなと一つになれた」と汗をぬぐった。

■■

5月、神戸神校会は他の奄美群島出身者と神戸まつりに出場した。「花の徳之島」の曲に乗せ、約140人でフラワーロードを踊り歩いた。

神戸まつりに参加した奄美群島出身者ら。今や常連だ＝神戸市中央区

踊り終わると、神戸奄美会館へ。郷土の料理を囲んで、ビールが進む。

豚足を煮込んだ「足くんば」、氷が入った「小豆がゆ」。「油そうめん」も定番だ。豚肉とキャベツ、ニンジン、青ネギを油とだしで炒め、硬めにゆでたそうめんを絡める。

「島のアマ(母)を思い出すなぁ」。神戸神校会長の徳久正さん(63)が相好を崩す。

2世、3世の参加が少ないこの会では、高齢化が悩みの種だ。「このつながりを、若い世代にも受け継いでほしい」。徳久さんは願う。

島の人を育み、島の人が育てた夏目踊り。懐かしの学びやで、ガジュマルは根を張り、大きく枝を広げている。その根元にある見えない伏流水。神戸にも流れている。「島への愛情」という名の。

(2017年8月6日掲載)

〈徳之島〉 鹿児島県の徳之島、伊仙、天城の3町からなり、人口約2万4千人。サトウキビやジャガイモ、タンカンの栽培や、闘牛で知られる。奄美大島や沖永良部島、与論島などからなる奄美群島の一つ。他の島々と同じく関西への移住者が多く、神之嶺小学校のような校区、地区単位での郷土会活動が盛ん。関西奄美会によると、2世、3世を含めて関西に奄美群島出身者は約30万人いる。

5 祈りのフルスイング

境内の大木に引っかかった黄色いジェット風船が、願掛けの短冊に見える。野球帽の少年が思い切りよく、バットを振る。

夏の高校野球の甲子園練習が始まった8月1日。球場と目と鼻の先にある甲子園素盞嗚《すさのお》神社で、野球の素振りが奉納された。ホームベースの形をした敷石の前に立ち、1人3回ずつ。野球の上達を願い、道具への感謝を込めて。一風変わった「野球祭り」は今年、14回目を迎えた。

２００２年、阪神タイガースの監督に就任した星野仙一さんが選手と参拝。翌年、18年ぶりのリーグ優勝を果たす。「野球の神様」の霊験あらたかと、真夏の神事が始められた。

武庫川イーグルスの赤石悠真君(12)は「僕、チャンスに弱いんで。強くなりたいと願い、バットを振ります」。夢は甲子園出場、プロ野球選手。祈りを込めて、フルスイング！

■　■

甲子園球場。高校球児が夢にまで見る、憧れの舞台。青春の栄光と哀歓の全てをのみ込んできた。

春夏7回出場の強豪・滝川第二高校。野球部の一年は、甲子園球場まで歩くことから始まる。1月、早朝5時に神戸市西区の同校を出発し、球場まで約50キロ。夕暮れに着くと、隣の甲

素振り奉納。視線の先には、元阪神監督の岡田彰布さんが揮毫《きごう》した野球塚がある＝西宮市甲子園町、甲子園素盞嗚神社

子園素盞鳴神社で祝詞を上げてもらい、勝利を祈願する。

「甲子園は近くて遠い」。その言葉の意味を体感させようと、２０１１年、飯尾哲也部長（54）の発案で始まった。翌年夏、同校は13年ぶりに甲子園出場を果たす。以来、年始の恒例行事になった。

3年の真鍋大地さん（17）は「とにかく長くて。寒いのに、暑い」と苦笑いした後、続けた。「練習や試合できつい場面になると、みんなで歩ききったことを思い出します」

1936（昭和11）年、浜甲子園阪神パークに運び込まれたゴンドウクジラ（阪神電鉄提供）

甲子園出場校の応援バスなどが集まる、通称「くじら池駐車場」＝西宮市枝川町

神社はもともと、約４００年の歴史がある治水の神様。武庫川の支流だった枝川と申川《さるがわ》の三角州の要にあり、水害や疫病から村を守るためにまつられた。

93年前、すぐそばに甲子園球場ができてから、託される願いは変わっていく。「全国制覇」「甲子園出場」「一球入魂」…。いつしか「野球の神様」となり、必勝祈願の人が絶えず、ボールやベース形のお守り、タイガース絵馬などが生まれた。

「信仰は人によってつくられる。野球祭りも、高校野球みたいに１００年続けば当たり前になる」。畑中秀敏宮司（62）は目を細める。

街も姿を変えた。戦前、海辺にあった「浜甲子園阪神パーク」。ゴンドウクジラが泳ぐ「くじらの池」が人気を博した。戦争の激化で閉鎖されたが、その跡地は夏の間、高校球児の応援団を乗せたバスの駐車場になる。年配の人は、郷愁を込めて「くじら池駐車場」と呼ぶ。

■　■

8月9日夜。春夏通じ甲子園初出場の山口県代表・下関国際高校の野球部員たちは、宿泊先のホテル「中寿美花壇《なかすみかだん》」（西宮市）で夕食を囲んでいた。

食卓に並ぶのは、ステーキにトンカツ。合わせて「テキにカツ（敵に勝つ）！」。初戦を4日後に控えた部員25人は、ぺろりと平らげた。主将の植野翔仁《しょうと》さん（18）は「絶対に勝とう！メニューの意味を聞き、その気持ちがますます強くなりました」と意気込んだ。

「祖母の代から60年以上続く、験担ぎです」。3代目オーナーの北垣博規《ひろのり》さん（37）は忙しそうに料理を運んだ。試合当日の朝には、祝いダイと赤飯、紅白なますを並べる。さらに目刺しで勝利を「目指し」、山芋短冊、牛乳、ヨーグルトなどの白い食材で「白星」を呼び込む。

験担ぎは球児の宿の定番だった。栄養バランスへの配慮からか、大半が姿を消したが、中寿美花壇は今も続ける。

「もちろん栄養は考慮しますよ。でも、甲子園って、気持ちの部分も大きいと思うんで」

幼いころから球児と触れ合ってきた北垣さんの心遣いが、初陣に挑むチームの背中を押す。

■　■

「アゲアゲホイホイ！」

呪文のような掛け声が、甲子園のアルプススタンドにこだまする。

乗りのいい「サンバ・デ・ジャネイロ」の曲に乗せ、メガホンを上下させて叫び続ける。今や高校野球の定番になりつつあるこの応援、実は報徳学園（西宮市）が発祥だ。

3年ほど前、野球部で誕生した。明石商業（明石市）に伝わっ

ステーキにトンカツで「敵に勝つ！」。下関国際の野球部員が勢いよく頬張った
＝西宮市新甲陽町、中寿美花壇

た後、同校は昨年春の選抜大会で初出場ながらベスト8に進出。験が良く、勢いづく応援として全国区になった。

「相手に『雰囲気変わったな』と思わせたら、こっちのもん」。報徳3年の茂野颯一郎さん（18）が〝魔力〟を語る。「これで点が入らんかったら験が悪い。切り札です」

全国高校野球選手権兵庫大会の準々決勝で「アゲアゲホイホイ」を叫ぶ報徳の野球部員ら＝神戸市須磨区緑台、ほっともっとフィールド神戸

言葉通り、今夏の兵庫大会では、準々決勝の市西宮戦で解禁した。1点を追う8回、茂野さんの合図で始めると、観客席は一体に。同点に追い付くと、延長10回にも叫び続け、サヨナラ勝ちを飾った。

報徳は準決勝で惜敗したが、運気を〝アゲる〟応援は、きょうも聖地のアルプススタンドを揺らす。

2017年、夏。今年もまた、熱いドラマが生まれている。野球の神様は、どのチームにほほ笑むのだろう。

（2017年8月13日掲載）

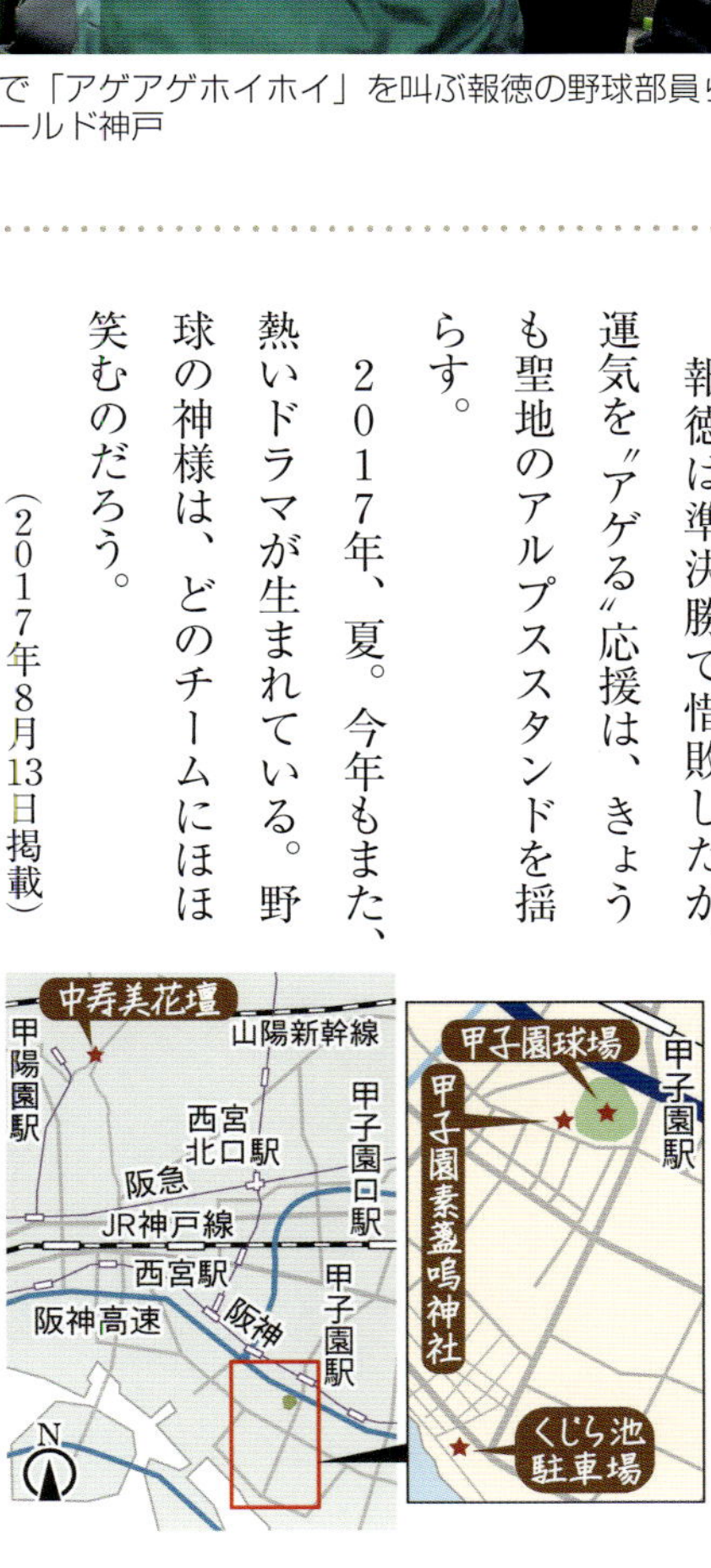

〈甲子園球場〉 阪神電鉄が枝川、申川《さるがわ》の廃川敷地を買収し、1924（大正13）年に甲子園大運動場として完成した。64（昭和39）年、現在の名称「阪神甲子園球場」に。高校野球の舞台であり、プロ野球・阪神タイガースの本拠地。総面積約3万8500平方メートル、収容人数4万7508人。「甲子園球場○個分」「吹奏楽の甲子園」など、甲子園を例に用いる表現も多い。阪神電鉄は2012年、「甲子園」を商標登録した。

6 手から手へ　願いの輪

手から手へ。13人の女性が輪になり、御詠歌を唱えながら、長さ8メートルの大数珠をするすると隣の人に送っていく。

三田市に近い神戸市北区大沢《おおぞう》町日西原《ひさいばら》、光山寺《こうさんじ》。8月18日朝、観音様をまつるお堂で数珠繰りが行われた。およそ40分。かねの音がツクツクボウシの鳴き声と重なり、山中に響く。

「今年も、ご先祖さまに感謝できましたわ」。地区の西美代子さん(84)がほっとした表情を見せた。

毎年お盆すぎのこの日、近くの人が自然に集まってくる。西さんもそんな祖母や母の背中を見て育った。近年は高齢化などで参加者が減り、昨年から二つあった班を一つにまとめた。

「いつまで続けられるかなぁ。でも地域のためにね、絶つわけにはいかんよ」

「百万遍」ともいわれる数珠繰りは、大勢で何度も回し、唱えることに意味がある。少しずつ形を変えながら、人々の心をつなぐ。

先祖への感謝を込め、家内安全を願って数珠を回す。輪の中で男性がかねをたたく＝神戸市北区大沢町日西原、光山寺

皿池のほとりで催された弁財天祭。奥に鎮座する弁財天の前で、和やかに直会が進んだ

山滴る。朝日を浴びて緑に染まる池のほとり。7月15日午前8時、男性8人が集まった。

光山寺から南へ2キロ、神戸市北区大沢町上大沢《かみおおぞう》のため池「皿池《さらいけ》」。緑に囲まれ、真夏でも涼しい。

この日は、年に1度の「弁財天祭」。水をつかさどる神をまつるほこらの前で、池の水が枯れず、稲が実ることを願う。

「色即是空、空即是色…」

般若心経を5分ほど唱えると、男たちは靴を脱ぎ、地面に敷かれたブルーシートにあぐらをかいた。

「きょうは、ありがとうございます。しるしだけですが」

世話人を務める辻井茂さん（68）が日本酒をつぎ、献杯の音頭を取った。サバのきずしや酢だこ、枝豆を囲んで直会《なおらい》が始まる。

集まるのは自治会長や寺総代、宮総代や水利権者ら。毎年7月15日にある祭りは代々受け継がれ、雨でも欠かしたことがない。料理や酒の準備は辻井さんの役目。祖父の代からの世話人で、台風で弁財天の屋根が池に落っこちた際には、危険を顧みず拾いに駆け付けた。

「農家にとって水は命。せやから水への思いが強いんよ」。農業の榎本茂木《しげき》さん（67）が教えてくれた。「祭りのおかげか、皿池は枯れたことがないんや」

「しるしだけ」というあいさつとは裏腹に、酒は進む。「梅、もう干してきたで」「今年は空梅雨やからなぁ」。農家の親睦会を兼ねる直会は昼ごろまで続いた。

神戸・三宮から車で40分。「神戸三田プレミアム・アウトレット」など大型商業施設に程近い、上大沢地区には約３３０人が暮らす。田園と山林が広がり、古くからの年中行事が残る。11日は毎月のように素盞雄尊社《すさのおのみことしゃ》で月次祭《つきなみさい》が催され、五穀豊穣《ほうじょう》を祈願する。

民間の信仰集団である「講」も、ほかの地区で多くが姿を消す中、根強く残っている。

「心のよりどころ、かな」

本年度の行事予定＝表＝を手に、自治会長の大家《おおいえ》重明さん(67)がつぶやく。愛宕《あたご》講に金刀比羅《こんぴら》講、行者講に秋葉講…。表には載らない小さなものも多い。正確な数は分からないが、20以上はあるという。

山中に幾つもあるほこらに集い、お参りの後で直会をする。さらに、伊勢講なら4年に1度は伊勢神宮へ、行者講なら3年に1度は奈良県の大峯山《おおみねさん》へ向かう。まつる対象は違うが、火や水、山や海などの自然を畏れ敬い、地域や家族の安寧を願う。宗派を超えた信仰が息づく。

素盞雄尊社であった6月の月次祭。宮総代や宮守らが神事に集った
＝いずれも神戸市北区大沢町上大沢

「最初は大変やなぁて思うたよ。毎月、何かの集まりがあって」。そう話す農業の前中悠一さん(69)は約30年前、父の後を継いで講に加わった。「でも、行ってみたら、みんな知ってる顔やし。情報交換の場やな。講によってメンバーも話題も違う。だから面白いんや」。今では八つの講を掛け持ちする。現代風に言えば、クラブ活動やサークル活動のような感覚だろうか。

山中に点在するほこら。冬でもほこらの前で
直会をする講もある

■　■

根強く残る上大沢でも、講は少しずつその形を変えてきた。

出雲大社をまつる出雲講。2カ月ごとに講員が持ち回りで料理を用意し、家で開くのが習わしだった。しかし、10年前には15人ほどいた講員は5人に減少。平均年齢も70歳を超え、頻繁に家でもてなすのが負担になったことから、2年前に「家回り」は廃止された。以降は年2回、地区の集会所で開いている。

「家に行って、ご先祖さんの位牌《いはい》や遺影を見ながら、『この人はああやった』とかいう触れ合いがよかったんやけどのう」。講長の大家正憲《まさのり》さん(71)はさみしげだ。

来るのが待ち遠しかった講だが、少子高齢化が進み、若い世代からは「講や行事が多すぎる」と不満も漏れる。専業農家は減り、会社勤めが増えた。人が集まらず休講に追い込まれたものもある。

正憲さんは続けた。「講の意味言うてもよう分からんけどね。これやっとうから毎年米がとれるし、孫もできた。わしはそう思うとるんよ」

先祖から受け継いだあつい信仰心が、人と地域をつないできた。のどかに見える講の里にも、さざ波が広がりつつある。

（2017年8月20日掲載）

神戸市北区・上大沢地区の2017年度年中行事

2017年	5月21日	タケノコハイキング
	6月18～20日	さなぶり
	7月9日	夏祭り
	15日	弁財天祭
	8月24日	愛宕講
	31日	宮ごもり
	9月23日	ふれあい運動会
	10月7～8日	秋祭り
	11月10日	金刀比羅講
	23日	愛宕講
	12月7日	行者講
	10日	冬祭り
	18日	天王講
	23日	秋葉講
2018年	1月14日	とんど祭り
	2月7日	行者講
	11日	伊勢講
	3月20日	金刀比羅講
	23日	秋葉講
	4月18日	天王講
	29日	雨の宮講

（一部抜粋、5月始まり）

出雲講の掛け軸。講長の大家正憲さんが保管しており、講で掲げて祝詞を上げる

〈講〉 同じ信仰を持つ庶民の集団。伊勢神宮（三重県伊勢市）をまつる「伊勢講」や、地蔵を守る「地蔵講」、山岳崇拝を基にした「行者講」など、信仰によって種類がある。毎年決まった日に、寺や神社、当番の家に集まり、信仰対象の掛け軸を飾って祈り、会食する。都市化の進展で多くが姿を消したが、伊勢講など、農村を中心に広い地域で続けられている講もある。

7 復活　船だんじり

ホーム下を流れる川を、1艘《そう》の「船だんじり」がゆっくりと進む。

阪神尼崎駅近くの庄下川。法被姿の男たちが長尺の竹を水面《みなも》に差す。都市に現れた見慣れぬ船に、駅から身を乗り出す人もいた。

7月9日。尼崎青年会議所が、貴布禰《きふね》神社（尼崎市西本町6）の氏子町「中在家《なかざいけ》」の協力を得て、一日限りで復活させた。

江戸期、辺りは国内有数の漁師町だった。神社の夏季大祭では9艘の船だんじりが浮かび、大漁旗をはためかせて神輿《みこし》に従った。

「今も、船だんじりの囃子《はやし》が聞き伝えで残っとるんです」。中在家総責任者の玉木利幸さん（37）の合図で、若い衆がかねと太鼓を打ち鳴らした。

船だんじりは、昭和に入り、工業の発展などで姿を消す。代わって、激しくぶつけ合う「陸」のだんじりが、祭りの華となった。

いざ、決戦の夏。

■■

「打ちまーしょ！　も一つせ！　祝《いお》うて三度！」

男たちが叫び、手をたたく。独特の節回しによる「手打ち」を

阪神電車を背景に、庄下川に浮かぶ船だんじり。市民らが乗り込み、復活を喜んだ＝尼崎市神田中通1

合図に、決戦が始まる。

8月2日午後6時半。夏季大祭の本宮を迎えた貴布禰神社西側の道路に、8町のだんじりが勢ぞろいした。向かい合った2基が激しくぶつかり、一つの山を形作るさまは「山合わせ」と呼ばれる。

「きょうが一年の終わりで、始まりですわ」。中在家総責任者の玉木利幸さんが闘志を燃やす。

角のように前に突き出した一対の「肩背棒」を勢いよく振り上げ、相手の上に乗せた方が勝ち。指相撲をイメージすれば、分かりやすい。各対戦は約15分の制限時間があり、その間に何度もぶつけ合う。くじで決められた取組表に沿って8町が16回戦まで戦い、3時間半続く。

2回戦に登場したのは「中在家」と「西町」。屈指の強さを誇る両町の対決に、熱い視線が注がれる。

中在家はかつて船を合わせ18基を持ち、300年の伝統を誇る最古参だ。「茶髪、金髪は厳禁」と規律を重んじ、戦い方も正攻法を貫く。前部を5メートル以上の高さまで一気に持ち上げ、相手に乗りかかる「投げ込み」は、他の町から恐れられる。

だんじりの命綱を引き寄せる男たち＝尼崎市西本町6

一方の西町は、以前は「北出」に所属し、1991年に自前のだんじりを持ち独立した。歴史が浅い分、気風はおおらかだ。いったん相手に乗られた後、瞬時に後ろに下がって乗せ返す「抜き」が得意技。素早い動きで相手をかく乱する。
「1年間、きょうのために生きてる。中在家との対戦は気合が入る。野球でいうと巨人みたいなもんや」。西町総責任者の宮谷内《みやうち》建次さん（37）は大きく息を吸い込んだ。

■ ■

祭りを支えるのは女性だ。各町をだんじりが巡り翌日からの祭りを告げる7月31日の「町内廻《まわ》り」に始まり、宵宮、本宮と3日間の長丁場。中在家は中正《ちゅうせい》

西町（左）と中在家の山合わせ。西町が肩背棒を中在家に乗せ、沿道が沸く＝尼崎市汐町

会《かい》中在家浜戎《はまえびす》会館で休憩する。名物は１００人分の特製ビーフカレー。中島順子さん(55)は「ええ気持ちで山合わせに行けるよう盛り立てたい」と機敏に動く。

西町は北竹谷連合福祉会館に集まり、子どもたちも一緒になって料理を作る。山合わせの前に出す5キロ分のトンカツが定番だ。「けがのないようにね。でも、やるからには勝ってもらわんと。負けて帰ってきたら『何やっとん』と叱るわ」。末村直美さん(53)が豪快に笑う。

山合わせの起源は、各町が宮入りの順番を競ったとも、狭い道をどちらが譲るかを争ったとも。昭和40年代以降、「けんか」にもルールが設けられる。今は、各町に順位は付けず、宮入りにも影響しない。

「漁師町で血の気の多いアマの気質が、全国でも珍しいぶつけ合いを生んだんでしょうな」。江田政《まさ》

まかない作りに励む西町の子どもたち＝尼崎市神田南通4、北竹谷連合福祉会館

亮《すけ》宮司（48）の見立てだ。

商店街も活気づく。江戸後期、安政年間創業のかまぼこ・天ぷら店「尼崎枡千《ますせん》」。取締役の尾上貴之さん（41）は「祭りの日は、よう出ますわ」とえびす顔だ。

漁師町ゆえ、尼崎にはかまぼこ店が約20軒あったと伝わるが、大半が姿を消した。枡千は今も早朝から職人が手作りし、キクラゲ入りの白天やさんしょう天が人気を集める。

■■

山合わせが始まった。

北から西町が、南から中在家が近づく。重さ2～4トンのだんじりが後ろのコマを支えに立ち上がり、もみ合う。かねと太鼓が激しく打ち鳴らされ、怒号が飛び交う。命懸けで操る男たち。メリメリと木がきしむ音も聞こえる。がっぷり四つだ。

担ぎ手が肩背棒の命綱を下から引っ張り、押さえ込みにかかる。次の瞬間、双方のだんじりが地面に落ちた。西町が2本の肩背棒を素早く持ち上げ、中在家の上に乗せた。

漁師町を今に伝える「尼崎枡千」の天ぷら＝尼崎市神田中通4

「抜き」を封印し、正攻法で攻めた西町の勝ち。今年は引き分けを挟んで3勝と圧倒した。

「突っ込みながら早く上げようとする作戦がはまった」。喜びをかみしめる宮谷内さん。玉木さんは「うち本来の山合わせじゃなかった」と悔しさをにじませた。

「手打ち」で対戦を締め、2人はがっちりと握手を交わした。

「強いだんじり、見せたるで」。町の威信を懸けた戦い。男たちの一年は、この日からまた始まる。すべては山合わせの瞬間のために。

（2017年8月27日掲載）

〈尼崎城〉 江戸初期、尼崎藩主の戸田氏鉄《うじかね》が、現在の阪神尼崎駅の南東に築いたとされる。海が近いことから「琴浦城」の名で親しまれた。1873（明治6）年の廃城令で取り壊されたが、尼崎市で創業した家電量販店ミドリ電化（現エディオン）の創業者が2015年、私財を投じて天守閣を復元した上で、市に寄贈を打診。築城400年にあたる18年11月に竣工。19年3月に公開された。

8 お地蔵さん「はしご」の夜

「足止め」の布が巻き付けられた長田神社のこま犬＝神戸市長田区大道通1

強い日差しが、乳白色の体を引き立てる。その脚に、不釣り合いな灰色の布が幾重にも巻き付く。

幹線道路沿いに鎮座する長田神社（神戸市長田区）のこま犬。巻かれているものは手ぬぐいが多く、中には手でなったと見える縄やビニールのひももある。一対、計4本の脚に数十はあるだろうか。

子どもの行方を捜す親が、「足止め」の願掛けで結わえたものらしい。子が無事に帰ってきたら、外すのが習わしという。

神社が布を処分したことはない。「ほどいたら、親御さんの願いが消えてしまうような気がして」。禰宜《ねぎ》の佐々木知行さん（58）の願掛けかもしれない。

結び付けられた布は一様に黒ずみ、傷んでいる。風雨や排ガスにさらされ続けても、はがれまいとそこにあり続けている。

まるで子を思う親心のように。

■　■

晩夏、夕暮れ。紅提灯《べにちょうちん》がともる。大きな袋と線香の束を手にした子どもたちのはしゃぐ声が、路地のあちこちから聞こえてくる。

8月23日午後6時、神戸市長田区の六間道《ろっけんみち》商店街かいわい。きょうは年に1度の地蔵盆。子の成長と幸せを願う。小さな像を洗い清めて専用の前垂れを着せ、飾り付ける。お供えの菓子で埋もれている。

近くの真陽小学校6年、福田凛《りん》さん(11)、3年田村萌春《ののは》さん(9)ら6人が、浴衣姿でやって来た。お目当てはこのお菓子。

最初は近田幼稚園へ。お地蔵さんに線香を供え、手を合わせる。「はい、ご苦労さん」。赤木冨美子《ふみこ》園長(77)から菓子を受け取る。

笑顔もつかの間。「こっち、こっち」と6人は提灯と記憶を頼りに、混み合う路地を進み、地蔵を巡る。「大きぃなったなぁ」。行く先々で大人から声を掛けられる。

「ここら辺はね、チューペット(折るアイス)が多いの」。田村さんが笑う。地蔵ごとにもらえる菓子を覚えている。「だって生まれた時から毎年来てるもん」。福田さんも得意げだ。友達と出会うが、あいさつもそこそこに先を急ぐ。菓子を振る舞う「お接待」と呼ばれる風習は約2時間だけ。時間との闘いだ。

午後7時半、11カ所目となる六間道商店街の八家《やか》地蔵尊へ。すでに菓子はなくなっていたが、6人はそっと手を合わせた。

「いっぱいお菓子をもらって、いっぱいあいさつしたよ」。菓子で膨らんだ袋を抱え、満足そうに家路に就いた。

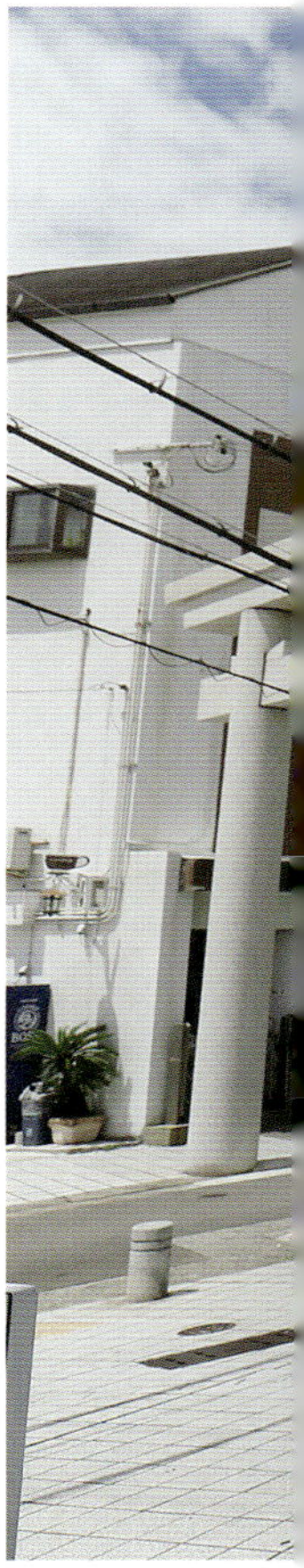

八家地蔵尊は1923(大正12)年ごろ、姫路市的形町の寺から町内安全を願ってもらい受けた。向かいに住む花本キミ子さん(76)ら7人が輪番で、毎朝水や花を供える。

地蔵盆では、千人分もの菓子を用意し、「名入り提灯」をつるす。「子どもが生まれたら、親がその子の名前を書いた提灯を作って持ち寄る。その子を抱いてお地蔵さんを7カ所回るんよ」。キミ子さんも、長男亘弘《のぶひろ》さん(36)が生まれた年に回って成長を願った。

地蔵参りの〝はしご〟は、生まれた年に限らない。通学路に、公園の傍らに、家の前に。なぜ、そこに地蔵がまつられているのか。近年、車で遠方から来る親子連れも増えたとい

赤や白の「名入り提灯」がつるされた近田幼稚園の地蔵
＝神戸市長田区駒栄町4

うが、世話をする人たちにそれぞれの由来を聞いてみてほしい。

「1日で70カ所は回ったかなぁ」

下町のソウルフード、お好み焼き店「みずはら」の3代目店主、水原弘二さん(60)が、「お地蔵さんのはしご」を懐かしむ。「『あそこはラムネが飲めるで』とか、友達と情報交換してたなぁ」

33(昭和8)年創業。祖母が始めた「こなもん」の味を守り続ける。名物の「ねぎすじ焼《やき》」は、生地とネギ、牛すじをあらかじめ混ぜずに焼き、素材を生かす。

「これが長田の焼き方や」。ソースの香りにのどが鳴る。胃袋がざわつく。「下町の流儀」を味わう。

■■

阪神・淡路大震災で、長田区や兵庫区など神戸市西部は大きな被害を受けた。世話をする人たちも町を離れ、地蔵は居場所を失った。「3分の1かな」「いや、もっとや」。地元の人たちの実感だ。

世話ができなくなった地蔵は寺に返す風習がある。須磨寺(神戸市須磨区)の一角には、持ち込まれた500

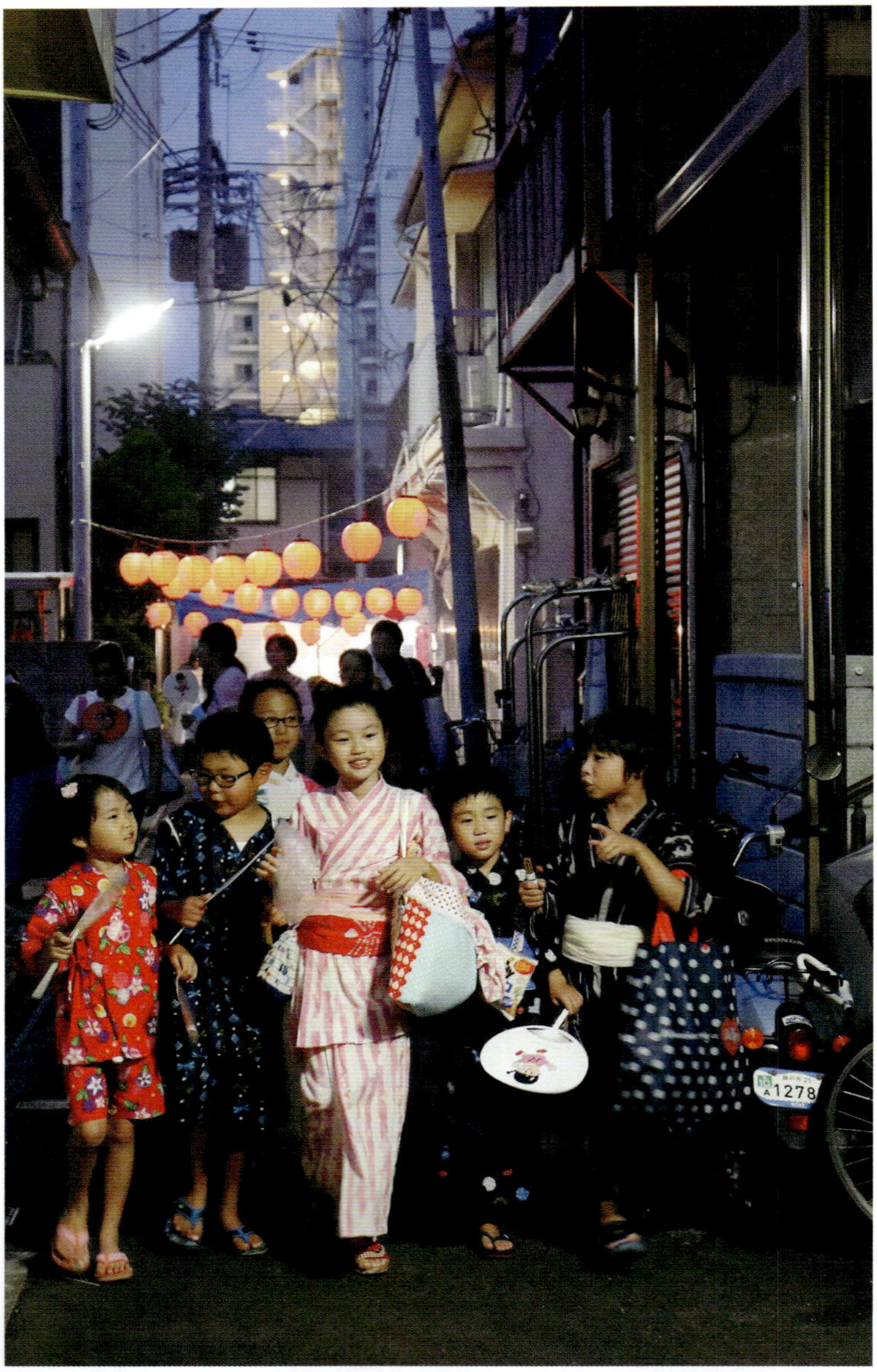

菓子でいっぱいになったかばんを提げ、地蔵盆で華やぐ路地を巡る子どもたち
＝神戸市長田区久保町3

「みずはら」伝統のねぎすじ焼(手前)
＝神戸市長田区久保町4

体近くの地蔵が所狭しと並ぶ。震災後、急に増えたという。

地域の歴史と人々の営みを見つめてきた地蔵を手放すのはつらく、悲しい。「知らないうちに置かれていたこともあったようです」。小池陽人《ようにん》副住職(30)が心中を思いやる。

形を変えて、まつられた地蔵もある。巨大な再開発事業が進められ、高層ビルが林立する神戸市営地下鉄海岸線駒ケ林駅前(同市長田区)。立派なほこらに安置された3体の「癒《いや》し地蔵尊」もその一つだ。

行き場を失い、須磨寺に安置された地蔵＝神戸市須磨区須磨寺町4

元は別々の路地にあり、震災後はいったん寺に預けられた。住民たっての願いでほこらが作られ、２００４年からこの地で地蔵盆が続く。

世話人代表の大前雅代さん(62)は今年も、お接待に汗を流した。

「お地蔵さんに手を合わせるのはええことや。街が変わっても、伝え続けたい」

子どもは地域の宝。伝統と共に生きる幸せを感じてほしいから。


(2017年9月3日掲載)

〈地蔵盆〉 8月24日ごろ、地域にある地蔵を飾り付け、菓子などを供えてまつる。地蔵菩薩《ぼさつ》の縁日といわれる24日と、盆の終わりだった時期が結びつき、一般化したという。地蔵信仰はインドの仏教が起源とされる。地蔵が子どもを苦しみから守ってくれるという観念が広まったことなどから、地蔵盆では子ども向けの行事が多くみられる。地蔵盆が盛んな京都では、多くの場合、参加するのは地元の子どもに限られ、「はしご」は見られないという。

9

「アドルフ」のパン

パンはパンでもどっしり重い。フランスパンよりもあっさりと、イギリスパンよりもみっちりとした風味が食べていると癖になる。

パンの街・神戸でも指折りの老舗「フロインドリーブ」のドイツコッペは、吉田茂元首相が神奈川県大磯町の自宅へ毎週のように届けさせたという逸品だ。

創業者は、ドイツ人のパン職人ハインリッヒ・フロインドリーブ。第１次世界大戦中、中国・青島で捕虜となり日本の収容所に。解放後、１９２３（大正12）年に来神し、翌年ハンター坂近くの洋館に店を開いた。

その波乱の人生は半世紀後、ＮＨＫ連続テレビ小説「風見鶏」のモデルとなり、「風見鶏の館」のある北野異人館街は脚光を浴びた。ブームも冷めやらぬ83年、神戸のドイツパンと風見鶏が描かれたもう一つの壮大な漫画連載が始まる。

「アドルフに告ぐ」

戦争への怒りが込められた、手塚治虫の代表作だ。

現在は3代目のヘラさんが社長を務める「フロインドリーブ」。ドイツパンには根強いファンが多い＝神戸市中央区生田町4

アドルフ・ヒトラーはユダヤ人―。

「アドルフに告ぐ」は、ヒトラーの秘密を巡る、神戸の二人の少年の物語だ。一人はナチス高官の父と日本人の母を持つアドルフ・カウフマン。もう一人はユダヤ人のパン店の息子アドルフ・カミル。ナチスによるユダヤ人迫害の中で、二人の友情は無情にも引き裂かれていく。

実際、神戸の外国人にはユダヤ人がいた。シナゴーグ（ユダヤ教会堂）があり、ユダヤ人協会があった。1940〜41年、いわゆる「命のビザ」で4千人以上のユダヤ難民が神戸に一時滞在したという。

丹平写真倶楽部のメンバーが神戸のユダヤ難民を撮影した「流氓ユダヤ」の一枚。左端の少年が手塚浩さん＝1941年（大阪中之島美術館準備室蔵）

「流氓《るぼう》ユダヤ」と題して、関西のアマチュア団体「丹平《たんぺい》写真倶《く》楽部《らぶ》」が彼らを撮影している。その中には手塚治虫の父、粲《ゆたか》もいた。

十数年前、丹平メンバー・河野徹の未発表ネガが発掘され、手塚少年が写っていると話題になったことがある。

「おやじに連れて行かれたのは私で、兄貴はいなかった」と証言するのは、2歳違いの弟の浩さん（86）。「三宮の駅から山手の方へトコトコと行った記憶がある」。撮影場所とされるユダヤ人協会はまさに、駅北側の山本通にあった。

ただ、宝塚に住んでいた手塚治虫も神戸には「よく行って、日本離れした雰囲気に魅力を感じていた」と書いている。神戸とユダヤ難民の史話にも関心を示し、「アドルフ」の発想の種となったのかもしれない。

さらに、フロインドリーブのパンも設定のヒントになったのでは―。そんな想像も膨らむ。

激動のストーリーの背景には、見覚えのある風景が描かれている。

例えばカウフマン邸。塔屋に立つのは風見鶏。ベランダを飾る幾何学模様の窓は「萌黄《もえぎ》の館」そのものだ。

「北野の異人館の特徴を組み合わせて描かれているんです」。今夏に開催された手塚治虫展のイベント〝聖地探訪〟ツアーで、自身も熱烈な手塚ファンという神戸市立博物館学芸員、川野憲一さん（43）が解説した。今はなきドイツ人社交場「クラブ・コンコルディア」、元町商店街のスズラン灯、そごうや大丸の建物も写真を下敷きにしており、物語にリアリティーを与える。

「国際的な神戸を舞台に設定したからこそ、さまざまなイデオロギーを持つ人物が絡み合う物語に厚みを持たせることができた」

川野さんはそう指摘する一方、神戸に対する手塚の思い入れも込められていたと考える。

象徴的なせりふが、物語の後半、明石の軍需工場を襲った米軍の空襲シーンにある。被害を受けなかった神戸の街並みを見下ろし、日本人であるカウフマンの母がつぶやく。

「(爆弾を)神戸へ落とさなかったのは/神戸が空から見てすごくきれいだったからだと思うわ」「神戸は日本でいちばん美しい港だわ/モダンでしゃれてて暖かで平和な町よ」

現実には明石に続き、神戸も空襲で焦土と化した。ただ逃げ惑うことしかできない人々の姿が描かれる。手塚が神戸への愛

風見鶏の館などを参考にしたカウフマン邸など、「アドルフに告ぐ」には神戸らしい風景が数多く描かれている＝宝塚市武庫川町、手塚治虫記念館

「アドルフに告ぐ」の〝聖地〟を巡るツアーの参加者でにぎわう萌黄の館（奥）。20人の定員に約100人の応募が集まる人気だったという＝神戸市中央区北野町

着を語らせたカウフマンの母も、直撃弾を受けた家屋の下敷きになり、命を落とした。

「神戸は、フロインドリーブのホームタウン。何があっても、離れるなんて発想はなかったわ」。3代目社長のヘラ・フロインドリーブ上原さん(72)が、創業からの苦難の歴史を振り返る。

ハンター坂の店から神戸市内に約10店舗を構えるまでに成長したが、戦争で全てを失った。バラックから再出発し、「風見鶏」の放送を経て北野の異人館街に出店した直後に、阪神・淡路大震災で被災。現在は、旧神戸ユニオン教会の建物に本店を移して営業を続ける。

度重なる災禍を乗り越え、1世紀近くの歳月を共に歩んできた神戸の街。「モダン、おしゃれ、暖か、平和。どれもイメージにぴったりね」。ヘラさんがうなずきながら、漫画のせりふを繰り返す。

そして、最近知ったエピソードを明かしてくれた。フロインドリーブを訪れる、手塚の姿を覚えている従業員がいたという。「ドイツコッペを買ってたのかしらね。詳しくは分からないんだけど」

神戸の多彩なモザイクから放たれた個性的な光は、時代を超えて重なり合い、輝きを増していく。

（2017年9月10日掲載）

宝塚で幼少期を過ごした手塚治虫。地元の和菓子店「きねや」には、鉄腕アトムを添えた直筆サイン色紙が今も飾られている＝宝塚市栄町2

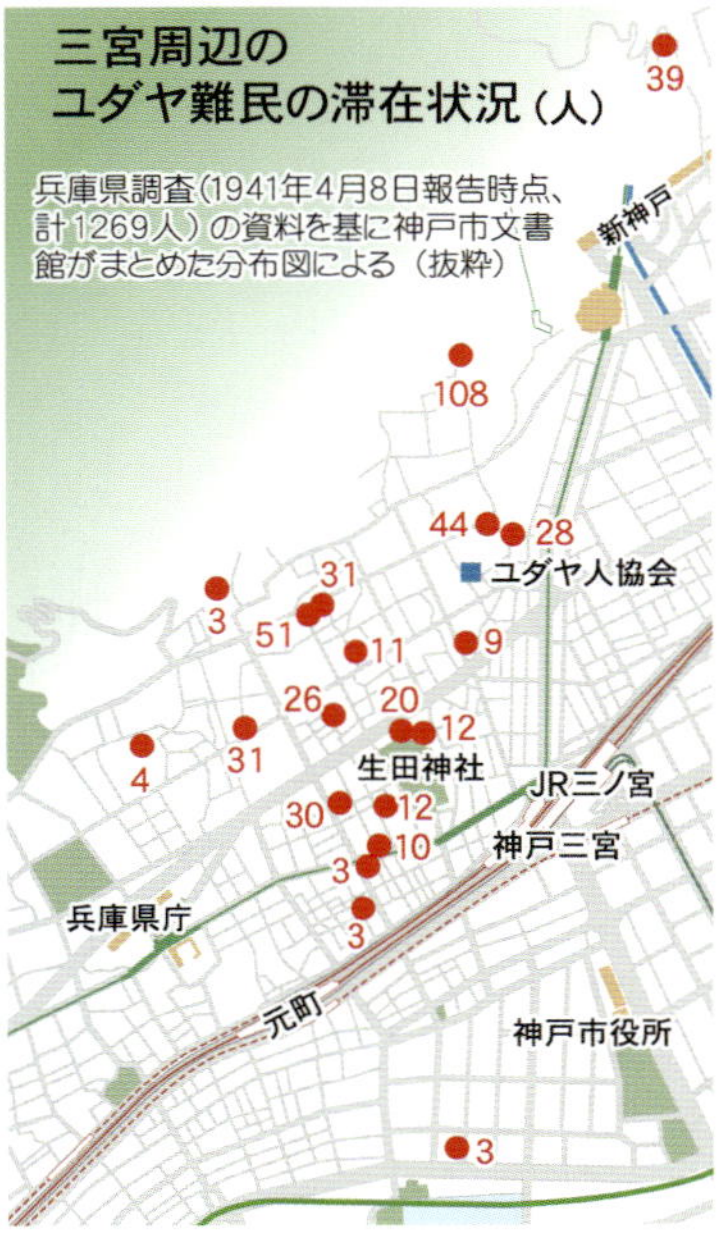

〈神戸とユダヤ〉 神戸には開港後からユダヤ人が渡来し、20世紀初頭にはコミュニティーがあったとされる。１９１２年にシナゴーグ（ユダヤ教会堂）が設立され、23年の関東大震災で横浜などからの移住も進んだ。第2次世界大戦中には、駐リトアニア領事代理の杉原千畝氏が発行した「命のビザ」でユダヤ難民が神戸を経由して亡命。神戸市文書館は、外交史料館の資料を基にユダヤ難民の滞在分布図を作成、２０１６年秋の企画展で公開した。95年には「神戸・ユダヤ文化研究会」が創設された。

10 楠公さんのオリーブ

湊川神社のオリーブは虫害で、2019年１月まで足場を組んで治療。満身創痍《そうい》でも実を付けた＝神戸市中央区多聞通3

湊川神社というよりも、「楠公《なんこう》さん」と呼ぶ方が、神戸人ならしっくりくる。

ＪＲ神戸駅から徒歩5分で、社叢《しゃそう》の緑がお出迎え。忠臣・楠木正成公をまつるだけに、県樹でもあるクスノキが遠目にも映える。

門をくぐり、すぐ左手を眺めると、1本の古木が。しゅっとした葉は…そう、オリーブだ。でもオリーブといえば小豆島。いや、地中海地域原産の木がなぜ、尊王攘夷《じょうい》思想のよりどころたる楠公崇敬の地に？

「開港場の神戸ですね、奈良や京都とはちょっと違う」と垣田宗彦宮司(60)。１８７２(明治5)年創建の神社は、電灯をいち早くともし、境内を芝居小屋や水族館に貸す、ハイカラな遊興空間でもあった。

オリーブの記録は残っていないが、樹齢１４０年、日本最古という。根も葉もない説ではない。神戸にはオリーブ園が明治の初めにあった。忘れられた歴史を呼び起こす貴重な生き証人だ。

「神戸阿利襪園」。古い園芸書の文字が目に飛び込んできた。「阿利襪をオリーブと読むことも知らないし、それが神戸にあったとは。すごく興味が湧いた」。今から32年前、神戸大で実験助手から助教授になり、初講義の準備をしていたときの驚きを、中西テツ・神戸大名誉教授（72）は鮮明に記憶する。とはいえ専門は果樹の遺伝解析。おまけにバブル時代の「イタメシ」ブームまで、オリーブは日本人になじみのない存在だった。世紀が替わり、教え子が論文のテーマに選んだことから、幻のオリーブ園が姿を現し始めた。

1879（明治12）年、殖産興業政策の下、神戸・山本通の約1町歩で試験栽培が始まる。前年のパリ万博の際、農政官僚の前田正名《まさな》が購入した苗木550本が植えられた。

「貿易を考えると、神戸には港と居留地がある。雑居地の山本通周辺もまだ農村だった」と、中西さんは神戸選択の条件を指摘する。当時の地図の田畑の形と買い上げ地の図面を照合し、トアロード沿いの現在の「神戸北野ホテル」が跡地にあたることを突き止めた。

近代園芸の祖・福羽《ふくば》逸人《はやと》の指導で82年には本邦初のオリーブ油製造に成功し、お雇い外国人ボアソナードが絶賛する品質だったことも判明。84年の収穫は10石（1500キログラム）に上り、奥平野浄水場裏手の官林にも1・5町歩を開拓していた。

しかし一転、政府の財政難で払い下げが決まり、福羽は留学で去る。後を引き受けた

1889（明治22）年ごろ、錨山《いかりやま》から撮影された神戸市街。オリーブ園があったのは左下の区画で、植栽が見える（神戸市文書館提供、アーサー・トムセン氏所蔵）

神戸阿利襪園跡のモニュメントが設置された神戸北野ホテル。3本のオリーブも移植された＝神戸市中央区山本通3

前田も、2年ほどで官職に復帰。山本通の土地は91年に売却され、官林も市街地化で維持困難になる。1908年に神戸での事業が中止後、新たな試作地に選ばれ成功したのが小豆島（香川県）だ。

■ ■

それから1世紀。今、北野を歩くと再び、オリーブの苗木があちこちに植えられているのに気付く。

青い空、白い雲。風見鶏の館の前で緑に輝くオリーブ。明治末、人家の庭にも点々とオリーブがあったという＝神戸市中央区北野町3

「いろんな国や宗教の人が暮らす国際的な街。ミナトから来た平和の象徴のオリーブは、シンボルツリーにふさわしい」。市民団体「北野・山本地区をまもり、そだてる会」の浅木隆子会長は言う。

4年前。オリーブ園の跡地に碑を建てたいと願う中西さんとの出会いがあった。「地元で応援しないと」と講演会が開かれると、史実に驚いた小豆島町と交流が生まれた。苗木の寄贈を受け、「風見鶏の館」前に植樹。年末には中西さんを顧問に、まちづくり団体「インターナショナルオリーブアカデミー神戸」（神戸北野美術館内）が発足した。

3年前。神戸マラソンの優勝者にオリーブの冠を贈った。編み込んだのは「楠公さん」「風見鶏」に加え、「東遊園地」の木の枝だった。これは、阪神・淡路大震災の翌年にイタリアから贈られた木。復興支援への感謝を象徴的な木に込めた。

2年前。神戸北野ホテルの15周年に合わせて、念願のモニュメントができた。植樹された木からは昨年、

50個を初収穫した。「将来的に収量が確保できれば、料理に使いたい」と山口浩総支配人・総料理長(57)。「ストーリー性も料理に感動を与える大切な要素。もっと発信していかないと」と期待を込める。

■ ■

そして今。オリーブ園の復活プロジェクトが動きだす。

場所は、神戸市西区の押部谷果樹団地。年明けの2～3月に植え付けを予定する。道半ばでついえた明治の夢の復活であり、生産者の高齢化で荒れた土地の再生でもある。

「オリーブはレガシー（遺産）」と中西さん。その物語に引かれた人たちが、まちを緑で彩る。10月21日のフェスタは今年で3回目を迎え、「神戸阿利襪園」せっけんが地元企業の渋谷油脂からお披露目予定だ。手作りの実の新漬けも名物に。北野らしく宗教色のない、ハロウィーン代わりの収穫祭でも欠かせない。

楠公さんでも、初めての収穫を計画する。実《じつ》は、品種はいまだ不明。人工授粉では4～5グラムの大きな実をつけており、「神戸に適した品種の証明で、遺伝資源として見る必要もある」と、中西さんはDNA検査も検討する。神戸北野ホテルのオリーブに接ぎ木をし、1世紀ぶりの〝帰郷〟も試みている。

2016年に収穫された神戸オリーブの塩漬け。オイルの豊かな味わいがアテにぴったり

オリーブは1本だけでは実をつけない。異なる品種と交わってこそ、恵みをもたらす。それはちょうど、いろいろな人がいて、新しいものが生まれるまちを思わせる。

阿利襪《オリーブ》。それは神戸の記憶。震災後に再び芽吹いた、希望のしるし。

（2017年9月17日掲載）

〈兵庫県のオリーブ〉 1873（明治6）年のウィーン万博帰途にイタリアから持ち帰られたオリーブのうち3本が県勧業の温帯植物試験場（兵庫県公館付近）で生育。こちらが湊川神社の古木の可能性もある。神戸阿利襪園由来の木は、前田正名の支援者・多木久米次郎の菩提寺宝蔵寺（加古川市）にも2本現存。近くの別府住吉神社にも1本移植されたが、16年前の建て替えで失われたという。武庫離宮（現須磨離宮公園）を造園した福羽逸人はオリーブも植栽。神戸・長田の二葉小学校跡にも古木がある。

11 暁のタイムカード

神戸では毎朝、何千という市民が一日の始まりに山へ登る。これほど健康的な習慣は、六甲という「裏山」があればこそ。

早朝５時。小屋の入り口から蛍光灯の明かりが漏れる。市街地から30分かけ、山道を登ってきた人たちがタイムカードを手にした。

摩耶山（神戸市灘区、７０２メートル）の中腹にある「つくばね寮」。現存する神戸の登山会で最も古く、95年の歴史がある「神戸つくばね登山会」の拠点だ。登った印に名前を記す署名簿に代わり、タイムカードを置いて四半世紀になる。

毎朝、約１００人が入れ替わり立ち替わりやってくる。「おはようさん！」。張りのある声で、ハイタッチ。お年寄りが目立つが、皆はつらつとしている。

同市灘区の佐藤修さん（67）が一息つく。「ここに来《こ》んと、なんかをし忘れた気がしてなぁ」

摩耶山への〝出勤〟。きょうも、あしたも。

■　■

摩耶山。その響きに、そこはかとなく異国の香りが

夜明け前。つくばね寮に掛けられたタイムカードを手に取る人たち＝神戸市灘区岩屋

漂う。
平安時代、空海が釈迦《しゃか》の母・摩耶夫人像を唐から持ち帰り、安置したことに由来する。修験道《しゅげんどう》の地としてあがめられ、再三火災に遭いながら復興を遂げてきた信仰の山は今、憩いの場として市民に親しまれる。
「山頂まで行かんでも、1千万ドルの夜景は見られますよ」

夜明け前。神戸の夜景を背に、摩耶山を登る人たち＝神戸市灘区

9月7日午前5時。神戸つくばね登山会会長の山下正弘さん（76）と青谷道を登る。夜明けが早い時期とはいえ、きつい時間だ。アスファルトが山道に変わり、急勾配に汗が噴き出す。登り始めて5分ほど。坂道から振り返ると、街はまばゆいネオンに彩られていた。

明治時代、神戸に住んだ外国人は六甲山系を散策し、茶屋で紅茶とトーストの優雅な朝食をとった。ハイカラ好みの神戸人がその風習をまね、生まれたのが「毎日登山」だ。

神戸つくばね登山会も1922（大正11）年9月、摩耶山に署名簿を置いて始まった。山下さんが登るのはこの日、1万5378回目。35歳のとき、会社の体力テストで最後から2番目だったことに一念発起し、ほぼ毎日欠かさない。

標高220メートル。つくばね寮へ。空がだいだい色に染まり始めた。最年長の久保勇さん（95）も合流し、約30人でラジオ体操をする。

登り始めて2年の藤井孝子さん（68）が汗をぬぐう。「山は同じ一歩がないでしょ。五感をフルに使って歩く。これが楽しいのよ」

■■

「南無観自在尊《なむかんじざいそん》」

唱える声が徐々に速まっていく。

午前0時、摩耶山天上寺。約100人が金堂に集まり、僧侶の声に合わせて祈った。

「仏の世界では、50年が2500年と、50倍の速さで進む。その世界に近づくため、どんどん速く唱えるのです」。伊藤浄《じょう》真《しん》副貫主（64）が教えてくれる。

「四万六千日大祭」を迎えた摩耶山天上寺。深夜、僧侶とともに大勢の参列者が祈りをささげた＝神戸市灘区摩耶山町

「摩耶詣祭」に合わせ、用意された摩耶鍋。酒かすや白みその香りが漂う＝神戸市灘区摩耶山

8月8日夜から9日にかけて催された「四万六千日《しまん》大祭」。境内には願いが書かれた灯ろうが並ぶ。この夜に願えば、1日で4万6千日分の御利益があるとされる。神戸市西区の主婦森本愛子さん(38)は家族4人で訪れ、「子どもたちの成長を願いました」と灯を見つめた。

南北朝時代には、3千人の僧が修行したという信仰の山。3月下旬には「摩耶詣祭《まやもうでさい》」がある。農家が家族や農耕馬の健康を願い、馬を連れて寺に参ったことに由来する。

その日、山頂近くの掬星台《きくせいだい》で振る舞われるのが「摩耶鍋」。灘五郷の酒かすと白みそを使っただしで豚肉やサツマイモ、タマネギを煮込む。

かつて山上のホテルや国民宿舎で出されていた料理を12年前に再現した。甘い香りにのどが鳴る。とろりとしたスープを口に運べば、滋味が広がり、体の芯から温まる。レシピを受け継ぐ飲食店経営、新《あらた》浩史さん(46)は「摩耶山らしく、深みがある。山上でないと出せない味です」と胸を張る。

■ ■

新しい風も吹く。「摩耶山再生の会」が3月から始めた「マヤ遺跡ガイドウォーク」。

中米のマヤ遺跡に見立て、摩耶山を巡るユニークな取り組みは、毎月定員20人の枠が1分で埋まる。

目玉は、摩耶観光ホテル（マヤカン）跡。昭和初期に建てられたホテルは、船のブリッジを思わせるその外観から「山の軍艦ホテル」と呼ばれた。廃虚となって久しいが、建物を見ようと、全国から参加がある。

摩耶観光ホテル跡を見学する「マヤ遺跡ガイドウォーク」の参加者＝神戸市灘区畑原

だが、案内する同会事務局長、慈《うつみ》憲一さん（51）の狙いは、その先にある。掬星台や山中の史跡、摩耶の大杉などを巡り、ホテル跡は最後。「マヤカンはきっかけ。身近だけど奥深い摩耶山の魅力を知ってもらえたら」。思い立ったらすぐに登ることができる。豊かな自然や歴史を伝える遺構に出合える。幼いころから摩耶山を遊び場にしてきた慈さんは、大きな可能性を感じている。

神戸には海と山がある。人はふるさとのイメージとして、不思議と山を思い浮かべる。「神戸にはまだふるさとの香りが残っている」と多くの人が感じるのも、そのせいかもしれない。

（２０１７年9月24日掲載）

〈毎日登山〉 神戸港の開港後、神戸に住んだ外国人が毎朝、六甲山系を登ったのが始まり。日本人にも伝わり、明治末期にできた「神戸草鞋《わらじ》会」を皮切りに、大正から昭和初期にかけ、１００を超える登山会が発足。山中に署名簿を置き、毎日登る習慣が根付いた。神戸愛山協会によると、主な山筋ごとに、神戸つくばね登山会や神戸ヒヨコ登山会など約20団体約２５００人の会員がいる。

シン・ゴコク 余話

竹ざおの先に花

神戸市北区の北部には5月8日ごろ、細長い竹ざおの先に花をくくり付け、地面に立てる風習が残る。「テントバナ」と呼ばれ、マムシよけの意味合いがあるという。

「卯月八日」といわれる旧暦4月8日に合わせて、かつては兵庫県内の各地で行われていたが、近年はあまり見られない。

下上津里づくり協議会（同区上津台）の大江重治会長（68）は、２０１７年も近くの農業石井孝雄さん（73）の作業場の敷地を借りて、約5メートルのテントバナを立てた。竹の先には、道ばたに生えていたモチバナとキツネバナをくくり付けた。

「幼いころは、周りの人もみんな立ててたけどなぁ。昔の風習が割と好きやから、続けてるんや」と大江さん。石井さん宅でも15年ほど前までは、竹ざおの先だけでなく、地面にもモチバナとキツネバナを直接立てていたという。

大江重治さんが立てたテントバナ＝神戸市北区長尾町上津

「朝起きたらテントバナの前に行って、酒と水を供えて、シャクナゲの葉でピッピッと花に水を掛けた。そして家族全員で『ハメ（マムシ）にかまれませんように』と拝んだもんや」と、石井さんは懐かしむ。拝んだ後の朝食も決まっており、7種類の食材を使った煮物だったと記憶する。「フキ、ワラビ、シイタケ、高野豆腐、エンドウ、レンコン…。あと一つは何やったかなぁ…」

丹波市市島町の永井直樹さん（64）によると、丹波市でも似た風習があり、名前は「おてんとうさん」。約5メートルの竹の先にアカバナやシャクナゲをくくりつけ、自宅の庭などに立て掛ける。そして家族全員で、山から採ってきたアカバナを竹の根本に供え、「むかえやまのまむしにかまれませんように」と唱えて礼拝。最近は家族の健康と安全も合わせて祈る。

さらに続きがあり、1週間ほどして片づけるとき、竹の先にくっていたシャクナゲの葉は乾燥させて保存。夏に夕立が降り、雷が鳴ったときには、台所でその葉をいぶしながら「くわばらくわばら」と唱えると、雷が落ちない、といわれているのだという。

三田の「オヅキヨウカ」では「ハナ」とも呼ばれ、雷よけのほか、いぶした煙の流れる方向で、行方不明の人や牛、失せ物を探したという。

願掛けは地域でいろいろ。広く行われていた風習ではあるが、目にすることは今では少なくなった。

第３部

祭礼の大河

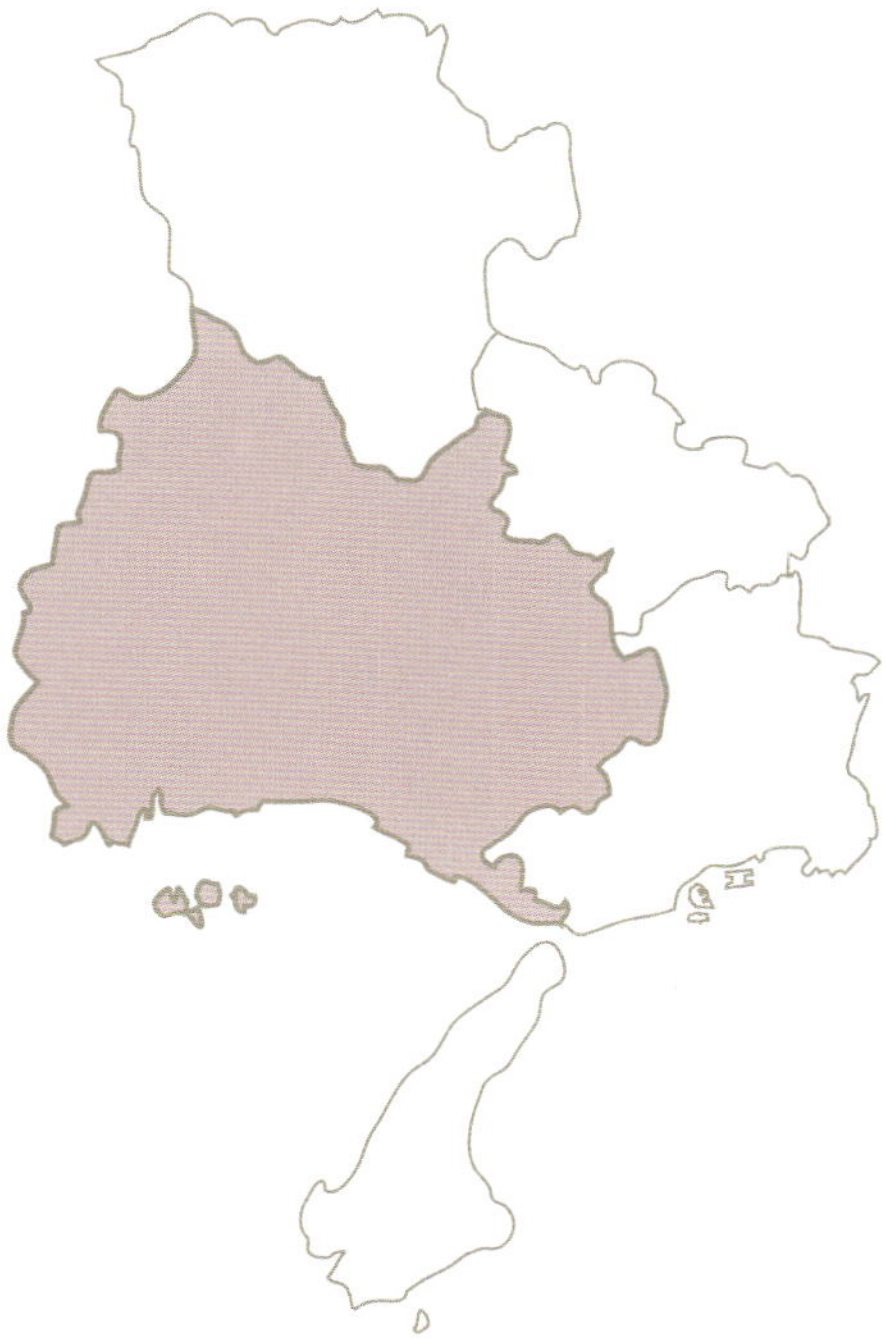

1 闇夜に浮かぶ中世の舞

こけむした古い石段を上る。加東市上鴨川の上鴨川住吉神社。普段は人影のない境内が一年で最もにぎわうのが、10月の秋祭りだ。加古川の支流、鴨川沿いに酒米・山田錦が実るころ、中世の記憶を伝える「神事舞」（国指定重要無形民俗文化財）が奉納される。

数百年にわたり、その舞を担ってきたのは、全て長男。「宮座」と呼ばれる住民の祭礼組織だ。

宮座に入れるのは、氏子の中でも「この地に生まれた長男」だけ。10歳前後で宮座の一員となると、生涯抜けることはない。年次に応じ、詳細に決められた役割を担う。

最初は「若衆《わかいしゅ》」として十数年、神事舞の踊り手を務める。次の「清座《きよざ》」は指南役や裏方。さらに8年ほど年を重ねると「年老《としより》」と呼ばれ、全体を見守る。その最年長者「横座《よこざ》」は神事舞の最高責任者だ。

10月7日の宵宮。今年は20人の若衆と清座が、境内にあるかやぶき屋根の舞堂に集まった。下は小学3年生、上は40代後半。

割拝殿《わりはいでん》の前庭で、「斎灯《さいとう》」と呼ばれる大きなかがり火がたかれる。天を焦がすような炎の下、厳かな舞が次々

に披露される。

午後8時ごろ、鼻高面をかぶった大畑寛晃さん（25）が舞堂からそろり進み出た。踊るのは「リョンサン舞（太刀の舞）」。面の鼻は額へと反り上がり、鳥兜《とりかぶと》のおんどりが宙をにらむ。2本の太刀を腰に結び、「ほうこ（矛）」を握る。

笛と鼓が響く。前日の雨でぬかるんだ地面を白足袋で踏みしめ、膝を曲げ、体を反らし、腕をひねる。動きは緩やかだが、力強い。

「生まれてからずっと上鴨川なんで。踊れて光栄です」。そう話す寛晃さんは若衆の上から3番目だ。

続いて獅子が境内を駆ける。御幣を頭に着けた9人の若衆が「田楽」を舞う。鼓を鳴らしながら輪になり、揺れて、跳ねる。その後は扇の舞…。宵宮は夜更けまで続く。

山田錦が実るあぜ道を歩き、村から神社へ向かう宮座の「若衆」と「清座」

神輿《みこし》や屋台は一切登場しない。派手さはないが、古式をよくとどめ、見る者を神の領域へといざなう。

カラン、カラン。

■■

10月7日夕、加東市上鴨川の集落に、軽やかなげたの音が響く。上鴨川住吉神社の秋祭り宵宮。宮入りを前に、祭礼組織「宮座」の座衆が、集落の藤浦商店前に集まり始めた。

宮座は「若衆」「清座」「年老」からなる。加入した年数による序列だ。灰色のかすりを着るのが「若衆」で、中高生や社会人になったばかりの若者が多い。今年は新規加入がなく、昨年入った8歳が最年少。刀を背負い、腰には扇を差す。

「若衆」は、神事舞を踊るのがもっぱらの役割だ。「リョンサン舞（太刀の舞）」を宵宮で舞うのは若衆の3番手、本宮では2番手の「禰宜《ねぎ》」と決まっている。

「えらい、とうの立った若衆がおるのぉ」。誰からともなく声が聞こえてくる。10代が中心の若衆の中に40代がいる。禰宜の東谷文彰さん（41）。本来は若衆も清座も卒業した「年老」だが、進学や就職で上鴨川を離れている若衆の代役を担う。長男悠佑君（8）との共演となる。

上鴨川住吉神社の秋祭り宵宮で奉納された「田楽」。神事舞は村の長男だけが担う＝加東市上鴨川

十数人の座衆がそろう。太刀を腹の前に掲げる最年長の「若衆頭《わかしゅがしら》」を先頭に、太鼓や笛ではやしながら神社へ向かう。若衆頭の藤井智哉さん（47）も代役。故郷を離れて三木市で暮らすが、祭りに駆けつけた。

途中、座衆は服を脱いで斜面を駆け下り、鴨川の「シオカキバ」で身を清め、鳥居をくぐる。割拝殿で烏帽子《えぼし》をかぶり装束を整えると、境内の「宮めぐり」をする。たいまつを手に行き来する間はサカキの葉をくわえ、決して話してはならない。

舞堂に集まった宮座の座衆。堂内で衣装を整え、笛や鼓を奏でる

割拝殿の前でたかれるかがり火「斎灯《さいとう》」に、シバやナラの枝が次々とくべられ、漆黒の闇を炎が焦がす。清座の新入りが務める「神主」による神楽の後、神事舞へ。舞堂の前庭でリョンサン、獅子、田楽、扇の舞と演じられる。それらを3回繰り返して宵宮は終わる。

「リョンサン舞」。太刀を腰に差し、力強く「ほうこ（矛）」を振るう＝いずれも加東市上鴨川

シオカキバの周辺では幅数メートルの鴨川は、東条川を経て加古川の本流に合流する。流域は古くから肥沃《ひよく》な土地が広がり、有力者が割拠した。

平安時代、都に住む荘園領主が地元の有力者と結んだ特別な身分関係が宮座の始まりとされる。有力者は「座」を組み、祭事だけでなく村の自治を交代で担った。座の中の当番を「トウニン」と呼ぶ。宮座そのものは消えても、トウニン制度が残る地域が播磨には多い。

上鴨川ではかつて「二十四軒株」と呼ばれる株を持つ家の長男だけが宮座入りを許された。数十年前に氏子の全戸に開放されたが、「長男だけ」の縛りは健在だ。就職先の東京から帰省した若衆の大畑貴耶《たかや》さん（23）は、２日目の本宮でのみ披露される「翁舞《おきなまい》」の翁を演じた。翁舞は能楽の原型とされ、中世の面影を色濃く伝える。「よそにはない、特別感がありますよね」。だからこそ、祭りの日は上鴨川に帰りたい。

■ ■

割拝殿の脇にある長床《ながとこ》。本宮の「杯事《さかづきごと》」には年老も集う。板きれの上に盛り付けられたおこわと大根なます、かつお節、ゆでた大豆を食べ、酒を酌み交わし、神事舞を見る。神様のお下がりというおこわはおにぎりにして見物人にも振る舞われる。

「宮座というのは誇りやし、工夫ですわ」。年老の最長老「横《よこ》座《ざ》」の大畑悦夫さん（74）が目を細める。

本宮の「杯事」では、長床におこわとゆでた大豆が並ぶ

自身は６歳で宮座入りした。秋祭りは「70年前と何一つ変わらん」と笑うが、若衆だったころ、それまで口伝えだった舞の手順を初めて書き留めた。事前の練習に参加できない人も覚えやすくなるなど、工夫を重ねながら宮座を守ってきた。

現在は約80世帯が暮らす。親子３代が入る世帯もあり、宮座の総員は40人超とされる。人口減や少子化で、神事を担う若衆や清座は常に人手不足といい、代役頼みとなる。

「次男や三男にも宮座入りを許してはどうか」。そんな声も出るが、今のところ選択肢にはない。序列は本来１年ごとに上がっていくが、大畑直也さん（41）は、神事全体を取り仕切る「清座頭《きよざがしら》」を２年連続で務めた。11月の集まりで後進に清座頭を譲る。宮座入りして約30年、ついに年老になる。「でも、来年も代役で踊るつもりです」

中世の昔から、小さな集落がひそやかに守り伝えてきた祭りを支えるもの。それは人々の誇りと気概にほかならない。

（２０１７年10月29日掲載）

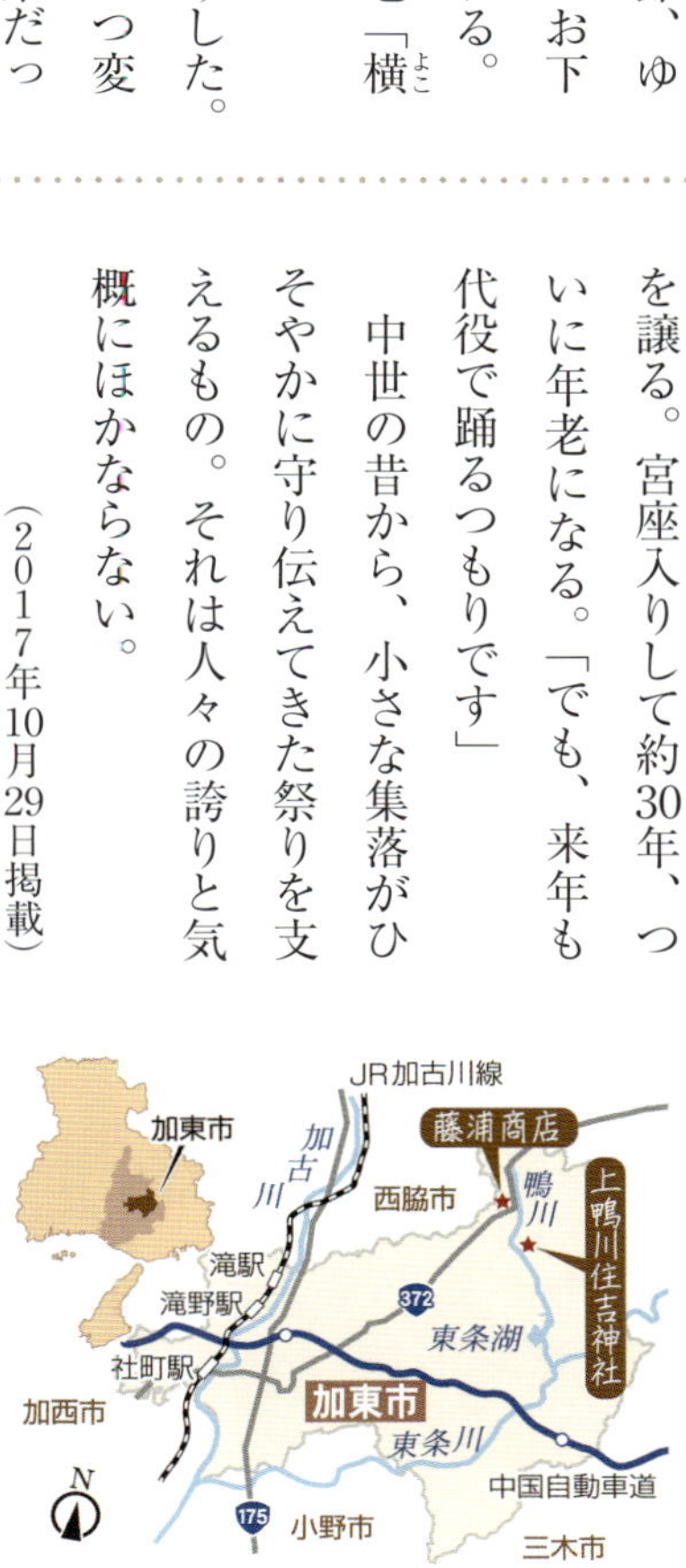

〈加古川〉 主に北播磨、東播磨地域を流れる兵庫県最長の１級河川。姫路河川国道事務所によると、本流の延長は96キロ、流域面積１７３０平方キロメートル。源流は丹波、朝来市境の粟鹿山《あわがやま》（標高９６２メートル）で、支流は１２９本に上る。西脇、加西、小野、三木市、多可、稲美、播磨町などを流れ、加古川、高砂の両市から播磨灘へ注ぐ。流域では農業など数々の産業が発達し、秋祭りも盛ん。

2

一世一代「聖なる日」

蒸し暑さの残る秋の夜。ちょうちんの灯が揺れる。屋台を引く男たちの掛け声が、家々の間をゆっくりと通り過ぎていく。10月7日。日岡神社（加古川市）を目指す宵宮の行列は、威勢の余韻を残しながら、徐々に厳かに。太刀や弓を持った男衆、着飾った幼子の伴童《ともど》。そして、白馬にまたがった「主役」が現れた。

絹の白装束が夕闇に映える。酒が入り、和やかな周囲とは裏腹に、馬上の大辻誠三さん（67）は緊張した面持ちを崩さない。

「とにかく今日と明日、祭りがうまくいくように。それだけしか考えてへん」

祭礼の中心人物ではあるが、祭典委員長や氏子総代とは立場が異なる。言うなれば、人間から一歩、神様に近づいた存在。自宅にしめ縄を飾り、「日岡大神」の掛け軸を掲げ、神様を祭る「御壇《おだん》」を構える。

「トウニン」。江戸時代以前から続く、一世一代の名誉職だ。

■　■

加古川の上流、西脇市で分かれる杉原川をさかのぼる。うっそうと木々が生い茂る門前八幡神社（兵庫県多可町）で、はだしの少年３人が石橋を跳ねるように渡っていく。本殿から水路

日岡神社へ向かうトウニンの大辻誠三さん。馬に乗るのは、聖なる存在として地面に足をつけないためと伝わる＝加古川市加古川町大野

を越え、木の鳥居までの約20メートルを3往復する。

どんな意味が込められているのか、いつ始まったのか、誰も分からない。ただ、「お祷《とう》渡《わた》し」に欠かせない神事として今に伝わる。

「お祷渡し」の最中、参道を行き交う3人の少年。本殿と鳥居の間をはだしで3往復する＝兵庫県多可町中区門前

55世帯が暮らす地区では、3人のトウニンが神社の年中行事のほか、月2回のお供えや境内の清掃、雪かきなどをこなす。日岡神社（加古川市）とはやや趣が異なり、〝ムラの当番〟の表現がしっくりくる。戸主の男性で順繰りに担うが、近年は女性の単身世帯も増え、20年もたてば再びトウニンが回ってくる。

その引き継ぎに当たるのが、年1度のお祷渡し。9月10日、礼服に白ネクタイを締めた新旧のトウニンらが長床《ながとこ》に集まる。森の静けさに、内藤勝彦宮司（62）が読み上げる戸主全員の干《と》支《え》と名前、そして少年3人の足音が吸い込まれていく。

「えらかった。やれやれ」。今年の3人のうちの1人で、務めを終えた土田章司さん（67）は言う。トウニンはムラ全体の仕切り役でもある。神社と祭礼を中心に回る日々が深く根付き、住民の暮らしを支える。

お祷渡しが終わると、新旧のトウニンらは米粉やみそ、小魚などを食べ、酒を酌み交わす＝兵庫県多可町中区門前

■■

地区の約150世帯のうち、古くからある30世帯ほどから選ぶ。地元で生まれ、現在も暮らす跡取りの男性で、その兄弟は

不可。結婚して子どもがいる。一生に1回だけ…。

門前八幡神社と比べると、岩壺神社がある三木市岩宮地区のトウニンの条件は厳しい。数十年前までは、祭礼だけでなく、その後の宴会の一切を取り仕切り、住民をもてなせるように自宅の応接間や風呂を改修する家もあったという。

1年間の任期で少なくとも100万円を要したという金銭的負担は、30年ほど前に完成した公民館で宴会を催すようになり、いくらか軽くなった。ただ、少子化などでなり手不足に歯止めがかからない。2015年の八木正路《まさのり》さん（33）を最後に候補者がいなくなり、岩宮区長の父昌幸さん（62）が「トウニン代行」として形式上、引き継いでいる。

9月23日、「御田祭《おんだまつり》」。氏子らが集まり、酒を酌み交わして収穫を祝う年に1度のトウニンの〝見せ場〟は、昨年に続き、1時間足らずの簡素な神事のみで解散した。

日岡神社の秋祭りで、古式ゆかしく町内を練り歩くトウニン行列＝1972年10月、加古川市加古川町

昌幸さんがこぼす。「トウニンをなくすのはしのびないという地区の総意で代行を受けているが、今のままでは、そう遠くない時期に消滅する」。代々引き継いできた宴会用の皿や膳が入った三つの木箱は行き場所を失い、公民館に取り置かれたままになっている。

岩壺神社のトウニンに引き継がれていた食器類。宴席で使われていたといい、その数は木箱三つ分に上る＝三木市岩宮

「制約も面倒も多いけど、私らの代で途切れるんはご先祖さんに申し訳がたたんから」。加古川市の大辻誠三さんが、日岡神社のトウニンを受けた理由を振り返る。戦前は名誉を求める複数の男性からくじで決めるほどの人気ぶりだったが、近年は九つの町内会が持ち回りで何とか適任を選ぶ状況が続く。

趨勢《すうせい》を象徴するのが、芝生に御幣を刺して神様のよりどころとする「御壇」の取り扱い。もともとは就任直後の2月に庭に設け、10月の例大祭まで日々のお供えを続けていたが、今は期間を大きく縮めて9月に取り付ける。

住宅事情も変わり、縦横170センチほどの土台の置き場所を確保しづらくなった。マンションの一角や道路に接する場所に置くトウニンも現れ、大辻さんも、経営する酒店の駐車場に構えた。

駐車場に設けられた「御壇」。宵宮が近づくと、高さ5メートルほどの竹を刺す風習が残る＝加古川市加古川町寺家町

大辻さんは伝統へのこだわりを見せる。神に仕える立場として質素に過ごそうと、別に手掛ける不動産業では大きな取引を控えた。酒店の一角を会合のための場所に割き、祭りの関係者らが集まるたびに家族が手土産を渡すなど心配りを尽くした。

10月8日夕、本宮の終幕が近づき、トウニン行列が日岡神社の拝殿に戻ってきた。大辻さんが、詩人相田みつをさんの作品を引きつつ、この1年間を振り返った。

「長い人生にはなあ／どうしても通らなければならぬ道―／てものがあるんだな」「黙って歩くんだよ／涙なんか見せちゃダメだぜ!!」

支えてくれた家族や町内会の役員らへの感謝を述べる途中、言葉に詰まった。「何でか分からんけどね、急にこみあげてきて」。見せてはいけないはずの涙を、ぐっとこらえていた。

（2017年11月5日掲載）

〈トウニン〉 神社の祭りや神事などを一定の任期で主宰したり、世話をしたりする中心的な人。その家を「トウヤ」と呼ぶ地域もある。祭礼組織「宮座」と重なり合う部分も多く、近畿地方を中心に加古川沿いの各地にも残るが、実態はそれぞれ異なる。漢字表記も、門前八幡神社は「祷人」、岩壺神社は「頭人」、日岡神社は両者が混在する。成人男性が務める地域が多いが、高砂神社（高砂市）の「頭人」は、幼児の「一ツ物」に仕える立場として少年2人が担う。

3

山田錦の里に響く「イーヤーホー」

若宮神社秋季例大祭の「ヤホー神事」で、「棒振」の男性が鬼の面をかぶり、棒を振りかざして舞う＝三木市吉川町稲田

イーヤーホー。

イーヤーホー。

酒米・山田錦の田んぼに囲まれた、三木市吉川町稲田の若宮神社。耳慣れない謡がゆったりと響く。10月1日、秋季例大祭。鳥居から拝殿へ、静かな境内を15人が歩を進める。

赤鬼の面をかぶった男性が鉄に見立てた棒を天をつくように振り回す。稚児は金棒を引きずって歩き、太鼓を打ち鳴らす。あんどんを持った氏子が「イーヤー、ハッ、ハッ」と謡う。

祭りを締めくくるこの行列は祭礼組織「宮座」が担い、その名を「ヤホー神事」という。ヤホーって?!

「今年は畑《はた》座が当番。座振舞《ざふれまい》は中村座、馬は上中村《かみなかむら》座や。神輿《みこし》は東田地区の氏子が練る。棒振《ぼうふり》がヤマ、ウマの稚児と問答して、祭りはおしまい…」

詳細を尋ねても、知らない言葉ばかり。漫才コンビは「ヤホーで調べました」と言うけれど、こちらは「ヤホーを調べました」。現地で。

■■

祭りには酒が付きもの。三木市吉川町稲田、若宮神社の秋季例大祭にも、特産の酒米「山田錦」を使った日本酒が多く登場する。

直会《なおらい》で。人に振る舞うため。神輿を担ぐ前の景気づけに。16地区の氏子約650戸にも、その中の特定の家だけでつくる祭礼組織「宮座」にも、山田錦を栽培する農家は多い。それぞれに自慢の酒がある。

長床に四つの宮座の代表ら9人が集い、男児が給仕する「座振舞」。今年は中村座が取り仕切った

10月1日朝。長床《ながとこ》に宮座の代表が集まる「座振舞」が始まった。幕で覆われ、宮座の座衆だけが上がることができる場所での直会だ。

若宮神社には四つの宮座がある。「大《おお》沢《そ》座」「中村座」「上中村座」「畑座」。1年交代で「座振舞」と「馬神事《うましんじ》」、そして「ヤホー神事」を担当し、1座は非番となる。今年の座振舞は中村座が務め、お神酒や餅、枝豆などを用意した。

20畳程度の細長い長床に、各座を代表する「一《いち》老《ろう》」と「二《に》老《ろう》」の男性が向かい合って座る。礼服の上に白羽織で神妙な面持ちだ。その間に宮地喬《たかし》宮司（63）が腰を下ろす。計9人が席に着くと、長床の東西両端から裃《かみしも》姿の男児2人が登場する。

座振舞では餅や枝豆、日本酒などが供せられる

「ただ今より、振舞の儀式を始めさせていただきます」

中村座の一老、前田和男さん（61）が告げる。男児は座衆の間をゆっくりと歩き、真ん中で出会うと一礼した。1歩進んで1歩下がり、給仕する。徳利《とっくり》を小さく2度傾けた後、3度目についだ。酒はもちろん山田錦。2人の息がぴたりと合った。

■■

大関、剣菱、白鷹…。全国有数の酒どころ「灘五郷」など有名蔵元の名を染め抜いたのぼりや看板が田んぼを彩る。さながら大漁旗。山田錦の特産地・三木市吉川町など北播磨ではおなじみの秋の風景だ。

同町では明治中期以降、地区の酒米を特定の蔵元に販売する契約栽培「村米制度」が確立する。品質の良い酒米を求める蔵元と安定した販売先を望む農家の思いが一致し、深く結び付いていった。

座振舞が終わると、白装束に身を包んだ24人の男衆が神輿を担ぐ。宮座だけで執り行われる三つの神事とは異なり、神輿渡御は各地区の氏子が交代で担う。

今年は、東田地区の氏子が神輿を練った。

東田地区の氏子が神輿を担ぎ、伊勢音頭に合わせてお旅所へ。その脇には山田錦が実る＝いずれも三木市吉川町稲田

灘五郷の菊正宗酒造（神戸市東灘区）と村米契約を結ぶ。始まる前の境内やお旅所で、同社の純米大吟醸「百黙《ひゃくもく》」で乾杯し、気合を入れた。「一番ええ酒や」。同地区の桧原重樹さん（71）は休憩の間に、ぐいっと飲み干した。

中世から続くとされる古式ゆかしい神事の数々。いま、傍らには昭和に誕生した山田錦がある。

若宮神社の宮座にはかつて、1座16軒、合計64軒の家が属した。だが近年は後継ぎ不足や転居などで座を休んだり、抜けたりする家も多い。2017年の馬神事を担った上中村座も、一老の保尾《ほお》武さん（70）によると、2、3軒が残るのみだ。

馬神事の最後は、馬が鳥居から石灯籠までを3往復する「馬駆け」。3度目の駆けだしと同じくして、ヤホー神事が始まった。

獅子舞を先頭に、鱗《うろこ》小紋を染め抜いた赤茶色の衣装と鬼の面を着けた「棒振《ぼうふり》」、金棒引きや小鼓、締太鼓《しめだいこ》打ちの子どもら15

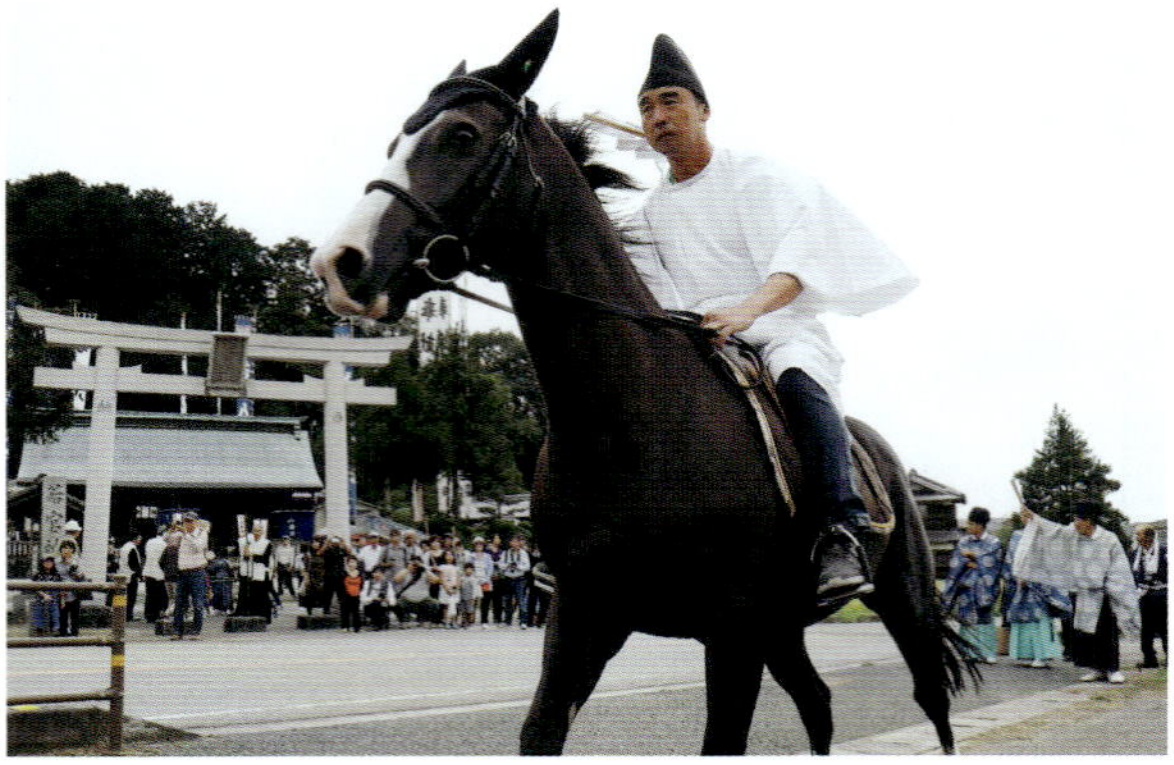
「馬神事」を締めくくる「馬駆け」。上中村座が馬を用意した

人が鳥居から社殿へと練り歩く。「イーヤーホー、イーヤーホー」の謡が響く。

畑座に属する米田地区の冨井家が二十数年ぶりに当番を務めた。「仕事仲間に近所の人、吉川を離れた親族やその友達にも声を掛け、やっと行列がそろたんや」。一老の冨井英世さん（75）が苦笑する。

神事はクライマックスへ。棒振は日の丸の扇を開き、馬に乗った稚児、本殿脇に木枠を組み立てた「やま」と呼ばれる高さ20メートルの蚊帳に入った稚児の3者で問答を交わす。

「この山のいわれを思う」

「山の麓に流れあり、流れをくめる人々は七珍万宝《ちっちんまんぽう》満ち満ちて…」

「ヤホー神事」を担った子どもたち。離れて暮らす親族やその友人も加わり、神事を執り行った

「ここにめでたき瑞相《ずいそう》あり…」

問答は、吉川町の山里、流れる美嚢川《みのう》の美しさや豊かさをたたえ合って終わる。締太鼓がたたかれ、神事は幕を閉じた。冨井家の人たちは、親族や友人を地元産のブドウや米田地区が村米契約を結ぶ石川県の蔵元「菊姫」の酒などでもてなした。

ヤホーとは「いやほぐ」に由来するという。「いっそう祝う」を意味するおめでたい言葉だ。収穫を祝い、神に感謝する。手塩にかけて育てた米で造った酒を神様と酌み交わすのだから、うまくないわけがない。

（2017年11月12日掲載）

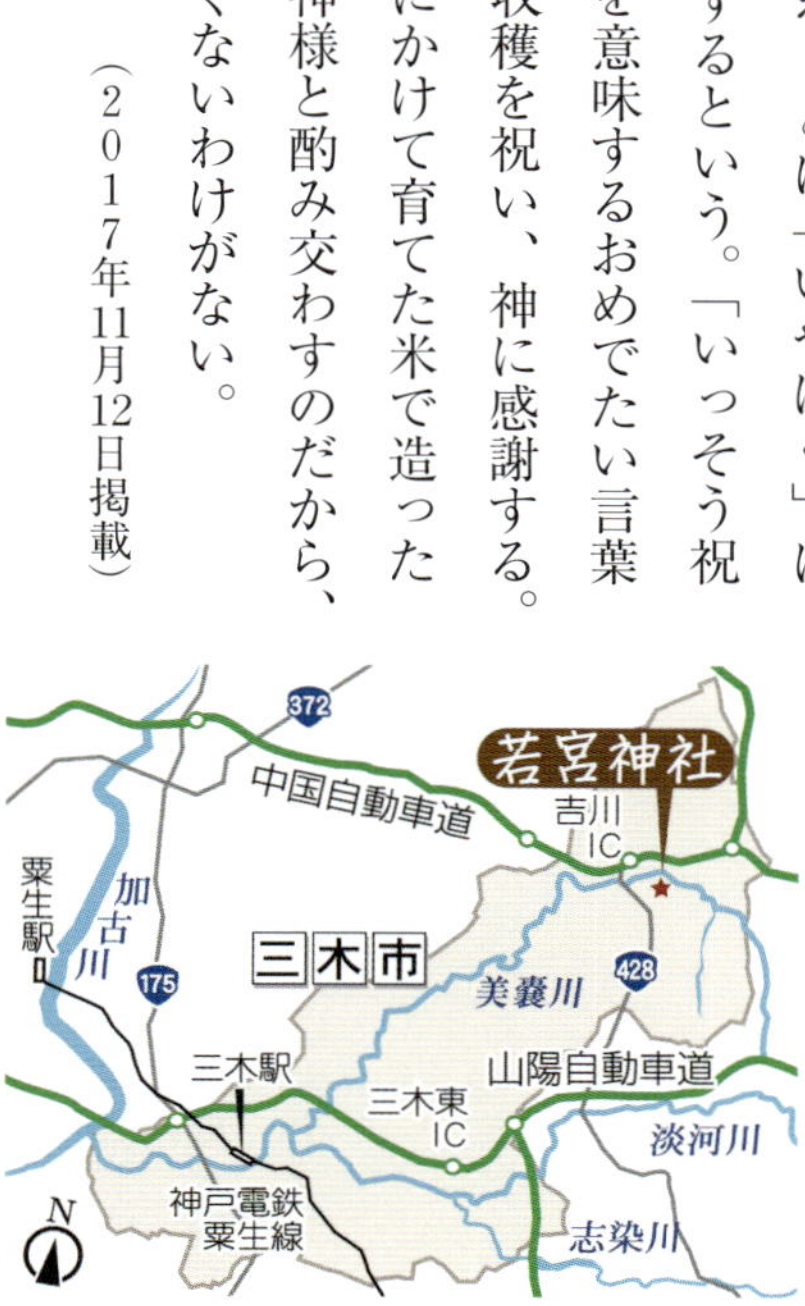

〈山田錦〉 明石市にあった兵庫県立農事試験場の品種改良によって誕生し、1936（昭和11）年に品種登録された高級酒米。主に三木市などの北播磨地域、神戸市北区などで栽培されており、兵庫県の生産量は全国の6割以上を占める。「心白《しんぱく》」と呼ばれるコメ中心部の白色部分が適度な大きさで、こうじ菌が入り込みやすく酒造りに最適とされる。三木市吉川町は最上級産地の「特A地区」に指定されている。

4

厳か「なまずおさえ」

野間川。西脇市と兵庫県多可町を流れる、加古川の支流。その流域にいくつかの不思議な伝承が息づく。

石上神社の「なまずおさえ神事」。ふんどし姿の男性2人は、宝刀を捜す様子を表現しているとされる＝西脇市板波町

西脇市板波《いたば》町の古社・石上《いそがみ》神社。鳥居をくぐると、すぐ目の前に土俵があるのに驚く。10月８日、秋祭りの夜、ここで「なまずおさえ」という奇妙な名前の神事が厳かに催される。

ふんどし姿の男性２人が土俵へ上がる。片手を腰に当て、もう片方の手を斜め前へ。手を交互に上げ下げしつつ進退を繰り返し、ござの上の小刀に触れる。

「川に潜って宝刀を捜す動作ですわ」と神事保存会の長井泰弘会長（76）。

天文11（１５４２）年、神社から宝刀が盗まれた。村人が占い師に聞くと「盗賊は逃げる途中、野間川に落ちて死んだ」と告げる。その後、潜水夫が滝つぼで宝刀を発見。神殿に奉納しようとした瞬間、宝刀は大ナマズに変わっていた―。

以来、神罰を恐れ、神事として行われるようになったという。

■　■

川をさかのぼるにつれ、両側に連なる山と山が近づいてくる。

野間川で宝刀が見つかったとされる西脇市板波町、石上神社の「なまずおさえ神事」。神社から川沿いの県道を西北へ車で約30分。兵庫県多可町八千代区の天船《あまふね》地区に至る。

天船は中村、下村、横屋、坂本の旧4カ村から成る。毎年1月と7月、中村にある真言宗・安海寺《あんかいじ》の住職が各村に出向き、祈祷《きとう》をする。その締めくくりが、江戸時代から続くとされる「こっつんさん」と呼ばれる風変わりな行事だ。

寺が保管する大般若経《だいはんにゃきょう》600巻のうち、冬は30巻、夏は20巻を「転読」という速読法で読み上げていく。最後に、村のトウニン（世話役）がお経を収めた木箱で村人全員の頭をたたく。響く小気味よい音が「こっつんさん」の名の由来だ。

寺と隣り合う中村住民センターで7月8日にあった夏祈祷。今年のトウニンを務める安達義雄さん（70）と棚倉重和さん（60）が朝から竹を切り、お札を刷り、経本を運んだ。夕方、村人十数人が集まった。

「こっつんさん」に先立ち、トウニンが村や家の安全を願ってお札を刷る＝兵庫県多可町八千代区中村

蛇腹折りの経本を、佐藤俊樹住職（64）がアコーディオンのように広げて、ぱらぱらと読み進める。10分ほどで20巻分の転読を終え、最初の巻と最後の巻を丸めて木箱に収めた。

「それでは、こっつんさんを始めます」

天船地区に伝わる「こっつんさん」。最初に佐藤俊樹住職（右）が、お経の入った木箱で村人の頭を「こっつん」とたたく＝兵庫県多可町八千代区中村

最初に、佐藤住職が木箱を持ち、安達さんの頭を「こっつん」。次に木箱を受け取った安達さんが住職の頭に「こっつん」と返す。その後、安達さんが全員の頭を順に「こっつん」とたたいていった。

「シャキッとする」「お経が体中に染み渡るような」。村人は晴れやかな表情でお札を受け取り、足取りも軽やかに帰っていった。

「願いをかなえるには三つの力が必要」と佐藤住職は説く。仏や神の加持力。自分自身が持つ功徳力。そして「漫画のドラゴンボールに出てくる『元気玉』みたいなもの」という全員の力。響き合う「こっつん」が、村に平穏無事をもたらす。

「なまずおさえ神事」で、宝刀を捜す作戦会議に見立てた「シュウシ」。野村、板波の2カ村が分かれて酒を酌み交わす＝西脇市板波町、石上神社

■　■

リョンリョン。ゲイゲイ。天船では、秋にも不思議な声が響く。安海寺に程近い、同じ中村にある貴船神社。樹齢260年超というイチョウなどの大木が目を引く。

10月7、8日の秋祭り。鼻高面を着け、褐色の舞鶴紋のある衣を着た氏子が「リョンリョン」の掛け声でやりを振りながら境内を跳び回る「龍王の舞」を披露した。続く田楽では、氏子らが楽器のささらと太鼓を鳴らし、「ゲイゲイ」と唱和する。

「リョンリョン、ゲイゲイを聞いて育ったからねぇ、うちらは」

神社から約400メートル北、天船の名を冠した巻きずしが大人気の特産品販売店「マイスター工房八千代」の藤原隆子施設長（70）が笑う。

祭りやお祝い事の日は巻きずし。そんな思い出から生まれた「天船巻きずし」は、みずみずしいキュウリに卵焼き、シイタケなどの具材にこだわり、1日約1800本を売り上げる。静かな山あいの店に、平日朝から長蛇の列ができる。

北播磨には、同様に地元の食材で作った巻きずし商品が多い。「景色も一緒に食べて帰ってほしいんよ」と藤原さん。地域の魅力を伝え、守る一助になれば、と知恵を絞る。

■ ■

再び、石上神社。「なまずおさえ」の伝承によると、宝刀が盗まれた後、二つの村が策を練った。神事の冒頭、西脇市野村町と板波町が2カ所に分かれ、「コ」の字形に敷かれたござの上で「シュウシ」と呼ばれる作戦会議をし、酒を酌み交わす。

板波町の席に着くのは、限られた家でつくる講組織「ホントウ」の一員。一方の野村町は神事保存会のメンバーだ。野村町のホントウは3年前、人手不足で解散した。同時に、氏子の役員が中心となって保存会を設立。講に代わって神事を担う。

マイスター工房八千代の「天船巻きずし」。新鮮なキュウリや卵焼き、シイタケなどの具材がたっぷり詰まる＝兵庫県多可町八千代区中村

「講が解散するなら神事もしまい、という声もあったんですわ」と保存会の長井泰弘会長（76）。結果的には、以前よりも幅広く氏子を巻き込みながら、神事は続いている。

シュウシが終わり、土俵に潜水夫役の男性2人が上がる。「ねってい相撲」が始まった。「アー、ヨイショ、ヨイショ」。動きに合わせ、講も保存会も、そうでない氏子らも、みんなが声をそろえた。

宝刀の行方は分からないまま。神事は「今でも捜していますよ」と神様に報告するためとも言われる。

さまざまな不思議をたたえて流れる野間川。その清らかさは昔も今も変わらない。

（2017年11月19日掲載）

〈多可町〉 中、加美、八千代の旧3町が2005年11月に合併して誕生。人口約2万1千人（17年11月現在）。加古川支流の野間川や杉原川が流れ、千ケ峰、笠形山、妙見山がそびえる。奈良時代の地誌「播磨国風土記」に登場する巨人「あまんじゃこ」が背伸びをし、「空が高い」と喜んだことから「多可」と名が付いたとされる。八千代区は祝日「敬老の日」発祥の地としても知られる。

5

老舗の味　時代に揺れ

しょうゆにくぐらせたアナゴが、熱を浴びて色づいていく。裏、表、裏と返し、秘伝のたれに浸すと、香ばしさが店先に広がる。

黄金色に輝く焼きあなご。早朝の商店街に、食欲をそそる香りが漂っていく＝高砂市高砂町北本町

森繁久弥さんや桂米朝さんらがその味を愛した老舗の焼きあなご店「下村商店」（高砂市）。１９０５（明治38）年に下村種吉さんが販売を始めた経緯にも、逸話が残る。

日露戦争から復員する際、上官から「商売をやるなら何かに特化しろ」と助言を受け、故郷の名産に目を付けた。上官の名は、野村吉三郎。後に外交官に転じ、日米開戦時の駐米大使として歴史に刻まれている。

由緒ある百有余年を経て、名産は「名物」へと姿を変えた。アナゴの漁獲量が激減し、韓国産が店頭に並ぶようになったためだ。

「味はほとんど同じじゃけどね。取れるもんなら、そりゃあ地元産がいいですよ」

４代目の晋平さん（61）が、黄金色の焼き目を見つめながらつぶやく。

■　■

民家の軒先に巡らせたしめ縄の間を、法被姿の男たちが練り歩いていく。「千歳楽、万歳楽」。掛け声に合わせ、辻々で神輿《みこし》を振り、神様の恵みを住民に授ける。

10月10日、高砂神社（高砂市高砂町）の神幸祭。加古川河口に程近い漁師町は華やかさを増す。その一角にある池本晃さん（73）宅では、妻の佳子さん（73）が慣れた手つきで巻きずしを丸めていた。

広げられた具材は、かんぴょう、高野豆腐、シイタケ、玉子、キュウリ、そして地元の老舗「下村商店」で買ってきた焼きあなご。「高砂ではね、アナゴが入ってないと巻きずしとは言えないのよ」。佳子さんがほほ笑む。

１９９０年代前半には80トンを超えた年間の漁獲量はここ数年、1トン未満が続く。原因は、温暖化とも乱獲とも言われるが、詳しくは分からない。すき焼きや天ぷらなど日々の食卓を彩ったメニューは姿を消したが、それでも、祭りや年末年始、節分には欠かせない食材となる。

池本さんの隣では、同市の料理研究家勝部滋子《しげこ》さん（74）が、かば焼きにして押し固めた新メニューの箱ずしを作っていた。思い出すのが、２０１３年に高砂商工会議所などが始めたアナ

秋祭りを迎えた高砂の家庭。アナゴの巻きずしは食卓に欠かせない＝高砂市高砂町戎町

アイデア新鮮 サラダ巻き
東播
高砂で創作料理コンテスト
名物アナゴ 工夫の一皿
アナゴ料理 私の一品
高砂で創作コンテスト

神戸新聞の東播版で紹介されたアナゴ料理コンテストの記事

ゴの創作料理コンテストだ。企画に携わった勝部さんは、パイやちまき、サンドイッチなどの多彩なアイデアに驚き、実感した。

「アナゴは、なじみ深いだけでなく、市民の誇りでもありますね」

■■

1本の古い映像がある。

テレビクルーを気にするそぶりも見せず、真剣なまなざしを手元の包丁に注ぐ。カウンター越しに皿を差し出すと、リポーターの目が黄金色の焼きあなごにくぎ付けに—。

「焼き目だけでなく、高砂は生きたアナゴも黄金色なんですよ。他のところでは黒やけど、加古川河口の泥と砂のバランスなんでしょう」

高砂の郷土料理店「あすか」の店主、吉田耕三さん（67）は、自身が出演したテレビ番組のビデオテープを大切に保管している。ただ、どれも十数年以上前に放送されたもの。近年は収録どころか、通常の営業でも腕を振るう機会がほとんどない。

地元産が取れなくなった以上、郷土料理として提供できないという信念からだ。一方で、今も地域に根付き、多くの人が名物を守ろうとしていることも知っている。

ブランドの重みと現実の間でジレンマを抱え続ける吉田さんだが、往時のビデオ映像を見つめる表情は、どこか柔らかい。画面に、リポーターに声を掛ける姿が映った。

「これを食べないと、高砂に来た意味がないよ」

■■

歩道橋の側面に「ブライダル都市」の文字が並び、文化会館のホール名に冠せられる「じょうとんば」。もう一つ、高砂の名を全国に知らしめるのが、「尉《じょう》と姥《うば》」の伝説による結婚式のイメージだ。

高砂神社が創建されたとされる千数百年前、根が一つで幹が左右に分かれた「相生の松」が境内に生え、尉と姥の2神が宿った。尉がおじいさんで、姥はおばあさん。相生まれて、相老いるまで。松は夫婦が末永く寄り添う象徴となり、室町時代に謡曲の題材になると、新郎新婦の席を「高砂」と呼ぶなど婚礼の儀式に浸透する。

だが、結婚への考え方が変わるにつれて、高砂のイメージは、より形式的なものになっていく。

結納品販売「すみの」（明石市）によると、関西を中心に定着した「高砂人形」と呼ばれる尉と姥の置物は、１９８０年前

結納品の一つ「高砂人形」。新郎新婦が自宅に飾る＝明石市大明石町1、すみのパピオスあかし店

後から取り扱いが減少。当時は結納品セットを購入した人の7割が人形を注文したが、現在は1割程度にとどまる。

〽高砂や　この浦舟に帆を上げて…

高砂神社での結婚式は、発祥の地らしく、謡曲「高砂」が今もプログラムに残る。愛を誓ったカップルは90年代の年間約120組から月に1組ほどになったが、近年、回復の兆しが見られるという。日本文化を見直す機運が高まり、都市部を中心に神前式が増えているためだ。

5代目と伝わる高砂神社の「相生の松」＝高砂市高砂町東宮町

小松守道宮司（61）が言う。「伝統は守ろうとすると消えてしまうもの。世相の移り変わりに一喜一憂するのではなく、今ある形で語り続けることが大事だと思うんです」

伝説の相生の松は、3代目の枯死などを乗り越えて5代目に引き継がれ、境内の一角で、静かに、青々とたたずんでいる。

（2017年11月26日掲載）

〈謡曲「高砂」〉　夫婦愛や長寿などを主題とした能の作品の一つで、世阿弥の作とされるが、金春善竹《こんぱるぜんちく》の作との説もある。おめでたい謡として、かつては結婚式で披露されるのが定番だった。高砂市では、新春交礼会で参加者全員で合唱するほか、婚姻届を出したカップルに市がCDを贈ったり、商工会議所が電話の保留音に設定したりしてPRする。焼きあなご店「下村商店」でも、商品のしおりに歌詞を印刷している。

6

闘竜灘の落ちアユ

秋の落ちアユ。さんしょうが香る。ぎゅっと詰まった卵はさっくり、身はふんわり。骨までほろりと軟らかい。

ぷっくりと腹が膨らんだ「落ち鮎の有馬煮」＝加東市上滝野、滝寺荘

加古川の中流、奇岩が連なる闘竜灘《とうりゅうなだ》（加東市）。江戸時代から知られるアユの名所。河畔に立つ料理旅館・滝寺荘《たきじそう》の名物が、「落ち鮎《あゆ》の有馬煮」だ。

焼いた子持ちアユ60匹を鍋に3段、放射状に並べ、酒やしょうゆ、砂糖、水あめ、実ざんしょうと6時間煮込む。最後の30分は付きっきりで煮汁を掛け、深い黄金色の照りを生み出す。

若々しい初夏の上りアユと違い、落ちアユは食べ応え十分。「『今年の子持ちはいつ？』と聞くファンも多い。10、11月だけの値打ちもんや」。山本和彦料理長（56）が胸を張る。

地元産は減った。それでも創業六十余年、老舗の味が受け継がれるのは、太公望が集うアユ釣りの名所ゆえ。

加古川は、アユとともに生きてきた。アユを巡る人々の物語。

■　■

天高く網広がる秋。

シュルルルル、パシャッ。鋭く川面を打ち、静かに沈んでいく。

11月初旬、加古川下流にある大堰《おおぜき》の南。膝まで水に漬かりながら、扇状の網を繰り出す男性がいた。

両足を踏ん張り、左肩に網を掛ける。勢いを付けて放つ。6畳ほどに広がった網は5メートル先へ。鉛の重みで沈み込み、アユを一網打尽にする。

「ただ、おりそうなとこへ打つだけやな。勘や、勘」

投網の主、赤松猛《たけし》さん（74）＝加古川市＝が相好を崩す。この地でアユを取って60年。一度に178匹を捕らえたこともある、アユ投網の名手である。

「川漁師」。加古川のアユやウナギ、コイで生計を立てた祖父盛治《もりじ》さんはそう呼ばれた。父文一さんも会社勤めをしながら漁に励んだ。アユなら夏から秋の夜。LED（発光ダイオード）照明もない時代、下流の太子岩《たいしいわ》を目印に、ランプで照らして小舟を操った。

「周りにも舟が10艘《そう》以上おってなあ。火をかざすと、4メートル下の魚が見えるぐらい水がきれいで、ヤスで突けるほどやった」。形のいい子持ちアユなら、闘竜灘そばの滝寺荘まで売りに行く。「そのお金でアイスクリームを買うのが楽しみで。何より、漁が面白かったでな」

絶え間なしにアユの群れがさかのぼった時代は去った。それ

加古川に放たれるアユの投網。赤松猛さんの熟練の技が光る＝加古川市の加古川大堰南側

でもにぎやかな記憶が、猛さんを今も川へと向かわせる。投網を操れる人は、もう数えるほどしかいない。

「その虫みたいなものは、本物ですか？」

じっと見ていた女児がそう尋ねるほど、毛鉤《けばり》は精巧だった。

加古川上流に近い西脇市立楠丘《くすがおか》小学校。11月2日、播州毛鉤の伝統工芸士、横山禧一《よしかず》さん（75）が授業をした。

1センチに満たない針に、ニワトリやキジ、カワセミの羽根を巻き付ける。水生昆虫に似せた疑似餌が出来上がるたび、子どもたちから「めっちゃ、似とる」と声が上がる。

授業で子どもたちに毛鉤の説明をする横山禧一さん＝西脇市立楠丘小学校

江戸後期、農閑期の副業として加古川流域に広まり、現在、生産量は全国の9割を占める。種類は500とも千ともいわれ、中でもアユ毛鉤が最も多様だという。大工場では出せない、きめ細かさが身上だ。

「人間は欲張りな動物やから、『もっと釣れる毛鉤ないんか』と求めるんやな」と横山さん。澄んだ水には地味な鉤。濁った水には派手な鉤。浅場には地味、深場には派手…。羽根の色や巻く順番を工夫し、新作が次々と生み出された。

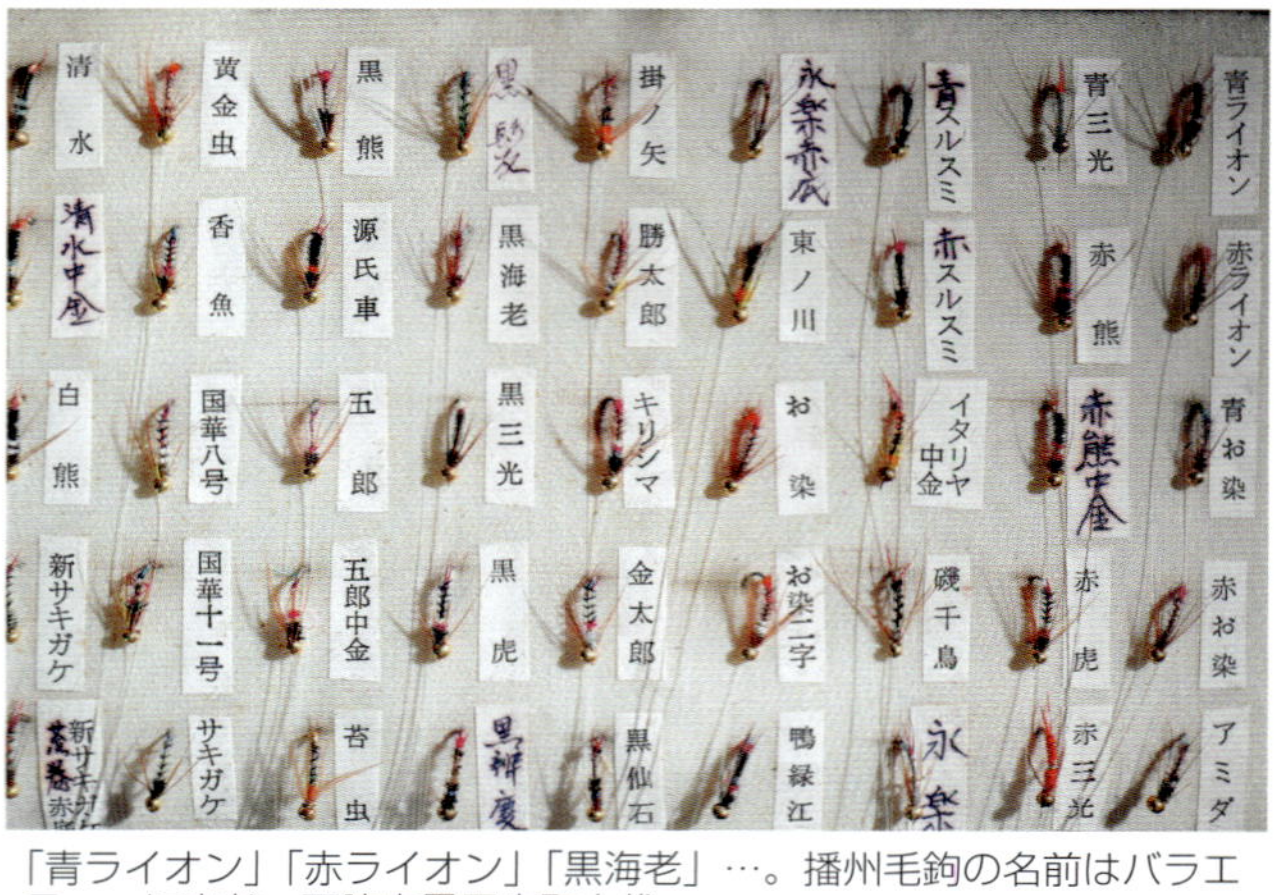

「青ライオン」「赤ライオン」「黒海老」…。播州毛鉤の名前はバラエティーに富む＝西脇市黒田庄町大伏

見た目に加え、ユニークなのはその名前だ。例えば、人気の青ライオン。緑に染めたニワトリの羽根、茶色いヤマドリの尾、黒いカモの羽根など5種類と金糸を巻き付ける。赤ライオンに茶熊、黒海老《えび》、ビリケン…。その由来を聞けば、「わしが始めたころには、もう付いとった」と首をすくめる。

生産販売は順調に伸び、昭和40～50年代には年10万本を出荷し、イタリアにも輸出したが、今は年3千本ほど。「レジャーが増えたせいかなあ。あの引きが面白いんやが」。伝統産業の魅力を伝えたくて、子どもたちに語り掛ける。

■■

水面《みなも》に突き出た大小の岩が滝をつくり、ごう音を立てる激流が生まれる。その脇に、手作りの小さな滝とかごを見つけた。

「ここにアユを誘い込むんよ」。闘竜灘に面した滝寺荘の澤野祥二社長（66）がほほ笑む。滝登りに失敗したアユが、かごに転げ落ちる。江戸時代から続き、全国唯一ともいわれる伝統の筧漁《かけいりょう》だ。木で囲った溝のような筧に誘い込み、跳びはねて脇に落ちたアユをかごの中に集める。

闘竜灘でアユのつかみ取りを楽しむ人たち＝1955年6月、兵庫県滝野町（現・加東市）

昭和30年ごろには、闘竜灘でアユをつかみ取りする光景も見られた。西脇など北播磨は織物のまち。織機をガチャンと動かせば、万の金がもうかる。時代は「ガチャ万景気」に沸いていた。

「播州織の旦那衆が大阪から商社の人を招き、毎晩どんちゃん騒ぎで。あの太鼓の音、今も覚えてます」。妻の茂登子さんは懐かしむ。中国自動車道の開通により、日帰り圏になった。繊維産業の衰退と歩調を合わせるように、かごに入るアユもその数を減らした。

澤野社長は力を込める。「筧漁はシンボルなんや。もう一回、アユであふれかえる加古川を取り戻すためのな」。だから、伝統の漁はこれからも続けていく。

（２０１７年12月３日掲載）

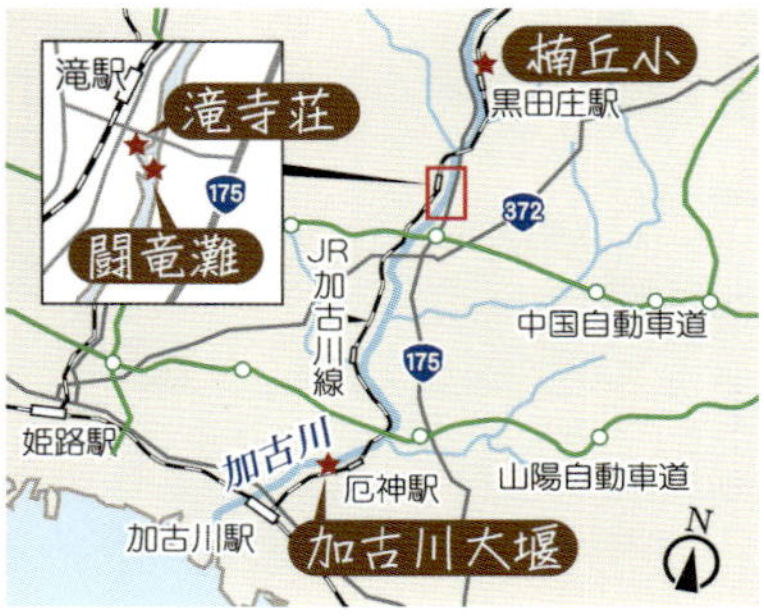

〈加古川とアユ〉　落差の激しい難所をさかのぼる「飛びアユ」で知られる闘竜灘では、全国で最も早い5月1日にアユ漁を解禁。江戸時代、姫路藩主に初物を献上していたのが理由ともいわれる。加古川漁業協同組合は１９７６年からアユの放流を開始。現在は揖保川漁協が種苗生産するなどしたアユを年5千キロ放す。85年に６６７トンだったアユやアマゴなどの漁獲量は、２０１５年にはわずか7トン。全国的に減少傾向にある。

7 ため池とワイナリー

今年も新酒ができまして「新酒まつり」がありました。待ってましたと訪ねた先は、灘の蔵元じゃなく、神戸ワイナリー。１９８４年のオープン以来、地元で栽培する欧州の専用品種でワインを造ってきた。

10月最後の週末は近づく台風にもかかわらず、結構なにぎわい。解禁となった「新酒みのり」を味わう人でテーブルが埋まる。

「ワインはブドウ８割、醸造２割。天候に恵まれ、例年以上の作柄でした」と西馬功醸造担当課長（52）は自信をのぞかせる。

神戸ワインとはいうものの、ここ西区は旧播磨国。国営東播用水とともに丘陵地に開発された果樹団地がブドウの供給源だ。

なるほどと地図を広げて見ていたら、思わず酔眼をこする名前があった。

「葡萄園池《ぶどう》」。ここから西へ10キロ余り、ため池王国・兵庫県稲美町に、どうしてこんな名前の池が？

■　■

印南《いなみ》野台地の真ん中にある兵庫県稲美町。神戸市

南欧風の「ワイン城」の回廊で乾杯。新酒の時期に園内でしか飲めない、発酵途中の「ホイリゲ」も名物だ＝神戸市西区押部谷町、神戸ワイナリー

と接する印南《いんなみ》地区に葡萄園池はある。土手に上がると、稲穂の波が眼下にさざめく。だが、確かにここにワイナリーがあった。

その名は、国営「播州葡萄園」。１８９３（明治26）年ごろ、ため池になったと土手の案内板は伝える。

元々、水に恵まれぬ土地だった。雨が少なく、河川からの取水は困難だった。水田はわずかで、主な作物は綿。それも明治になると、外国綿の輸入で暴落した。地租改正による過大な税が、さらに農民たちを追い詰める。窮余の一策が、殖産興業を推し進める政府の一大プロジェクトに土地を売り渡すことだった。

周長約1キロ、満水面積約7.8haの葡萄園池＝兵庫県稲美町印南

「ブドウは乾燥地の栽培に適し、ワインで外貨の獲得を見込んだ」と郷土資料館併設の「播州葡萄園歴史の館」で藤戸 翼《たすく》学芸員（45）は語る。

建議したのは、「神戸阿利襪園《オリーブ》」を同時期に指導した近代園芸の祖・福羽《ふくば》逸人《はやと》。80年の開園から４年間で30ヘクタールの土地に、フランス・ボルドーなどの66品種10万本以上を植えた。岡山のマスカットのルーツもここの温室栽培にある。84年には３８００キロを収穫し、千リットルを醸造。しかし、順調な歩みは阻まれる。

天敵の害虫フィロキセラが発生。さらに台風が木を傷めつけ、収量は激減した。加えて、殖産興業政策からの転換により、播州葡萄園は神戸阿利襪園とともに払い下げられた。

その一方、農民の悲願である疎水工事が国庫補助を得て実現をみる。「国営」施

本格的なワイン製造に期待がかかる播州葡萄園＝兵庫県稲美町印南

設は皮肉にも、地元の声を届けるパイプ役にもなっていた。水田化が見る見るうちに進む半面、葡萄園は急速に忘れ去られた。

約1世紀後の1996年、その姿が再び現れる。圃《ほ》場整備中に醸造場のれんがが出てきたのだ。

気付いたのは、教育委員会にいた岸本一幸さん（65）。「みこし渡御《とぎょ》」で知られる天満大池近くの出身で、「葡萄園池の存在も知らんかった」だけに、入庁後に聞いた幻の葡萄園のことが頭にこびりついていた。

それまでも、取り壊される納屋が葡萄園の建物と聞き、保存した部材を「歴史の館」に移築。町で最後の圃場整備も「何か出るんちゃうか」と現場に声を掛けたのが幸いした。

正式に発掘調査が始まると、園舎遺跡の地下室から木箱入りのボトルが見つかった。しかも、10本のうち3本は角材やコルクで栓がされ、中の液体は「日本最古のワイン」かと一躍話題に。決め手となる「酒石酸《しゅせきさん》」は検出されなかったが、今も揮発しないよう、大事に保管されている。

未開栓で発掘された液体入りのガラス瓶（左）と復刻ワイン。ラベルは町が商標権を持つ、明治時代の登録商標を使用＝兵庫県稲美町国安、町立郷土資料館

２００６年、国史跡に指定。翌年には経済産業省の「近代化産業遺産群」にも認定された。

「（伝説のトロイ遺跡を発掘した）シュリーマンみたいにね、絶対出てくるぞ、ってね。貴重な経験させてもらった」と岸本さん。ただ、施設やブドウ畑の復元などを掲げた史跡活用構想は宙に浮いたままだ。

醸造所跡を訪ねると、「公園予定地」の看板だけがぽつんと立つ。

ところがそのすぐそばでブドウは実っていた。9月半ば、摘み取った房をおけにあけて踏みつぶし、茎を取り除く人の姿があった。

「フランスの田舎の自家用分ならともかく、これを手作業でやるとこはないでしょう」。農学博士の佐藤立夫さん（54）が汗をぬぐう。作業の場所は元酒蔵。「絞る道具も残してたからな」と赤松弥一平《やいちへい》さん（74）。「播州葡萄園」の醸造長と園主が、２人の肩書だ。

始まりは02年。洋酒メーカーに勤める佐藤さんは第二の人生を考え、ふらりと稲美町へ。出会ったのが、蔵元7代目の赤松さん。一緒に葡萄園の跡を見学に行くと、赤松さんが友人のキャベツ畑に気付いた。「ここでブドウ作られへんかな」。軽い相談に、持ち主の厚見和保さん（66）は「飲めるのならと、その場のノリで」無償で貸すと返答。〝復活〟は1日で決まった。

明治時代と同様の方法で栽培する播州葡萄園。試醸したワインの風味を確かめる佐藤立夫さん（左）と赤松弥一平さん＝兵庫県稲美町印南

葡萄園の記録を基にカベルネ・ソーヴィニヨンなど良好だった5種類を約1500本、約30アールの土地にフランス式の垣根仕立てで植えた。ワインの製造免許を取って、試醸を重ね、14年には約400本を販売。明治時代の登録商標を使ったレトロなラベルも目を引き、あっという間に売り切れたという。

「その土地でできるいいブドウを作ればいいと、フランスでは言いますね」と佐藤さん。ただ、温暖化の影響や人手不足もあり、菌類の病気に見舞われることも。今年は試醸にとどまり、収穫量はまだ不安定だ。「ワインが好きで、草取りができる人がいたら大歓迎ですよ」

葡萄園池に秘められたドラマは、新たな幕が始まっている。

（2017年12月10日掲載）

〈稲美のため池群〉 稲美町の管理するため池は88あり、最大は加古大池（48・9ヘクタール）、記録に残る最古は天満大池の原型・岡大池（675年）。淡河川疏水（1891年）と山田川疏水（1919年）の整備で140カ所以上に増えたが、圃場整備や東播用水事業により統合、転用された。2003年、文化的景観の重要地域180件に選ばれる。東播磨3市2町では「いなみ野ため池ミュージアム」として事業を展開している。

8

北播磨の鶏とりどり

ジュウッ。炎に脂が躍る。香ばしい煙がいや応なく、食欲をそそる。

じっくりあぶられるのは「播州百日どり」。北播磨の名水の地・旧加美町（現兵庫県多可町）の農協が1978年に開発した銘柄鶏だ。

その名の通り地鶏並みに約100日平飼いし、平均約4・3キロに育て上げる。

「触るだけでブロイラーとは肉厚が違うね」。毎朝仕入れる百日どりが専門の焼き鳥店「鳥富《とりとみ》」の竹本貞文さん（48）は言う。

もも、手羽、きも、ずり…。遠火で皮目が黄金色を帯び、タレに身が照り輝く。播州百日どりの焼き鳥は絶品だ＝兵庫県多可町加美区、鳥富

もも肉にかぶりつくと、そのかみ応えときたら！　パリッとした皮目を破り、肉汁が口に広がる。

酉《とり》年いちばんの鶏グルメを堪能し、一路神戸へ—。と思いきや、気になる催し案内が。

「多可町子ども芸能祭　播州柏鶏《かしわどり》合わせ」

鶏肉のことを、関西では「かしわ」って言うよね。これって百日どりのこと？　尋ねてみたら、驚いた。

「播州柏は食べません」

「播州柏《かしわ》？　卵を産まんようになったひねどりを、かしわと言うけどなあ…」

播州百日どりを加工・出荷する、ＪＡみのり養鶏事業所の祐《ゆう》尾《お》真三課長（58）は首をかしげる。

それもそのはず、播州柏がいるのは養鶏所ではない。同じ兵庫県多可町内でも旧中町の中町南小学校だ。

12月10日の子ども芸能祭。同小の6年生が晴れの舞台に上がった。

薄衣をまとい、鳥に扮《ふん》した巫女《みこ》の舞に続き、「鶏合わせ」が始まる。狩衣《かりぎぬ》に烏帽子《えぼし》風の装束で抱え持つのは、播州柏の雄が2羽。赤い立派なとさかと、黒く長い尾羽が美しい。高々とささげて、見合わせること、1回、2回、3回。そして告げる。「今年の豊作はあきほの方角じゃ」

古式ゆかしい形の由来は天田《あまだ》地区にある加都良《かつら》神社の年中行事。

元日の朝、トウニン（行事当番）が五穀豊穣《ほうじょう》を祈願し、向き合わせた鶏の鳴き声で豊作を占っていたが、昭和の初めに途絶えてしまった—。古老の記憶のほか、記録は何もない。

その古老を祖父に持つ山田錦農家の吉田継夫さん（53）。「鶏合わせの鶏を飼うてたと、ちらっと聞いた」が、幼い時分のこと。「今やったら詳しく尋ねるのやけど…」と惜しむ。

播州柏の世話をするのは4年生。雄は「ちょっと怖い」という子どもも＝兵庫県多可町中区、中町南小学校

それが〝復活〟するきっかけは、1989年。前年に県の愛鳥モデル

中町南小学校の播州柏鶏合わせ。「機嫌が悪くて心配だったけど、暴れず、うまくできた」と貴重な体験に満足げ＝兵庫県多可町中区、ベルディーホール

校となった同小に、地元の「播州柏保存会」から雄2羽と雌4羽が贈られたことによる。

播州柏とは、日本鶏《にほんけい》の一種。天然記念物の尾長鶏《おながどり》や東天紅《とうてんこう》のように、鑑賞を目的とした鶏だ。旧中町の故真鍋正夫さんは、県日本鶏保存会の会長を務めた愛鶏家。「品種改良を繰り返し、（65年ごろから）十数年たって、やっと完成した」という、播州柏の普及に力を注いでいた。

雄は鳴き声が良く、気性が荒い。飼育係は4年生。つつき回されて、ベニヤ板で防御しながら世話をする子もいたという。

90年、町文化財の第1号に指定。播州歌舞伎など、地域の伝統文化を活用した学校づくりが始まる中で、鶏にちなむ行事も、創作芸能としてよみがえる。

鶏合わせの伝承が残る天田の加都良神社。元日には「ハナフリ」が今も行われている＝兵庫県多可町中区

加都良神社社殿の鳥の彫刻

「どんな動きや口調がいいのか、テレビで神事を見て参考にするなど手探りでした」と多可町教育委員会の足立徳昭課長（54）は振り返る。

播州歌舞伎の故中村和歌若《わかじゃく》さんを指導に招き、厳かな所作を稽古。笛や太鼓に舞を加えてアレンジし、衣装は教職員が手作りした。

93年、観月会での初披露は大成功。絶えることなく続いてきた。

■■

復活の手助けとなった、もう一つの「鶏合わせ」が北播磨にはある。

今年創建1300年を迎えた加西市北条の住吉神社。4月最初の週末にある「節句祭」を締めくくる祭礼行事が、それだ。

由緒記では1122（保安3）年3月3日が始まりとされ、「宮中では節句に鶏合わせが行われていた」と林垂栄《たるひで》宮司（46）。いわゆる闘鶏や姿形を競った様子は史料に残るが、神社に伝わる他の例は「愛知の津島神社しか知らない」と言う。

ちょうちんに囲まれ、東西両郷の執行人が境内中央の勅使塚に上る。東郷は左手、西郷は右手で播州柏の足と尾を握り、2度高く差し上げる。珍しいが、屋台のような派手さはない。

なぜ900年も続いているのか。

「見て楽しむより、神事性が強いほど、選ばれた場所でしかできないのでは」と民俗学者の藤原喜美子・流通科学大准教授

（43）。朝の到来を告げる鶏は、神話の神や天皇と関係が深い。天皇の「勅使」参向を記念する塚で、鶏合わせが行われることを重く見る。

「祭礼中、参加する者は鶏肉も卵も食べない」。一昨年、西郷の執行人を務めた徳平義人さん（46）は言う。食べるとけがをするという言い伝えが今も生きていることに驚く。

実は4年前、伝統ある鶏合わせに危機が訪れた。氏子が育てる播州柏が高齢化し数が減少。鳴き声などが原因で日本鶏の飼育者が減っている中、ひなのつがいを分けてもらった先が中町南小学校だった。

播州三大祭りの一つ、住吉神社節句祭の鶏合わせ＝2016年4月3日、加西市北条町

「そのとき、過去にはこちらから鶏が行ってたと知った」と林宮司。保存会の真鍋さんが、住吉神社総代から譲り受けた「赤柏」に、原産地の島根や山口の種鶏を交配させた赤柏の内種が「播州柏」―と記した文書が、関係者の手元に保存されていた。

そして２０１７年は、同小の雄が2羽も死んで1羽だけに。雄と雌での開催もやむなしとしていたところ、住吉神社から〝婿入り〟の申し出があり「形を守れてありがたい」と喜ぶ。

酉《とり》年に結ばれた、鶏合わせの縁。人の出会いが伝統を引き継ぐ。

（２０１７年12月17日掲載）

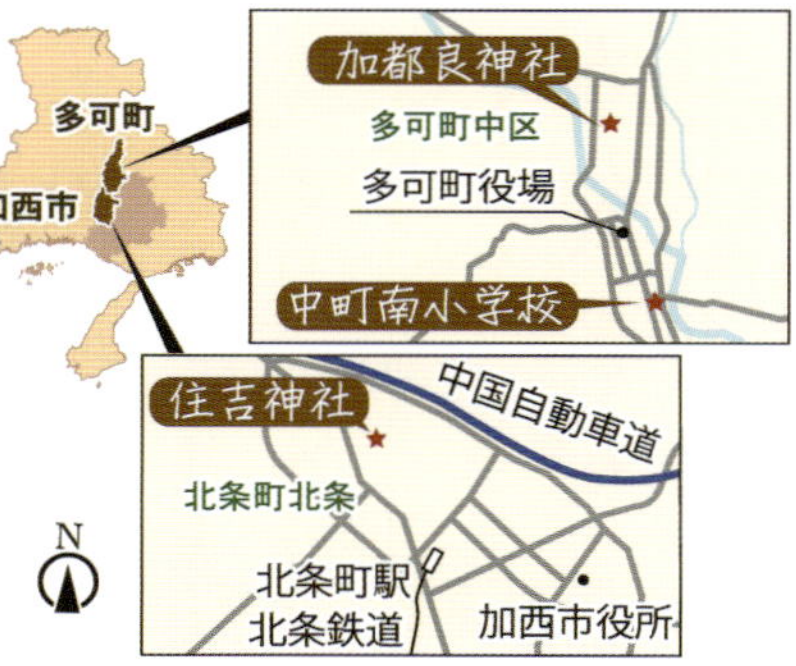

〈日本鶏〉 鶏は紀元前から渡来、交配や突然変異により日本固有の品種が作られた。国指定天然記念物は小国やその直系の黒柏など17種。播州柏は含まれないが、その由来とされる赤柏は黒柏の近縁種。播州柏は審査標準がないため、通常は品評会の対象外といい、独自に行っていた兵庫県日本鶏保存会は活動休止中という。肉用鶏では、日本鶏を含む在来種由来の血液百分率が50%以上のものを地鶏といい、銘柄鶏と区別される。

「人の内面」試す巨石

善人が押せば動くが、悪人が押しても動かない。人の内面を試す巨石が、加西市畑町字イザナギ山という神々しい地にあるという。それって、まるでイタリア・ローマの「真実の口」じゃない？

善人が押したときにだけ動くという「ゆるぎ岩」。押してみると…＝加西市畑町

「ゆるぎ岩」。高さ約4メートル、膨らんだ中央部の周囲は約8メートルある。別の岩に乗っかるような形で、山中の崖の上に立つ。

地元のボランティアガイド、吉田賢三さん（74）がごつごつした表面を両手で押した。「ほら、揺れてるでしょ」。えっ、どこ？　揺れてますか？

「村人が善人になるように」と岩に呪文をかけたと伝わるのは、天竺《てんじく》（インド）から渡来した法道《ほうどう》仙人。650（白雉元）年に法華山の古刹《こさつ》、一乗寺（加西市坂本町）を開いたとされる人物だが、その素性は謎に包まれている。

加古川の流れに沿って点在する、摩訶《まか》不思議な足跡をたどった。

■　■

加西市の「ゆるぎ岩」をはじめ、播磨各地に伝わる法道仙人のエピソードは、突拍子もない。

瞬間移動を得意とし、法華山には紫雲に乗ってやってきた。当時、既に相当な高齢で健康面の不安が気になるところではあるが、不老長寿なので問題はなかった。

「空鉢《からはち》仙人」とも呼ばれた。托鉢《たくはつ》で道端に立たず、超能力で鉢を飛ばして供物を回収したことから付いたらしい。米俵を飛ばしたこともあり、その一つが堕《お》ちた場所「米堕《よねだ》」が、加古川、高砂市境に広がる「米田」の地名の由来になったという。

そんな奇想天外な人物に関心を持った人がいる。加古川市文化財保護協会の三浦孝一さん（78）。2010年から4年ほどかけて、百数十カ所のゆかりの地を巡った。

加西市境に接する加古川市志方町大沢の「駒の爪」もその一つ。60センチ角ほどの石の一部がくぼんでいる。仙人の乗った馬が法華山に向かって跳ねた時のひづめの跡という。

大正期に建立された傍らの石碑が由緒を強調するが、三浦さんは「境界の目印となる榜示《ぼうじ》石に、後世になって法道仙人うんぬんという話が加えられたんでしょう」と解釈する。

大沢地区には他にも伝説が残る。仙人がねじって放り投げたとされる「投げ松」。三浦さんの見立てではこれも後付けで、「幹が絡み合うような松が自然に生えるはずがない」と捉えられ、崇拝されたとみる。

一つ一つ現実に引きつけて考える三浦さんだ

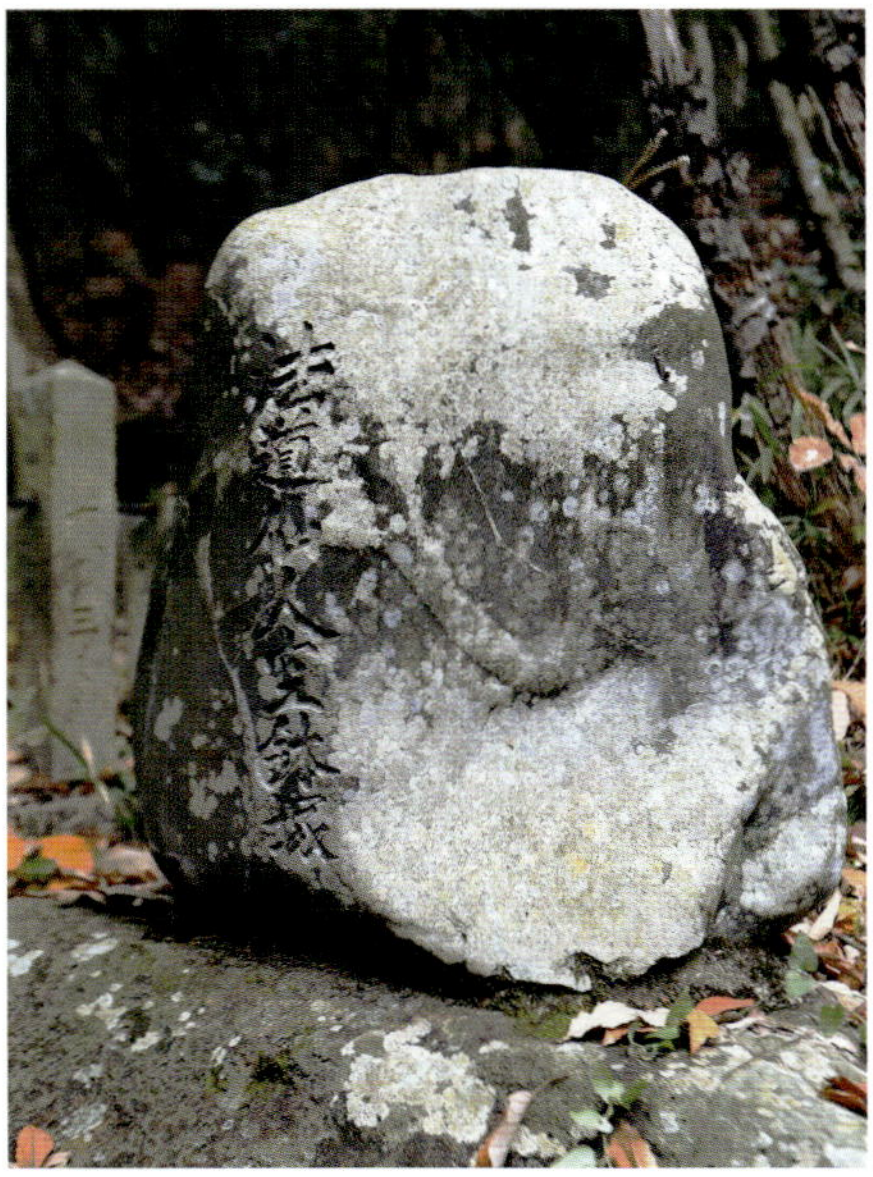
鉢を飛ばしたという伝説にちなんだ年代不詳の「空鉢塚」＝高砂市竜山

仙人の馬が付けたひづめの跡とされる「駒の爪」＝加古川市志方町大沢

米田天神社の近くにひっそりとたたずむ「米堕宮」＝高砂市米田町米田

が、仙人の実在性を否定はしない。調査の過程で、開基と伝わる寺院が、兵庫県内を中心に150カ所近く確認されたためだ。漫画のような数々の伝承から、正規の歴史研究の対象外とされる一方で、「架空」の一言では切り捨てがたい。三浦さんは、協会の会報に率直な思いをつづっている。

「現地に立ったからと言って、法道仙人が分かった訳ではありません。ますます分からなくなってしまいました」

■■

人間離れした存在でありながら、人間らしい〝もう一人〟の法道仙人もいるから、さらにややこしい。

仙人がねじって放り投げたとされる「投げ松」を紹介する三浦孝一さん。地元では神木として祭られている＝加古川市志方町大沢

仙人が646（大化2）年に開いた摩耶山天上寺（神戸市灘区）の縁起書によれば、仙人は雲ではなく、普通に船で日本に来たという。たどり着いた大阪で仏法を伝え広め、淀川河口の地名「伝法《でんぽう》」（大阪市此花区）の由来とされる。

来日した時期は重なるが、天上寺に伝わる仙人は、派手なパフォーマンスを繰り出す播磨の姿とは一線を画す。地道な布教活動を続け、摩耶山周辺の山々を巡る「回峰行」の開祖にもなった。寿命もあったようで、10月18日に亡くなったと特定されている。もっとも、没年がいつなのかは分からないのだが。

異なる二つの人物像を、伊藤浄真《じょうしん》副貫主（64）が解釈する。「人々の畏敬の念や神通力への期待が、法道仙人という存在に凝縮されているんで

仙人が座ったと伝わる「腰掛岩」＝加古川市志方町大沢

しょうな。実在を証明せんでも、ロマンがあればええと思ってます」

今も一定のファンがいるといい、天上寺が毎年命日に合わせて催す「法道仙人祭」には、酒などを持って集まってくるという。

■　■

「播磨の『ローカルヒーロー』みたいなもんでしょう。ただし、ヒーローは一人とは限りません」

複数の修行僧の功績が、神格化された法道仙人という存在に収束し、伝説が膨らんでいった。三浦さんはそんなイメージで捉えている。

とりわけ東播磨、北播磨を中心にした地域の人々には、仙人に対する素朴な信仰が身近だった。だからこそ、ゆるぎ岩や投げ松のような伝説めいたスポットが集中したのではないか。平安期には、芦屋道満《どうまん》という安倍晴明のライバルとされた謎の陰《おん》陽師《みょうじ》を生み、古墳の石棺に仏を彫る「石棺仏」が数多く確認されている地域でもある。

三浦さんは、風習や信仰で各地が結び付いた背景に、加古川の流れがあったとみる。訪ね歩いた仙人の開山・開基と伝わる寺院の分布をみても、北陸や山陰、九州にまで広がる一方で、播磨と、さらに上流の丹波で約8割を占める。

豊かな実りとともに、独特の信仰を育んできた大河・加古川。丹波を源流とするその流れは129本の支流を集め、幾多の不思議も引き寄せながら、播磨灘へと注いでいる。

（2017年12月24日掲載）

摩耶山天上寺にある法道仙人の石像＝神戸市灘区摩耶山町

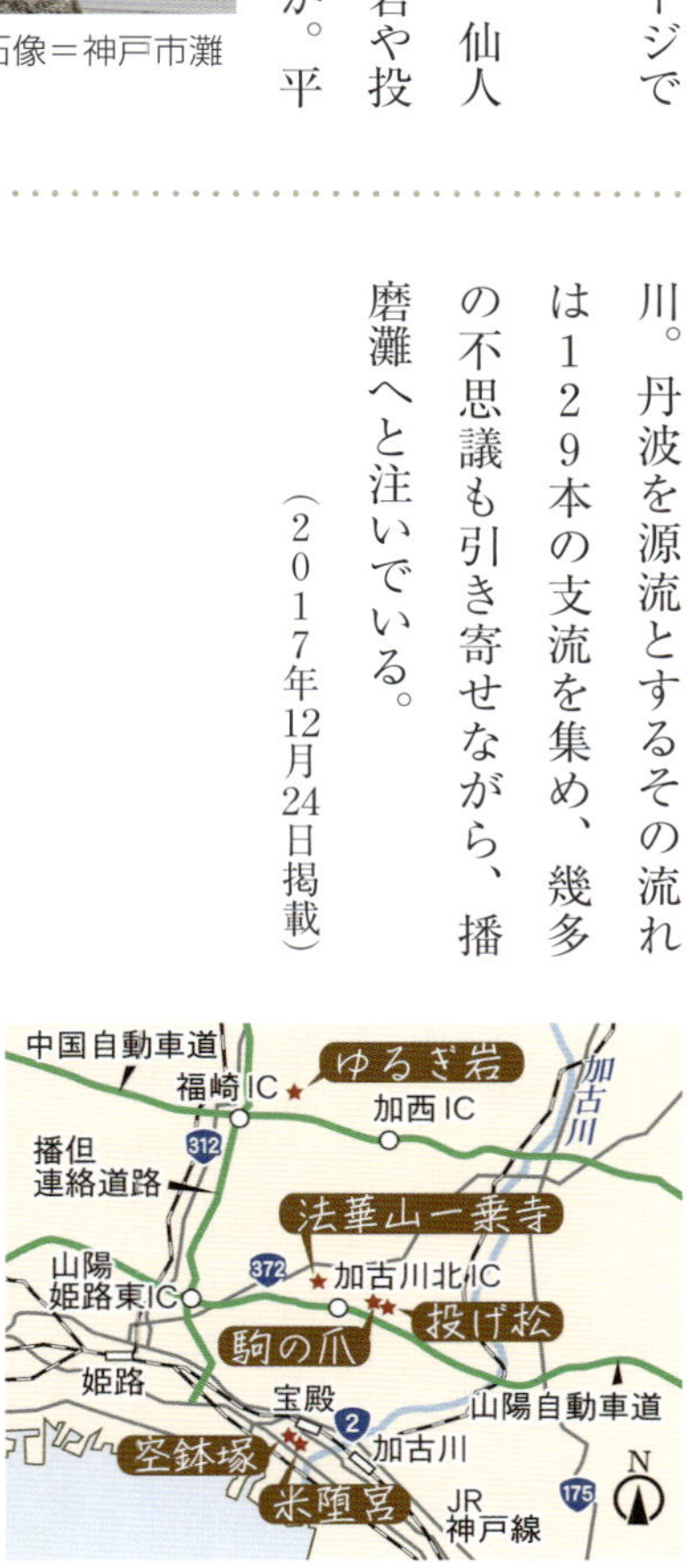

〈芦屋道満〉　安倍晴明と並ぶ平安期の陰陽師《おんみょうじ》で、加古川市西神吉町岸で生まれたと伝わる。屋敷があったとされる正岸寺には位牌《いはい》と像が残る。文献では、正義の晴明に対し、道満は呪法を使う悪役のライバルとして登場する。都を追放された道満が暮らしたという兵庫県佐用町の江川地域には、晴明と道満の2人を祭る塚がある。

中世のホッピング？

上鴨川住吉神社（加東市上鴨川）の「神事舞」で不思議な演目を見た。使うのは約1メートル50センチの木の棒。取り付けた横板に両足を乗せ、ぴょん、ぴょんと何度も跳ねると、観衆が「もっともっと！」とはやし立てる。これって、今で言うホッピング？

実は「高足」と呼ばれる由緒ある演目で、「宮座」の座衆2人が本宮で演じる。年長者はホッピングのように上下に跳び、年少者は横板に片足だけを掛け、扇であおぎながら回転して跳ぶ。

五穀豊穣や無病息災を願う神事の中で、「高足は余興の要素が大きいのでは」と村の長老。座衆はどれだけ多く跳べるかに挑み、最後は地面に倒れて終わる。境内は拍手と笑顔に包まれる。高足が終わると、雰囲気は一転し、能楽の原型とされる「翁舞」が厳かに奉納される。厳格な宮座組織の中で、楽しげに演じられる高足。播磨の祭りは奥深い。

秋祭りで演じられる「高足」＝加東市上鴨川

シン・ゴコク 余話

「つらかった」VIP待遇

日岡神社（加古川市）の秋祭りのトウニン行列には、かわいい付き添い役がいる。白馬にまたがるトウニンに対し、「伴童《ともど》」に選ばれた就学前後の男児2人が乗り込むのは、両親の押す、背もたれのゆったりとした特注のベビーカーだ。

伴童は鮮やかな衣装に化粧をし、1人は女の子になりきる。慣れない姿で人目にさらされるだけに、神事の最中に目を閉じたり、かつらをずらして頭を冷やしたりと、疲労は隠しきれない様子。両親も、神事の合間にゲーム機を渡すなどして、機嫌を損ねないように気を遣う。

ぐずらずに務め上げた2人だが、「眠たい」「楽しかったけど、つらかった」。〝VIP待遇〟とはいえ、宵宮と本宮の2日間、注目を集め続ける気苦労は、本人も周囲もなかなか大変らしい。

特注のベビーカーで参加するトウニン行列の伴童＝加古川市加古川町大野

第４部

霧の立つ里

1

丹波杜氏

冬はつとめて。その酒蔵は深い霧に包まれていた。「丹波霧」の言葉があるほどに、この地を覆う霧は人の心を捉えてやまない。

銘酒「秀月《しゅうげつ》」を醸す篠山市の狩場《かりば》酒造場。1930（昭和5）年に建てられた木造の蔵が、静かに時を刻む。

朝日が差すが、気温は2度。吐く息が白い。蔵の2階にある室《むろ》では、蒸し米を木箱に移し、小分けにする作業が進む。10キロずつ移しては布を2枚かぶせて保温し、麹《こうじ》菌を増やす。室温27度。上半身裸で働く蔵人《くらびと》もいる。男たちの背に汗が浮く。

「大事にしとこか。『友だち』が少ない」。蔵人の仕事を見つめる杜氏《とうじ》の藤井隆男さん（86）が、独特の言い回しで声をかけた。

友だちとは、蒸し米のこと。最後に残った米はやや少なめだ。量が少ないと、麹菌の繁殖が鈍る。藤井さんはこの木箱だけ布を4枚重ねにして温めた。

木箱を重ねるか、平らに置くか。布を何枚かぶせるか。日々、藤井さんが判断する。麹づくりは日本酒の命。指で触っては米の温度を確かめ、表面の色つやに目を

こらす。腰が曲がりかけた小さな体で、五感を研ぎ澄ます。

「麹菌は、物言いませんやん。言いたいことを察知して、誘導したる。それが杜氏の仕事」。柔らかな物腰の奥に、信念がのぞく。

〈灘の銘酒《おさけ》はどなたがつくる　おらが自慢の丹波杜氏

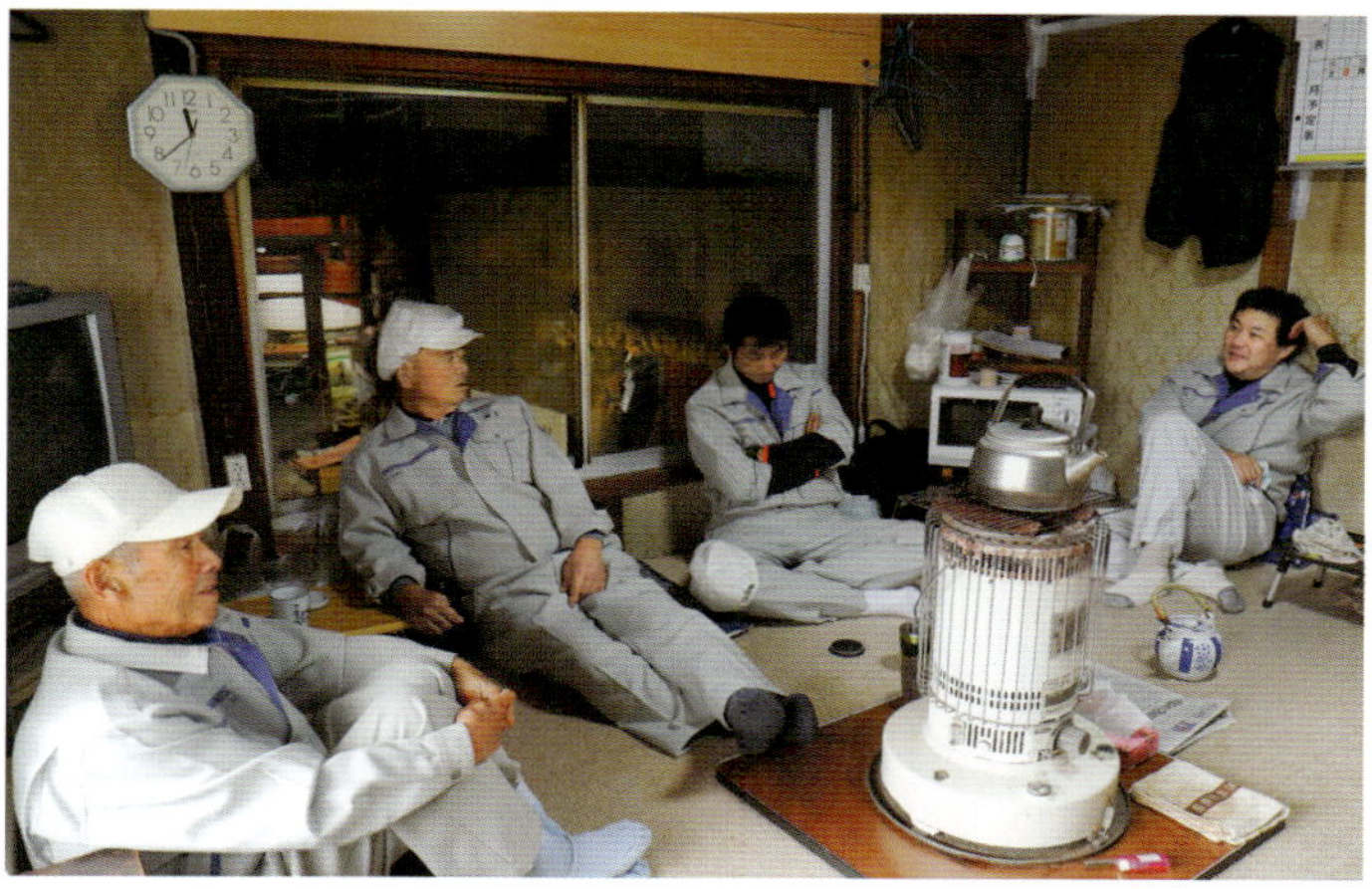
酒蔵の2階にある休憩部屋。杜氏の藤井隆男さん（左端）を囲み、暖を取る＝篠山市波賀野、狩場酒造場

民謡・デカンショ節の一節だ。藤井さんの原点は灘五郷への出稼ぎにある。盆地で寒暖差が激しく、二毛作に向かない丹波の厳しい風土が、匠《たくみ》の技を生んだ。

酒造りに携わって65年。丹波杜氏の現役最年長である藤井さんは今、磨き上げた技と気概を、次代へ受け渡そうとしている。

■■

もろみの甘い香りが鼻腔《びこう》をくすぐる。短い正月休みが終わり、篠山市の狩場酒造場では、寒造りが佳境を迎えている。

厳寒を利用し、10月から3月にだけ酒を造る。蒸米《じょうまい》、麹づくり、酵母を育てる酒母《しゅぼ》づくり…。昔ながらの手作業で、異なる酒を同時に仕込んでいく。

作業は昼夜を問わず、5人の蔵人が交代で泊まり込む。率いるのが、現役最年長の丹波杜氏、藤井隆男さん。酒造りの世界では、杜氏を「おやっさん」と呼ぶが、狩場酒造場ではあくまで「藤井さん」。蔵人の竹内直樹さん（47）は「『普通に名前で呼んでくれ』と言われたもんで」と恐縮する。

藤井さんが日本酒の世界に足を踏み入れたのは、戦後間もない1952（昭和27）年。21歳のとき、大関（西宮市）の杜氏をしていた同郷の先輩に誘われた。

「昔、篠山では酒造りに行かんもんは、具合が悪いもんやと言われとった」。稲刈りを終えた10月、古里を離れ、汽車に乗って西宮へ。翌年3月までの半年にわたる酒蔵での出稼ぎ暮らしが続いた。

生まれる前年にできた酒蔵で、藤井隆男さんがもろみを混ぜる。優しく、丁寧に。酒造りには人柄が表れる＝篠山市波賀野、狩場酒造場

大関では、炊事や清掃係の下人《したびと》から始まり、道具廻《まわ》し、釜屋《かまや》、酛《もと》廻り、麹師《だいし》など10もの階級があった。蔵人は150人に上り、その8割は丹波地域から来ていたと記憶する。

その頂点に立つのが杜氏だ。「この米、どないなるか、見とれよ」。大関の杜氏で丹波杜氏組合（篠山市）の会長も務めた故・桐山四郎さんに口酸っぱく言われた。酒米の出来は天候に左右される。蒸した米の水分や麹菌の繁殖は日々変わる。「米の質《たち》をつかむ大事さを教わった」

29年をかけて杜氏に上り詰めた。米国・カリフォルニア州や中国・青島《チンタオ》市で、外国人と酒造りをした経験もある。「飲み飽きのせん、ええ酒を」。来季からは後進に道を譲り、酒造りを助言する立場になるというが、信条は変わらない。

しぼりたての酒の風味を確かめる中川博基さん。「鳳鳴は甘みがあってこくもある酒です」＝篠山市大沢1、鳳鳴酒造味間工場

約300年の歴史を誇る丹波杜氏は、南部（岩手県）、越後（新潟県）とともに、日本三大杜氏と呼ばれる。兵庫県内はもとより、全国に出向いて造り手を育て、「酒もつくるし身もつくる（志を持った人を育てる）」と賞された。

篠山城跡・三の丸広場に、石碑がひっそりとたたずむ。刻まれた名は市原清兵衛。

篠山の酒造りの出稼ぎは、江戸期半ばから始まった。生計を立てるため、農閑期になると、村で一緒に住む人たちを引き連れて酒蔵で酒を造る。いわゆる季節杜氏だ。しかし、田畑の管理ができないとして、篠山藩はこれを禁止する。市原村（篠山市今田町）の清兵衛が命懸けで藩主に直訴し、後に「百日稼ぎ」と呼ばれる出稼ぎが再び認められた。酒造りの技術

丹波杜氏に慕われる市原清兵衛の顕彰碑＝篠山市北新町

は「蔵」に加え、杜氏の住む「地域」ごとに継承されていった。

丹波杜氏は毎年10月、酒造会社への「蔵入り」を前に、碑に手を合わせる。鳳鳴《ほうめい》酒造（篠山市）の杜氏で、丹波杜氏組合の中川博基組合長（76）は「清兵衛さんは恩人や」と目を細める。

長い歴史を持ち、伝統産業と結び付いた出稼ぎも、その姿を変えている。専業農家は減り、四季醸造（一年を通して酒を造る）の設備も整い、杜氏の社員化が進んだ。１９０５（明治38）年には５５００人を数えた組合員は１１３人に。平均年齢も高くなる一方だ。「でも、絶対に廃れんよ」。中川さんは寂しさを感じつつも、意地をのぞかせる。

昔ながらのひねり餅作り。蒸したての米を使う＝篠山市大沢1、鳳鳴酒造味間工場

■■

鳳鳴酒造の味間《あじま》工場（篠山市）では、今では珍しくなった「ひねり餅」を作り続けている。

湯気が上がる甑《こしき》から、蒸した米をひとつかみ。木の板にこすりつけて丸め、両手をすり合わせて平らにする。手慣れた様子で作り上げた中川さんが一言。「良い蒸しです」

餅は、酒の神様として知られる松尾大社（京都市）をまつる神棚に供える。酒造りの成功と蔵人の安全を願って、かしわ手を打つ。米の蒸し具合を確かめ、良い酒を願う。

鳳鳴酒造は昨年秋、副杜氏に三木市の岡和宏さん（52）を迎えた。菊正宗酒造（神戸市東灘区）で腕を磨き、昔ながらの酒造りを学びたいと中川さんの門をたたいた。

「何でも進んでやりはる」。岡さんがその背中を追う。「跡取りを育てんことには、まだやめられんで」。見守る中川さんの頬が緩む。

春遠からじ。手から手へ。雪積もる蔵で、志は継がれていく。

（２０１８年1月14日掲載）

〈酒造り唄〉　江戸期以降、丹波杜氏のいる灘五郷の酒蔵などで、作業の時間を計るために歌われた。工程ごとに「秋洗い唄」「酛摺《もとす》り唄」「風呂上がり唄」などがある。１９６５（昭和40）年ごろまで聞かれたが、時代とともにほとんどが姿を消した。丹波杜氏組合は保存会を結成。ＣＤやＤＶＤを制作したほか、丹波地域の内外で発表し、伝承している。

2

年の始めの丹波黒

10〜11ミリ台の大粒なのに、皮は薄くて破れにくい。丹波黒はだからおいしい＝篠山市立町、小田垣商店

正月はやはりめでたい。おせちには福がいっぱい。重箱のふたを開けると、黒豆がきらり。黒は邪気を払う色で、「まめ」は健康を意味する。まあるい形は鏡餅の円満に通じ、太陽を表すともいう。

「丹波の黒豆は大きくて丸く、縁起物につながるので、お正月に好まれる」と篠山市の老舗問屋・小田垣商店の小田垣昇常務（47）。そう、篠山の在来種に由来する「丹波黒」は世界一といわれる極大粒。煮豆用の極上品だ。

ぷつん、と皮が破れるともちもちした食感とともにうま味がじんわり広がる。うーん、しみじみ美味。

某コンビニのおせちでも「丹波篠山産」としっかり表示。あれっ、だけど最高級の限定品は少し違って、丹波篠山「川北地区」産。ピンポイントに推してくる〝究極のおせち〟の黒豆ができる川北地区とは、一体どんなところなのか。

■　■

晩秋の朝、篠山盆地は霧に沈む。その中西部、旧多紀郡西紀町に川北地区は位置する。

「川北黒大豆発祥の地」と看板がうたう。周辺の畑で、茶色くなった豆のさやがかさかさと音を立てる。師走の声を聞く頃には、稲木《いなき》に束を掛け、天日干しする風景が広がる。黒豆は成熟の時を迎える。

「夜霧朝霧の中でだんだん乾いて、何ともいえん味がのってくるんや」と北川喜代治さん（84）。丹波農協（現・JA丹波ささやま）の黒大豆部会長を務めた代々の黒豆農家だ。

篠山で黒豆が江戸時代からとれたことは文献にうかがえる。田んぼのあぜに植える畔豆《あぜ》だったというが、「川北はそやないで。水田転換の畑で作りよったから大きかったんや」と北川さんは言う。

川北は水のない村だった。重粘土質で水は湧かず、川の水もなかなか来ない。年貢米を最優先にし、田の一部は「坪堀り」といって畑にする。そこで育ったのが黒大豆だ。

黒豆は米よりずっと手が掛かる。

村の家は昭和30年代までわらぶきだった。その材料の小麦の収穫期は5月の田植えよりも後。6月半ばが植え付けの黒豆なら間に合う。

「やむを得ずの話で、特産品なんていうのはもっと後の時代やで」

産地拡大の努力はあった。

篠山東部の日置地区では、豪農の波部《はべ》家が系統選抜し、「波部黒」と1871（明治4）年に命名。内国勧業博覧会で受賞し、宮内省に献上された。明治初年に種苗商となった小田垣商店は種子を配り、買い取り保証することで生産を後押しした。川北では農学校卒の青年の主導で、生産組合を1931（昭和6）年に設立。41年、県は在来種を「丹波黒」と命名、奨励品種となった。

だが戦時中は何より食糧増産で、戦後の栽培も旧多紀郡で10〜20ヘクタール。全国ブランドになるのは、減反政策で転作が拡大する70年代以降だ。

■ ■

丹波と黒豆との結びつきを感じる正月行事は煮豆以外にもある。

床の間に鏡餅と飾る「蓬莱山《ほうらいさん》」。これには「とじ豆」が欠かせない。

とうじ豆、つくね豆ともいうが、「うちでは、いり黒豆団子

稲木干しの黒豆。12月中の出荷は今は火力乾燥が増え、天日乾燥、手がちは極上品だ＝篠山市川北

です」と丹波市市島町の永井直樹さん（64）。その名の通り、つきたての餅にいり黒豆をからめ、丸く固めたものだ。三方の真ん中に、黒松の枝を立てた胴炭《どうずみ》を置き、その周りに橙《だいだい》や餅、栗や干し柿と一緒に供える。

「丹波は大陸と都の道筋にあたり、古くに伝わった文化が残っているのかもしれませんね」

代々の農家で、今も4世代が同居する永井家の元旦は、蓬莱山に手を合わせ、めいめいが好きなお供え物をいただく。とじ豆は小正月の後、切って焼き餅にする。

老舗の小田垣商店。きれいな豆を「手より」し、11.2〜9ミリの10段階に選別する＝篠山市立町

家によっては山形だったり、砂糖入りだったり、食べるのが春雷の後だったりする。飾り方もいろいろだが、丹波では広く見られる。

「それでも昔からの行事は少なくなった」と永井さん。農業が機械化し、共同作業が不要になったことを背景に挙げる。

さやを「かち縁」に打ち付け黒豆を外す「手がち」。皮がはじけにくくなるといい、北川喜代治さんは今も2反分ほどを手がちで出荷する＝篠山市川北

「こんなんして何になるんやろと思うけど、意味が分からんものも引き継いでいきたい」

黒豆の枝豆も、川北では秋祭りにある「九日講《くにちこう》」のごちそうだった。「祭礼用で、お膳に少し出るだけ。日常的に食うとらへんし、売ってもない」と北川さんは振り返る。

転機は70年代前半。小田垣商店が送る作柄報告の株に、料理店などが「枝豆にしたらおいしい」と販売を求めた。当初こそ、生産者は「邪道だ」とけんもほろろで、消費者にも黒みが「腐ってる」と誤解されたというが、グルメ漫画「美味《おい》しんぼ」への登場や88年のホロンピア博覧会での提供により、ブームに火が付いた。

とじ豆は、いり黒豆を餅にからめた団子。正月飾りの蓬莱山に欠かせない＝丹波市市島町上垣

今では、秋の丹波路は枝豆狩りの車列ができる。健康効果で加工品にも人気が集まる。

ただ、2018年度で減反は廃止。生産者の高齢化や後継者難もあり、将来は見通せない。篠山市丹波篠山黒まめ係は「危機感を覚えている」と、市独自の交付金も模索する。

黒豆に選ばれたような丹波の地。大切にしたい暮らしの風景がある。

（2018年1月21日掲載）

〈丹波黒〉 川北系と波部系、1987年に兵庫県農業試験場が選抜した兵系黒3号の在来品種優良3系統の総称。篠山市では減反政策による転作、ほ場整備により生産が拡大し、現在の栽培面積は約800ヘクタール。100粒の平均重量は約80グラムに増えた。篠山市は2005年、特産物振興専門の丹波篠山黒まめ課（現・同係）を設置。06年に黒枝豆の解禁日を設定した。11年にはJA丹波ささやま申請の「丹波篠山黒豆」が地域団体商標に登録された。

3

山が宿る　ぼたん鍋

湯気が立ち上り、濃厚な甘みが香る。いろりの炭がパチリとはぜる。グツグツと煮える鍋の合わせみその中に、白と濃紅のコントラストが鮮やかなイノシシの肉を泳がせた。

シシ肉にヤマノイモ、コンニャク…。いろり端に山の幸、野の幸があふれる＝篠山市火打岩、いわや

「ほら、食べ頃。ひと煮立ちで食べた方がうま味があるで」。篠山市火打岩《ひうちわん》の料理店「いわや」で、あるじの岩本和也さん（49）が勧める。シシ肉は煮込めば煮込むほどやわらかくなり、うまくなるとは聞くが、なかなか奥が深い。

ハフハフ、シャクシャク、ジュワッ。厚さ3センチはある白い脂身から甘みがあふれ出る。とろとろのみそだしをすすると、冷えた体の芯まで温まり、額に汗がじわり。ぼたん鍋。これぞ冬の味覚。山が宿ったような滋味が体中に染みる。

さて、イノシシは全国各地にいるが、篠山のぼたん鍋がここまで有名になったのはなぜだろう。城下町と懐深い山々を探った。

■　■

篠山を歩けば、シシに当たる。

城跡周辺では、店先の剥製や、飲食店の巨大オブジェが道行く人をにらんでい

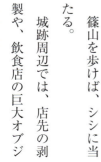

る。「雪がちらちら丹波の宿に　猪《しし》が飛び込む牡丹《ぼたん》鍋」。デカンショ節の一節がリアルに迫ってくる。市のマスコットキャラクターは丸いイノシシの侍だ。

丹波は天城《あまぎ》（静岡県）、郡上《ぐじょう》（岐阜県）とともに、シシ肉三名産地の一つ。雪の少ない低い山を走り込んで肉に程よく霜降りの「さし」が入り、冷え込みもあって身が締まる。豊富な木の実などを食べ、冬場に脂が乗ってうまくなる。ここまでは、篠山がぼたん鍋の本場となった理由としてよく知られる。

取材を進めると、由来についての興味深い話を耳にした。

「ぼたん鍋って、シシ肉を皿に盛るとボタンの花に似てるからその名が付いた、と思てるやろ。実は逆。篠山発祥の名前が先やで」。篠山市商工会長の圓増《えんぞう》亮介さん（58）は、父からそう伝え聞いた。

1931（昭和6）年、市商工会の前身団体が、民謡「篠山小唄」の歌詞を募った。斎藤子郊《しこう》という地元の人の作品が採用され、その4番に初めて、「ぼたん鍋」という言葉が登場する。

〽御嶽《みたけ》おろしに舞う雪の　窓の小篠に積《つも》る夜は　酔うて凭《もた》れて思われて　沸《たぎ》るなさけのぼたん鍋

シシ肉をみそやさんしょうで煮込んだ料理はそれまで、「イノ鍋」と呼ばれていた。1891（明治24）年、篠山の老舗旅館「近又楼《きんまたろう》」（現・丹波篠山　近又）の当主が考案し、他店も出して人気を集めた。

「でも、『イノ鍋』では4文字で七五調にならへん。そこで唐獅子牡丹《からじしぼたん》のシシからボタンを連想し、5文字の『ぼたん鍋』と言い換えたんやて」。この名前に合わせ、肉をボタンの花に似せて大皿に盛り付けるスタイルが

篠山市のマスコットキャラクター「まるいの」＝篠山市役所

ぼたん鍋専門店「ぼたん亭」の巨大看板＝篠山市二階町

食肉用に集められたイノシシ＝篠山市乾新町、おゝみや

猟犬と「追い山猟」へ向かう坂本知計さん。主犬の「クマ」（左）はイノシシの牙よけに特製のベストを着用している＝篠山市内

定着し、ぼたん鍋の名前も広まっていったという。明治時代、篠山には陸軍の歩兵連隊が置かれ、滋養食として食べた兵士らがその味を忘れられず、郷里に帰り、言い広めたとも伝えられる。諸説紛々だが、地元に伝わる民謡の秘話に、思わず膝を打った。

■ ■

猪突《ちょとつ》猛進。故に、イノシシを捕らえるのは、昔も今も命懸けだ。

昨年12月初旬の午前8時。篠山市東部、弥十郎《やじゅうろう》ケ嶽《がたけ》（715メートル）の麓に、猟師の男性7人が集まった。リーダーの坂本知計《ともかず》さん（64）は猟犬の使い手だ。主犬《おもいぬ》のクマ（4歳・雄）など4匹が、おりの中で「クゥン」と鳴いて獲物を待つ。

「犬と猟師を見たら、突進してくる。やるか、やられるか」。気温1度。白い息を吐きながら、坂本さんの表情が険しくなる。1年ほど前、愛犬のハナが100キロ超の大物にやられた。この道43年のベテランでも、「追い山猟」の前は鼓動が高まる。

「行くぞ、ほえ！」。独特の掛け声の後、4匹が山に放たれた。しばしの静寂を挟んで、「オオーン」。鳴き声が遠く山に響く。待ち場（山の入り口）にも仲間を配し、犬が追い詰めたところを撃つ算段だ。

坂本さんが叫んだ。「クマがシシ追いよる」。首輪にはGPS（衛星利用測位システム）の発信機を取り付けてある。手元の受信機で位置を確認し、山の裏側に車で回り込む。餌を掘り返した食《は》み跡があった。

「近くにおるぞ」

だが、捉えきれない。無線で仲間に指示を出しながら、山を半日駆け回って諦めた。「最近はわな猟を好む猟師も多い。でも犬で追うと、猟の醍醐《だいご》味《み》が味わえる。狩猟文化を若い人にも伝えたい」。近年は狩猟者が減っている。親の代からの猟師という坂本さんの表情には、疲れと充実感が入り交じっていた。

■ ■

狙うは「シシ板」だ。１月２日、篠山市今田町木津《こつ》の住吉神社で、江戸時代から続くとされる「弓引き神事」があった。

年男の福井一郎さん（71）が弓を引いた。「それ！」。矢が刺さった瞬間、氏子５人が的を取り合う。「やったあ！」。手にした男性は童心に帰ったような歓声を上げた。

的はイノシシ、雌と雄のシカが描かれた３枚の板。集落では、これらの板を取った家が１年間、獣害に遭わず、豊作に恵まれると信じられている。特にシシ板が好まれ、床の間に飾って大切にする。

「年末もシシに黒豆をやられた。厄介者ではあるけど、ほんまに身近な存在いうことやろなぁ」。福井さんが神事の意味に思いをはせる。

シシありて。山の幸がもたらすぬくもりが、冬の篠山の名を高める。

（２０１８年１月28日掲載）

イノシシとシカの板を狙う弓引き神事＝篠山市今田町木津、住吉神社

イノシシとシカの板＝篠山市今田町木津、住吉神社

〈イノシシと猟〉 兵庫県によると、有資格者が趣味でも楽しめる猟期は11月15日から３月15日まで。市町が許可した狩猟者が農作物被害を抑えるために実施する有害捕獲は通年で行うことができる。県内では２０１６年度、１万９６４８頭のイノシシを捕獲（猟期７９９６頭、有害１万１６５２頭）。10ある県農林（水産）振興事務所別では、捕獲数の最多は淡路島。但馬北部、西播、北播が続き、丹波は５番目だが、肉質の良さは全国に知られる。

丹波の足立さん

「足立率」

丹波市内で取材中、聞き慣れない言葉を耳にした。職場や学校、集落などに占める足立姓の割合を指すらしい。

播磨の「赤松」や「三木」など特定の地域に固まっている名字は兵庫県内に数あれど、足立の広域性と密度にはかなわない。丹波（京都府を含む）を中心に、北播や但馬など周辺地域で一定数を占める。

特に集中する丹波市青垣町で、その規模感を客観的に示す貴重なデータに触れることができた。

町内の４小学校を１９５５年度〜２０１６年度に卒業した８０４５人のうち、足立姓は３１５１人。その率３割９分２厘。一族のルーツと関係が深い遠阪地区に限れば、実に６割近くを占める。

この間、青垣町の人口は約１万１千人から約６千人に減った。歩調を合わせるように、足立率も緩やかに低下しているが、地元での存在感は今なお大きい。

■　■

昨年12月初旬。もやに包まれ、うっすらと白む丹波の山並みをフロントガラス越しに眺めながら、北近畿豊岡自動車道の青

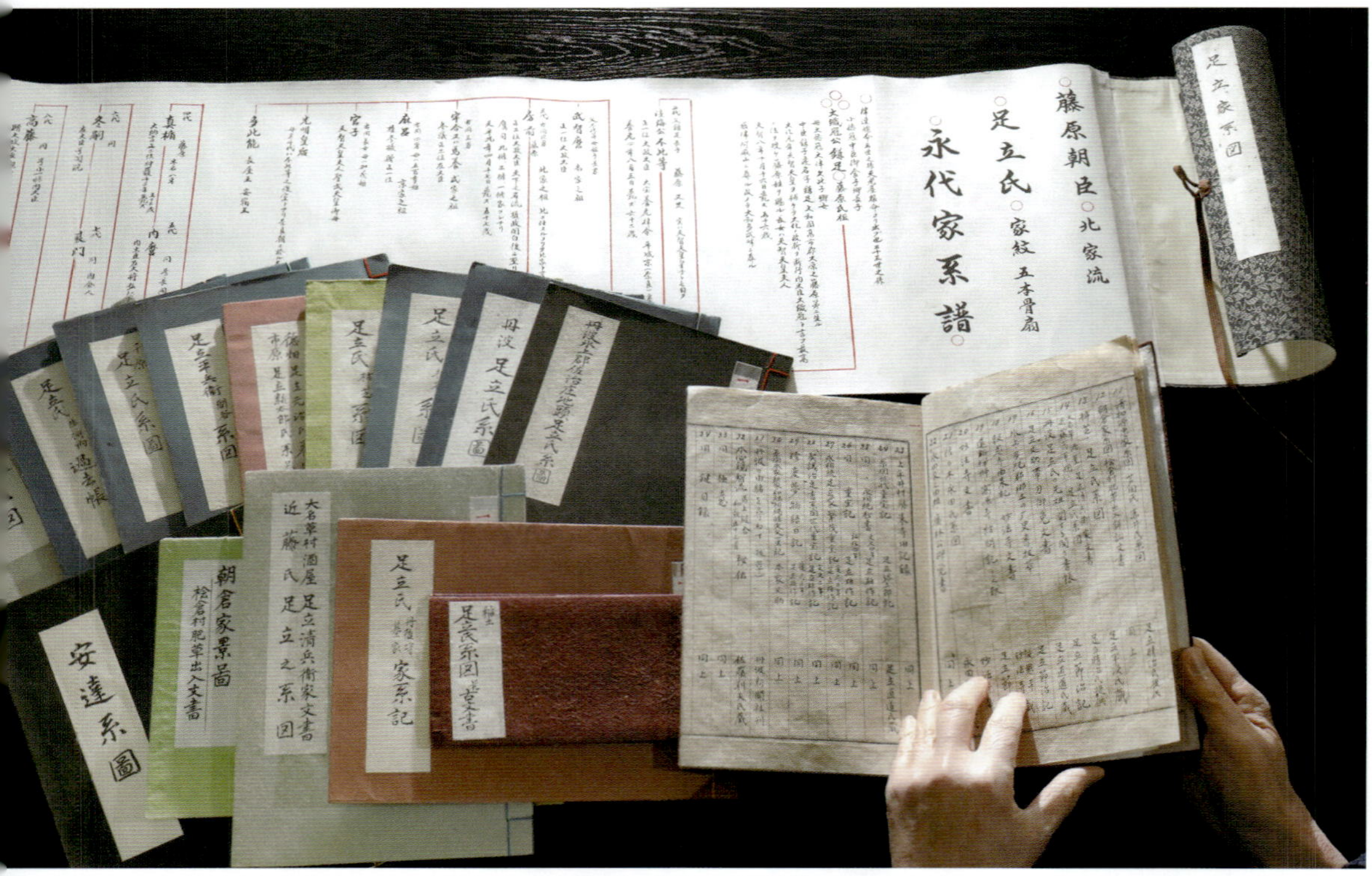

妙法寺に保管されている足立氏の関係資料。巻物の系図は藤原鎌足から始まっている＝丹波市青垣町小倉

垣インターチェンジを降りる。
2、3分車を走らせると、「アダチ電化サービス」の看板が目に入った。「青垣に足立さんが多いって聞いて…」。店番の男性が黙って奥に入り、電話帳を手に戻ってきた。
「めちゃめちゃおるで」。〝第一の足立さん〟である元治《もとじ》さん(74)がにんまりする。1枚、2枚と足立姓で埋め尽くされたページを繰っていく。「この辺りで『足立』と呼ぶもんはおらん。みんな名前や」

街中のあちこちで見られる「足立看板」。名字に名前を組み合わせた屋号も目立つ＝丹波市青垣町内

では、同じ名前の場合は? 元治さんが「一郎さん」を例に挙げた。農協で働いているから「農協一」、信用金庫勤めなので「金庫一」。職業のほか、住まいの地区の名を付けて区別することもあるそうだ。

さらに10分ほどハンドルを握る。元治さんの紹介で、ほとんどが足立姓という桧倉《ひのくら》集落へ。この家も、隣も、そのまた隣も…。

旧姓も結婚後も足立姓の加津子さん(60)が、足立さんだけが集まる地元の行事を紹介してくれた。「株講」や「氏神講」と呼ばれ、年1回の開催がちょうど10日後に。当日、桧倉を再訪すると、墓地の一角にある石碑の前で、6人の足立さんがお経を唱えていた。

足立さんが先祖を祭る「講」。丹波周辺ではなじみ深い行事だが、途絶えた地域も多い＝丹波市青垣町桧倉

米や酒とともに供える木箱の中には、墨書の札が入っている。最年長の治さん(79)によると、江戸時代前期の先祖の名前が記されているという。だが、桧倉全体のルーツではない。約40世帯が三つのグループに分かれ、別々の先祖を祭っている。

■■

本家42軒、分家273軒。

「家族の源流　足立氏ものがたり」(中央公論事業出版)には、江戸時代後期の地誌から引いた氷上郡内の足立家(安達家を含む)の世帯数が記されている。国民全員が名字を名乗る明治時代以前の段階で、青垣周辺では既に相当な規模を誇り、複雑に枝分かれしていたことが分かる。

源流は、鎌倉時代の一人の武士にある。１２０９年に武蔵国足立郡から青垣に移り、遠阪地区に山垣《やまがい》城を築いた足立遠政《とおまさ》だ。名門藤原氏の血を引き、姓の由来となった郡名は東京都足立区に引き継がれている。

遠政の屋敷があったと伝わる佐治地区の妙法寺を訪ねた。応対してくれたのは、「家族の源流―」の著者で前住職の竹内正道さん（81）。研究者らとの交流を通じ、家系図など足立氏関係の資料を数多く保管する。

早速、尋ねてみた。「なぜ、これほどまでに足立姓が多いのでしょうか」。竹内さんは、戦国時代、明智光秀の丹波攻めに敗れた後の処遇が大きかったとみる。戦に負けて滅ぼされたり、離散したりする一族がある中で、足立氏の多くは帰農することで許されたという。「攻防の要所でもなく、光秀側にしたらうまみのない土地だったから寛大に扱ってもらえたんでしょうな」

武士の身分は捨てたものの、地元で勢力を維持する。その後も分家を重ね、明治時代になって平民が名字を付ける際には、遠政への愛着から足立姓がさらに増えた。これが、竹内さんの見立てだ。

■　■

「妻の旧姓も、繁忙期に来てくれるパートも、足立さんですね」

朝倉勝治さん（51）が笑う。青垣の産業に川魚アマゴの養殖があると聞いて訪ねた「あまご村」。経営者の名字は違えども、やっぱりどこかで足立姓とつながっている。

塩焼きのアマゴ。養殖は青垣を代表する産業の一つだった＝丹波市青垣町大名草

養殖の将来を聞くと、朝倉さんの表情が寂しげに。１９６０年代以降、町内を流れる加古川の恵みを生かして広がったが、後継者不足などで次々に廃業した。「3軒の足立さんが辞めて、今はうちだけです」

丹波の他の地域と同様、青垣でも高齢化が進む。町内にあった四つの小学校は昨春、1校に統合された。卒業生の足立率も下がり、4割超えが当たり前だったのが、近年は2割を切ることも。それだけ若い足立さんが地元を離れているのだろう。

今年1月下旬、寒波で白く染まった青垣。年末の12月8日に生を受けたばかりの足立さんに出会った。光さん（37）、史《ふみ》さん（36）夫妻の三女恋華《れんか》ちゃんだ。優しく抱きかかえる2人の姉を、ゆっくりとしたまばたきで見つめている。

取材で出会った足立さん

「ありふれた名字なんで、他の子とかぶらないような名前を付けました」

光さんがほほ笑む。愛らしく咲く花のように、地域のみんなに愛される存在に―。２５０６グラムの新たな命に、そんな願いを込めたという。

（２０１８年２月４日掲載）

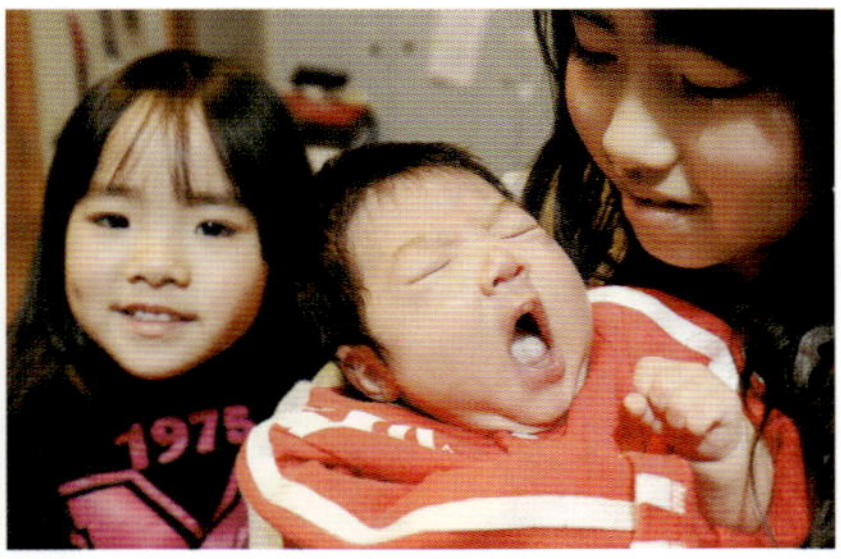

昨年末に生まれた足立恋華ちゃん（中央）を、星菜さん（右）、美颯さんの2人の姉がかわいがる＝丹波市青垣町中佐治

〈青垣の「足立さんあるある」〉

・名前で呼ばれることに慣れすぎて、青垣を離れた時に「足立さん」と呼ばれても気付かない
・野球の試合で、〝足立だらけ〟のスコアボードに相手チームがざわつく
・足立さん同士の結婚も、足立家が別の足立家から養子をとることも珍しくない
・同じ「アダチ」でも、安達さんへの親近感はいまいち
・何だかんだ言って、足立姓が気に入っている

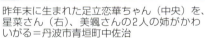

5

寒さが磨く甘いお茶

白い軍手が、見る見る緑に染まる。蒸し上がった熱々の分厚い茶葉をゴシゴシ。むしろの上でもみほぐす。深い香りが漂う。「焼き芋の匂いがする！」。児童の一人が叫んだ。

1月中旬、篠山市東部の城東小学校であった寒茶《かんちゃ》作り。茶といえば初夏と思いがちだが、校区の後川《しつかわ》地区には、一年で最も冷え込みが厳しい時期に摘み取って飲む茶がある。

鮮やかな黄金色のしずくが茶わんに注がれた。「お茶なのに、苦くなくて甘いよ」と森口蓮央《れお》君（9）。厳しい冷え込みが葉に甘味とうま味をもたらす。子どもたちは6月にも同じ茶葉で味わったが、「あのときよりもずっと甘いで」。ゴクゴクと飲み干した。

実はこの寒茶、後川では40年ほど前から作る人が減り、「幻の茶」となっていた。復活の陰には、子どもたちと地域の女性たちとの絆があった。

■　■

「後川」と書いて「しつかわ」。難読地名で知られる、篠山市東部の小さな集落が今回の舞台だ。

蒸したての茶葉を手でもむ子どもたち＝篠山市日置、城東小学校

オオサンショウウオがすむ渓流・羽束《はつか》川の上流にあたる。兵庫県猪名川町や大阪府能勢町に接し、平家の落ち武者が傷を癒やしたという篭坊《かごぼう》温泉のある山あいの小さな集落に、約170世帯400人が暮らす。

山の尻（後ろ）に川が流れることから、「尻川《しりかわ》」が「シッ川」になり、転じて「後川《しつかわ》」に。言い伝えが表す通り、深い山々に囲まれる。

湯気立つ茶葉を手でもみながら、会話が弾む＝篠山市後川上、旧後川小学校

コンニャクにさんしょう、米。豊かな農産物の中でも、鎌倉時代に栽培が始まったと伝わる茶は特別な存在だ。「山裾に茶畑の広がる景観は後川の代名詞やった」。地元で農業を営む澤田秀美さん（69）が、今は荒れてしまった茶畑を眺める。この地に根付く在来種が、山裾でぼうぼうに伸びていた。

1969（昭和44）年、組合員80人による「後川茶業共同組合」が発足し、製茶工場もできた。21ヘクタールの栽培面積を誇り、篠山市味間《あじま》地区とともに「丹波茶」の名を世に広めた。

寒茶は、茶農家にとって冬の楽しみだった。小寒から節分のころに摘めば、糖分をたっぷり蓄えて甘い。後川や味間のほか、徳島県南部などでも飲まれてきた。

土井裕子さん（70）は昭和40年代後半、義母が冬に茶葉を摘み取って庭先でもみ、寒茶を作ってくれたのを覚えている。「葉が堅くて売り物にはならへんけど、一番おいしかった」。苦味

8年前に閉校した旧後川小学校の講堂に、もんだ茶葉を広げて乾かし、寒茶を仕上げる＝篠山市後川上

や渋味が少なく、赤ちゃんや子どもでも安心して飲めた。夏まで茶葉を置き、麦茶代わりに冷やして飲むこともあった。

初夏の一番茶、夏の二番茶、秋の三番茶、そして真冬の寒茶。移ろう四季とともにあった茶の風景は、茶業の衰退と人口減少によって、徐々に姿を消していった。

■■

寒茶作りがほぼ廃れ、味わった経験のない世代が多くなった2009年1月。少子化に伴い、閉校を翌年に控えた後川小学校で、ある授業があった。

当時、教諭だった西羅英理《にしらえり》さん（62）が、地場産業について教える中で寒茶を知り、その作り方を覚えている女性たちに講師を頼んだ。

3、4年生の3人が、手ほどきに沿い、見よう見まねで茶もみに挑んだ。出来たての寒茶を飲む。「甘い！」。たちまちこの味のとりこになった。子どもたちは「甘寒茶《かんかんちゃ》」として商品化し、販売もした。

その姿に胸を打たれたのが、教えた女性たちだった。倉綾野《あやの》さん（79）は「喜ぶ子どもたちの姿に背中を押されたというか、気付かされたというか…」。136年の歴史を刻んだ後川小が閉校し、峠向こうの城東小に統合された後も、年に1度だけ、仲間で寒茶作りを続けるようになった。

後継者難で、茶工場は13年に閉鎖され、翌年には組合が45年の歴史に幕を下ろした。ほとんどの生産者が廃業する中、土井孝子さん（77）は寒茶のために茶畑の世話を続ける。「小学校がなくなり、地域に活気がなくなってしもた。でも『もっと寒茶が欲しい』と言うてくれる人もおる。それが活力になるんよ」

後川小の体験授業は城東小に。女性たちの取り組みは、地区をまとめる後川郷《さと》づくり協議会に引き継がれた。寒茶の輪は広がっている。

後川の女性たちに教わり、体験授業で寒茶を入れる児童
＝篠山市日置、城東小学校

冷え込みが緩んだ1月21日朝。旧後川小の講堂に、住民や市外から手伝いに来た約40人が集まった。

「毎年来とうで。ギシギシこすりつけるのがこつや」。城東小2年の大月拓實《たくみ》君（7）が、得意げに湯気の立つ茶葉をもむ。

真冬に茶葉を刈り取る住民ら＝篠山市後川上

その周りを、住民らが囲んで手を動かす。今年の寒茶作りも活気にあふれた。

「人をつなぐお茶」。寒茶作りを手伝う、篠山市のＮＰＯ法人「風和《ふうわ》」の向井千尋さん（50）はそう表現する。過疎化が止まらない小さな集落で、茶を囲んでの共同作業が新たな縁を紡ぐ。

自然乾燥を終え、間もなく寒茶は出来上がる。3月18日、旧後川小で催す「春来いまつり」で販売する。

寒茶の甘さは冬のせいばかりではない。古里を思う人々の手でもまれた寒茶は、飲む人の心を優しく、まろやかにしてくれる。茶の里・後川の伝統はどっこい生きている。

（2018年2月11日掲載）

〈丹波茶〉 平安時代には栽培されていたとされ、江戸時代には篠山藩の主力商品に成長した。兵庫県内の主な産地の荒茶（1次加工した茶）生産量は減少傾向にあり、2016年は74・3トン。その6割に当たる43・1トンを篠山市産の丹波茶が占める。ＪＲ篠山口駅に程近い味間地区が主産地。県内には丹波茶のほか、三田市の母子《もうし》茶、加東市の播磨やしろ茶、朝来市の朝来みどり、神河町の仙霊《せんれい》茶、佐用町のあさぎり茶などがある。

6 願掛け「蛇《じゃ》ない」

加古川を北へさかのぼった先、丹波市山南町の応地《おうち》集落。家々が雪化粧をした1月の初旬、伝統行事「蛇《じゃ》ない」が執り行われた。

朝、集落を見下ろす大歳神社。人々がわらで長さ約10メートルの大蛇をない上げた。その大蛇を抱え、集落の安寧や無病息災、五穀豊穣《ごこくほうじょう》を願いながら、全ての家々を巡る。

江戸時代中期。集落の前を流れる加古川が増水し、子どもが対岸に取り残されてしまった。そのとき、突然現れた大蛇が胴体を橋代わりにして助け出した。いつの頃からか、村に伝承されてきた話だ。

川は改修工事を経て今、細く小さな流れになった。それでも、２０１４年８月の丹波豪雨では浸水被害に遭った。「昔から水に悩まされてきた集落やから」。蛇ない保存会前会長の林敬博さん（65）がつぶやく。

願いを託されるのは、蛇だけじゃない。同じ山南町には、巨大な竜もいた。

わらの大蛇を持って集落を練り歩く人たち＝丹波市山南町応地

「蛇ない」で知られる丹波市山南町の応地集落から、加古川の流れに沿って東へ。篠山川へと流れを変えた川岸に、太古の昔、竜がいた。

濃い緑の流れに、荒々しい岩肌が迫る。丹波市と篠山市にまたがる川代《かわしろ》渓谷。丹波市山南町上滝では、篠山川の激流に浸食され、「篠山層群」が顔を出す。1億1千万年前、白亜紀前期の地層だ。JR福知山線下滝駅から歩いて20分。そこには太古の世界が広がっている。

丹波竜が眠っていた姿を想像しながら、化石発掘現場のイラストを塗り直す上久下小学校の児童ら＝丹波市山南町上滝

地層の上にある上久《かみく》下《げ》地区。川に面した急斜面の地で、2006年8月、市内に住む2人の男性が、国内最大級の草食恐竜「丹波竜」の化石を発見した。

2月中旬、その発掘現場に上久下小学校の児童10人が降り立った。現場は地層を保存するため、約10メートル四方のコンクリートで覆われている。

そこに丹波竜のイラストが描かれている。「こんな形で埋まってたんやで」と第一発見者の一人、村上茂さん（73）。丹波竜は各部位の位置関係がおおむね保たれた状態で見つかった貴重な事例。「眠っていた姿を想像してもらえるように」。児童らが丁寧にピンク色に塗り直した。

村上さんは上久下地区で生まれ育った。大阪で就職し、定年退職後に戻った故郷には鮮魚店も駄菓子屋もなくなっていた。「何とか村を元気にできないか」。旧友で同じ市内に住む元高校教諭の足立洌《きよし》さん（74）に誘われ、調査のため川岸を歩いていた夏の日。岩から突き出た恐竜の肋骨《ろっこつ》の化石を見つけたのだ。

「全身の骨が見つかる可能性が高い。地元が大いに沸いたんです」

昨年整備された遊歩道をたどる。発見地に近い場所に地元住民が開いた施設「元気村かみくげ」の入り口に、高さ7メートル、体長15メートルの実寸大のモニュメントがある。施設では、卵

丹波竜の実寸大模型。発掘現場の近くで長い首を伸ばしている＝丹波市山南町上滝、丹波竜の里公園

形の生地に丹波竜の焼き印を押した菓子「恐竜焼き」が土産に人気だ。恐竜化石の発掘体験もできる。

ほかにも、丹波恐竜米に子ども向け絵本、恐竜太鼓や恐竜街道…。上久下には「恐竜」があふれる。長い長い眠りから目覚めた竜が、過疎の集落に一筋の光をもたらした。

「ここは化石の宝庫ですから」。もう一人の第一発見者、足立さんは篠山層群の周辺を歩くとき、必ず地面を見る。丹波竜以外にも獣脚類や哺乳類などの化石が見つかった。今年2月には、篠山市大山下《おおやましも》のトンネル掘削工事から出た角竜類《つのりゅう》3体の化石発見が発表された。

兵庫県立人と自然の博物館（三田市）によると、丹波竜の発掘調査は06～11年度に実施され、延べ2900人のボランティアが参加した。採掘した標本は3万4千点以上。化石から不要な岩石を取り除くクリーニング作業にも、訓練を積んだ地元の人たちが関わってきた。

等身大の骨格標本を展示する「丹波竜化石工房ちーたんの館」（丹波市山南町）。非常勤職員の波部寿美さん（42）が顕微鏡に向かう。岩石の中に黒い筋が見える。骨の化石だ。顕微鏡をのぞきながら、数種類の電動ドリルを使い分け、石の部分だけを

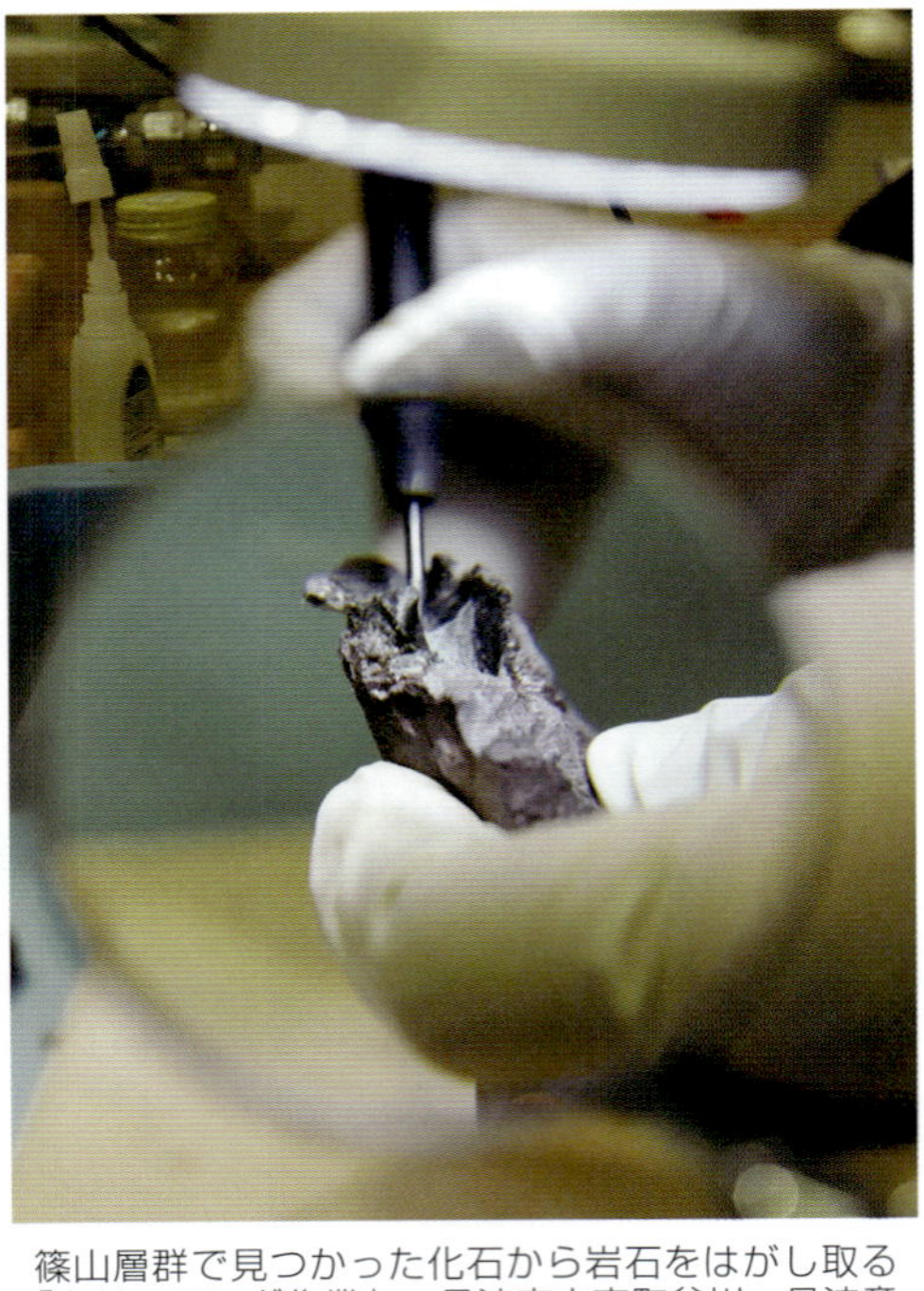

篠山層群で見つかった化石から岩石をはがし取る「クリーニング作業」＝丹波市山南町谷川、丹波竜化石工房ちーたんの館

削り取る。

「これほど多くの住民が参加するのは全国でも珍しい」。研究員の池田忠広さん（39）は驚く。当初から携わる人なら経験10年超のベテランだ。まだまだ眠る大量の化石。地元住民が主体の発掘に研究員が同行する「試掘」は今も続いている。

丹波竜の学名はタンバティタニス・アミキティアエ。ギリシャ語でティタニスは「女の巨人」、アミキティアエは「友情」を意味する。

化石から雌雄は判別できないが、村上さんは〝女性〟だと思っている。

「丹波竜は、過疎に悩む上久下にとって女神のようなもんです」

「蛇ない」では、わらでなわれた大蛇に1升の酒を飲ませる＝丹波市山南町応地

再び、応地の「蛇ない」。住民の手で2時間ほどかけてない上げられた大蛇の口に、保存会の徳岡寛会長（66）がお神酒1升を飲ませた。大歳神社の境内でひと暴れした後、家々を巡る。訪問を受けた家人も蛇の口に酒瓶をかませてささげる。子どもは泣いて怖がるが、蛇が暴れれば暴れるほど、その年は豊作になると言い伝えられてきた。

「村を水害から守ってくれる大蛇は神様みたいなもん」と徳岡会長。練り歩いた大蛇は、川では感謝の気持ちを込めて水を飲ませ、最後は神社近くの2本の松に掛けられる。清流の恵みと洪水を受けてきた応地を見守るその姿は、上久下のそこかしこで町の繁栄を祈る丹波竜の姿と重なって見えた。

（2018年2月25日掲載）

〈篠山層群〉 丹波市と篠山市の南北約6キロ、東西約18キロに広がる中生代白亜紀前期、約1億1千万年前の地層。2006年8月に丹波竜が発見された後も、国内最古級の哺乳類「ササヤマミロス・カワイイ」、二足歩行の肉食恐竜・獣脚類の卵化石「ニッポノウーリサス・ラモーサス」など、数々の貴重な化石が見つかっている。

7 恐ろしや鬼の架け橋

鬼こわっ。

鬼はもちろん怖いけど、この風景も相当怖い。

篠山市と丹波市の市境にある、鐘ケ坂峠《かねがさか》。標高５４０メートルの金山《きんざん》を登ること小一時間で目に飛び込んでくるのが、「鬼の架け橋」だ。

Ｖ字形の岩場に横たわる巨岩越しに、こわごわ下をのぞき込む。下界ははるかかなた。少し風でも吹こうものなら、足はガクガク、目がくらむ。これはもう、いけません。さすが、あの浮世絵師歌川広重も描いた奇勝である。

今では新鐘ケ坂トンネルのおかげで峠越えも楽々。だけど、昔はさぞ恐ろしい難所だったことだろう。

橋を架けたのは、源頼光の鬼退治で知られる大江山の鬼との伝説がある。多可町との境の篠ケ峰にも鬼の民話があるというし、篠山の旧陸軍歩兵第70連隊は別名、〝丹波の鬼〟だ。

丹波では、鬼が出るか、蛇が出るか。丹波竜が出た丹波市山南町へ、ひとまず峠を後にした。

渡る世間に鬼はないというが、鬼の架け橋は渡るに怖い。国道沿いから見上げるのも一興だ＝丹波市柏原町上小倉

雪の残る、山の麓に鬼が出た。

丹波市山南町にある法道《ほうどう》仙人開基の古刹《こさつ》、天台宗常勝寺《じょうしょうじ》。2月11日の「鬼こそ」行事は、365段の石段を登った本堂で行

たいまつの一番鬼を先頭に、足並みそろえて練り歩く。鬼こその後のお楽しみは、豆まきでなく、餅まきだ＝丹波市山南町谷川、常勝寺

われる。

「さぶいなあ」。読経の響く中、「鬼こそ保存会」の4人が鬼の衣装を着込み、白布を巻き付けていく。本尊の前にある、赤と青の鬼の面は目玉が飛び出て、怖いというより、ユーモラスだ。たいまつ、槍《やり》、刀、錫杖《しゃくじょう》を手に、銅鑼《どら》や太鼓が鳴る堂内を、法道仙人に扮《ふん》した檀家《だんか》の男児を先導に巡る。「餅切り」や「火合わせ」をして、行きつ戻りつする独特のステップで外縁へ。たいまつを境内に勢いよく投げ込むと、参詣人が押し寄せる。焼け残りには御利益があるという。福をもたらす、いい鬼だ。

鬼は、厄年の男が厄払いで務めていたが、「今はなかなか」と保存会の足立敏さん（57）。たいまつを奉納する足立家では、「うちが作らんと、火がつかへん」と伝えられる。

「餅つく家とかも決まっとった」。だが、継ぐ人が絶え、鬼の演じ手も先細りに。20年ほど前、地元青年の集まりから、10人足らずで自然発生的にできたのが保存会だ。

神戸・長田神社の「古式追儺《ついな》式」や加東・朝光寺の「鬼追《おにおい》踊《おどり》」など、「兵庫県は鬼会《おにえ》が多いが、丹波では鬼こそが唯一」と篠山市の民俗学者久下《くげ》隆史さん（68）は言う。しかも、法道仙人の教化で善鬼になったというような演出は他にないという。

鬼会の源流は、平安時代に天台系寺院で行われた正月行事の修正会《しゅしょうえ》。仏に従い、魔を払う鬼が出るのを、芸能的に鑑賞した。一方の追儺は、12月みそかに悪鬼を払う宮中行事で民間に入り、

節分の鬼追いになる。修正会の鬼も追儺の影響を受けて、悪鬼として追われる存在になった―と久下さんはみる。

一口に鬼といってもいろいろだ。

■ ■

「鬼はー外ぉー、福はー内ぃー」

2月3日午後8時、篠山市の王地山《おうじやま》稲荷の本堂では掛け声とともに、キツネの面をかぶり、豆まきを開始。あふれんばかりの人たちが、われもわれもと手を伸ばす。

「先代の頃は『福は内、鬼も内』と言っていた」と吉田英昭住職(72)。本院の本経寺は日蓮宗。お釈迦《しゃか》様が改心させた鬼《き》子母神《しもじん》をまつるためだという。

王地山稲荷の福豆は三角袋。赤青黒の3色の角は「三欲の鬼」を表し、まくと角が取れるのがミソ＝篠山市河原町

王地山稲荷のお接待のぜんざい。昔は甘酒だった＝篠山市河原町

立春前日の節分だけに、深夜0時の豆まきが恒例だったが、高齢化に配慮し、6年前から午後3時と8時の2回に変更。豆をまく厄年の男女も「申し込みが少なくなった」。

それでも、心温まる接待の風景は変わらない。近在からのお供えで、5升も炊くぜんざいは、丹波大納言小豆の里ならではの味だ。

その小豆の今年の作柄は―。

丹波市市島町の折杉《おりすぎ》神社で節分祭に行われるのは「粥《かゆ》占い」。県内では淡路に多いが、丹波はここだけ。「管試《くだだめ》の神事」と呼ばれている。

かがり火の脇で粥を炊き、鍋に13本の竹筒を入れる。筒に入った米粒の量を見て、当番の氏子が13種の作物の出来を判断す

粥占いに使うのは6寸（約20センチ）の篠竹。四角いカシの木のこまで、月ごとの天候も占う＝丹波市市島町徳尾

る。「昔は死活問題やで」と総代の大槻日出男さん（71）。農業技術が進んだ今も、竹を割ると一喜一憂する声が思わず上がる。

今年の結果は「一（早稲）は上上や」「五（小麦）は下」…。そして小豆は「中の下」。鬼を打つ大豆は「下」と、豆類は要注意らしい。

豆といえば豆腐、豆腐といえば、鬼の架け橋に近い篠山市大山地区には伝統食の「とふめし」がある。

明治初期まで講のごちそうは品数が多く、お嫁さん泣かせ。見かねた長老の「ご飯に混ぜてはどうか」との言葉からできたのが、とふめし。

２００７年からは、地域活動拠点の「コミュニティキッチン結良里《ゆらり》」（18年11月閉店）がランチで提供している。

長安寺、町の田、大山新の旧3カ村の伝統食「とふめし」

じっくりゆでた木綿豆腐を、サバの水煮、炒めたゴボウやニンジンとご飯に混ぜながら、つぶしていくとできあがり。「水分が多い、プリンみたいな豆腐ではおいしくない」と代表の森本淑子さん（80）。こだわりの味はまさに〝畑の肉〟。鬼うま、いや、神うまい。

季節は巡る。3月の大山の里にはセツブンソウの愛らしい花が咲く。

春が、日一日とやって来る。

（２０１８年3月4日掲載）

〈鬼の芸能〉 摂津から播磨の南部に広く分布し、「兵庫県の民俗芸能」（１９９７年）は約30件を記録（廃絶含む）。東光寺の鬼会（加西市）は２００６年に国の重要無形民俗文化財に指定され、「鬼こそ鬼よ」のはやし言葉がある。常勝寺の鬼こそもこれに由来する名称と久下隆史氏は指摘するが、鳴り物で騒ぐ「鼓騒《こそう》」が転じたとの説を同寺では案内している。長田神社の追儺式は、明治以前は社内の薬師堂の鬼追だったが、神仏分離と薬師堂の焼失により、神道的名称の節分行事となった。

「足立さん」にライバルが!?

足立姓が圧倒的な存在感を誇る丹波市青垣町だが、一部の地域では強力な〝ライバル〟としのぎを削っている。

青垣町の小学校は芦田、佐治、神楽《しぐら》、遠阪の４校があり、２０１７年４月、青垣小に統合した。卒業生に占める足立姓の割合が最も高いのが旧遠阪小校区で、57・2％（１４１８人中８１１人）を占める。これに対し、旧芦田小校区は21・0％（２０９１人中４３８人）と最も低い。その最大の理由は、地名から付けられたとされる芦田姓（蘆田姓を含む）の存在だ。

卒業生の「芦田率」は23・8％（２０９１人中４９７人）で、わずかに足立姓を上回る。16年度までの62年間で両者の多寡を年度ごとに比べても、芦田姓が33勝22敗７分けと分がいい。

一方、他の旧３小校区の芦田率は０・１～２・３％にとどまり、足立姓ほどの広域性、密度は見られない。それでも、周辺に一定の規模で広がっており、第47代首相の芦田均は青垣町に接する京都府福知山市出身。数年前に一世を風靡《ふうび》した子役出身の女性タレントも、ルーツは丹波市内にあるそうだ。

旧芦田村役場。1955年の合併で青垣町となり、2004年には氷上郡の他の５町と合併し丹波市が発足した

シン・ゴコク　余話

黒豆の里の節分

豆は丸いが袋は三角。それが何かと問われれば、「まけきらい稲荷」の名で知られる篠山市・王地《おうじ》山《やま》稲荷の節分星祭の福豆だ。

袋の角は赤・青・黒の三色。これは貪《とん》・瞋《じん》・痴《ち》の三毒で、豆をまくと角がつぶれて、お多福の形に。これすなわち円満―という由緒だそう。豆をまく年男、年女はキツネの面をかぶり、お接待は昼が大納言小豆のぜんざい、夜はきつねうどんというのが、丹波のお稲荷さんらしい。

節分の節とは二十四節の節。春夏秋冬の始めがその代表だが、もっぱら立春が新しい年の始まりのときとして、強く意識されるようになった。だから、節分を「神さんの年越し」「神さんの正月」というところもあり、大みそかと節分の２度、豆をまくところもある。ヒイラギの枝にイワシを刺したり、かがり火をたいたりと両者に共通点が多いのは、そんなわけで、豆をまくのは、中国の風習に基づくようだ。

王地山稲荷の福豆

第5部

海山美《みやび》の春

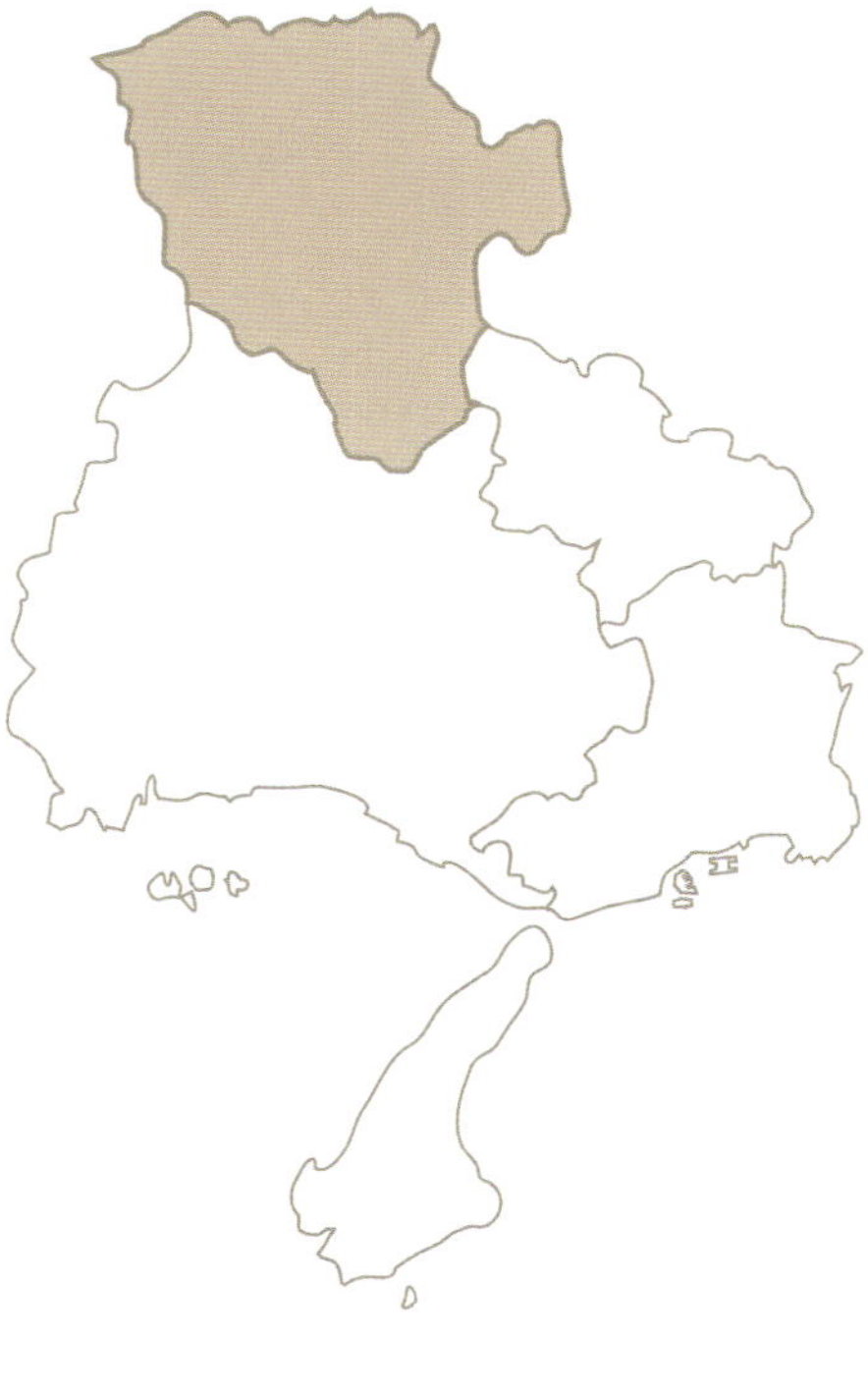

1

平家の里

薄暗い建屋のあちこちで、まきストーブが火の粉を飛ばす。パチパチとはじける音をかき消すように、カランカランと鈴が鳴る。

3月4日午前6時、円い月が浮かび、オリオン座が瞬く香住漁港（兵庫県香美町）。所在なげにたむろするジャンパー姿の人影が、赤く染まったベニズワイガニのコンテナへ動きだす。競りが始まった。

「こっからここまで3列60杯1万2千円から。1万2千円、1万3千円…」

競り人の澤田敏幸さん（49）の独特の節回しに、仲買人が指や目で合図を送る。10分ほどで900杯ほどがさばける。せき立てるように軽トラックがなだれ込み、コンテナを積み込んでいく。

カニの脚が散らばる横で、氷で火が消えたストーブがブスブスとくすぶっている。「あったかいね、今日は」。澤田さんが笑う間にも夜は白み、穏やかな日差しが辺りを包んでいく。

青空を飛び交うカモメを引き連れて、定置網漁の豊漁丸が入ってきた。船長の藤平進さん（63）が、ブルーシ

ートの上に取れたばかりの魚を並べていく。サワラが多い。漢字では、魚へんに春。マダイに、ホウボウ、メバルといった赤い魚が目に付くのも、冬の終わりを告げる兆しという。

飛行機雲が空に映えたこの日、香住の最高気温は20度を超えた。

建屋に打ち付ける雨音が、火の粉のさざめきを打ち消す。翌5日、一変した空を澤田さんが見やった。「斜めに吹き付けるのが冬の雨。今朝は真っすぐに降っとるね」

海岸線を見下ろすように民家が集まる御崎地区。「切り開いた」という表現がしっくりくる＝兵庫県香美町香住区余部

どよめきが起こった。1杯20尾に4万円の値が付いたのは、初物のノドグロ。名前の通り、口の奥は確かに黒いが、それよりもやはり、鮮やかな赤い身に目を奪われる。

灰色の空の向こうから、藤平さんの豊漁丸が戻ってきた。10キロを超えるヒラマサがかかったが、サワラは全くいない。

網を仕掛けた場所も、引き揚げた時間も前日と同じ。潮流が変わったようだ。天候も魚もつかみどころがないことは、誰よりも分かっている。

「うちらの先祖の平家もな、村上水軍に裏切られたせいで潮の流れが読めんくて、散り散りになったいう説があるんや」

苦笑いを浮かべた藤平さん。引き合いに出したのは、800年以上も昔の源平合戦だった。

余部橋梁《きょうりょう》（兵庫県香美町香住区）のたもとから、日本海に沿うように細い山道がうねる。所々に、黒ずんだ雪の塊が残っている。

代わり映えしない木々の景色を眺めながら、車で10分ほど。崖のふちに張り付く民家の屋根が、唐突に現れる。漁師の藤平進さん（63）が生まれ育ち、今も暮らす御崎《みさき》地区。家々が斜面に寄り添うように集まり、急勾配の狭い路地でつながる。

「若い頃は都会に出ようと思ったこともあったけど、いつの間にか居座ってね。一杯飲んでは笑ってけんかして、仲間意識

活気づくベニズワイガニの競り。「香住ガニ」とも呼ばれる地元の特産だ＝兵庫県香美町香住区、香住漁港

が強いところだから」

御崎は１１８５年の壇ノ浦の戦いで滅亡した平家が逃れてきた地で、藤平さんを含む18世帯57人（２０１８年2月末現在）の住民はその末裔《まつえい》という。全国の３００カ所以上に残る「平家伝承」の一つだ。

口伝では、平清盛の弟で「門脇宰相」と呼ばれた平教盛《のりもり》が、伊賀平内左衛門《へいないざえもん》や矢引六郎右衛門らを引き連れて定住した。門脇、伊賀、矢引の名字とともに、平家の再興を願う儀式が伝わる。

御崎地区に伝わる「百手の儀式」。雪景色の向こうに、冬の日本海が広がる＝兵庫県香美町香住区余部

■■

揚羽蝶《あげはちょう》の家紋をあしらった真っ赤な旗が、高台の平内神社へ向かっていく。「控えー、控えー、脇に寄れ」。雪に覆われた集落を和服姿の行列が続く。

毎年1月28日に執り行われる「百手《ももて》の儀式」。地区に住む若者が、境内に取り付けられた的に向かって１０１本の竹の矢を射る。おぼつかないしぐさの射手に寄り添い、手取り足取り教える男性がいた。

「『落人』って言われるのがどうも嫌で。普段は意識もしないし、自分からアピールすることもないけど、意地みたいなもんはあるかな」

手書きした看板の前で、平家伝承への思いを語る中野正一さん

中野正一さん（61）。香住高校を卒業後、旧北兵庫信用組合で渉外やシステム開発に携わり、現在はみなと銀行で融資業務を担当する。経歴だけを切り取ればリアリストだが、出自へのロマンとプライドは、御崎の人たちの中でも特に強い。

祖父や父から、やりの名人と言われた武士が先祖だと教えられて育った。幼い頃、地区外の友達から「落ち武者」とからかわれ、思わず「水のみ百姓が何だ」と言い返したことを覚えている。

十数年前には、地区の入り口にある駐車場の看板に、御崎の由緒を手書きで記した。「同情してもらいたいわけじゃなく、自分たちの存在を正しく理解してほしいから」

だが、伝承に確実な裏付けがあるわけではない。教盛は壇ノ浦で亡くなったとする文献がある。付き従って御崎に根差したとされる伊賀平内左衛門についても、神社の名前に残るが、「本流」を自負する家が別の場所に存在する。

約15キロ南東にある香美町香住区の畑《はた》地区。やはり平家が流れ着いたとされる山あいの集落だ。

31代目の伊賀栄文《ひでふみ》さん（66）によると、代々の当主が亡くなると、息子が平内左衛門の名前を継いできたという。祖父直之さんも、父順之《としゆき》さんも裁判所に届け出て改名した。だが、2010年に順之さんが亡くなった時、栄文さんは手続きをとらなかった。

「恥ずかしいというか、煩わしいというか。うちは娘しかいないし、私の代で区切りを付けようかと」

栄文さんは今、故郷を離れて神戸市内で暮らしている。

■■

雪景色に残ったのは、無数の足跡と、海から吹き付ける冷たい風。101本の矢を射終わり、御崎に冬の日常が戻る。

気候が厳しく、市街地に出るのもひと苦労。住民がみんな平家の末裔を名乗れるのは、よそから入ってきて定住した家族がいない裏返しでもある。

ひっそりと咲き始めた平家カブラ。御崎の人たちは、おひたしなどにして食べるという

その仲間も、ぽつぽつと去っていき、地区にある小学校の分校は今、児童1人に先生1人。門脇、伊賀、矢引の3家も引っ越していった。伝承にすがって生きることはできないが、中野さんは「この場所で暮らす意義を感じ、心をつなぎ留める助けになっている」と信じる。

3月初旬、雪をかき分けるように、集落が薄い緑に色づき始めた。路傍に咲く、一株の花。壇ノ浦から落ち延びた教盛らが食べて飢えをしのいだとされる「平家カブラ」だ。

菜の花に似た黄色い花びらが、緩やかな風に揺れる。下旬にもなれば、斜面をじゅうたんのように彩る。何十年、何百年と変わらない御崎の春が、また巡ってくる。

（2018年3月18日掲載）

〈平家伝承〉 源平合戦に敗れた平氏の一族や家臣らが、逃げ延びたとされる言い伝え。山間部を中心に全国各地に点在し、兵庫県内では但馬地域で目立つ。徳島県三好市の「平家屋敷」や宮崎県椎葉《しいば》村の「椎葉平家まつり」など観光資源として活用されているケースもある。子孫の一部は「全国平家会」（事務総局・山口県下関市の赤間神宮）をつくって交流を続けている。

2

魔よけのコトノハシ

できあがったコトノハシを背負い、雪道を歩く村人。草履は男性の背中ほど大きい＝養父市長野

長さ約60センチの大草履に、直径3センチほどの太い箸。「ガリバー旅行記」の巨人の国に出てきそうなアイテムが、厳冬の但馬にある。

両者を縄でつなぐ。さらに、わらで編んだ船と三つの風鈴をぶら下げて、「コトノハシ」の出来上がり。村の入り口や家の軒先につるされた風変わりな飾りが、雪に揺れる。

「村にはこんな大男がいるぞ。だから入ってくんなよ。そんな魔よけの意味らしいねぇ」。養父市建屋《たきのや》地区の柴集落の長老、椿敏夫さん(79)が話す。

「コト」は村人が寄り集まるという意味だ。今年は2月4日、椿さんの作業場で、集落の男性がわらを編んだ。女性はぼた餅を作りながら、にぎやかに一日がかりで完成させる。

ただし、つるすのは、組長ただ一人の仕事。夜、誰にも見られないように雪を踏みしめる。地域の安全や無病息災を願いながら。

小さな集落の一年が、こうして始まる。

「コト」には、節分行事の神妙さと、新年の集いの和やかさが同居する。養父市建屋地区の柴集落では、どちらかといえば後者が勝る。

「『としちゃん』の体には、山里で生きる技が刻み込まれてるんや」

村の若者が、親の世代よりも上の椿敏夫さんを愛称で呼ぶ。山あいの集落で暮らす住民は12世帯。老若男女を問わず、気安く声を掛け合える関係が根付いている。

2月4日、「コトノハシ」を作るために集まった男性は7人。わらで草履や飾りを編み、栗の木を割って箸にする。作業場を提供する椿さんが、控えめに注文を付ける。「そこは『逆《ぎゃく》ない』やで」

飾り全体をつなぐ縄は、神様のものなので通常とは逆手で、左前になるように縄をなう。これに対し、草履は村の大男が履くものだから普通に編む。

「ちょっと休憩しようや」。栗の木を割っていた男性が、友人の猟師からもらったというイノシシの肉をストーブの上で焼き始めた。地酒をくみ交わす。バサッ、バサッ。屋根から雪が落ちる音が聞こえる。

「こんなに寒いと遠くに行けんからな。なんか集まる機会が欲しかったんちゃうかな」

たたいて柔らかくしたわらでコトノハシを編み上げる。昔ながらの手作業だ＝養父市長野

大きな履物を編んで神様に供える風習は、但馬地域を中心に兵庫県北部に伝わる。雪で遠出できない日に村人が寄り集まって作ったとも、旧正月を祝うための行事だったとも。豊岡市日高町の田ノ口地区では「賽《さえ》の神《かみ》祭」と呼び、巨大な草履とわらじを片方ずつ編んで神木につるす。

「今年もいいコトノハシができました」

椿さんの作業場から坂を上った先にある公民館で、村の組長、藤原広巳さん（57）があいさつした。できあがったばかりのコトノハシが、床の間につるされている。

机の上には、全12世帯と神様の分のぼた餅が並ぶ。きねと臼で粗めに米をつき、たっぷりのあんこで覆った女性たちの手作りだ。

「コト」に欠かせないぼた餅。村人全員と神様の分を、女性たちがせっせとこねる＝養父市長野

電柱につるされたコトノハシ。落ちる瞬間を見た人には幸運が訪れるという＝養父市長野

「学校から帰ると、せっせと草履を編んでなあ。翌朝、それを履いて山に入り、牛の世話をしたり山菜を集めたりしとったんや」

椿さんが幼い頃を振り返る。中途半端に作ると歩きづらい。大人たちの見よう見まねで頑丈な編み方を覚えた。遠くから山を見れば、どこに何の木が生えているかが分かるようにもなった。

その腕と目があるからこそ、コトノハシができる。だが、今の日常生活で生かせる場面はほとんどない。伝承が廃れていく背景として、過疎化や高齢化が指摘されることが多いが、生活様式の変化も大きい。

集落につるされたコトノハシは、風雪や雨に打たれ、いつしか縄が切れる。地面に落ちる瞬間を見ると幸運が訪れるらしいが、見た人は誰もいない。

■■

ヒイラギの枝にイワシの頭を付けて飾る、飾り餅を供える、麦飯を食べる…。かつては地域ごとに個性があった節分の行事も、商業化によって集約されつつある。

年ごとに最も良いとされる方角を向き、巻きずしを一口で食べきる「恵方巻き」は、コンビニの店頭にも並ぶ。そして、「鬼は外、福は内」の掛け声が響く豆まき。まいた豆は年の数だけ食べるのが定番だが、子どもらの行列が回収する風習が豊岡市の中心部に残っている。

市街地を練り歩き、豆を集めて回る子どもら＝豊岡市千代田町

2月3日夜、どんどがたかれた京口庚《こう》申《しん》堂（豊岡市城南町）から、約50人のちょうちんの列が出た。ほら貝を吹き、鈴を鳴らしながら「厄、払いましょう」と声を合わせて市街地を巡る。住民は、まき終わった豆を年の数だけ袋に入れ、玄関先で待ち構えて子どもらに手渡す。

由緒は不明だが、白装束で練り歩いた時期もあり、民間信仰の流れもくんでいるそうだ。お堂で待つ中村登さん（88）が話す。「庚申さんのご縁で厄を払って、『今年も無事に年を取れますように』と願っとったんでしょうなあ」

行列は1時間半ほどで戻ってきた。集めた豆は、読経して供養する。降り積もった雪の真ん中で、どんどがひときわ赤く、暖かく映る。

節分。季節を分けると書く。但馬ではまだ、冬のさなかである。

（2018年3月25日掲載）

〈節分〉 四季の始まりの前日を指し、現代では、特に立春の前日を表す言葉として一般的になっている。平安、鎌倉時代ごろには「方違《かたたが》え」という方位の神がいる方向を避けて外出する風習があり、室町時代以降は中国由来の豆まきが定着したとされる。餅を飾るなど正月と重なり合う行事が伝わっているのは、立春が旧暦の1月1日と前後していたことが一因と考えられている。

3

おカイコさん

　白くて滑らかで、丸っこい繭玉。108個が祭壇に積まれた。雪が残る本殿の前で、氏子ら十数人が深々と頭を下げる。

　2月3日夜、養父市八鹿町高柳《たかやなぎ》の住吉神社。かつて養蚕（但馬では「ようざん」と読むことも）で栄えた地区では、明治期から節分に繭玉を供える風習が始まったという。

　繭玉といっても、カイコが糸を吐き、自らの体を覆う〝本物〟とは違う。米粉を水で溶いて固め、似せたものだ。唐辛子と煮た黒豆と一緒に、参拝者に配る。繭玉はカイコへの感謝を込め、黒豆は鬼を寄せ付けないために。

「おカイコさん」。そんな言葉を耳にした。「尊敬を込めてそう呼ぶんや」。前組長の藤原満さん（61）が教えてくれた。

　養父郡（現養父市）を含む但馬は江戸期、「東の群馬、西の但馬」と称された養蚕の本場。平成に入って途絶え、職として受け継ぐ人はいなくなったが、「カイコ愛」は営々と紡がれている。

住吉神社の節分祭。手作りの「繭玉」が本殿に鎮座する＝養父市八鹿町高柳

ピリ、ピリ。ムシャ、ムシャ。

真夜中、天井から何やら不気味な音が聞こえてくる。

「おカイコさんが桑の葉を食べる音よ。みんなが寝静まると、一晩中聞こえたわ。その音が怖くて、怖くてねえ」

2月2日。養父市八鹿町高柳の公民館に、節分祭の準備で地域の女性たちが集まった。米粉の繭玉を手で丸めながら、石田美幸さん（73）が思い出を語る。「2階と3階はおカイコさんの部屋やったからね」

養父郡（現養父市）の養蚕は江戸後期から盛んになり、1950（昭和25）年には兵庫県内の繭生産量の4分の1を占めた。山に囲まれ、寒暖差が激しい土地で、養蚕は但馬牛とともに現金収入を得る貴重な産業だった。だから、カイコも牛と同じく「1頭、2頭」と数える。

節分祭に向け、米粉で「繭玉」を作る女性たち
＝養父市八鹿町高柳

カイコは室温20度を下回ると冬眠し、暑すぎると死ぬ。人よりも、カイコにとっての快適さを追求した「養蚕住宅」が次々に建てられた。

1階でたいた火の熱が伝わりやすいよう、上階の床は隙間の多い「すき板」にした。熱を逃がさぬよう外壁は土で塗り固め、3階の屋根には通気口の「抜気《ばっき》」を設けた。石田さんの幼いころの思い出は、数多くのカイコと暮らした家とともにある。

養父市内には、2階建ても合わせて700棟程度が残る。特

養蚕住宅の町並み＝養父市大屋町大杉

に多い大屋町大杉地区は昨年、国の重要伝統的建造物群保存地区に選ばれた。

カイコの体内で作られ、つややかなシルク（絹）を生み出す生糸は、安くて丈夫な化学繊維に取って代わられた。養蚕住宅はあっても、養蚕農家はもういない。

養蚕文化を絶やしたくない。そんな思いで活動するのは、養父市大屋町蔵垣《くらがき》の「蔵垣かいこの里の会」。2001年に発足し、年に約2千頭のカイコを飼育し、繭玉を使った人形を創作したり、糸引き体験を催したり。

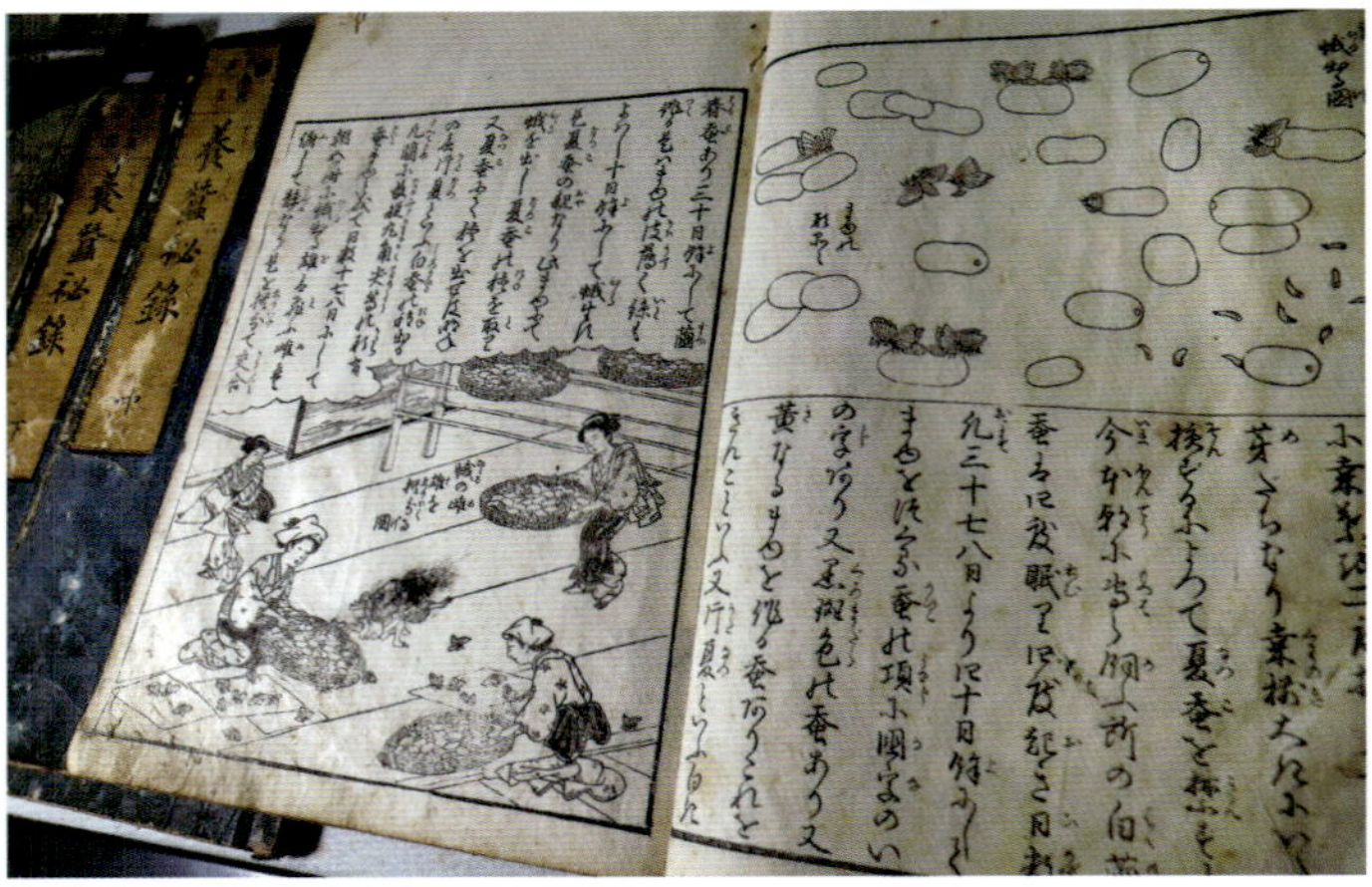

上垣守国養蚕記念館に展示されている「養蚕秘録」＝養父市大屋町蔵垣

地区にある「かいこの里交流施設」に集まる。

「蔵垣の偉人が書いた本を紹介しますよ」

松原一朗会長（67）が熱く語る。交流施設の向かいにある「上垣守国《うえがきもりくに》養蚕記念館」。昭和初期の養蚕住宅を再現した。鍵の掛かったショーケースの中に、3冊の古書が並ぶ。

「養蚕秘録です。今でも、養蚕界のベストセラーです」

ページを繰ると、繭のイラストが目に入る。江戸後期、蔵垣の庄屋だった上垣守国（1753～1808年）が著した。養蚕の先進地だった群馬や福島の生糸が「上等糸《じょうとうし》」とされたのに対し、但馬は「下等糸《かとうし》」と低く見られた。上垣は諸国を歩いて技術を学び、卵の取り方や飼育法、繭から糸を取る方法を、庶民に分かりやすく指南した。「働けど働けど貧しかった但馬の農家を思ってのことでした」と松原さん。

巨大なカイコの看板＝養父市大屋町蔵垣

養蚕秘録は長崎・出島の医師シーボルトが欧州に持ち帰った。当時、欧州ではカイコの病気がはやり、農家が苦境に陥っていた。秘録は「YO－SAN－FI－ROK」としてフランス語に翻訳され、その技術が生産の改善に役立ったと伝わる。

養父市教育委員会の谷本進次長

(59)は「日本初の『技術輸出』だった」とみる。1872(明治5)年、群馬県に富岡製糸場ができ、生糸は日本の近代化の扉を開く。

■■

「かいこの里の会」は60歳以上が中心だ。若手のホープは、養父市出身で、1年半前に東京から戻ってきた中島明日香さん(32)。蔵垣の空き家を借り、市の地域おこし協力隊として働く。

養蚕との出会いは衝撃的だった。「虫が苦手なのに、どんどんカイコを手に載せられて…」。会で飼育を学び、観察を続けるうちに、愛らしさを感じた。「いつの間にか、私もカイコさんと呼んでました」

都会に憧れ、大阪芸術大に進学し、就職で東京へ。4年前に祖父文男《ふみお》さんを亡くしたのを機に、古里をもっと知りたいと思い始めた。

『何もない場所』という印象が『日本が残っている場所』に変わった。私の実家も昔、養蚕をしてたんです」。もう聞けない祖父の語りがよみがえる。養蚕にのめり込んだ。

いま、地元の子どもらと「養蚕をテーマにしたアート」に取り組む。大きなカンバスに、カイコの餌となる桑を描いた。日ごとに増すカイコさん愛。春を待つ養蚕の里に、軽やかに新風を吹き込む。

(2018年4月1日掲載)

「アートを通して養蚕を伝えたい」。蔵垣地区を背に、子どもたちと桑を描いた絵を掲げる中島明日香さん＝養父市大屋町蔵垣

〈養蚕〉 卵からかえったカイコは、桑の葉を敷き詰めた蚕棚《かいこだな》の上で、3～4日ごとに「1眠」「2眠」と呼ばれる睡眠と脱皮を繰り返して成長する。10センチ程度に大きくなった後、糸を吐いて繭玉になる。繭玉は百数個のカイコの部屋が並ぶ器具「回転まぶし」の中で作られる。その様子は6月中旬、養父市大屋町蔵垣の「かいこの里交流施設」で見学できる。

初午を喜ぶ

出石藩5万8千石の面影を残す街並みに、100ほどの露店が連なる。ほころび始めた広場の桜。子どもたちが菓子を頬張り、お年寄りが鉢植えを品定めしている。

3月中旬、豊岡市出石町で催された「出石初《はつ》午《うま》」は「三たん一」の大祭と称される。但馬、丹波、丹後の旧3国で最もにぎわうという意味だ。江戸期以来、400年余りの伝統がある。

またの名を「春告げ祭り」。昭和の時代は、種や農機具が並び、雪解けを待ちわびた農家が買い求めていった。ガマ油、バナナ、ひよこ…。行き交う人も商品も、雑然としていた。

近年はレクリエーションの色合いが強まり、規模も小さくなった。それでもやっぱり、但馬の人たちにとっては特別な3日間だ。

「春なのに」。そんな感傷的な響きは似合わない。「春だから」。長い冬を乗り越えた純な喜びが、城下町にあふれる。

3日間で数万人が訪れるという出石初午。露店がずらりと並び、城下町に春を告げる＝豊岡市出石町

雪国の生活を支える必需品、スタッドレスタイヤをノーマルタイヤに取り換える時期はいつ？

出石では、城跡（豊岡市出石町内町）の周辺で催される「出石初午」がそのタイミングに当たるという。NPO法人「但馬國出石観光協会」専務理事の加藤勉さん（66）が説明する。「春を告げる祭りですから、みんな意識するんでしょうね。実際に、初午を過ぎて雪が降ることはほとんどありません」

出石城跡の周辺を散策する人たち。今年の出石初午では、早咲きの桜がほころび始めていた＝豊岡市出石町内町

タイヤ交換のエピソードを含め、出石初午には今昔さまざまな伝承が受け継がれている。一つ一つをひもといていくと、出石の歴史や風土が、この3日間の祭りに詰まっていることが分かる。

キーワードは、「仙石《せんごく》さん」。戦国武将・秀久を中興の祖とし、但馬随一の繁栄を築いたとされる出石藩主への愛着は、今なお深い。

五右衛門の涙。

3日間のうち、1日は天気が荒れるという「春告げ祭り」らしからぬ言い伝えを、出石の人たちはそう呼ぶ。安土桃山期の大泥棒、石川五右衛門のことだ。

伝承では、伏見城に侵入した際、豊臣秀吉の家臣だった秀久に捕らえられて処刑された。仙石家は江戸期、信州の小諸、上田藩主を経て出石藩主となり、特産のそばを持ち込んだ逸話で知られるが、五右衛門のたたりも付いて回ったという。

今年も、宵宮の3月16日に雨が降った。ただ、２００８〜17年の豊岡の気象データをみると、会期中に1ミリ以上の降水量

「外れなし」で有名な出石初午名物のくじ。お守りを買うと、1回引くことができる＝豊岡市出石町内町

が確認できたのは10回中6回。「弁当忘れても傘忘れるな」という格言がある但馬にしては「むしろ天気がいい方では」との声も聞かれる。

出石初午の名物、外れなしのくじにも言い伝えがある。城跡の一角にある有子山稲荷神社でお守りを買うと、食品や日用品、旅行券など、必ず何かが当たるくじを引ける。

由来は、出石初午の発祥に関係する。江戸期、藩主の仙石家が、初午の3日間に限って、城内の同神社への町民の参詣を認めた。普段は御法度のばくちも許され、これがくじの形で残っているという説だ。

タイヤ、五石衛門、くじ引き…。どれも明確な根拠があるわけではないが、「春の喜びにあふれる初午が特別な存在だからこそ、数々の伝承が生まれた」と加藤さんはみる。

だが、初午の1カ月以上も前に、出石の春を祝う別の祭りがあることを知る人は少ない。

■　■

平安期から伝わる神事の日だというのに、出石神社（豊岡市出石町宮内）は静まり返っていた。雪に覆われた境内に、露店はない。氏子の姿もない。

2月4日朝、宮司の長尾家典さん（52）がただ一人、拝殿に姿を現した。四季の節目に、五穀成就と豊作を祈る「立春祭」が始まる。

神前に供えられたのは、山盛りの海藻ホンダワラ。祝詞を上げ、サカキをささげ、祭りは粛々と進んでいく。

「春を実感するのが初午で、春に焦がれるのが立春祭です」

立春祭で神前に供えるホンダワラ。但馬の一部地域では「神馬藻《じんばそう》」と呼ばれ、食卓にも並ぶ＝豊岡市出石町宮内

長尾さんがそう表現する神事は、平安期の歌人源重之が、参拝に際してホンダワラを歌に詠んだのが起源とされる。前日の節分に比べると、立春にちなんだ祭りは少なく、背景も不明な点が多い。

ただ、山陰の文化圏と関連する可能性がある。島根県大田市では、清めの儀式でホンダワラを使う地域があり、松江市の佐《さ》太《だ》神社ではおはらいにささげる。

ほかにも、但馬には北西部を中心に、鳥取以西と共通する伝承がいくつもある。県境をまたぐ一帯に残る伝統芸能「麒麟《きりん》獅《じ》子《し》舞」もそう。兵庫県新温泉町千谷の秋葉神社では4月中旬の例祭で奉納され、地区の邑橋《むらはし》裕恵さん（76）は、鶏肉に野菜、豆腐などを鍋で煮込んだ郷土料理「じゃぶ」を自宅で作る。

「冠婚葬祭の集まりで鶏を絞めてもてなしたのが始まりらしいです。鮮やかな獅子舞を見てじゃぶを食べると、『春だなあ』と思いますね」

独特の名称は、野菜の水分が「じゃぶ、じゃぶ」と音を立てることに由来する。これも、鳥取県西部の日野町などで受け継がれている。

春。待ち焦がれる気持ちは同じでも、感じ方や表現は土地土地で異なる。海に山に広大な但馬らしい。

（2018年4月8日掲載）

素朴な味わいの郷土料理「じゃぶ」。具材は地域によって異なるという＝兵庫県新温泉町千谷

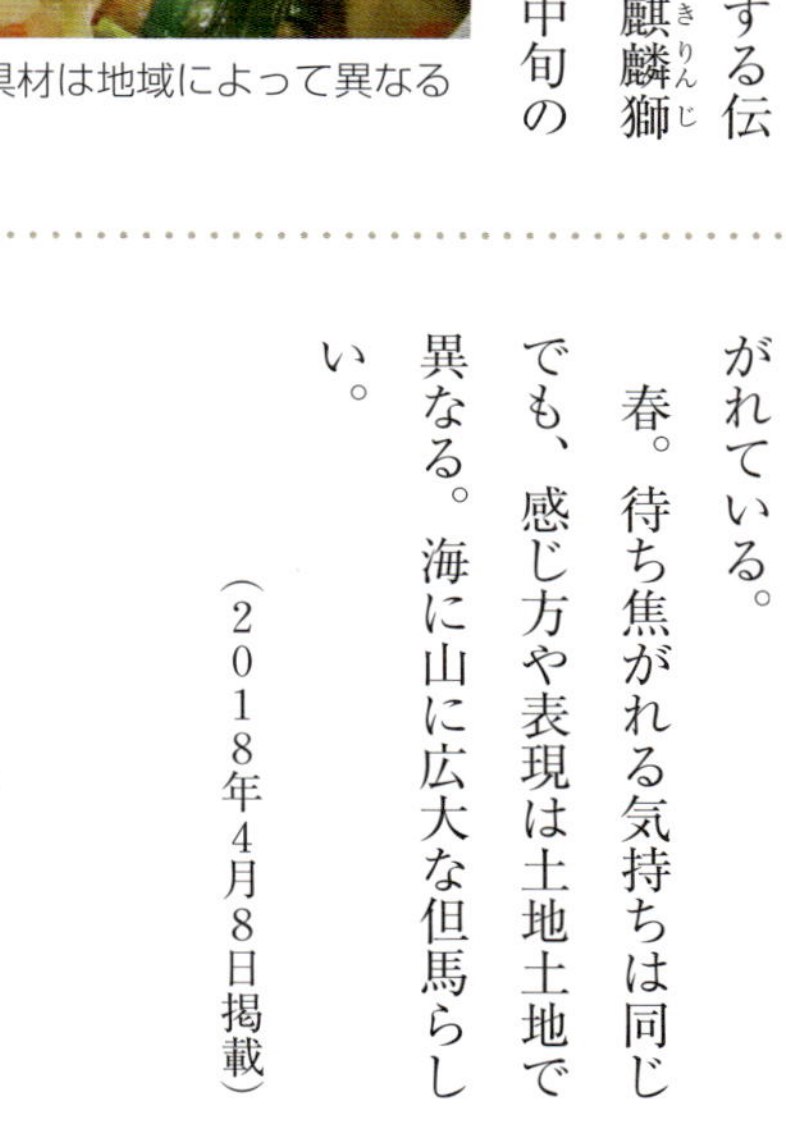

〈初午〉 京都・伏見稲荷の祭神が稲荷山に降り立った日とされ、稲荷詣でをする風習がある。旧暦2月の最初の午の日を指し、現在の暦では2月下旬～3月中旬に当たる。有子山稲荷神社の出石初午では、雪に見舞われないように時期を遅らせ、3月の第3土曜日前後に固定したと伝わる。かつては養蚕農家の信仰を集め、午の絵が描かれた蚕座紙《さんざし》が売られていたという。

5

桃の節句

４月３日はひな祭り。

誤植ではありません。

但馬では、桃の節句は月遅れ。山国の冬は雪深く、新暦の３月３日では、桃が咲くにはまだ早い。

「兵庫の屋根」といわれる氷ノ山の麓、養父市出合の旧小学校「であいの里」には、家庭で飾られていたおひなさまがずらり。豪華な段飾りよりも、気になるのは素朴な味の土人形だ。

「私たちのころのお祝いは葛畑《かずらはた》の土びなでした」と栃下真喜子さん（69）。同じ校区の葛畑は、農村歌舞伎で有名な山陰道の宿場町。土びなは約30年前に絶え、窯場も残っていない。飾る家庭の数も減り、もったいないと７年前から、地域で祝い始めたという。

初節句に里から贈るのはお内裏さま。そこに親類、ご近所からの高砂や天神、静御前や武者などが加わるというのだから、ひな飾りのイメージを覆される。

見たいものだと訪ね歩いていると、不意に子どもの声がした。

葛畑土人形は素焼きの肌に泥絵の具で彩色。内裏びなで30センチほどだが、土質のせいか持ち重りがする＝養父市出合

子どもはおひなさまよりも、昔も今もお菓子が目当て。見世の間の段飾りの脇には土びなも並ぶ＝養父市轟

「おはようございまぁす」

4月3日の朝。玄関の戸ががらりと開き、子どもたちがやって来る。女の子だけでなく、男の子も一緒。おひなさまを飾る玄関脇の見世《みせ》の間で家の人が出迎える。

「好きなの取っていってぇよ」。お菓子を袋に入れると、次の家へ。25戸ほどの集落をぐるっと回ると、大きな袋がいっぱいになる。

「昔は『ひいな見に来ぃました』と言いよったけどね」。離れて暮らす孫の様子に、中岡さと枝さん（69）が苦笑する。

ここ、養父市轟《とどろき》は標高580メートルの山あいの里。〝和製ハロウィーン〟のような風習が生きているところは、但馬でも数少ない。

「初めてのときは驚きました」と木戸孝太郎さん（46）、朝子さん（46）夫妻。大阪と加古川出身の2人は、轟名産・夏大根の新規就農者として17年前に移住してきた。轟で子どもがいるのは木戸家だけ。「学校でもうらやましがられるみたい」と笑う。

今は菓子もスナック類だが、昔は半紙に包んだ手作りのあられなど。「ひな荒らし」や「ガンドウチ」と呼ぶ地方もあるが、中岡さんによると「お供えのごちそうを全部、夜に食べるのがひな荒らし」だという。

土びな産地の葛畑でも昭和30年代末には行われていたが、子どもが減るにつれ、廃れてしまったらしい。ところが土びなは、その頃に脚光を浴びたというから面白い。

日本玩具博物館（姫路市香寺町）の井上重義館長（79）は収集を始めた1963（昭和38）年、「土びなが神戸新聞に載り、郷土玩具の世界で知られるようになった」と証言する。

明治時代に瓦製造から転じた家業を、戦後ほそぼそと継いできたのは前田俊夫さん（1920～88年）。それが「ごっつい人気で百貨店でも売りよると聞きました」と元葛畑区長の西村武さん（76）は当時を語る。

地元の「葛畑人形館」で保存する前田さんのスクラップブックを見ると、民芸品ブームで注文や取材が相次ぎ、獅子舞や大石内蔵助など新作を続々と出していた様子が分かる。ただ、節句飾りとしては衣装びなに取って代わられ、後継ぎのないまま、昭和とともに歴史を終えた。

100種類以上ある葛畑土人形。であいの里では3月3日～4月3日、約300体展示する。家庭では空き箱がひな段代わりだった＝養父市出合

今の人気は「ひな巡り」だ。鉱山町として栄えた朝来市生野。3月3日前後の週末、100軒以上の民家や店がひな人形を公開する。観光客が古い町並みをそぞろ歩き、「すてきねえ」と声を上げる。

始まりは2004年。江戸時代の郷宿《ごうやど》を再生したまちづくりの拠点「井筒屋」ができ、地域活性化策として浮上した。「知り合いから一軒一軒広げていくうちに、古い人形もたくさん集まるようになった」と、井筒屋の中井武四《たけし》運営委員長（70）は顔をほころばせる。

生野の町並みは国重要文化的景観。旧家を改修した建物で見るひな飾りには風情がある＝朝来市生野町

豪華な段飾りや御殿飾りは生野の往時をしのばせ、数千人が訪れる。少子高齢化で、しまい込まれていたおひなさまがこうして一役買うのもほほ笑ましい。

ちなみに明治時代、生野の大山師・大野友右衛門が嫁入りに持たせた御殿飾りが、京都・久美浜にある。築地塀や門まであり、組み立ては丸1日半がかり。毎春、国登録文化財「豪商稲葉本家」で十畳間いっぱいに並べられるが、里帰りの話も出ているというから待ち遠しい。

■■

生野ではこんな話も聞いた。

おひなさまには、ばらずし

「4月3日は男の子も女の子も、おすし作って山にお花見に行きよりましたよ」。生野ダム建設で廃村になった上生《こうじく》野《の》出身の白滝操さん（94）はそう懐かしむ。

「山遊び」「磯遊び」といわれる全国的な風習だったが、戦中世代より下にはなじみがないようだ。

タニシをお供えして食べる風習も半世紀前の但馬には広くあったが、体験した人はもはや少なくなった。ばらずしやひし餅をする家さえも、減る一方では無理もない。

ひなびた里のひな祭りも、時代の波に変わりゆく。春の弥生の良き日にも、少しばかりの感傷が交じる。

（2018年4月15日掲載）

であいの里で販売するかき餅のあられは素朴な味わいだ

〈兵庫の土人形とひな祭り〉　今も作られている土人形は丹波市氷上町の稲畑人形。丹波では男児も祝い、天神を贈る。佐用町早瀬、氷上町下滝の産地は大正期に廃絶。葛畑土人形の由来書から、香美町村岡に一時伝えられたことがうかがえる。小野市と加東市にはひな人形メーカーがあり、ひな巡りが小野のほか、三田市や養父市山東町、丹波市柏原町などで開かれている。たつの市御津町室津では8月に行う「八朔《はっさく》のひなまつり」が2003年から復活している。

6

地域の宝

丸々とした岩津ねぎのネギボウズ＝朝来市石田

葉っぱの先の緑のボンボンが日ごとに白くなり、やがてパンッ。あっちも、こっちも、ゆ～らゆら。春風に揺れるネギボウズは、どこかほほ笑ましい。

4月11日。「天空の城」と名高い国史跡・竹田城跡に程近い、朝来市石田。岩津ねぎ生産組合の米田隆《たか》至《し》組合長（72）がこまめに畑を見回り、手入れする。

「組合員に配る種が、ボウズに詰まっとる。この種を採るんが、一番大事な仕事なんよ」

肉厚の葉と根からとろりとした甘みが口いっぱいに広がる岩津ねぎは、食通にも定評がある。出荷は3月で終わり、来季は11月から。今ごろ農家は一休み―と思いきや、もう次の〝戦い〟は始まっていた。

岩津ねぎ発祥の朝来市岩津地区で採った、良質の種《しゅ》の子孫を残す取り組みだ。

ネギはネギでも、一味も二味も違う。兵庫を代表するブランド野菜の秘密を探る。

■■

但馬一の大河、円山《まるやま》川の支流が流れる山あいに、太い岩津ねぎの青葉がピンと伸びていた。

「ここが本場ですわ」

嵯峨山《さがやま》義博さん（74）が周囲を見回す。2月中旬、朝来市岩津。岩津ねぎの生誕地を訪れた。

「台風が来て、こけたもんじゃけえ、伸びなんだ」。昨秋の台風に加え、大雪も重なって苦しいシーズンとなった。

ズッ、ズッ。長靴で農業用フォークを土に押し込む。引き抜いて一皮むけば、真っ白でつやつやした白根《しろね》が姿を見せる。「一番好きなんは、やっぱりすき焼きや。肉はちょっとでええ。よそのは口に残るけど、岩津ねぎはとろけてしまうわ」

幼い頃から、岩津ねぎ農家の父を手伝った。「ネギでは食うていかれへんで」。そう諭されて左官業に就いた。ネギ農家を継いだのは7年前。「周りも皆、仕事を引退して始めた人ばっかりや」。市の調査では、生産者の8割超が65歳以上という。

春に種をまき、秋には土をかぶせる「土寄せ」を繰り返して白根を増やす。出荷作業はいてつく冬場。それでも白根の長さや全長など、基準を満たさないものは岩津ねぎを名乗れない。「しばらく見んと、ネギは違うようになっとる。ほかの仕事を持ちながら育てるんは厳しい」。嵯峨山さんの実感だ。

■■

岩津ねぎは、生野銀山が隆盛の頃、労働者のために栽培が始まったと伝わる。雪深い山地の冬一番の栄養補給源だった。江

「甘い、太い、軟らかい」がキャッチフレーズの岩津ねぎを収穫する嵯峨山義博さん＝朝来市岩津

サイズを測る「岩津ねぎスケール」を手に進む出荷作業＝朝来市岩津

戸後期には、岩津のネギを「佳品」と称賛する文献も見られ、その希少さから「幻のネギ」と呼ばれた。

最初は京都の九条ねぎに似た青ネギだったが、昭和初期、関東の白ネギと掛け合わせて進化した。青い葉も、白い根っこも両方味わえる「中間種」に生まれ変わった。

「関東の人に送ると、『こんなネギ、食べたことない』と驚かれますよ」。兵庫県立農林水産技術総合センター北部農業技術センターの福嶋昭・上席研究員（60）は、その味に太鼓判を押す。

観光客らに人気の岩津ねぎ関連商品＝朝来市岩津、道の駅フレッシュあさご

特徴は軟らかさ。湿気が多く、寒暖差が激しい南但馬の気候と土に育まれる。全国の他産地のネギと比較した研究では、岩津ねぎが外側から中心まで最も安定して軟らかく、関東で人気の高い下仁田《しもにた》ネギ（群馬県）をも上回った。

軟らかさは弱点にもなる。雪や風で倒れやすい上、輸送中に折れ曲がる。横に広がり、袋詰めに適さないネギも多かった。同センターは2004年度から3年間、岩津で種を厳選し、これを「原々種」とした。この種なら、すらっと伸びて、袋詰めしやすい岩津ねぎが育つ。

北部農業技術センターが保存している岩津ねぎの原々種＝朝来市和田山町安井

生産組合がこの原々種の子孫を育て、毎年、種を組合員に渡す。袋詰めしやすく、輸送も便利な岩津ねぎを生み出すサイクルが定着した。
岩津から旧朝来町へ、「平成の大合併」に伴い朝来市全域へ。岩津ねぎは市の看板ブランドに成長した。「大阪の市場などから、『もっと欲しい。なんぼでも売れる』と声が掛かる」。朝来市農林振興課の野田勝文課長補佐（44）は驚く。
ただ、規模は市内の生産者250人で約30ヘクタールにとどまる。全国には100ヘクタールを超える産地が幾つもある。市は「技術を学べば、岩津ねぎで食べていける」とアピールし、移住する就農者を呼び込む。

■　■

調理室に緊張感が漂う。

「残り1分です」「はい、終了してください！」

朝来市の和田山クッキングスクールで2月、岩津ねぎ料理コンテストが開かれた。書類審査を通過した8組が、50分の制限時間内に独創的な料理を仕上げた。

コンテストで作られた岩津ねぎ料理の数々＝朝来市和田山町寺谷

生野中学校3年の夜久《やく》知世さん（14）は、生野銀山の鉱石から作られる「カラミ石」に見立てたミートローフを調理。「カメラがいっぱいで緊張した。もうちょっと時間があれば…」と悔しそうだ。優勝した生野高校家庭科部の太田璃音《りおん》さん（16）は「ネギは好きじゃないけど、岩津ねぎなら食べられる」と笑う。

審査員を務めた生産組合長の米田隆至さんは「若い人が参加してくれるのは、うれしいで」と相好を崩した。岩津ねぎは地域の宝。朝来の活力の源泉だ。

ああ、何とも言えぬあの甘み。春らんまんの中で、もう冬を待ち焦がれている。

（２０１８年4月22日掲載）

〈生野銀山〉　室町時代の１５４２年、但馬守護職・山名祐豊《すけとよ》が銀石を掘り出したのが本格的な開坑の起源とされる。江戸時代には佐渡金山（新潟県）、石見《いわみ》銀山（島根県）と並び幕府の財政を支えた。１８６８年に官営鉱山となった後、三菱合資会社に払い下げられた。１９７３年に閉山。現在は史跡となり、観光施設としても活用されている。２０１７年、マネキン60体の「ギンザンボーイズ」が話題を呼んだ。

7

春が来た

　標高４００メートルほどの峠の小さな集落で受け継がれてきた十割そばに、見た目の派手さはない。ただ、素朴で清らかだ。

　かつて、峠は京都と出雲を結ぶ山陰道の難所として旅人を苦しめた。兵庫県新温泉町春来《はるき》。冬は３メートルもの雪に閉ざされ、往来だけでなく、暮らしも険しさを増す。

　なりわいの農業も林業も成り立たない。男性は、金銭収入を求めて出稼ぎに。残った女性と子どもは、ひたすら春を待った。

　律令《りつりょう》制下の「春木」の地名が明治時代に変わったのも、一日千秋で雪解けを待ち焦がれる村人たちの思いからと伝わる。

　４月上旬、花びらが舞う集落で「春来そば生産組合」の中村光徳組合長（69）が笑った。「日が照って、生暖かい風の中をトラクターが走り回る。春来には、やっぱり春が似合う」

　そばをすする。但馬の山あいで培われたみずみずしさが、口いっぱいに広がる。

桃の花が彩る峠の集落を、子どもたちが駆け回る＝兵庫県新温泉町春来

兵庫県新温泉町春来の集落の西を通る国道9号に沿うように、一筋のせせらぎが北へ続く。春来川。その流れは、1980年代のドラマ「夢千代日記」で脚光を浴びた湯村温泉街（新温泉町湯）に至る。

湯煙が立ち上る湯村温泉街。春来川沿いで観光客がくつろぐ＝兵庫県新温泉町湯

サーッ。川音が湯治客の火照った体を静かに癒やす。「荒湯《あらゆ》」と呼ばれる98度の温泉が湧き出る湯つぼがある。もうもうと湯煙が立ち込め、淡い湯の香りが漂う。卵を漬けて温泉卵にするもよし、適温の足湯でじんわり温まるもよし。家族連れやカップルが思い思いに楽しむ川沿いの旅館街に4月初旬、ホタルイカが春を告げた。老舗の「佳泉郷《かせんきょう》井づつや」では、やはり春告げ魚のサワラと合わせて木の芽味噌《みそ》田楽焼きにする。桜エビとトロロとじ鍋でも味わえる。

春があふれるホタルイカ料理＝兵庫県新温泉町湯、佳泉郷井づつや

井上明彦調理長（54）が胸を張る。「全国的には富山の方が大きくて有名ですけど、但馬のは小さくても、皮も身もプリプリしておいしい。春を感じてもらえたら」

昔ながらの春来そば。天ぷらやそばがきなどのサイドメニューが味を引き立てる＝兵庫県新温泉町春来、そば処春来てっぺん

ホタルイカの水揚げで知られるのが浜坂。春来川が合流する岸田川が注ぐ、日本海でも指折りの漁港だ。

4月1日午前7時すぎ。仲買人ら約40人が、4千箱ほどの発泡スチロールを囲んでいた。カランカラン。競り人の鐘の音と、威勢のいい掛け声が響く。

1箱、ふたを取って中のホタルイカを見せる。「3カン！3カン3カン3カン3カン！」。千円を意味する「カン」の連呼に、仲買人が指を立てて応じる。

勝負は一瞬で決まる。4千箱が10分で売り切れると、慌ただしく舞台転換が進む。この日は、年に一度の「浜坂みなと　ほたるいか祭り」。大釜でゆでたホタルイカの振る舞いに長い列ができていた。

しゃぶしゃぶに沖漬け、ラーメンなどメニューは多彩だ。クライマックスは、制限時間内にゆでたホタルイカを食べる量を競う「全日本わんこほたる選手権」。汗ばむ陽気に包まれ、港が活気に沸く。

「ホタルイカでこんなに人を呼べるんか」。祭りの実行委員長を務めた浜坂漁業協同組合の川越一男組合長（63）は、20回目を迎えた今も、驚きを隠さない。

35年ほど前までは、底引き網に掛かっても海に捨てていた。試しに2箱持って帰ると、「富山では海のダイヤモンドと言われるもんだ」と仲買人に教えられ、初めてその価値に気付いたという。

今季は冬場の当初、浜坂沖でまれにみる不漁に見舞われた。漁場を求めて島根・浜田漁港の100キロ沖まで出向き、何とか安定供給につなげた。「カニに次ぐブランドだ。認知度は富山の方がまだ高いけど、追い付け、追い越せだ」。春の陽光を受けて乱反射する海を見つめながら、川越組合長が勢いづく。

ホタルイカを頬張る「全日本わんこほたる選手権」。ほたるいか祭りに訪れた人たちが、早食い競争を見守る＝兵庫県新温泉町芦屋、浜坂漁港

「10月に嫁に来た翌月に、夫が奈良の酒屋に出稼ぎに行って。『仕方ないけど、薄情や』って思い続けとったら、春が来るのと一緒に帰ってきました」

但馬牛の繁殖農家を営む福井由子さん（78）が、60年ほど前の新婚生活を笑いながら振り返る。出稼ぎの慣習が消えた一方で、若者が減り、小学校も閉じた春来集落の片隅で、夫の清溢《きよいつ》さん（83）と2人、母牛6頭を育てている。

生まれたばかりの子牛を慈しむ「ふくよ」。春先は但馬牛の出産のピークでもある＝兵庫県新温泉町春来

古い木造の牛舎には、壁にも柱にも、そこかしこにお札や絵馬が張り付けられている。真新しい文字で「大日如来　牛馬皆安全」とある。まだ雪深い1月28日、但馬牛の本場とされる香美町小代《おじろ》区で催された牛の健康を祈願する「大日祭」に足を運び、もらってきたものだ。

「神頼みですやー。いい子、生まれて、無事に大きくなってくれるように」

4月2日。願掛けが通じたのか、初産の「ふくよ」が健康な子牛を産んだ。母に寄り添ってお乳を飲み、わらにくるまって寝る愛らしい姿に、福井さん夫妻の表情がほころぶ。

日を追うごとに、白く染まった集落が色づいていく。牛舎の前には、散り際の桜の木。牛を連れ出し、青空の下で放し飼いにする機会も増えてきた。

待ち焦がれた峠の春。芽吹く緑とともに、駆け足で夏へ。

（2018年4月29日掲載）

〈春来峠〉 兵庫県新温泉町と香美町の境にある峠。古来、山陰地方と京都を結ぶ交通の要衝として知られた。その険しさは有名で、明治時代、赴任してきた役人が峠越えのつらさに耐えかね、職を辞して帰ったという逸話から「辞職峠」の異名が伝わる。新温泉町出身の歌人、前田純孝（1880～1911年）は、その情景を「牛の背に　我も乗せずや　草刈女　春木（春来）三里は　あふ人もなし」と詠んだ。

シン・ゴコク 余話

「かまたりさん」

香住漁港（兵庫県香美町香住区）には、漁師が「かまたりさん」と親しみを込めて呼ぶ神社がある。名前の由来は「大化の改新」の立役者で、名門貴族藤原氏の祖でもある中臣鎌足《なかとみのかまたり》。香住に縁もゆかりもない１３００年以上前の人物を、なぜ漁師が祭っているのだろうか。

「鎌足神社」があるのは港の東側の崖が切り立つ離れ島で、高さ１・５メートルほどの小さな木造のほこらが、茂みの中にひっそりとある。古文書では「沖野神社」、「沖神社」と呼ぶ地元の人もいる。簡素なたたずまいに似合わない仰々しい名前は由緒によれば、イルカの大量発生が原因という。

その昔、漁場を荒らされて困り果てた漁師が、神仏にすがり、「イルカ退治にご利益がありそうな名前を」と考えた。浮かんだのが、６４５年の「乙巳《いっし》の変」。鎌足らが、対立する蘇我入鹿《そがのいるか》を討った史実から、入鹿とイルカをかけて祭ったと伝わる。

愛らしいイメージのイルカも、漁師にとっては天敵とされる。但馬漁業協同組合によると、香住の近海には今もイルカがおり、春になると好物のイカを求めて漁を妨げるという。さすがに、神頼みするほどの被害は出ていないとのことだが、毎年４月には湯立て神事が執り行われ、豊漁や海上安全を祈願している。

岡見公園から見た鎌足神社

鎌足神社のほこら

豊漁祈願の湯立神事＝いずれも兵庫県香美町香住区一日市

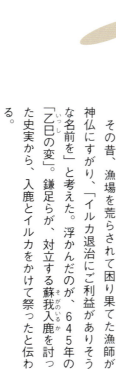

第６部

不思議巡り

1

河童と妖怪たち

雨がしとしと降っていて、一人とぼとぼ歩いてた。

うねうね道のその先に、底の見えない暗い池。橋のたもとでのぞいてみたら、コイがのんびり泳いでた。何の気なしに見ていると、ゴボゴボ水面が泡立って、出、出、出たァ——!!

河童《かっぱ》がガバリと現れた。

ここは、兵庫県福崎町。日本民俗学の父といわれ、「妖怪談義」の著書がある柳田国男（1875～1962年）の生まれ故郷だ。その生家や記念館近くの辻川山公園に、河童が出るようになったのは4年前。濁った池を逆手に取って、機械仕掛けのリアルな人形「河次郎《ガジロウ》」と「河太郎《ガタロウ》」を置くと、これが当たった。観光客は年間10万人近く、一気に増えた。

「市川の駒ケ岩のガタロの伝説が基になってます」と町の担当者。なるほど、柳田の自伝「故郷七十年」にはこうある。

「辻川あたりでは河童はガタロというが、市川で泳いでいるとお尻をぬかれるという話がよくあった」。つまり、駒ケ岩の深い淵に引き込まれる水難事故は、河童の仕業と言い習わされており、柳田少年も「もう少しで死にかかった」。

それからおよそ30年——。柳田は論考「河童駒引《こまびき》」で膨大な伝承を紹介し、民俗学的研究の先鞭《せんべん》をつけた。

河童が手にするのは人間の尻子玉。尻子玉が何かは不明だが、取られたら死ぬので要注意＝兵庫県福崎町西田原

福崎町内にある妖怪ベンチ

猫また　雪女　一つ目小僧　天狗　一反もめん

何しろ、呼び名からしていろいろだ。メドチ、カワコ、エンコウ、シバテン…。河童はあくまで関東由来の総称にすぎない。

甲羅や水かき、くちばしのある姿も「江戸のカメ・スッポン型のイメージで、関西では毛の生えたサルやカワウソ型」。妖怪に関する論文で初めて博士号を取得した〝妖怪博士〟こと、兵庫県立歴史博物館の香川雅信学芸課長はそう話す。「でも、今ではイメージが画一化され、サル型は河童と認められないでしょう」

辻川山公園にいるのも、確かにカメ…　あっ、でも、おなじみの緑色じゃなく、不気味に赤い。

不思議なようだが、実はこれにもいわれがあった。

「遠野の川童は面《つら》の色赭《あか》きなり」

柳田国男が岩手県遠野地方の伝承を記した民俗学の古典「遠野物語」の一節だ。

実は、辻川山公園の河童は当初、ベージュ色だった。半年で塗り直しが必要となったちょうどそのころ、福崎町と遠野市は友好都市に。「芸のない緑色だけは嫌」と悩んでいた町の担当者が赤色を選んだところ、たちまち人気に火が付いた。今や、天狗《てんぐ》や鬼に一つ目小僧と、妖怪たちは町の中にも進出する。

河童ほどメジャーな妖怪はない。兵庫県内でも河童の伝承は数多く、姫路市の夢前川では、庄屋の家の馬を淵へ引き込もうとして捕らえられる。「河童の駒引」といわれる特徴だ。柳田はこれを、水神に馬をささげる古代の祭祀《さいし》の痕跡と考えた。

「おかに上がった河童」状態で、家伝の妙薬の作り方を教えて許しを乞うのがパターンだが、佐用町では手を切られて、わび証文まで取られそうになる。「川裾祭《かわすそ》」といわれる水神の祭りを行う豊岡市の竹野川や丹波市の本郷川（加古川）のほか、西宮市の武庫川にも河童話は残る。

キュウリが好き。金属類が嫌い。膳や椀《わん》を貸してくれる。女を襲う。河童の数ある特徴の中でも、柳田は「一番重要にしていることの一つは、相撲をとるということ」と述べる。

相撲といえば、龍野で亡くなったとされる野見宿禰《のみのすくね》が始祖。當麻蹶速《たいまのけはや》との取り組みの地、奈良県桜井市の穴師坐兵主《あなしにいますひょうず》神社には、宿禰を祭る相撲神社がある。

河童のことを九州ではヒョウスベとも呼び、河童よけの呪文には宿禰の子孫・菅原道真の名が出てくる。「ヘウスベよ　約束せしを忘るなよ　川立おのが　あとはすがわら」

相撲好きの謎を解き明かす鍵は、このあたりに潜んでいるらしい。

この兵主神社、なぜか兵庫県でも但馬に多く、播磨や丹波を加えると10社と全国の半数を占める。

豊岡市但東町の大生部《おおいくべ》兵主神社を訪ねたのは、5月3日の春の大祭。牛頭《ごず》天王をまつる「天王さん」は、往時は牛馬守護の参拝者を集めた。「河童の伝承は聞きませんが…」と黒田真保宮司（47）。ところが、別の妖怪の神宝を教えてくれた。

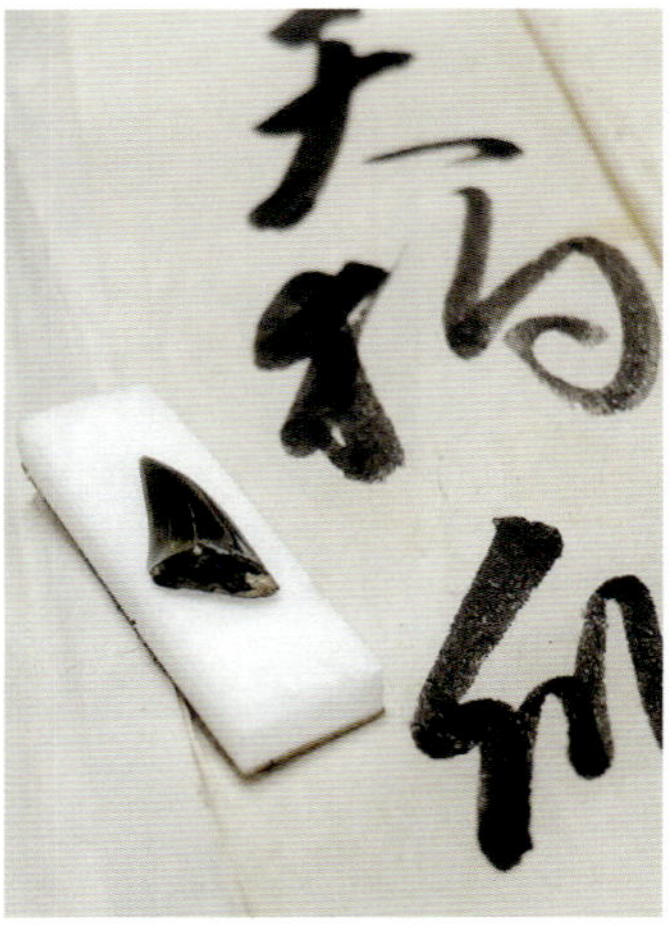
大生部兵主神社の神宝「天狗爪」

「天狗爪」。鋭くとがり、黒光りする物体の存在は、不思議なことに「村では全く知られてません」と、氏子の森隆男・元関西大教授（66）＝民俗学＝は関心を寄せる。

正体は、古代のサメの歯の化石。「修験道が神仏習合の時代、ここにあったことは確かです」と森さん。天狗と修験の山岳信仰は縁が深く、「明治に廃絶した薬王寺から来たのかも」と黒田宮司は言う。

神木に残る「呪い釘」の跡
＝豊岡市但東町薬王寺

境内にも不気味なものがあった。黒田宮司が指さす杉の神木の幹には幾つも穴が。「呪い釘の跡です」。妖怪より、人間の方が恐ろしい。

■　■

「明石の河童は海にいて、カワカムロという」。半世紀も前の知人の話の裏付けがいまだに取れないと、晩年の柳田はこぼしている。

明石浦で人魚を釣った話は書物にあるが、河童の話は伝わっていない。しかし、日本一の河童コレクターが明石にいたのは偶然だろうか。

田中庸介さん（1912〜91年）は旅先の日光で河童の土笛を買ったのをきっかけに、集めに集め、その数、およそ6千点。

現在は明石市立文化博物館に収められている。

家宝というのが河童のミイラだ。但馬の柴山港のカニ漁船が、73年に島根県隠岐諸島沖で引き揚げたのを譲り受け、厨子《ずし》に収めてキュウリを毎朝お供えした。こちらは、海底で白骨化したクジラの背骨だという。

田中庸介さん（写真右）のコレクションより、ミイラや「河童真図」、兵庫県内の河童こけしなど。生前は自宅に観光バスが来ていたという＝明石市立文化博物館

家業の荒物問屋のマークも河童。「河童なんておれへんと言うたら、正座させられて大変やった」。長男の良夫さん（63）は苦笑する。

「でも不思議な話があってな」。阪神・淡路大震災の時、周囲は断水しているのに、田中家だけは蛇口をひねると水が出た。市の職員も理由が分からず、首をひねった。「今はウチに河童がおると思てんねん」

町おこしに一役買うほど愛される河童。キャラクター化が進む一方で伝承はリアリティーを失ってきた。

南あわじ市志知松本の伊勢神社。駒引伝説の「河童松」はとうに枯れ、地元ではお年寄りも覚えていない。佐用町の「千種川河童まつり」も、根付くには至らなかった。

河童を畏れる人は、もういない。

（2018年5月27日掲載）

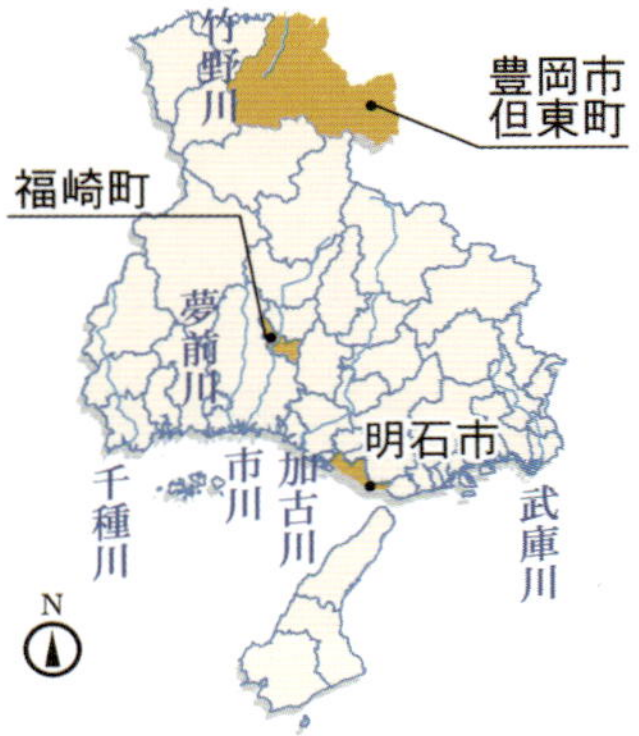

余白の余話

河童のことを追いかけていると、やめようにも、とまらない。

なぜ相撲やキュウリを好むのか。河童がいれば尋ねる（人語を解するらしい）のだが、妖怪は実在しない。伝承と史料の向こうでいろんな姿を見せ、興味は尽きない。

柳田国男が「今でもガタロがいるといっているであろうか」と故郷に思いをはせてから60年。機械仕掛けの河童を楽しむ風景を見たら、何と言うだろう。

雷の太郎

三田市桑原の欣勝寺《きんしょうじ》。谷口真弥住職（56）が、寺に伝わる民話の紙芝居を読み進める。広い本堂に響く太鼓がＢＧＭだ。

「『雷さん、ここは桑原むらやで』『ここは桑原、欣勝寺。くわばらくわばら欣勝寺』と、雷が落ちないようまじないをとなえるようになったんやて」

おしまい。子どもたちがふうっ、と息をつく。

くわばらくわばら。辞書にはこうある。「雷鳴のとき、落雷を避ける呪文。忌まわしいことを避けようとするときにも唱える」

ルーツの一つとされるのが、この寺だ。

雨を降らせようと、空の上で張り切りすぎた雷の子が足を滑らせて寺の井戸に落っこちた。和尚がふたをして閉じ込めると、雷の子は「助けてー。二度と桑原村には落ちませんから」。和尚が逃がしてあげたので、雷の親は感謝し、今日まで約束を守っている―。

で、本当に落ちないの？

風神雷神の柱巻きが色鮮やかな欣勝寺の本堂。「くわばらくわばら」の雷よけのご利益を求め、多くの人が訪れる＝三田市桑原

藤坂政美さんが丹波太郎、山城次郎、比叡三郎をイメージして制作したオブジェ。山の向こうから壮大な入道雲が迫り、激しい雷雨をもたらす＝京都府亀岡市保津町

入道雲が、山の向こうから見る見るせり出してきた。

まだ幼かった藤坂政美さん（89）＝京都府亀岡市＝は、安政5（1858）年生まれの祖母から、庭に干したもみを急いで片付けるよう言われた。「それ、はよせんと、丹波太郎が来《く》っぞ。

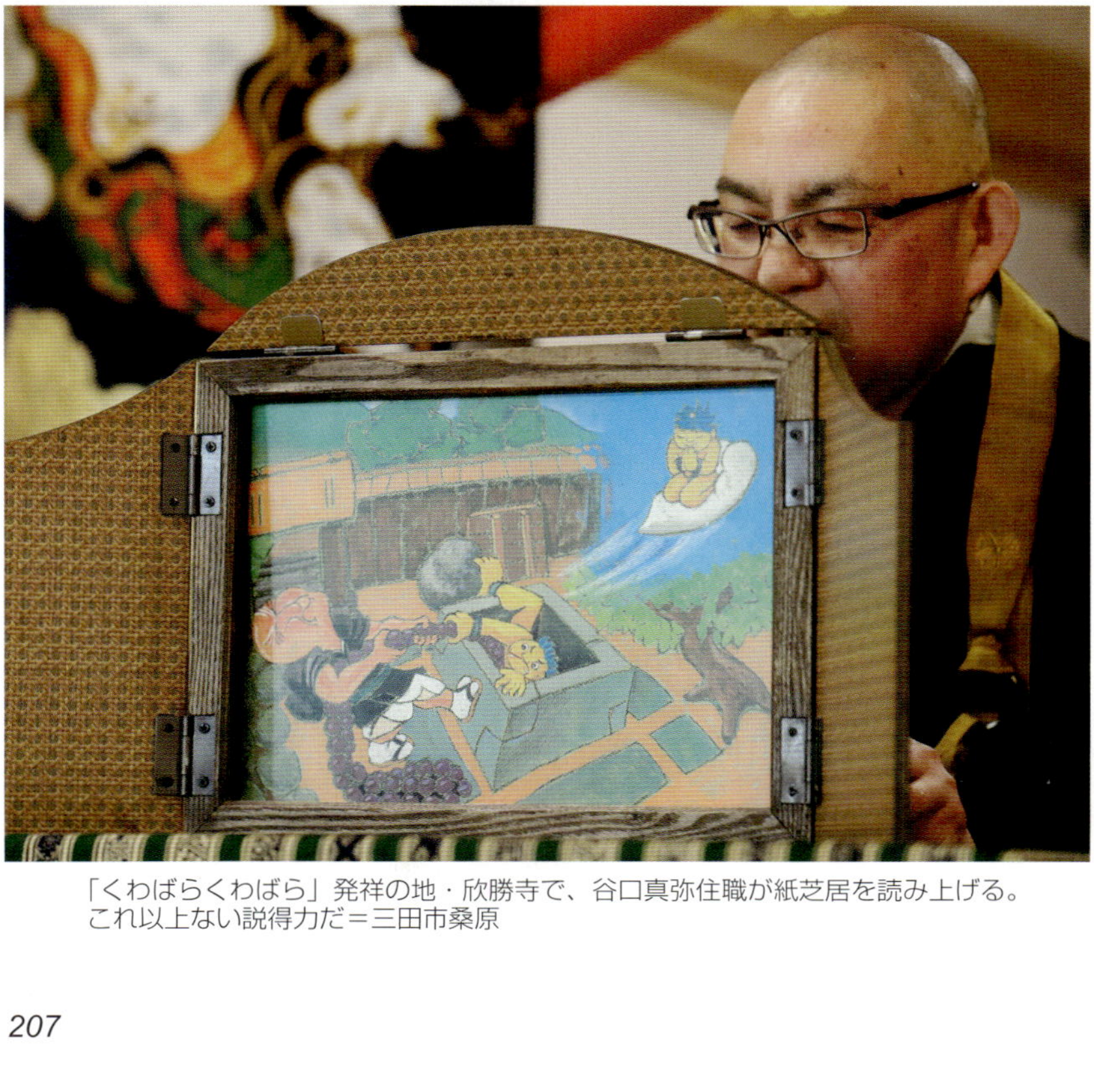

「くわばらくわばら」発祥の地・欣勝寺で、谷口真弥住職が紙芝居を読み上げる。これ以上ない説得力だ＝三田市桑原

雨が降るぞ」

　雲は見る間に上空を覆い、辺りは真っ暗に。稲光がきらめき、ゴゴゴゴゴ、ドーーン。「予言」の通り、たたき付けるように雨が—。

　夏空の積乱雲は、各地で雄大な姿を表す「太郎」の名で呼ばれた。「くわばらくわばら」伝説の欣勝寺がある三田市の隣、丹波にいたから「丹波太郎」。

「夏、丹波の山から京や大阪に来ては雷雨を降らせた。すくすく育ったやんちゃな男の子に例えたのでは」と、京都出身で京都学園大人文学部の丸田博之教授（60）。

　いま、その名を知る人はほとんどいない。同じく京都出身で、京都府方言辞典をまとめた神戸市外国語大の中井幸比古《ゆきひこ》教授（60）＝日本語学＝も「文献で知るだけ。直接聞いたことはないし、周りに知る人もいない」と話す。

　中井教授によると、丹波太郎に関する最も古い記述は、俳人で歌人の北村季吟《きぎん》が江戸前期の１６５６年にまとめた俳諧連歌集。俳句の世界ではいまも使われている。

　井原西鶴も文芸作品「好色一代男」に登場させるなど、当時の京、大阪では広く用いられていたようだ。

■■

　雷の太郎は、丹波の専売特許ではない。東は坂東、信濃、西は備中、備後、石見《いわみ》、安芸、阿波、伊予、豊後、日向などの地名に付けられ、主に隣国の人が呼んでいた。

「丹波が違うのは、南の『山城次郎』、東の『比叡三郎』など兄弟がいた」と中井教授。♪かみなり3兄弟…どころか、文献によっては奈良次郎、和泉小次郎、近江小太郎、摩耶九郎、在《あり》間《ま》（有馬）三郎なども。近畿の雷は子だくさんだった。

　赤穂市育ちの気象予報士、中島肇さん（81）は、京都地方気象台に勤めていた１９８３年、同僚が「丹波太郎や山城次郎、和泉三郎がいて、予想が難しい」と話していたのを覚えている。

　近年、雷は増えている。気象庁によると、全国15カ所で観測された日数を81～２０１０年と11～17年の平均で比べると、11

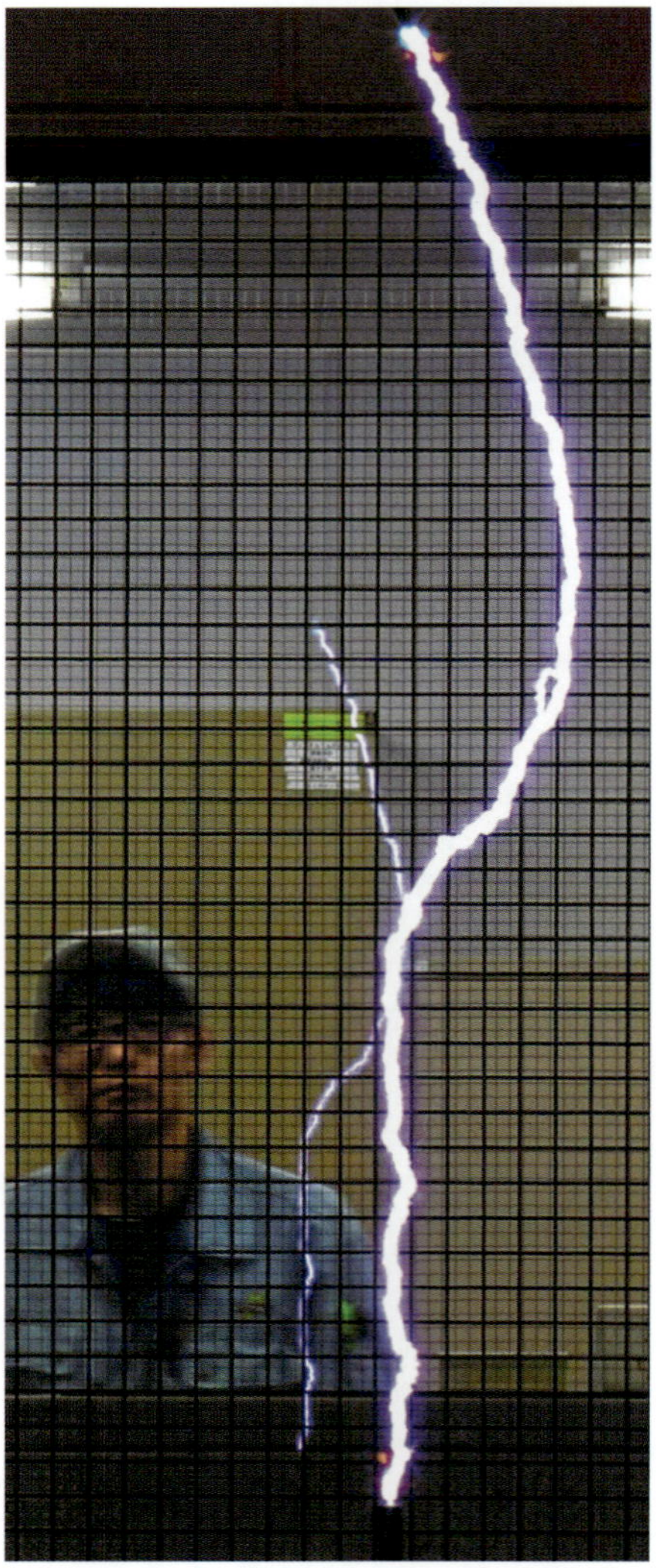
避雷器メーカーの実験で、室内に880キロボルトの人工稲妻が出現。分かっていても震える＝尼崎市潮江5、音羽電機工業

カ所で増えた。

日射で熱せられた地面の空気が上昇して積乱雲になり、雷を起こす。避雷器メーカー音羽電機工業（尼崎市）の工藤剛史さん（41）は「詳しくは未解明だが、地球温暖化との関係を指摘する声もある」と話す。

神戸は微増だが、中島さんは「兵庫は南北を海に囲まれ、海からの風が中心部の盆地などに集まって雷雲が起きやすい」とみる。

音羽電機工業によると、近年、夏の兵庫県内では丹波、篠山、西脇の各市と多可、市川の両町に雷が多い。人口の多い都市に近い地域で急成長して強烈な雷雨をもたらす。長男格とされただけに、丹波の雲はほかよりも印象を残したのだろう。

欣勝寺近くの菓子店では、雷の顔を模した「くわばらサブレ」が発売20年を超えても人気＝三田市南が丘2、サント・アン

■■

「ここらでは、摂津から六甲山を越えてくる雲を丹波太郎と呼んでいた。農業が機械化される前の昭和20年代くらいまでは言ってたかな」

冒頭の藤坂さんの出身地・亀岡は京都市の西隣。かつての丹波国だ。

「天気予報もない時代、空模様は暮らしに直結する身近な存在。洪水を起こすが、恵みの雨も降らせる。『次郎や三郎とけんかすんなよ』とか、どこか親しみも込めていたね」

三田市桑原の農業山本茂さん（87）も「学生時代、多紀郡（現篠山市）の同級生が夕立のことを『丹波太郎が降るんじぇー』と言っていた」と証言する。

江戸時代の丹波柏原の俳人で、京でも過ごした田捨女《でんすてじょ》に太郎の句がある。中井教授は「都市で広まり、丹波に逆輸入されたケースもあったのでは。明治以後、旧国名が消えて急速に廃れていった」とみる。

さて、もう一つ廃れかけている「くわばらくわばら」。桑原の神通力は、いまなお健在なのか。

「雷が落ちたこと？　ないない。桑原には落ちひんさかい、怖いとは思わん」と山本さん。４年前、欣勝寺の本堂を建て替えた際に業者から避雷針を勧められたが、檀家《だんか》一同、「そやから落ちひんねん！」。

丹波太郎ならぬ、怒りの？雷が落ちたとさ。

（２０１８年６月３日掲載）

3

お菊さん

お菊虫から羽化したジャコウアゲハ。別名の「山女郎」にふさわしく優雅に飛ぶ＝姫路市手柄、手柄山温室植物園

白鷺の城がそびえる町にひらひらとチョウが舞う。黒い体に鮮やかな紅の紋。ジャコウアゲハだ。

姫路市市制１００周年の１９８９年、市蝶《ちょう》に制定。市花や市木はなじみがあるが、市蝶とは珍しい。

その立役者は、赤松の郷《さと》昆虫文化館（兵庫県上郡町）の相坂耕作館長（69）＝姫路市。前年に「播磨の昆虫」を出版、姫路城の伝説との関わりに注目した。「市のシンボルにできないか」。自然保護審議会でその理由をとくとくと説いた。

ジャコウアゲハのさなぎは「お菊虫」。お家騒動に絡む怪談「播州皿屋敷」のヒロインの名だ。さなぎの後ろ手に縛られたような姿を、悪家老らに無実の罪で責め殺されたお菊の化身と見て、そう呼んだ。

「小学校に『お菊神社』を通って行きよったから、興味は昔から持ちよったんです」と相坂さん。

お菊神社が姫路に？

伝説がにわかにリアルに迫ってきた。

■　■

姫路城の南西、裏鬼門の地。医薬の神スク

ナヒコナを祭る十二所神社の境内に、お菊神社はあった。

訪ねた5月6日は「お菊まつり」。氏子が玉串をささげ、浄瑠璃三味線の音に乗せて「播州皿屋敷」の人形劇が奉納される。伝説は生きていた。

「元々は命日の5月8日やった」と菅原信明宮司(80)。お菊を縛った松の木の断片や縄、具足皿もあったというが、姫路大空襲で焼失した。明治初年の造営とされるお菊神社の再建は1960年のことだ。

由来碑にはこう記されている。

お菊は城主小寺則職《のりもと》に仕え、病気の平癒を祈り、十二所神社に日参。お家横領の密計も探知するが、露見を恐れた逆臣青山鉄山らは小寺家の家宝・赤絵の皿10枚の1枚を隠し、お菊を皿改めの場に引きずり出す。1505(永正2)年、城内古井戸で21歳のお菊は惨死を遂げた—。

お菊虫の口紅に似た斑点は他のさなぎにはない特徴。戦前は土産物にもなっていた

意外なことに、お菊の幽霊が足りない皿を数え上げる、芝居や映画で有名なシーンは触れられていない。「明治には、神戸の湊川神社や赤穂の大石神社のように忠臣がもてはやされ、お菊にも光が当てられた」と埴岡《はにおか》真弓・播磨学研究所研究員(63)は推測する。か弱そうなイメージを覆される。お菊さんは〝烈女〟なのだ。

実は、皿屋敷伝説は全国にある。姫路が源流と考えられているのは、1577(天正5)年と最古の年代の文献「竹叟夜話《ちくそう》」があるからだ。

舞台は嘉吉《かきつ》の乱(1441年)で赤松氏を滅ぼした、山名氏の時代。姫路・青山の城代家老小田垣氏は、主君から拝領した五つ組のアワビの杯を一つなくしたと側女《そばめ》に激怒

お菊まつりの神事が執り行われるお菊神社には、氏子12町の宮委員が参列。拝殿の奥にはお菊や青山鉄山の木像があり、祈願成就には皿を持参して奉納する=姫路市十二所前町

し、松で首をくくらせる。だが、その影には袖にされた男がいたというものだ。

青山鉄山は伝説上の人物だが、青山の地の館には山名家重臣で竹田城主となる太田垣氏がいた史実がある。

「播磨の人にとって下克上は強烈なインパクトがあり、新しい支配者への反感があった」と伝説の背景を埴岡さんは読み解く。

江戸の「番町皿屋敷」の悪役の名も架空の青山主膳。姫路がルーツと思いたくなるが、謎は謎を呼ぶ。

播磨出身の民俗学者・柳田国男は「上州妙義山麓の小幡氏一族には、足利時代からの同種口碑がある」と群馬の伝説を指摘する。

姫路城のお菊井戸

ただし、原因は皿でなく飯わんに入った針で、たたりを恐れ菊作りを禁じたという。

この小幡氏の末流が１６４０（寛永17）年、姫路城主松平氏に召し抱えられる。そして、小幡屋敷にはお菊の墓や菊のタブーがあると文献は伝えているのだ。

お菊の打ち掛けや墓が伝わる福岡の皿屋敷伝説は、菊の恋人が巡礼に出て、播磨に居を定めたとの後日談が興味深い。この伝播《でんぱ》は、福岡藩主黒田氏が小寺氏の家臣であったことによると考えられている。

柳田の言葉を借りれば、伝説とは「類似の伝説を一まとめにし、その異同を比べてみるのが面白い」。

深正院のお菊井戸＝尼崎市大物町2

■ ■

お菊井戸も姫路城だけの名物ではない。

いや、姫路城の井戸こそ正式には「釣《つる》瓶《べ》取《とり》井戸」。大正時代になって城が一般開放されてから、観光目的で命名されたらしい。

尼崎・大物《だいもつ》の深正院《じんしょう》。ここのお菊井戸は「国道43号で水脈を絶たれるまで、お墓参りに使われていた」と藤野芳雄住職(73)は伝え聞く。

尼崎城主は青山氏。伝説で、女中お菊をあやめて井戸に投げ込む家老は木田玄蕃だが、青山氏の筆頭家老に貴田玄蕃は実在する。1711(宝永8)年、松平氏が城主となると「菩提《ぼだい》寺の深正院を貴田屋敷跡に建てている」と室谷公一・尼崎市教育委員会学芸員(56)は絵図を示す。

1795(寛政7)年、お菊虫が姫路と尼崎の井戸で大発生した騒動の記録が残っているのも意味深だ。

利神城跡の井戸は草に埋もれている=兵庫県佐用町平福

さらに播州の佐用町。国指定史跡の山城利神《りかん》城にもお菊井戸はある。子孫という旧家が位牌《いはい》や墓を守り、芝居を打つ役者が詣でるなど、地域では元祖と信じられていたという。天正年間の出来事とされるが、江戸初期に廃城。皿屋敷は更《さら》屋敷だともいう。草むす姿も、後の世の想像をかき立てたのかもしれない。

皿屋敷伝説とはいわば、普遍的なセクハラ、パワハラの話。「伝説には種があって、ぴたっとくる土壌があると花を咲かせる」と埴岡さん。伝説の点と点をつなぎ合わせると、日本遺産にも匹敵するストーリーが描けそうだ。

(2018年6月10日掲載)

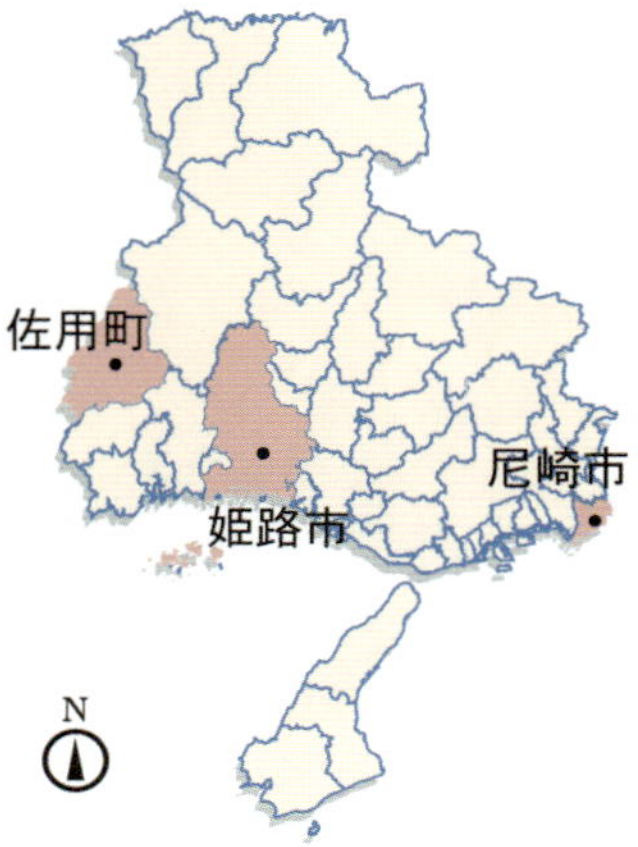

余白の余話

姫路土産は明珍火箸に「お菊虫」。うそのようだが、志賀直哉も「暗夜行路」で書いている。

どんなものか絵で見ることはできた。川崎巨泉が描いた玩具絵が、姫路文学館の「怪談皿屋敷のナゾ」展(2018年)で展示された。でも、実物は残ってないのか。そう思っていたら、あった。大分県別府市の「書肆《しょし》ゲンシシャ」のツイッターが画像を上げてくれている。

4 ツチノコ

夕闇に、赤い目玉が怪しく光る。うねうねした愛嬌《あいきょう》のある胴体。兵庫県千種町（現宍粟市）が道の駅に設置した未確認生物「ツチノコ」の看板だ。

全国を席巻した捜索ブームに乗っかった千種町は１９９２年、知名度アップを狙い、生け捕りに２億円の賞金を懸けた。当時の町長小原朗《あきら》さん（89）によると、津名町（現淡路市）が１億円相当の金塊を展示する町おこしで注目を集めており、対抗心から倍額に設定したそうだ。

年間の町税収入は２億数千万円。万が一の財政破綻を危ぶむ声もあったが、強引な皮算用でねじ伏せた。見物客による経済効果だけで数億円、いざとなれば、見つかったツチノコを２億円以上で売ればいい――。

未発見だったからこそ、笑い飛ばせる。ツチノコの正体についても、小原さんの熱弁は止まらない。

「まあ、太ったヘビやろと思うとったけどな」

日が暮れた峠道に、ツチノコ看板の赤い目が光る。スイッチの所在が分からず、昼間もつけっぱなしだ＝宍粟市千種町下河野

体長は30～80センチほど。胴が太く、色は黒、茶、グレーなど。春から秋に出没し、転がったり跳ねたり、まばたきもすれば、いびきもかく。

未確認生物という割に、ツチノコの特徴はやたらに詳しい。この妙なリアル感と、近所の裏山にひょっこりいそうな親近感が、老若男女の好奇心をくすぐってきた。

千種町が作ったツチノコのテレホンカード

ツチノコブームの草創期に有志が結成した「千種ノヅチ捜索隊」のタオル

火を付けたのは、伊丹市在住の作家田辺聖子さん（90）が1970年代に著した「すべってころんで」とされる。ツチノコ探しに執念を燃やす男性が登場する物語だ。

その後、人気漫画「ドラえもん」でも紹介されるなど、じわりブームが拡大。バチヘビ、カメノコ、ゴハッスン、タワラヘビなどの呼称で各地に伝わる類似の生物が、ツチノコに集約されていったようだ。

「生け捕り2億円」で名をはせた千種町も、70年代に捜索隊が結成されたときは「ノヅチ」と呼んでいた。中心人物だった元町職員の平瀬景一さん（82）は、2005年の近隣3町との合併で熱気が冷めてからも、一人で捜索を続ける〝ツチノコハンター〟だ。

「ツチノコを捕まえて、百科事典に載せるのが夢」と話す平瀬景一さん。今も手製のわなを仕掛けている＝宍粟市千種町河呂

今も、農作業の合間を縫ってはわなを置くが、かかるのはヘビや小動物ばかり。町内の山々に片っ端から分け入った半世紀に及ぶ日々を振り返り、「違法栽培の大麻畑を見つけたことは

あったんやけどなあ」。

奈良県下北山村、和歌山県すさみ町、広島県上下町（現府中市）、岐阜県東白川村…。１９９０年前後、千種町の2億円には及ばないものの、町おこしでツチノコの捕獲に１００万円単位の賞金を懸ける自治体が相次いだ。

そんな中、「土地１００坪」という変化球で〝参戦〟したのが兵庫県美方町（現香美町）。だが、当時の町長の私有地だったため、寄付行為に当たる可能性が指摘され、問題になる。

「発見者に贈る賞状を準備したり、それらしき生物が見つかって集客に利用したら実はヘビだったり、どれもこれも今では笑い話やね」

80年代後半に地元有志で結成された「つちのこ探険隊」の隊長を務める宮脇壽一《としかず》さん（72）が話す。自治体としてのＰＲが比較的早かったこともあり、ブームへの便乗をもくろむ全国各地に「講師」として呼ばれ、見たこともないツチノコの特徴をしたり顔で解説していたという。

探険隊は現在も存続するが、年1回、情報を交換する程度で、親睦の意味合いが強まっているそうだ。

結局、千種町でも美方町でも、他の地域でもツチノコは見つからなかった。里山の荒廃が進んだとしても、ここまで発見されないとなると、やっぱりヘビなのか。

それでも、千種町のツチノコハンター平瀬さんは実在を信じる。「誰にも教えたことはないんやけど」。ためらいがちに、1枚のメモを差し出した。佐用町の住所が書いてある。

訪ねると、出てきたのは70代の男性。「平瀬さんの紹介なら」と笑みを浮かべ、脱脂綿が詰まったプラスチックケースを持ってきた。「こ

ツチノコを追い続ける宮脇壽一さん。発見者に手渡す予定の賞状や目録は日の目を見ないままだ＝兵庫県香美町小代区神水、小代物産館

れを見たんは、10人とおらんで」

体長約20センチ、ヘビのような頭と尾を持つ一方、胴が異様に膨らんだ生物の標本だ。黄土色の表皮に白い腹。トカゲにも見えるが、足はない。

外観からも質感からも、作り物ではなさそうだ。これはひょっとして、いや、うーん、まさか…。

男性の証言では、２００１年初春、千種町内の崩れた山の斜面で捕らえたらしい。程なく死んだが、鑑定を依頼した学者は「日本で確認されていない生物」と評したという。

兵庫県佐用町在住の男性が十数年前に発見したという謎の生物。ツチノコの特徴には当てはまるが…

ただ、学者の名前も所属も忘れてしまい、鑑定書もない。男性に本格的な再鑑定を勧めてみたが、「この年になって、騒ぎに巻き込まれたくない」とかたくなに拒むため、真贋《しんがん》を確かめようがない。

男性宅を辞し、千種町に戻ってからも、興奮と疑念が胸に渦巻く。標本と男性の笑顔を思い返すうち、漫画「ドラえもん」のストーリーがよみがえってきた。

ツチノコの発見者になろうとしたのび太が、未来の世界でペットとして飼われている個体を持ち帰ったものの、逃げられてしまい、ジャイアンに栄誉を持っていかれる――。

詳しい素性の公表を嫌った男性。一つだけ言えるとしたら、彼がどことなく、ジャイアンに似ていたということだ。

（２０１８年６月17日掲載）

余白の余話

「ツチノコが冬眠から覚めたわよ」。宍粟市千種町で取材中、道の駅ちくさを運営する社会福祉法人の目黒輝美理事長（73）が、ドキッとする情報を教えてくれた。

指さす先には、ツチノコをモチーフにした2体の着ぐるみ。ブームの終息とともに道の駅で倉庫に押し込められていたのを見つけ、今春から道の駅で展示している。新たなツチノコグッズも試作中らしい。ブーム再燃の兆しが少しずつ見え始めている。

5

六麓荘

玄関に一歩足を踏み入れると、目が覚めんばかりの真っ白な内装。天井には黄金のシャンデリアがきらめく。真っ赤なカーテンを開ければテラスが広がり、眼下に大阪湾や都心の高層ビル群が見渡せる。

「イメージは、ヨーロッパの宮殿です」。オーナーの会社経営者が邸内を案内してくれた。

ここは六麓荘《ろくろくそう》。「日本一の高級住宅地」と称される芦屋でも、群を抜いて富裕層が集まる街である。

王侯貴族さながら、西洋磁器マイセンのティーカップ（24万円）でお茶を飲み、イタリア製のチェア（80万円）でくつろぐ。ホームパーティーにはなじみの板前を呼び、その場で懐石料理を作り、客をもてなす。

「いやいや、この街にはもっとすごいお金持ちが山ほどいますよ」。会社経営者は事もなげに言う。あまたの富豪をとりこにしてきた街・芦屋。それにはわけがある。

■　■

神戸から車を走らせ、国道2号を左折して芦屋市六麓荘町へ。この南北道、誰が呼んだか「ベンツ通り」。メルセデス・ベンツ、ポルシェ、ロールス・ロイス、ベントレー…。す

豪邸訪問。白や赤を基調に、高級感あふれる室内＝芦屋市六麓荘町

れ違うのは高級外車ばかり。ハンドルを握る手に力が入る。

沿道にある「いかりスーパーマーケット芦屋店」。駐車場は7～8割が外車。「運転手付きのお客さまもよくいらっしゃいます」。藤原英司店長（50）には見慣れた光景だ。

「マグロのちょっと脂が乗った部分を」「サーロインの脂身の少ないのを少しだけ」。電話1本で、店員が好みに合わせて商品をそろえ、自宅まで届けてくれる。「御用聞き」とも呼ばれる宅配サービスの利用は、多い日で1日約40件。1回で数十万円の注文が入ることもある。

高級食材もそろう、いかりスーパーマーケット芦屋店＝芦屋市岩園町

六麓荘町の南西、住宅街の一角に鎮座する芦屋神社。境内には関西財界の社長らが寄進した石柱が400本。高額にもかかわらず年10本のペースで増え続け、場所の確保に苦心するほどだ。「ほかの地域にある同規模の神社なら、寄進は10年に1度あるかないか。やっぱり土地柄でしょうか」と山西康司宮司（48）。


西の芦屋、東の田園調布。日本のビバリーヒルズ…。高級住宅地のイメージが定着した芦屋も、明治期までは農村だった。御影（神戸市東灘区）などに始まる神戸・阪神間の「郊外住宅地」ブームは、1905（明治38）年の阪神など鉄道の開通と沿線開発により、山と海が近く自然豊かな芦屋にも広がっていく。

「特徴的なのは、大正から昭和初期に土地耕地整理事業を進めて田畑を売り、自らが住宅都市として生きる道を選んだこと」。芦屋市教育委員会生涯学習課の竹村忠洋さん（46）が指摘する。

21（大正10）年の武庫郡誌は、精道村（現芦屋市）について「紳士富豪の別荘住宅を構ふるもの多く、土着者都人士《とじんし》の風を眞似《まね》」「全然純農時代の趣を失ひ」（抜粋）と記す。竹村さんは「大阪や神戸の都心などから富豪が移り住み、人口が急増した。土地を

六麓荘町の宅地が売り出された当時のパンフレット

広々とした道路に、緑豊かな豪邸。町独自のルールが超高級住宅街をつくり上げてきた＝芦屋市六麓荘町

売った元々の住民も豊かになり、豪華な暮らしぶりが話題になっていたのでしょう」とみる。

高級住宅地のイメージを決定づけたのが、29（昭和4）年から本格化した、「東洋一の健康地」を掲げた六麓荘町の開発だった。

町内の大半のエリアには、電柱や信号がない。街灯越しに見える空は広く、高い。巨大な石積みや意匠を凝らした大邸宅に目を奪われる。現在、約270世帯が暮らすが、コンビニなどの商業施設は一切ない。「超」のつく資産家の街の景観と暮らしは、住民自らが守ってきた。

町内会は入会金50万円。独自基準の建築協定がある。建てられるのは最低敷地面積400平方メートル、緑地率30～40％以上の一戸建てのみ。建築前には近隣住民を集めて説明会を開く。〝紳士協定〟のため、最低敷地面積など一部は市が条例化した。

芦屋不動産代表取締役の深見恵子さんは「六麓荘は今も超富裕層にとっての憧れの地。住むことがステータスになり、時代ごとに勢いのある業種の社長らが土地を買い求める」と話す。バブル期の地価は

六麓荘のロゴマークが入ったマンホールを手にする川口辰郎さん＝芦屋市六麓荘町

坪700万円まで上昇。今は100万円前後に落ち着いたが、豪邸「トップ10」は絶えず入れ替わるという。

町内会の川口辰郎会長（66）は「戦前から住んでいるのは、うちを含めて10軒程度だが、豊かな自然や周囲と調和した街並みをみんなで守っていきたい」と話す。この姿勢こそが乱開発を防ぎ、風格やブランドを保つ原動力となってきた。

クルーザーが並ぶ芦屋マリーナ。奥には船を係留できる邸宅が広がる＝芦屋市海洋町から望む

■ ■

巨大な豪華客船が海に浮かんでいるような外観が目を引く。

今年2月、市南部の埋め立て地・潮芦屋地区に開業した会員制の「芦屋ベイコート倶楽部《くらぶ》ホテル&スパリゾート」。総事業費約313億円。最も高いロイヤルスイートの会員権（年間24泊）は約3800万円。宿泊費や食費はその都度かかるが、連日、富裕層らでにぎわう。

すぐそばの芦屋マリーナには高級クルーザーが並ぶ。門扉で囲まれた敷地には管理人が常駐し、自宅前に船を係留できる邸宅地も見える。「海のある景観が、山手とは違った魅力を生み出している」と、管理・運営会社の由井雅春取締役（56）。

住民が守り、育んできた「芦屋ブランド」。海の手に広がる新たな街も、それを礎に歴史を刻んでいく。

（2018年6月24日掲載）

余白の余話

六麓荘へ取材に向かう社有車は、国産の小型車。一家に何台もある高級外車に囲まれて、小回りの利くこの車はむしろ目についた。

芦屋マリーナには億単位の高級クルーザー。会員制ホテルの客室やロビーは異次元の豪華さ。思わず声を上げた。

あまりにも身近に、リッチな暮らしがある。手が届かない別世界。帰りの車中、カメラマンとため息をつく。「どうしたら、ああなれるんやろ…」。長い沈黙が続いた。

6

田中河内介

国際ルールに従い、黄色と黒に塗り分けられた平磯灯台。遠く明治の昔から航行の安全を守る＝神戸市垂水区

神戸・垂水の沖合を見ると、あれあれ、あの目立つ黄色い姿が平磯灯台だ。

１８９３（明治26）年、３年がかりの難工事を経て点灯した、現存最古の水中コンクリート製。86年にも一度建設されたが、津波で破壊されたという。

明石海峡はなにしろ潮の流れが速い。船の交通量もトップクラスで、今も昔も海の難所だ。

灯台完成の30年前、幕末にも１隻の船が座礁した。薩摩藩の蒸気船・永平丸。不運な事故を嘆くよりも、勤王の志士たちはなぜか、恐怖におののいていた。

「たたりに違いない―」

実は前年、垂水沖を進む薩摩の船で事件があった。倒幕の先頭に立つ但馬出身の同志を、藩の内紛に絡み刺殺し、海へ投げ捨てた。事は勤王史の汚点として、長く秘せられていた。

灯台は、供養の灯明でもあるとささやかれてきた。非業の死を遂げた人の名を田中河内介《かわちのすけ》という。

■　■

姫路港からフェリーに乗ること、１時間40分。船は小豆島（香川県）の東端、福田港に滑り込む。

山裾へ歩くと間もなく、雲海寺。参道の「田中河内介父子哀悼之碑」が目に入る。１８６２（文久２）

年5月1日、48歳の河内介と18歳の左馬介《さまのすけ》の遺骸はこの地に漂着した。

「志半ばでむなしく虐殺に遭う」と元勲品川弥二郎が碑文に記すのはいわゆる寺田屋騒動の一件だ。

京都・伏見の寺田屋は、薩摩藩の定宿。ここに元公家侍の河内介を核として諸藩の勤王志士が集まった。幕府勢力を追放すべく挙兵の直前、薩摩藩の権力者島津久光が抑え込みを命じる。説得かなわず、同士打ちの果てに挙兵は中止。河内介父子は薩摩藩に保護されたはずが、ひそかに海上で始末されてしまう。

島民に人知れず埋葬されていた河内介の〝復活〟はおよそ30年後。91（明治24）年、坂本龍馬らとともに正四位を贈られたのを機に、子孫が漂着地を尋ね当て、墓碑や哀悼碑が建立される。

「ずっと位牌《いはい》をまつり、お墓参りをしてきました」。今年4月29日、百五十七回忌法要が営まれた雲海寺で山本智璋《ちしょう》住職（70）は話す。法要には地元の人が参列。客殿で読経に唱和し、境内の墓前に手を合わせる。

海の藻くずとも、無縁仏ともならなかったことが不思議なようだが、1997年になって顕彰会ができ、法要を運営しているのも驚きだ。

きっかけをつくったのは神戸の人、河内介研究者の故田中稔さん。その講演を副会長片山鹿之助さん（84）が偶然聴き、「歴史から消された人物を明らかにする熱意に打たれた」。百五十

田中河内介父子の遺骸が漂着した遠干浜《とおて》を望む雲海寺。法要に参列した子孫や顕彰会のメンバーが墓碑に手を合わせる＝香川県小豆島町福田

雲海寺の資料館に展示されている河内介の肖像画

回忌では遺墨の寄贈を受け、資料館までオープンした。

田中河内介とは何者なのか。

■■

豊岡市香住―。医師小森家の次男賢次郎として出生した山間の里にも顕彰碑が37年に建てられている。「明治天皇養育の重職を奉じ」の一節が目に刺さる。そう、幼い天皇の最も近くに河内介はいた。

碑が立つ公民館の隣には、地主の田井家がある。200年以上という家屋には「養浩舎《ようこうしゃ》」の額が。ここは心学の塾舎で、寺子屋でもあった。「河内介も通っていたそうです」と当主の裕明さん（68）。学問を好み、京都に出て儒者となり開塾すると、公家中山忠能《ただやす》に仕える田中近江介《おうみのすけ》の跡継ぎに見込まれる。

運命はここから大きく動く。

宮中に召された忠能の次女慶子《よしこ》が懐妊する。世話役を申しつかったのが河内介だった。

「吾《わ》が君とわが大皇《おおきみ》のためなれば骨を粉にしてなにいとふべき」

そう詠んだ通り、安産を祈願し、産屋を建て、厳しい台所を切り回す。待望の皇子が誕生すると、自ら背に負い、学問の手ほどきをした。

皇子が5歳になり御所に移ると、程なく河内介も中山家を辞去する。「わが大皇」のため、倒幕の義挙に身を投じる。

「郷里でも応援してたのでは」。祖父の部屋に掛けられていたという河内介や中山忠能の書を見ながら、田井さんは思いをはせる。

但馬に立つ顕彰碑の題字は大久保利通の三男利武。1970年には高松宮殿下が訪問。95年、河内介父子の墓も地区に建てられた＝豊岡市香住

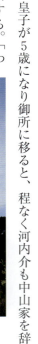

これほどドラマチックな人物が、どうしてもっと注目されないのか。

河内介の話をすると良くない事が身に降りかかる。まことしやかに、そんな怪談が語り継がれてきた。

14（大正3）年、東京の書画屋の怪談会に飛び入りの男が現れた。

河内介の末路を知るのはもう自分だけ。今まで話したことはないが、ぜひ聞いてほしい—。ところが話は一向に前に進まず、不意に倒れると、そのまま帰らぬ人となった。

居合わせたのは、作家の泉鏡花や俳優の喜多村緑郎ら当代の有名人。何人もの記事や回想があり、国文学者の池田弥三郎も父親の見聞を著書「日本の幽霊」に取り上げた。

こんな〝実話〟もある。

明治初年、宮城内の宴席で天皇が「田中河内介はどうなったのか」と尋ねた。薩摩の元勲が青ざめる中、「殺したものは、この大久保利通でござる」と名指しする者があった。天皇は席を立ち、大久保は後に暗殺される。これも、たたりとされた。

2018年は明治150年。NHK大河ドラマも「西郷《せご》どん」だった。しかし、田中河内介が寺田屋騒動の回に登場することはなかった。

タブーは生きているのだろうか。いや、実像が知られるのはこれから。但馬と小豆島の交流が進めば、謎のベールも解けるはず。

（2018年7月1日掲載）

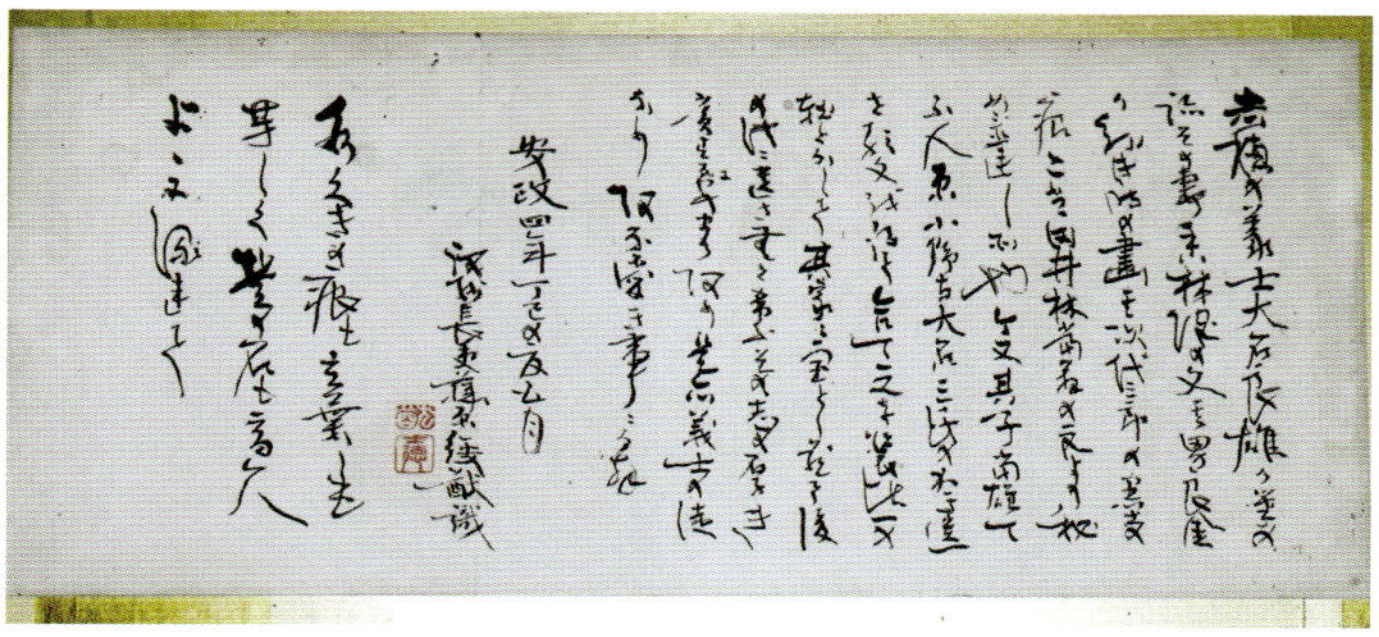
田井家が保存する河内介の文書（1857年）。大石内蔵助らの書状を秘蔵し、家宝として伝える当主の志を賞している

余白の余話

英雄生存伝説というのがある。源義経が大陸でチンギスハンになった—とか。

実は田中左馬介にも生存説があり、姫路・飾磨に暮らしていたという。逆に、河内介には出石藩家老仙石左京の遺児説がある。たたりが絡む三大お家騒動の主役とつながるわけで、恐ろしい。

平磯灯台は、英国の文豪サマセット・モームの短編「困ったときの友」にも登場。塩屋から灯台を泳いで回ってきたら仕事をやるという友の本心は—。諜報員モームの、不気味な話である。

7

国生み　古代地名の宝庫

今回は、国生みの島・淡路の難読地名をたどる旅。播磨灘に面した淡路市北部の野島蟇浦（①）から山を越え、洲本市の安乎（②）や炬口（③）を経て南へ。タマネギやレタスなど豊かな農産物で知られる南あわじ市に入る。榎列掃守（④）に志知佐礼尾（⑤）、神代地頭方（⑥）…。市市（⑦）や阿万（⑧）も外せない。沼島と結ぶ連絡船が発着する灘土生（⑨）。極め付きは倭文（⑩）だ。

いずれも、現役の地名である。明石海峡大橋の開通以降、観光客はすこぶる増えたが、すらすらと読める島外の人は少ないだろう。

なぜ、多いのか。淡路地方史研究会顧問の武田信一さん（82）は「淡路島は古代地名の宝庫だから」と説明する。およそ千年前、平安末期以前から受け継がれる地名には、長い歴史の積み重ねが宿っている。

皆さんはいくつ読めましたか？　正解は、最後まで読んでいただければ分かります。

■　■

淡路島は古代地名の宝庫。その証拠が、平安時代に編さんされた、わが国初の百科事典といわれる「和名抄《わみょうしょう》」から

透明なアクリル板に地名を並べ、風景に重ね合わせた。島の歴史とのつながりに思いをはせる＝淡路市岩屋

上級生から下級生へ。伝統のしづおりが受け継がれていく＝南あわじ市倭文庄田、倭文小学校

読み取れる。

当時の「国、郡、郷《ごう》」の名称が記されているが、淡路国には志筑《しづき》、広田、育波《いくは》、郡家《ぐんげ》、賀集《かしゅう》など19の郡・郷が載り、うち15は現在も残る。

全国的には地名の6割が消失したのに、淡路は8割も現存する。島国ゆえと思いきや、隠岐（島根県）は全て消えたという。先人の著書を基に研究を進めた淡路地方史研究会顧問の武田信一さんは「政治的、社会的な変化が少なかったからか、島民の保守性からか…。正直、よく分かりません」と首をかしげる。

答えを探ろうと、難読地名の代表格、南あわじ市の倭文《しとおり》地区へ。倭文小学校で6月、織機を使った「しづおり」の授業があった。

授業は30年続く。「実は、この織物が地名の由来なんです」と船越秀昭教頭（57）。「倭文部《しとりべ》」という古代の技術者集団が暮らし、朝廷に優れた織物を献上していた。それらを指す「倭文《しづ》織《おり》」が地名となり、「倭文《しとおり》」に変わったらしい。

授業では上級生が下級生を指導しながら、壁掛けなどを仕上げる。6年の山崎姫奈さん（12）は「私も最初、6年生から織り方を教わった。少しずつ覚えてほしいな」と後輩を温かく見守る。校内にはしづおり広場があり、児童が休み時間に織機を操る姿が見られる。

「読み方が難しい？ そんなん考えたことないなぁ」。子どもたちは屈託ないが、学びを通して古里のルーツを体感している。

地名が変わる理由には、市町村合併や開発、行政による変更などがある。1962（昭和37）年の住居表示法施行で、その土地に刻まれた歴史を物語る多くの地名が消えた。

倭文地区にも、市町村合併の荒波は押し寄せた。57年、倭文村は広田村と合併して緑村に。その後、町制移行し、2005年、平成の大合併で南あわじ市となった。

「倭文の名を守りたい」。広田村との合併当時、村長だった故片山秋津さんは家族に打ち明けた。妻敏子さん（97）は「愛着ある昔からの地名をどうしても残したかったんやろ」と振り返る。願いは通じ、古代淡路と朝廷との結びつきの深さを感じさせる地名を今に伝えている。

神社本庁によると、倭文の名が付く神社は全国に少なくとも約15カ所ある。兵庫県内では、南あわじ市のほか、100キロ北の朝来市に2カ所あり、いずれも「しどり」と読む。

同市生野町の倭文神社は創建1300年超。古代、近くに織物の技術者集団がいたと伝わる。山田定信宮司（81）は「昔はいい織物を織れますように、と人々が願いを込めたのでしょう。今は織物のことでお参りする人は聞いたことがないですが…」と話す。

朝来からの帰途、姫路市南東部の継《つぎ》という住宅地に「五斗長」という地名があると聞き、立ち寄った。地元の男性によると、読み方は「ごとちょう」。田んぼが広がっていたことが関係しているとか。そういえば、この地名、淡路島にもあった！

朝来市にある倭文神社の石碑＝朝来市生野町円山

夏の日を浴び、播磨灘が輝く。淡路市黒谷の高台にある五斗長地区。「ごっさ」と読む。水不足に苦しむ山地のため、「米を五斗作っただけで長になれる」を意味する「五斗長《ごとおさ》」となり、短く「五斗長《ごっさ》」に変化した―など由来には諸説ある。

広く知られたきっかけが、2012年に国史跡となった五斗長垣内《かいと》遺跡だ。弥生後期、この地には国内最大規模の鉄器生産集落があった。

04年、淡路島を襲った台風23号でため池が決壊し、棚田が土砂に埋まるなど大きな被害に遭う。復旧のための農地整備で、貴重な建物跡や多数の出土品が見つかったのだ。

一度聞いたら忘れない難読地名も町おこしに一役買う。週末は地元の女性らが遺跡に隣接する「まるごキッチン」で五斗長ランチやカレーを提供。「ごっさ」にちなみ、5月3日にはたまねぎまつりを開く。タマネギなどを栽培・出荷する五斗長営農の高田一民《かずたみ》さん(59)は「どこへ行っても『五斗長から来ました』と自己紹介してきた。話が広がり、地区を知ってもらえる」と胸を張る。

100年後も地名が残っているかどうかは、歴史に委ねられる。千年以上にわたり受け継いできた淡路びとの気風。それこそが、奇跡。

(2018年7月15日掲載)

地域自慢のタマネギ。五斗長営農で出荷作業が進む＝淡路市黒谷

五斗長垣内遺跡の復元建物を背景に、自慢のメニューを手にする「まるごキッチン」の女性たち＝淡路市黒谷

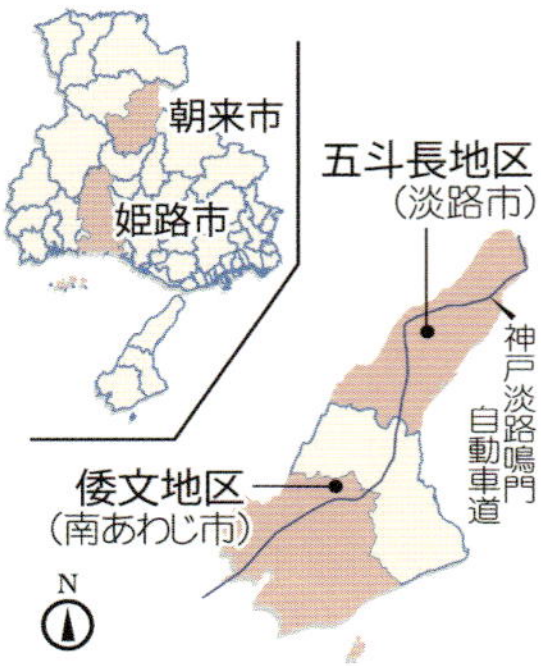

余白の余話

淡路市の五斗長(ごっさ)地区に程近い、育波(いくは)で生まれ育った。ここも古代地名の一つで、的部(いくはべ)という弓矢の的を作るなどした集団が関係しているそうだが、知らなかった。「地名は文化財。分析することは古里を知ることにつながる」と武田信一さん。さて、冒頭の難読地名、答えは次の通り。いくつ読めましたか?

①のじまひきのうら　②あいが　③たけのくち　④えなみかもり　⑤しちされお　⑥じんだいじとうほう(「じとほ」とも)　⑦いちいち　⑧あま　⑨なだはぶ　⑩しととおり

シン・ゴコク　余話

明石とカッパ

「河童院大庸徹秀居士」。そんな変わった戒名で明石市の月照寺に眠るのは田中庸介さん。墓石の前で墓誌を抱くのも河童。日本かっぱ村明石支村長で数千の河童を収集していたと墓誌は記す。日本かっぱ村は1975年に発村し、田中さんは村民番号88番。妖怪による町おこしの先駆けともいえる。

家は明石市内の荒物卸問屋「田中屋」で、「町家造りのこの奥の家一軒分が河童やったんや」と跡継ぎの良夫さんは話す。店のテント屋根のイラストも河童。「これも、ぱっと見では気付かへんけどな」。店の領収書に目を凝らすと、四方巻きの罫線に河童の顔がずらりと並ぶ。まるで、水たまりに千匹もひしめくことができるという九州の河童伝承のようだ。かっぱ印のたわしやモップも売っていたが、もう残っていないそうだ。

中に入ると、2メートル超の河童のトーテムポールがぬっくとそびえ立つ。商売は二の次で、旅に出ては河童のお土産物を買っていたといい、「旅先から『すぐ金を振り込め』と電話が…」「海外ではポーターを30人くらい引き連れて…」など、豪快な収集話は尽きない。「亡くなったときも、お寺や東京の人が譲ってくれと言うてきた」そうだ。

河童が墓誌を抱く田中庸介さんの墓所＝明石市人丸町

明石の河童といえば海にいるという「カワカムロ」で、福崎町出身の民俗学者柳田国男は「今も探しているが、裏書きする証拠をつかめずにいる」と「故郷七十年」に書く。田中さんによれば、「明石岩屋神社の西のギオンさんでガタロウ『河童』のお守《まもり》を売っていた」が「今はなくなってしまった」。また、明石の沖に河童が現れ、漁師の舟を沈めようと水をすくい入れるが、漁師が水桶の底を抜いて渡していたのであきらめて、以後姿を現さなかった—という話を書き留めている。

祇園社がまつる牛頭天王は明石浦に垂迹《すいじゃく》し、姫路の広峰神社から京都の八坂神社へ移ったとの説がある。祇園さんの祭りにはキュウリがつきもので、河童とは縁が深い。明石の祇園さんは戦災で焼失して今は駐車場となり、河童のことは誰も知らないが、柳田のカワカムロとの関係は、果たしていかに。

第7部

水ものがたり

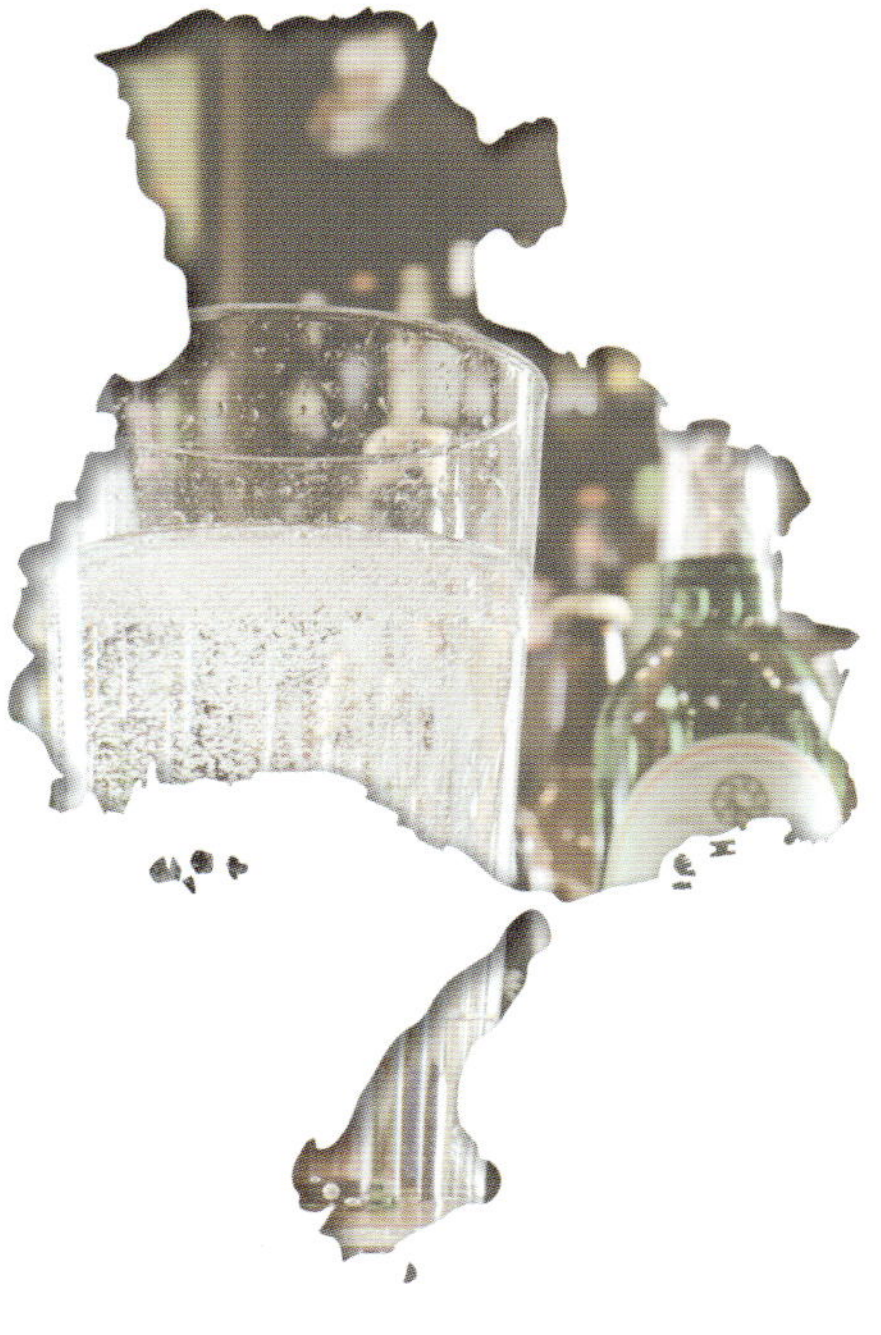

1

全部、青い。

ＮＨＫの朝ドラではないが、空も海も青い世界。

ここは豊岡市竹野町の竹野浜海水浴場。リアス式海岸特有の入り込んだ狭い浜が多い但馬では珍しく、約１キロにわたって遠浅の砂浜が緩やかな弧を描く。

靴を脱ぎ、ズボンの裾をまくり、波打ち際を歩く。白く細かい砂が足の裏に心地よい。気が付けば、膝の下まで水に浸していた。

太陽の光が強くなる初夏から夏にかけて、透明度はぐんと増す。人呼んで「竹野ブルー」。日本画のような澄んだ落ち着きがある。

たけの観光協会会長の青山治重さん（71）によると、竹野浜は東西から半島や山に抱かれ、強い波風を受けない。川がないため、水や土砂が流れ込まない。「時間をかけて、細かく砕けた貝と砂の白い浜が保たれてきました」

江戸時代の絵師・歌川広重もモチーフに選んだという絶景。戦後、多くの家族連れらが海水浴に訪れ、１９６０～７０年代には年間50万～60万人を数えた。

近年はレジャーの多様化もあり30万人台にとどまるが、海上アスレチック、カヌー、ダイビング、愛犬と触れ合えるビーチ

などの趣向を凝らす。城崎温泉から足を延ばす訪日外国人客も少なくない。

炎天下で、少々はしゃぎ過ぎた。浜辺に「日の出屋」の看板を見つけ、逃げ込む。年季の入った木の骨組みにトタン屋根が架かった簡素な建物だ。

中はござ敷き。焼きそばやかき氷を食べる子どもたちの傍らで、お父さんがごろ寝をしている。開業30年余り。アットホームなもてなしにほっとする。「昔ながらの浜茶屋。毎年来られる人もいます」と経営する山田洋子さん（71）。

昔ながらの素朴なたたずまい。「浜茶屋」の呼び名がしっくりくる＝豊岡市竹野町、竹野浜海水浴場

ハマヂャヤ？

看板をよく見ると、「浜茶屋　日の出屋」。海水浴場のホームページには「大音量の音楽のカフェ＆バーのような海の家はありません。風が通る素朴な浜茶屋をお楽しみください」とある。「海の家」とはまた異なる風情。青が一段と染みる。

これが竹野ブルー。江戸の昔から但馬が誇る絶景だ＝豊岡市竹野町、竹野浜海水浴場

■ ■

こんがりと日焼けしたアスリート風の男性が、長さ30センチ近くはあるアナゴに頭から豪快にかぶりつく。

夏、明石市の林崎海水浴場にお目見えする「ビーチくま」。開業30年余り、鉄骨組みにトタン屋根は変わらない。オーナーの笹川園子さん（54）は「アナゴもタコも朝近くで取れた『前もん』。お客さんにおいしいもん食べてほしいやん」と笑う。

砂さえ落とせば、水着のままで上がれる、昔ながらのござ敷きが家族連れらに人気だ。穴場感が受けるのか、神戸や阪神間からもリピーターがやって来る。「この建物の呼び方？『海の家』言うけどな」と笹川さん。「でもな、正式には『浜茶屋』なんやて」と続けた。

明石市に聞くと、公的な書類上は「浜茶屋」。竹野浜（豊岡市）や香住海岸（兵庫県香美町）など日本海側に多い呼称が、なぜ明石で聞かれるのか。ちなみに淡路島では、聞く限り「売店」「海の家」だった。

■ ■

「古来、日本人が海に入るのは、宗教儀礼や漁業、潮干狩りの時ぐらいだった」。海の家など海洋建築工学が専門の日本大学理工学部の畔柳《くろやなぎ》昭雄特任教授(65)は話す。

海水浴場は18世紀中ごろ、英国発祥だが、病気などの治療が目的だった。日本では明治期、医学者らが効用を伝えた。1880(明治13)年、大阪鎮台の兵士がかっけを治すため、須磨・明石の海岸で日本人として実質的に最初の海水浴をした。

当時の読み方は「ウミミズユアミ」。水に体を静かに浸し、波がぶつかる刺激が皮膚や心身を鍛えるとされた。干満の差が大きく、波が強い場所が選ばれた。海にくいを打って流されないようつかまったとの話も残る。

現在の海の家に当たる施設が計画的に開かれたのは、その5年後。大磯照ケ崎(神奈川県)の海水浴場に「海水茶屋」の名で登場した。

昔ながらのござ敷きで、親子連れがくつろぐ。瀬戸内の海の幸に舌鼓を打つ=明石市の林崎海水浴場、ビーチくま

その後各地に広がるが、呼び名は地域で異なり、畔柳さんによると、四国では「桟敷」、神奈川や房総、新潟が「浜茶屋」、千葉では高床式の「納涼台」と呼ばれた。

明治20年代以降、遊泳や娯楽の「カイスイヨク」の様相が濃くなる。海水浴場に適した条件も、波が小さい▽水質がきれい▽海底に岩石がない▽遠浅で安全—に変わった。

兵庫県内では須磨、明石のほか、1907(明治40)年に阪神電気鉄道が香櫨園浜に、25(大正14)年には浜甲子園に海水浴場を開設。水泳の練習所もできた。海水浴は国民的な一大イベントとなった。

海の家は「シーハウス」「ビーチハウス」とも呼ばれたが、昭和初期に鉄道省が関東で「海の家」を営んで以降、その名が広まったらしい。

戦後は水質汚濁がひどくなり、65(昭和40)年に香櫨園、甲子園の両海水浴場が閉鎖された。その後もレジャーの多様化

六甲山系を遠望する甲子園海水浴場。30年余り後、海洋汚染が進んで閉鎖された=1932年ごろ、西宮市内(阪神電気鉄道提供)

などで、日本人の海離れは止まらない。日本生産性本部のレジャー白書によると、海水浴客数は２０１６年には７３０万人と、30年間でほぼ5分の１にまで減少した。

■　■

「『きょうは焼けるように暑いね』って、英語で何て言うの?」

「It's sizzling hot day!」

神戸市須磨区の須磨海水浴場。約70年続く「海の家カッパ天国」は、スタッフによるマイクパフォーマンスが特徴だ。この日は、英語を話せるスタッフの「海辺で使える英会話教室」だった。おしゃれなカフェ風や南国のバー風など新感覚の海の家が次々と登場する須磨で、今や少数派となった座敷タイプ。家族連れらが釜揚げちりめん丼やモモのかき氷を頬張りながら聞き入る。

3代目の幸内《こううち》政年さん（42）は「落ち着ける雰囲気が好まれるのか、うちは親子連れを中心にリピーターが7割ぐらいです」と話す。

近年の取り組みが功を奏し、大勢の家族連れらでにぎわう須磨海水浴場＝神戸市須磨区

約10年前は年間１００万人前後が訪れた須磨も、マナー悪化などで11年には53万人に激減。市は砂浜の遠浅化や防犯カメラの増設、水上バイクの禁止などの対策を取り、17年は73万人に回復。２０１８年は、砂浜の一部にアルコールの持ち込みを禁止する家族向けのエリアを設けた。

「うちも元は浜茶屋。釣り船の休憩所でした。昔ながらの情緒を大切に受け継ぎたい」と幸内さん。

あの夏、家族で語り合った。潮風に吹かれ、火照った体にかき氷…。そんな記憶と結びつき、「また来たい」と思ってもらえる場所であり続けるために。

（２０１８年7月22日掲載）

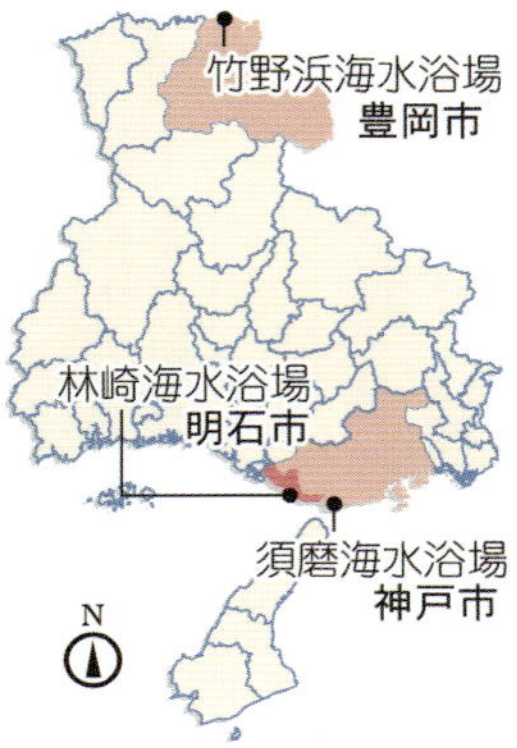

余白の余話

父母が山口県柳井市の瀬戸内海沿岸出身で、夏になると、ほぼ毎年泳ぎに行っていた。

小さな集落で人が少なく、海の家などはなかった。浜辺から徒歩1分にある母の実家で、伯父や伯母、いとこと楽しすぎる時間を過ごした。

実は「浜茶屋」という呼び方は知らなかった。訪ねると、母の実家にいるような感覚で、「また来たい」と思った。この夏は、浜茶屋か海の家に息子と行ってみようかな。

2

炭酸水

この夏はまことに暑い。炭酸水で、一服のきよきよしさ…、もとい清々《すがすが》しさを味わう人も多いだろう。

一方で、爽快なイメージに合わない風味のサイダーやラムネもある。有馬温泉街（神戸市北区）の専門店「有馬炭酸力《りき》」に並ぶ商品を見ると、カレー、しょうゆ、キムチ、ステーキ、ワサビ、コーンポタージュ、もみじまんじゅう…?!

店長の谷川太さん（49）が笑う。「地サイダーブームが広がり、差別化を図るために変わり種が増えたのでしょうか」

もちろん、〝正統派〟も取りそろえる。ブームの先駆けとされる２００２年発売の「ありまサイダーてっぽう水」は、地元で製造されていた商品の復刻版だ。

そして、大はやりの強炭酸「ウィルキンソン」。海外メーカーと思われがちだが、発祥は宝塚にある。その裏話を明かす英国人創業者の記事が、大正期の神戸新聞に掲載されていた。

■　■

「ウィルキンソンのストーリー性は『マッサン』にも負

さまざまな風味の炭酸飲料が並ぶ有馬温泉街の専門店。1番人気はやっぱり、地元の「ありまサイダーてっぽう水」＝神戸市北区有馬町、有馬炭酸力

けない」。宝塚市の郷土史家、鈴木博さん(65)はそう信じている。

マッサンといえば、「ニッカウヰスキー」を題材としたNHK朝の連続テレビ小説。ウィルキンソンは、英国人クリフォード・ウィルキンソン（1852〜1923年）が手掛けた炭酸水だ。

クリフォードは、1880（明治13）年ごろ、神戸で暮らし始めたとみられる。ハンター商会などに勤める傍ら、趣味の狩りにいそしみ、89（同22）年前後に宝塚の山中で炭酸の泉源を発見した。

経緯を明かした晩年のインタビュー記事が、1920（大正9）年1月30日付の神戸新聞に載っている。

「山中を歩き、喉が渇いてたまらなくなった。だが、持ってきたウイスキーを付き人が飲んでしまっている。仕方なく水を求めて谷あいをあちこち探した結果、図らずも源泉地にたどり着いた」

クリフォード・ウィルキンソン

泉源を見つけたのは偶然だった。主人の分まで飲み干すずうずうしい付き人がいなければ、そのまま下山し、現在の強炭酸ブームの様相は一変していたかもしれない。

クリフォードはこの「清冽《せいれつ》なる水」を瓶詰めし、商売を始めた。「日本人向けというより、炭酸水が一般的だった居留地や東南アジアの欧米人向けだった」と鈴木さん。その後、塩瀬村生瀬（現西宮市）に製造工場を移し、クリフォードの死後

宝塚にあったウィルキンソンの製造工場。荷車の横で帽子をかぶっている男性がクリフォードという（鈴木博さん提供）

は長女が販路を広げていったという。

■　■

緑と白のラベルに、おなじみのロゴマーク。名称が平安期の伝承に由来する「三ツ矢サイダー」の源流も兵庫にある。

ウィルキンソンとともに銘柄を引き継いだアサヒ飲料（東京）によると、明治期に川西市の泉源で生産が始まったとされる。有馬（神戸市北区）でも、温泉街周辺に湧く炭酸水が、明治―大正期にかけて独自ブランドとして商品化された。

独特の外観が目を引いた生瀬の製造工場。1990年代に取り壊され、跡地にはマンションが立つ＝1994年4月、西宮市塩瀬町生瀬

神戸・阪神間に炭酸の泉源が集まる理由を、京都大理学部の川本竜彦助教（54）＝地球惑星科学＝は「有馬―高槻断層帯」にあるとみる。二酸化炭素を含む海水が地中で徐々に上昇し、水の通り道となる断層に沿って周辺に拡大。地表から数キロの地点で塩水と分かれ、地下水に混じって泉源となった、という分析だ。

国道173号沿いにある三ツ矢サイダー発祥の地。源泉の井戸が現存している＝川西市平野3

実際には、人工的に炭酸水を製造する技術の普及によって、各メーカーは工場での機械生産に転じていく。昭和期になると、日本各地に小規模な鉱泉所ができ、ローカルブランドが次々に生まれた。

養老サイダー、ヒノデサイダー、日の丸サイダー、キンヤサイダー…。52（昭和27）年創業の「兵庫鉱泉所」（神戸市長田区）には、さまざまな銘柄が印字された瓶ケースが山積みにされている。廃業や縮小した鉱泉所から譲り受けたものだ。

その中には、姫路のミツワや尼崎のツバメなど、県内のブランドもある。どれも、かつては地元の駄菓子屋や銭湯などで住民に愛され、そして先細りになっていった。

兵庫鉱泉所の代表者、秋田健次さん（61）が言う。「日本の主要ブランドに押されたというより、海外メーカーの進出が大きかった。瓶から缶への移り変わりにも、小さな鉱泉所では対応できなかった」

　兵庫鉱泉所のオリジナル「シャンペンサイダー」の生産量も、最盛期の3割程度に落ち込み、主力商品の座を他の飲料に譲る。だが、昭和期に点在した各地の鉱泉所によって炭酸文化が根付いていたからこそ、2000年代以降の地サイダーブームがある、と秋田さんは考える。

■■

　2017年の春、ウィルキンソンの調査を続ける宝塚の鈴木さん宅に英国から国際郵便が届いた。たどたどしい墨書の平仮名が並ぶ。インターネットを通じて知り合ったクリフォードのひ孫、レズリィさんからだった。

数少なくなった昔ながらの鉱泉所。うずたかく積まれたケースに囲まれ、製造作業が続く＝神戸市長田区菅原通1、兵庫鉱泉所

　戦後、一族は事業を譲渡し、日本を離れた。宝塚や生瀬の工場は今や跡形もなく、ゆかりをたどるのが難しい。その一方で、レズリィさんは書道をたしなむなど、今もルーツを大切にしている。手紙には、1首の和歌が添えられていた。

「わがにわの　かむりとなりて　やえざくら　ちりてのちには　も、いろのうみ」

　喉とともに、心も清冽に潤すような、炭酸水の今昔。

（2018年7月29日掲載）

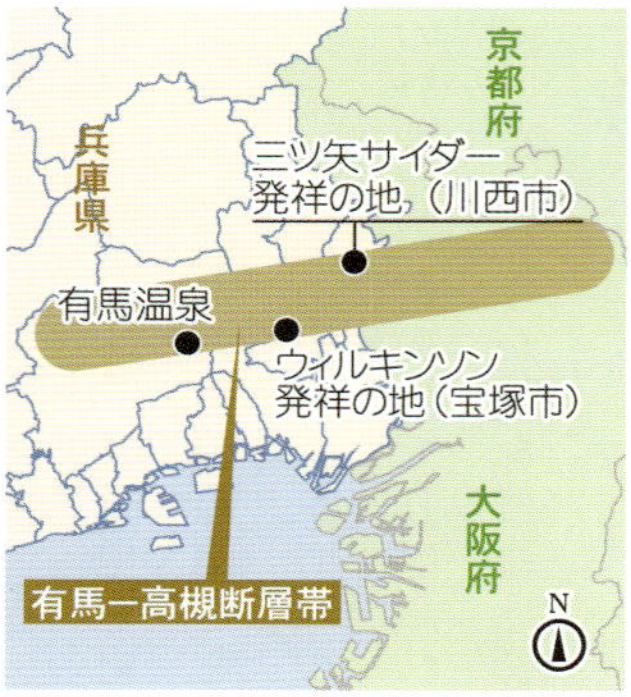

余白の余話

「Tansania（タンサニア）」。クリフォード・ウィルキンソンは、宝塚を勝手にそう呼び、浸透を図っていたという。

　理由は、「宝塚」が発音しづらいから。母国の雑誌に寄稿した際も、注釈なしで使っている。

　もし定着していたら、歌劇は「ヅカ」ではなく「ニア」？　ネコの鳴き声のようで、ちっとも華やかではない。普及せず、泡と消えたのは、歌劇にとってもよかったのだろう。

3

タコとナスでスタミナ

料理店「川久」の「かじや鍋」。生けダコを仕入れるため、注文は要予約＝三木市本町3

金物のまち・三木。その昔、鍛冶職人が、夏場にスタミナをつけるために好んで食べた鍋がある。具はタコとナス。なぜ、タコか。家庭にまだ冷蔵庫がなかった明治—大正期、明石から三木へ魚の行商がやって来たが、鮮度を保ったのはタコぐらいだったそう。明石沖の激しい潮流にもまれたタコは身が締まり、夏は梅雨の水をのんでうまくなる。

ナスも夏が旬。火照った体を冷やし、あっさりとしていて食べやすい。酷暑の中で火を扱う職人に喜ばれた。

だが、行商が姿を消し、廃れていく。そこで「町おこしの一助に」と、元すし店主の山田照明さん（71）が１９９０年ごろに「鍛冶屋鍋」として〝復活〟させた。三木市の料理店「川久《かわきゅう》」で食べられるが、店主の河合健裕さん（43）が腕を振るう傍らで、山田さんはどこか浮かばない顔だ。

伝統の味が、再び消えかけているというのだ。

■　■

トントン、ト、ト、ト、トン…。

真っ赤な鋼。約千度の熱に汗が滴る。火箸で巧みに角度を変え、エアハンマーで成形する。三木市別所町、福保《ふくほ》工業。金物に携わって60年余り。

福島保弘代表（82）の動きには無駄がない。見る見る、石工が使うハンマーの先が仕上がった。

「タコとナスの料理の名前？　特にないなぁ。『タコとナスビあるからたこか』って家で食べてた。明石のタコはおいしいから」

三木の市街地で夫が金物職人をしていた河合悦子さん（85）も「たくだけの料理やけど、家族みんなよう食べてくれてね」とほほ笑む。「そうそう、『淡路のおっちゃん』が家までタコ売りに来てなぁ」

へぇ、淡路から？　紹介された淡路市岩屋の森本映子さん（71）を訪ねた。「20代前半のころ、父の行商を手伝って三木に通いましたよ」

その名も「カンカン部隊」。昔、岩屋には多くの行商がいた。

淡路から船で明石に渡ってタコなどの魚介を仕入れ、神戸や阪神間、三木で売り歩いた行商の「カンカン部隊」＝1969年ごろ、明石港

真っ赤な鋼をエアハンマーで成形する福島保弘さん。「仕事で汗かいた後、『タコとナス、たこか』って食べるのが楽しみやった」＝三木市別所町高木、福保工業

男性はてんびん棒、女性は大きな風呂敷でブリキの缶を何個も携え、早朝に出る専用の船で明石へ。魚の棚で新鮮な魚介を仕入れ、缶に詰め込んで神戸や大阪、阪神間、そして三木の得意先へと向かった。

森本さんは、父とバスで三木へ。夏場は氷を買い込んで行かねばならず、重さがぐんと増した。

鮮度が命。午前中が勝負だ。現地の寺に預けてある手押しのリヤカーに缶を載せて得意先を回った。「『奥さん、おはようさーん』って行くと、鍋を手に集まってくれてね。鍛冶屋さんはタコ好きな人が多くて、よう行きました。包丁とまな板を用意し、父がさばいてました」

元大工の夫國夫さん（76）も「三木からも淡路へ金物、大工道具の業者が来てましたな。私もよう買いました」と懐かしんだ。

■■

「うちでは生きたタコを使う。行商のおっちゃんがいたから、食べられたんやね」と三木市別所町で小刀などを手掛ける伝統工芸士、西口良次さん（83）。妻佐智子さん（80）も「実家でも食べてました。近ごろは生のタコが手に入りにくくなって、なかなかできないけど」。

それならばと、明石・魚の棚商店街の鮮魚店「松庄《まつしょう》商店」で「前もん」を仕入れ、その足で三木に向かって調理してもらった。まだ動きそうなタコを塩でもみ、ぬめりを取ってぶつ切りにする。ナスは大きめに切り、あくを抜く。

川久の「かじや鍋」はカツオと昆布のだしに酒、みりん、しょうゆ、砂糖の味付けだが、西口家はお手製のみそベース。昆布だしに砂糖としょうゆ、酒、みりん、酢を合わせたスープを煮立たせ、生ダコとナスを鍋に放り込む。

かむほどにタコのうま味が増す。みその煮詰まった香ばしさが、ナスにもしみている。「若いころは味付けが濃いほどおいしく感じた」と良次さん。最近はタコやナスに加え、豆腐やこんにゃく、キノコ、タマネギ、ジャガイモなども入れる。

■■

タコとナスの組み合わせは「味や栄養のバランスからいって

播州三木打刃物の伝統工芸士・西口良次さんと妻の佐智子さん。タコを使った料理を再現してもらった＝三木市中央公民館

も、理にかなっている」と兵庫県栄養士会の榊由美子会長。ただ、冷蔵庫の普及やスーパーの進出で、内陸の三木でも気軽に魚が買えるようになり、伝統の味は忘れられつつある。

三木金物の出荷額は、２０１０年までの約20年で３割以上減って４２１億円。従業者も28％減の約２９００人。ただ、高級品の輸出が伸びるなど、再評価の兆しもある。

「鍛冶屋そのものを知らない人が増えた。煮物の暗い色合いも敬遠されるのかな」と元すし店主の山田照明さん。三木市末広３で「創作料理　しゃかりき」を営む松本栄治さん（41）の協力で、タコとナスを使った料理を考えてもらった。

松本栄治さんが創作したタコとナスを組み合わせた料理
＝三木市末広3、「創作料理　しゃかりき」

ナンの生地にチーズや山田錦みそを乗せたピザ、明石焼きをほうふつとさせるだし巻き、ガーリックが香るスタミナ炒め…。

「鍛冶屋料理のアイデアは広がる。地域の催しなどで披露したい」と松本さん。

タコのまち・明石でも、商工会議所の女性部が彩り鮮やかな「鍛冶屋鍋風パエリア」を創作し、イベントで好評だ。「三木の女性部とも連携できたら」と福田方子《まさこ》会長（64）。山田さんは「地域で愛された組み合わせそのものを残せたら」と話す。

人やモノの交流が今ほど容易ではなかった時代に、運命の出会いを果たしたタコとナス。金物のまちを育んだ名コンビ、猛暑の中でこそ味わいたい。

（２０１８年８月５日掲載）

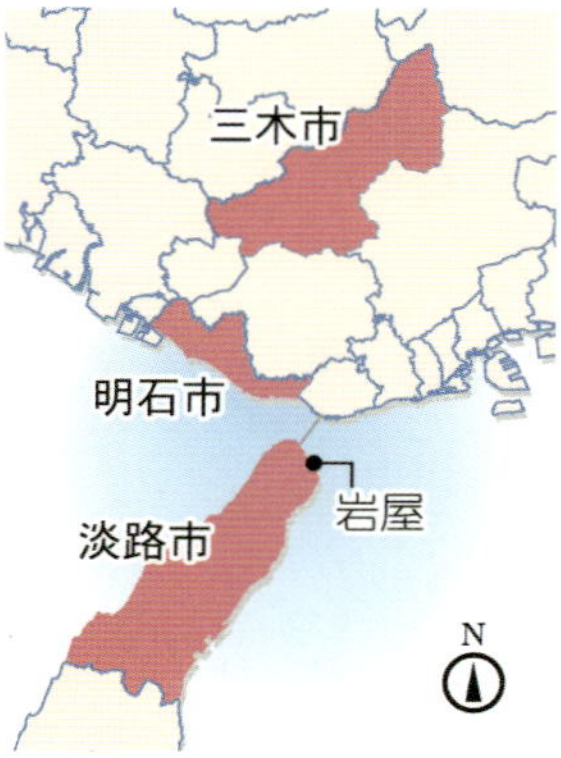

余白の余話

2006～09年に三木支局に勤務して、かの地に「鍛冶屋鍋」なる料理があると知った。

だが、金物職人の連載取材で、80歳代のベテランから「タコとナスは食べるが、『鍛冶屋鍋』とは呼ばん」と聞き、心に引っ掛かっていた。

今回、駄目元で尋ねたところ、人づてに紹介いただき、思いもよらず淡路島にまでたどり着いた。

いつも温かい五国。兵庫の皆さん。タコとナスの相性、絶妙です。

4

線香とマッチ

どこからともなく、線香の香りが漂ってくる。

播磨灘に面した港町・淡路市江井。終戦直後、進駐軍の兵士が立ち寄った際、「きょうは誰か偉い人の弔いをしているのか」と尋ねたという。今でも車の窓を開けていると、香りで町内に入ったことが分かるほどだ。

「お盆前が最盛期です」。創業72年の精華堂専務、平川善統《へがわよしのり》さん（41）の言葉に力がこもる。工場は漁船が並ぶ江井港のすぐそばにある。幕末に始まり、国内一の生産量を誇る淡路の線香。冬、播磨灘から吹き寄せる強い西風が線香の乾燥には最適だった。昔ながらの作業場には、風の量を調整し、乾燥に生かすことができる「ベカコ」と呼ばれる格子窓が今も残る。

先祖迎えの準備が各地で進む。「線香は香りをお供えする、ご先祖さまのお食事。ともして自らのルーツに思いをはせてほしい」。島人の願いを乗せ、潮風が郷愁を運んでくる。

■　■

日本一の線香生産量を誇る、香りの島。その歴史は、はるか１４００年前にさか

ピークを迎えた線香作り。昔ながらの手作業も残る＝淡路市江井、精華堂

のぼる。

「推古三年夏四月、沈水《ぢみ》、淡路嶋に漂着れり」

日本書紀には、推古天皇の時代に香木が伝来し、淡路島に流れ着いたとある。「沈水」とは東南アジアの香木・沈香《じんこう》のことだ。淡路市尾崎の枯木《かれき》神社は、浜辺に流れ着いた香木を祭る。切ろうとすれば体調を壊し、沖に流しても戻ってきたと伝わる。

播磨灘沿いにたたずむ枯木神社＝淡路市尾崎

「私もね、御簾《みす》越しにしか見たことがない。ご神体やから、のぞいて見るもんでもないでしょ」。濱岡宏宮司（79）は敬意を表する。

江戸後期の1850（嘉永3）年、江井（現淡路市）の染め物店が、線香の生産が盛んな泉州の堺で技術を学び、職人を連れ帰った。原料となる杉の葉を仕入れ、冬は強い季節風で海が荒れて出港できない船乗りらの副業として広まっていった。

線香を束ね、帯を付ける作業が進む＝淡路市江井、精華堂

「今でも町全体で線香を作っていますよ」と精華堂専務の平川善統さん。線香を束ねるのは食料品店、箱を折るのは理髪店。作業を分け合うつながりも、発展の鍵だ。

「嗅ぐ」でなく、「聞く」。香りをそう表現する。原料は、複雑で多様な香りが求められるにつれ、世界各地から輸入。椨《たぶ》の木を主原料に、中国やインド、東南アジアから白檀《びゃくだん》や桂皮《けいひ》、麝《じゃ》香《こう》、丁子《ちょうじ》などを仕入れ、油や合成香料と混ぜ合わせる。その「調香《ちょうこう》」は門外不出で、極秘の調香帳は金庫に入れて保管している。

約30年前に自動製造機が普及し、工程は様変わりした。それでも、標準よりも太くて長い特殊な線香には手作業が残る。入社9年目の御幸宣孝《みゆきのりたか》さん（31）は、竹べらでまだ軟らかい線香の端を切りそろえる「盆切り」や、切りそろえた線香を並べる「生付《なまつ》け」を先輩から教わった。「難しいけど、手作業でないとできない線香もある。どんどん覚えていきたい」。作業は流れるように進む。

■■

線香と同じく、お盆前に繁忙期を迎えるのがマッチだ。国産の約9割が兵庫県で作られていることは、あまり知られていない。

姫路市東山にある日東社の工場を訪ねた。「ドドドドド」。巨大な連続自動燐寸《マッチ》製造機のごう音が響く。金属板に差した軸木を移動させながら薬品を付けて乾燥させていく。稼働7時間で、40本入りなら約40万個分を作ることができる。

「線香に火をともすには、マッチの方がええというお客さんは多い」と取締役会長の大西壬《あきら》さん（83）。

国内でマッチの本格的な生産が始まったのは明治初期。製品の輸出に便利な港がある神戸が一大生産拠点となる。神戸で造船や鉄鋼の産業が発展するのに伴い、マッチ生産は西の姫路へと移った。

戦後、輸出量は減ったが、喫茶店やホテルが無料配布する広告用マッチの需要が増加。だが、１９７０年代に使い捨てライターが急増するなど状況は一変する。総生産量も落ち込み、マ

国内で3社しか稼働させていない自動燐寸製造機＝姫路市東山、日東社

ッチ作りから撤退するメーカーが相次いだ。

一貫生産を手掛けるのは国内で3社のみ。うち2社が姫路だ。日東社も紙おしぼりなど事業を広げたが、「最後の1社になっても、マッチ作りを続けたい」と大西さん。温かみを感じさせる道具への愛着は深い。

■　■

線香とマッチ。業界も生き残りをかけ、新分野への進出や新製品の開発に懸命だ。

兵庫県太子町の神戸マッチは線香メーカー大発《だいはつ》（淡路市）、デザイン事務所「TRUNK　DESIGN」（神戸市垂水区）とコラボし、マッチとお香を一体化させた「hibi《ひび》」を3年前に発売した。見た目はマッチだが軸木がお香で、マッチのように擦って火をつけると香りが楽しめる。

10分間、煙から出る香りを楽しめる「hibi《ひび》」＝兵庫県太子町鵤、神戸マッチ

神戸マッチ代表取締役の嵯峨山真史《まさふみ》さん（50）は「マッチを擦る行為や文化を残したかった」と話す。斬新な発想が評判を呼び、海外25カ国にも出荷。「初めて擦って火をつけた」という人も少なくない。

線香業界も海外に目を向ける。欧州の雑貨市に出展したのを機に注目が高まり、10カ国以上に香り関連の商品を輸出する。兵庫県線香協同組合の新開正章事務局長（66）は「淡路島の香りを世界中に広げていきたい」と夢みる。

マッチを擦る。線香をともす。日々の生活で使うシーンはめっきり減った。それでも、ええもんをしっかり作る。気概の炎、いまだ消えず。

（2018年8月12日掲載）

余白の余話

線香もマッチ作りも、大事な時期がお盆だ。各地で先祖供養の行事が営まれる。マッチを擦って線香にともし、たなびく煙を見つめれば、時間がゆっくりと流れる気がする。

最近は、線香のともし方を知らなかったり、マッチを擦った経験がなかったりする子どもが増えているらしい。京都府宮津市の母の実家では毎年夏、山あいの墓前で、マッチで線香をともすのが決まりだ。今年のお盆休みには、幼い娘たちを連れて体験させてみよう。

5 そうめん

真夏の日差しが、緑に覆われた山あいの川面に注ぐ。踊るような水と光のきらめきに、32本の細長い影が重なる。

「ほら、来たよ」「取れた、取れた」。せせらぎを打ち消すように、歓声が響く。高さ数メートルの地点で、渓流をまたぐように樋《とい》の列が連なっている。

宍粟市波賀町戸倉の「滝流しそうめん」の売りは、約30メートルという距離にある。対岸から手元に届くまでたっぷり30秒。氷ノ山の雪解け水に冷やされた麺が、待ちわびた客の喉を潤す。

長さも一級、自然豊かな環境も、32席という規模も一級の流しそうめん。もちろん、麺も一級品だ。

兵庫県を代表する特産品「揖保乃糸」。手延べそうめんで全国最大のシェアを誇り、知名度も抜群だが、ブランド名の由来は意外と知られていない。そもそもの等級では、1番どころか、5番手の銘柄だったというのだ。

■　■

油が染みた木の床板が鈍く光る。眠っているかの

長～い樋を、そうめんがゆっくりと滑る。「まだかな、まだかな」。家族連れが待ちわびる＝宍粟市波賀町戸倉、滝流しそうめん

透き通るような白さも、揖保乃糸のこだわり。資料館「そうめんの里」では、箸で麺を延ばす作業を見学できる＝たつの市神岡町奥村

ように静かな数種の機械。小麦粉をこねる、細くする、よりを掛ける。役割はそれぞれ異なるものの、夏が終われば一斉に動きだし、特産の「揖保乃糸」を生む。

「春からのシーズンオフもじきに終わり。また、午前2時半起きの生活や」。明治期から続く「伊豆原製麺」（たつの市）の5代目、伊豆原悦伸さん（63）が笑う。

冬の冷たく乾いた空気の中、綱のような生地を丁寧に延ばしていく。しこしこと歯応えがあり、喉越しのさっぱりとした腰の強いそうめんとなる。機械化が進んだとはいえ、手延べのこだわりは、今も昔もその細さにあるといっていい。

揖保乃糸の製造・販売を仕切る兵庫県手延素麺《そうめん》協同組合（同市）によると、生産量の8割を占める「上級」の太さは0・7～0・9ミリ。熟練者が手掛ける「特級」は0・65～0・7ミリで、最高級の「三神《さんしん》」は0・55～0・6ミリとさらに細い。

ただ、草創期の等級は異なる。1894（明治27）年の基準では、1等が「三神乃糸」で、「聖《ひじり》乃糸」「三幡《みはた》乃糸」「誉《ほまれ》乃糸」と続き、5等にようやく「揖保乃糸」が登場。今でこそ唯一無二の統一銘柄も、当時はランキング下位の等級の名称でしかなかったわけだ。

組合の天川亮さん（42）が説明する。「技術や労力を考えると、基準の厳しい1等を量産できない。業者にとって最も安定的に生産しやすかったのが揖保乃糸であり、ブランドとして定着していったようです」

昭和初期まで、ほぼ全ての工程を人力で賄っていた揖保乃糸。職人は朝早くから夜遅くまで働きづめで、「作業唄」を歌って寒さと眠気を紛らわせていたそうだ。

〽そうめん師殺すには刃物はいらぬ　雨の10日も降れば死ぬ
〽雪の肌えに赤帯締めた　姿かわいや揖保乃糸
〽色で迷わし　味では泣かし　ほんにおまえは揖保乃糸

歌詞ににじむ辛苦と愛情、そして誇り。多彩な調理法のＰＲや海外の販路開拓など、確立したブランドの展開が進む一方で、

定番の「冷やし」、チャンプルー、のり巻き…。さまざまな料理に使われるそうめん＝たつの市神岡町奥村

独特の節回しは消えかかっている。

■　■

茶、納豆、ごま油、しょうゆ…。

7～9世紀の遣唐使が持ち帰り、普及したと伝わるものは多い。その一つが小麦粉を練ってより合わせた「索餅《さくべい》」で、そうめんの原形とされる。京都や奈良の寺院を中心に生産され、小豆島（香川県）や島原（長崎県）など、手延べの産地へ伝わった。

揖保乃糸の播磨では、室町期以降に定着した。生産に適した揖保川の軟水と、流域の豊かな農地。小麦粉をこねる工程で使う塩も、赤穂など近場で調達できたため、多くの農家に裏作として広がった。

兵庫県内では、摂津にも伝来の記録が残るが、今もそうめんの組合があるのは播磨のほか、淡路だけだ。鳴門海峡を望む南あわじ市福良周辺で江戸後期、冬の荒天で沖に出られない漁師の副業として始まったという。

どちらも、そうめんの〝総本山〟大神《おおみわ》神社（奈良県）の分社をまつるなど共通点がある。だが、播磨の製造業者が宍粟、たつの市などの約４３０社に上る一方、淡路では、ピーク時の１００社超が、後継者不足で現在は14社まで減っている。

■　■

今月5日、神戸市灘区の飲食店で、淡路そうめんの普及イベントがあった。常連客らが、長さ8メートルの樋を囲み、流し

そうめんに舌鼓を打つ。

店内の販売コーナーには、ラベルのない袋詰めのそうめんが並んだ。直径0・3ミリ程度で、触れただけで折れそうなほど、とにかく細い。淡路の組合でも、「北原製麺所」だけが、数軒の料亭に卸すために生産する幻のそうめん「先岳糸《せんがくいと》」だ。

「産地の規模は大きくないが、技術は高く、手間を掛けたこだわりの商品も作ることができる」

イベントを企画した南あわじ市の地域おこし協力隊員、小林康悦《やすよし》さん（56）が魅力を話す。今はまだ余剰品の試し売りの段階だが、将来の商品化を見据え、同製麺所に増産を提案しているという。

兵庫の旧五国で最も豊かだった播磨と、「御食国《みけつくに》」の看板で集客を強化する淡路。兵庫が織りなすそうめんの糸は、それぞれの特性を受け継ぎながら、時代を紡いでいく。

（2018年8月19日掲載）

幻の淡路そうめん「先岳糸」（手前）。主力商品「御陵糸」（奥、太さ0・7～0・8ミリ）と比べると、その細さが際立つ

PRイベントで淡路そうめんを味わう女性客ら＝神戸市灘区稗原町1、にはとりや六甲道店

余白の余話

三神、聖、三幡…。かつて「揖保乃糸」を従えた銘柄の由来も、ローカル色にあふれて面白い。

2等の「聖」は聖ケ丘（姫路市林田町）の地名から。「三幡」は林田川沿いの三つの八幡神社、「誉」は、たつの市誉田町の祭神から付けた。

揺らん期の気概にあふれるのが1等の「三神」。大神神社の三つの鳥居にちなみ、三輪そうめんを追い越す願いが込められていたという。

でも、一番分かりやすく、しっくりくるのは…、はい、ご一緒に。〝そうめん、やっぱり〟揖保乃糸〜。

6

異名多き　川すそ祭り

真夏の長い日が落ちて、川をゆらゆら、灯が滑る。

8月5日、丹波市氷上町本郷。灯籠流しが、加古川のほとりに古くから伝わる川裾《かわすそ》祭りに風情を添える。

川の中の踏み板は四隅に青竹が立つ斎場だ。手から離れた紙灯籠は、葛野川との合流点へ。川は出合いを繰り返し、瀬戸内海へと注ぎ込む。

「3年前までは、祭壇も川の中にこしらえてましたが、人が減って…」と上田三雄自治会長（68）。世話役の川裾講中は、神棚を堤防に上げ、祭日も8月3日の固定から日曜に変えた。

川に向いた神棚の前で、大祓詞《おおはらえのことば》が奏上される。

本郷は江戸時代、加古川舟運の終点として栄えた。「川裾祭りもこのへんでは一番古いんと違うかな」。玉串をささげ、上田さんがそう話す。

瀬戸内側ではなじみがないが、実は丹波から但馬、北西播に広がる川裾祭り。だが、川下《かわすそ》、川禊《かわそそ》、川濯《かわそそ》…と名前はさまざま。一体、何が違うのか。

■　■

夏のかげろうが見せる幻か。

「川裾大明神」ののぼりが立つ川を灯が彩る。夏の疫病や婦人病に効験があると信仰された＝丹波市氷上町本郷

浜坂の川下祭りのお旅所。麒麟獅子舞の奉納が終わり、参拝が始まる＝兵庫県新温泉町芦屋、浜坂県民サンビーチ

ビーチにこつぜんと現れた祭殿。それは、但馬三大祭りの一つである川下祭りのお旅所だ。

兵庫県新温泉町浜坂。鳥取に近い漁師町では7月の海の日までの3日間、神輿《みこし》や鉾《ほこ》などの山車、芸屋台が練り歩き、祭りの熱気に包まれる。

「お旅所は岸田川尻の砂浜だったが、台風で砂が流れてしまった」と宇都野《うつの》神社の中島政邦前宮司（69）。河口から数百メートル西のビーチに移ったのは、２００７年のことだ。

婦人病に霊験あらたかといわれ、下半身に砂をかけたまま夜通し祈る奇習「砂ごもり」もとうに廃れた。おこもりは「因幡《いなば》の山間部から来る人が多かった」という。砂にぺたんと座る高齢者は今もあるそうだが、辺りは花火目当ての人がもっぱら。祭りも時代の波に洗われる。

だが、「昔ながらの『砂盛り』をするところがある」と同神社総代の岡部良一さん（71）は言う。

神輿行列の後を追うと、あった。

元庄屋という屋号の家。広間の前の道にこんもり二つの砂山があり、雲を表す塩が降りかかる。

「うちから始まった祭りだと聞かされてるので、ようやめません」と羽織姿の松岡偉雄《いさお》さん（49）。巡行の麒麟獅子《きりんじし》や神船も、厄払いの門付けに一層力を入れる。そしていよいよ大きな茅《ち》の輪《わ》のアーチをくぐって、お旅所へ。神輿が砂煙を上げて練り合い、麒麟獅子が舞を奉納する。

「浜坂のカワスソさんは、京都の祇園さんと合わさり大きくなった」と岡部さん。江戸時代、宇都野神社は牛頭《ごず》天王社といい、祇園信仰の神を祭る。岸田川の河口に流す茅の輪は夏越《なごし》の大祓《おおはらえ》の行事だ。

京都の影響は、浜坂が天領だったことによると考えられる。それに対し、麒麟獅子舞は因幡系の獅子舞。「あちこちの文化が融合しているのが、ユニークなところです」

河原田の川禊祭り。豪雨被害のため川での神事はやめ、玉串だけを流す＝宍粟市一宮町河原田

■　■

川禊祭りがあるのは宍粟市一宮町河原《かわはら》田《だ》。2018年7月の西日本豪雨で揖保川の支流が氾濫した地区だ。

「災いを避けるために禊《みそ》ぎをするが、皮肉にも水害が出てしまった」と進藤千秋宮司(69)。7月の30日、ほこらを川の合流点に作るのは取りやめ、祝詞は八幡神社で。玉串だけは例年通り川へ流し、手をそそぐ。

市島の川裾祭り。橋の上の茅の輪をくぐり、ほこらに参拝する＝丹波市市島町市島

川濯祭りと呼ぶのは豊岡市日高町浅倉。兵主《ひょうす》神社の摂社、水《み》無月《なつき》神社から神輿が出て、円山川に漬かる。祭日の30日は平日。「担ぎ手がぎりぎりで、今年は無理かと思った」と総代の秋山孝太郎さん(74)。今でも川に入る風習を守るのは珍しい。

「川合三《かわっさん》」の字を当てているのは多可町八千代区中野間。加古川水系の3本の合流点に川下《かわしも》神社がある。そのうち大和川の上流、同区大和の小さなほこらは「川しろ神社」だ。杉原川が流れる同町加美区では寺内や箸荷《はせがい》に「川裾神社」が。その上流の轟《とどろき》では「河上神社」参道の石の祭壇にほこらを仮設するという。

川裾祭りも丹波市内で少しずつ、かたちが違う。

市島町市島では竹田川に架かる橋の欄干に祭壇を設け、カヤで屋根や壁を覆う。氷上町成松では葛野川の堤防に「川裾大明神」の碑があり、祭日は幕を巡らせた神座も建てる。柏原町の柏原八幡宮では鳥居の前の御手洗《みたらし》川に祭壇を置く。お供え物や御幣を載せた葦《あし》舟の下に座るのは、なんと河童《かっぱ》の像だ。

成松の川裾祭り。川裾大明神の石碑が堤防に立つ＝丹波市氷上町成松

■■

川すそ祭りとは何なのか。

「民間行事だから、記録はあまり残らない」と篠山市の民俗学者久下《くげ》隆史さん(69)。本質は清めの行事で旧暦6月(水無月)末の大祓が時期的に取り込まれたとし、川の合流点は「祓いの力の高い禊ぎの場」だと指摘する。婦人病の神とする由来も明らかでないが、「そそ（女陰）」の語や川が交わる土地の形状からの連想と考える人もある。

信仰の分布は意外にも「兵庫県の次に北海道が多い」と北海道博物館の舟山直治学芸部長(60)。道南では1600年代から祭られ、明治期に小樽方面に北上。本州では兵庫から北陸にかけて点在しており「北前船を通じた交流の一端」と推測する。北海道では祓いの神から安産の神となり、「神様の性格は地域によって変わっていく」とする。

水上の道を船は行く。船が走れば人が動き、人が動けば文化も動く。カワスソさんも流れ流れて行く先の、水に合わせて変わりゆく。

（2018年8月26日掲載）

余白の余話

播州方面には「川スソ祭り」があるが、枯木《かれき》浜には瀬戸内唯一の奇祭「潮浴び祭り」がある―。そう案内板に記すのは、淡路市の枯木神社だ。例祭は7月土用の丑《うし》の日。浜辺の子宝石に座り潮浴びをすると健康になる、という。

この日、水に浸る習慣は全国にあり、神戸では夏病みをしないと盛んだった。京都の下鴨神社の御手洗祭も同様。禊ぎの名残と考えられている。

柏原八幡宮の川裾祭も別名、御手洗祭。とかく夏の祭りと水の信仰は結びつきが深い。

7 塩作り

柄振りを操り、釜の中の塩を集める子どもたち＝赤穂市御崎、同市立海洋科学館・塩の国

まるでサウナだ。

昔ながらの塩作りを再現した赤穂市立海洋科学館・塩の国（同市御崎）にある釜屋は、記録的猛暑だった２０１８年の夏が涼しく思えるほど、桁外れに蒸し暑い。

この日は、月に２回ある釜焚《た》きの実演日。かやぶき屋根の下で、縦２・４メートル、横３メートルの大釜が煮えたぎる。海水の塩分濃度を高めた「かん水《すい》」を３時間煮詰め、塩の塊を作り出す。

家族連れら約50人が汗を浮かべながら、スタッフの岩崎昌弘さん（62）の説明に聞き入る。「柄振《えぶ》り」という道具を操り、水分をたっぷり含んだ、出来たての塩を押し集めた。

姫路市立旭陽小学校５年の嶋根淳朗君（10）は「塩が重たかった」とぽつり。塩田で働いてきた「浜男《はまおとこ》」たちの苦労が身にしみた。

「塩だけに、この仕事は甘くないでしょ？」と岩崎さん。

うん。確かに、塩辛い。

■　■

岩塩や塩湖が豊富な大陸と違い、日本では海水から塩を作るほかなかった。海水の塩分濃度は約３％しかない。いかにその濃度を高め、効率よく塩を取り出すか。日本人は長きにわたって闘ってきた。

塩作りの先進地であり、現在も盛んな播州赤穂。江戸初期から、沿岸部で従来の製塩を発展させた「入浜《いりはま》塩田」が確立され、全国へ広まっていく。

入浜塩田は、干満差が約1～2メートルと程よく、波が穏やかな瀬戸内海の特徴を利用した製造法。遠浅に堤を設け、満潮時に海水を引き入れる。塩田の砂にしみ込ませ、太陽熱で水分を蒸発させ、煮詰めて塩を作り出す。

人力で海水を塩田に運び込む必要がない画期的な手法は、備前、安芸など瀬戸内10カ国に広がり、江戸期にはこの「十州塩田」が国内8～9割の生産を賄った。北は宮城、南は鹿児島まで、赤穂の技術者が請われて〝赤穂流〟を教えに行ったとの記録も残る。

戦後間もない赤穂市沿岸部。見渡す限りの入浜塩田が広がる

塩の歴史に詳しい赤穂化成（赤穂市坂越）の上席執行役員、横山博好《ひろよし》さん（65）は「赤穂の塩は船で江戸に運んでも目方があまり減らんかった。だから重宝がられた」と、その質の良さも誇る。千種川河口の東側は東浜と呼ばれ、にがりを多く含み大量消費に適した「差塩《さしじお》」を江戸へ。西側に広がる西浜はにがりが少なく高級とされた「真塩《まじお》」を大坂や京へ。赤穂塩の名声はとどろいた。

入浜塩田は戦後、より生産性の高い「流下《りゅうか》式塩田」に変わるまで、実に約300年間続く。昭和40年代には、工場内で電力を使って海水と塩分を分離する「イオン交換膜法」に転換。赤穂など瀬戸内沿岸に広がった大規模な塩田は姿を消した。

塩商品を前に、歴史を語る赤穂化成の横山博好さん＝赤穂市坂越、赤穂化成

■ ■

国は1997年、日露戦争時から92年間続いてきた塩の専売

制を廃止した。この「塩の自由化」により、多様な事業者が参入した。

南あわじ市榎列《えなみ》小榎列の多田フィロソフィもその一つ。江戸時代に綿屋として創業し、畜産飼料の販売などを手掛けた老舗だ。99年、海藻を使った藻塩《もしお》を商品化した。

来ぬ人を　まつほの浦の　夕なぎに　焼くや藻塩の　身も焦がれつつ

じっくりと火にかけて水分を飛ばす。藻塩独特の色合いが目を引く＝南あわじ市榎列小榎列、多田フィロソフィ

小倉百人一首選者の藤原定家が、松帆（現淡路市）を挙げて詠んだように、島と藻塩の関係は深い。古来、塩は海藻そのものを焼いた灰から作ったり、海藻を重ねて海水を注ぎ、かん水を得たりしたと伝わる。淡路島でも近年、遠い昔の塩作りを物語る土器が見つかっている。

「次のビジネスを模索しているときにその歴史を知り、運命的なものを感じた」と11代目社長の多田佳嗣《よしつぐ》さん（52）。製塩工程では南あわじ市沿岸で取水した海水を煮詰め、海藻を入れて加熱する。鍋の中はコーヒーのような黒っぽい色に変わり、磯の香りが漂う。さらに炊き上げて塩を結晶化させる。商品によっては4日間かけて、職人の手でじっくりと仕上げていく。

「テーマは、温故知新です」。島の名を冠した藻塩は東京の高級ホテルなど全国や海外にも出荷し、社のメイン事業に成長した。国生みの島の歴史が塩作りを後押しする。

■■

塩によって人生を変えられた人がいる。

約15カ所のノズルから、勢いよく海水が噴射された。黒いネットをつたいながら、4メートル下に滴り落ちる。繰り返すうち、風や日差しで水分が飛び、少しずつ塩分濃度が高まる。木組みの枝条架《しじょうか》は、昭和40年代まで続いた流下式塩田で用いられた。

洲本市五色町の浜辺にある「脱サラファクトリー」の製塩場。神戸市西区出身の末澤輝之さん（37）が、1人で黙々と作業する。

社名の通り〝脱サラ〟し、6年前に起業。大学卒業後、外食産業などで働き、「食材って何？」と疑問が湧いた。行き着いたのは塩と水。大分で製塩を学び、独学で深め、目の前に広が

手作りの枝条架に、播磨灘から引き込んだ海水が噴射される。末澤輝之さんは「都会とは違って何時に日が昇って沈むかが分かる」と話す＝洲本市五色町

る播磨灘と向き合う。

釜焚きをするのは簡易な小屋。雨の日は作業ができず、播磨灘から吹き付ける冬の西風に悩まされるなど環境は厳しい。それでも「自分で作ったもので喜んでもらえるのがうれしい。死ぬまで続けたい」。あの赤穂の浜男にも似た生き方に、手応えを感じている。

水がもたらす食や営み。その恵みに思いをはせる。食卓の塩をひとつまみ。口にすると、しょっぱさの中に、ほのかな甘みが広がった。

（2018年9月2日掲載）

余白の余話

幼いころ、海水を滴らせる枝条架のそばを通ると、風に乗ったしずくが頬に当たった。赤穂市では、そんな昭和の思い出を語ってくれる人たちによく出会った。

塩田は失われたが、今も製塩の街。行政は塩ブランドに磨きをかける。升の生産で知られる岐阜県大垣市とタッグを組み、塩を置きやすい升を開発し、塩をさかなに日本酒を楽しんでもらう取り組みも進む。先進地の誇りとともに、塩の記憶はこれからも上書きされていく。

合体変身　激レア屋台

兵庫県新温泉町浜坂の「川下祭り」は、県内に60以上（廃絶含む）ある川すそ（川裾、川濯、川禊）祭りの中でも、規模が大きく、よく知られる。その宵宮に登場する「京二屋台」は、激レアの「移動組み立て式歌舞伎屋台」だ。

京二とは、浜坂の京口2丁目地区。屋台はかつて浜坂に4台、諸寄に3台あったが、1955年頃までに廃れてしまった。

名前の通り、地区の人が組み立て、祭りが終わると分解する。満願寺の縁の下に保管していた屋台が再発見され、京二屋台として復活したのは75年のこと。81年には新屋台が披露された。

屋台は宵宮の午後6時、JR浜坂駅をスタートし、午後9時まで地区周辺6カ所を回る。子どもが綱を引く屋台が止まると、2階建ての大屋台の前に、平台の小屋台がドッキング！　2階の舞台から役者が下りてきて芝居をする、花道のような構造だ。

舞台付きの芸屋台は丹後・宮津や若狭・小浜、越前・敦賀や加賀・小松などにあり、分布には北前船による交流が考えられるという。

農村歌舞伎の舞台が多く残り、屋台文化が盛んな兵庫県だが、京二屋台のような形態は珍しく、現役は他にない。2018年の出し物は、鳥取の傘踊りや歌謡ショー、ヒップホップダンスなどだったが、播州歌舞伎をぜひ見たい。

京二屋台は地区で組み立てて地区で引く、民俗行事の形を今もとどめる＝兵庫県新温泉町浜坂

シン・ゴコク 余話

祭りで紋が異なる神社

浜坂の川下祭りがあるのは、今でこそ県民サンビーチだが、以前は岸田川河口の砂浜。しかし、川すそ祭りがあるのはたいてい、川の合流点だ。

浜坂でもその昔は、味原川と三谷川が合流する三谷赤坂で祭られていた、との伝承がある。秀吉軍に追われて久斗山に住み着いた武士が久斗川の合流点でお祭りし、徳川時代に山から出てくると三谷赤坂で祭っていたが、寛文2（1662）年に宇都野神社に合祀されたのだという。

その武士の子孫の姓が橘で、だから宇都野神社の川下祭りの紋は橘なのだという説も。秋祭りの紋は抱き柏で、牛頭天王の本社といわれる姫路の広峰神社の神紋である。夏と秋とで神紋が違う不思議も興味をそそる。

川下祭りの最終日、還御祭では、釜に湧かした湯を茅の輪にかけて邪気を祓う「お釜清め神事」が執り行われるが、茅の輪は今も、ビーチから岸田川河口へと運び、流される。

第８部

祭り不易流行

播磨の「屋台」丸わかり

播磨の祭り、言うたら屋台や！
たこ焼きとかりんごあめとかね。何買うの？
その屋台とちゃう！
あのおみこしみたいの？　あれを描くの？
屋台はかくもんや！
みこしとちゃう！　かく、は担ぐことや！
…こんな勘違いをしている人はいませんか？
屋台は播磨や兵庫県内、瀬戸内周辺に広がる祭礼。
「屋台文化の基礎知識」を身に付けると、各地の祭りを見る楽しみも倍増です。

神輿屋根がすごい！

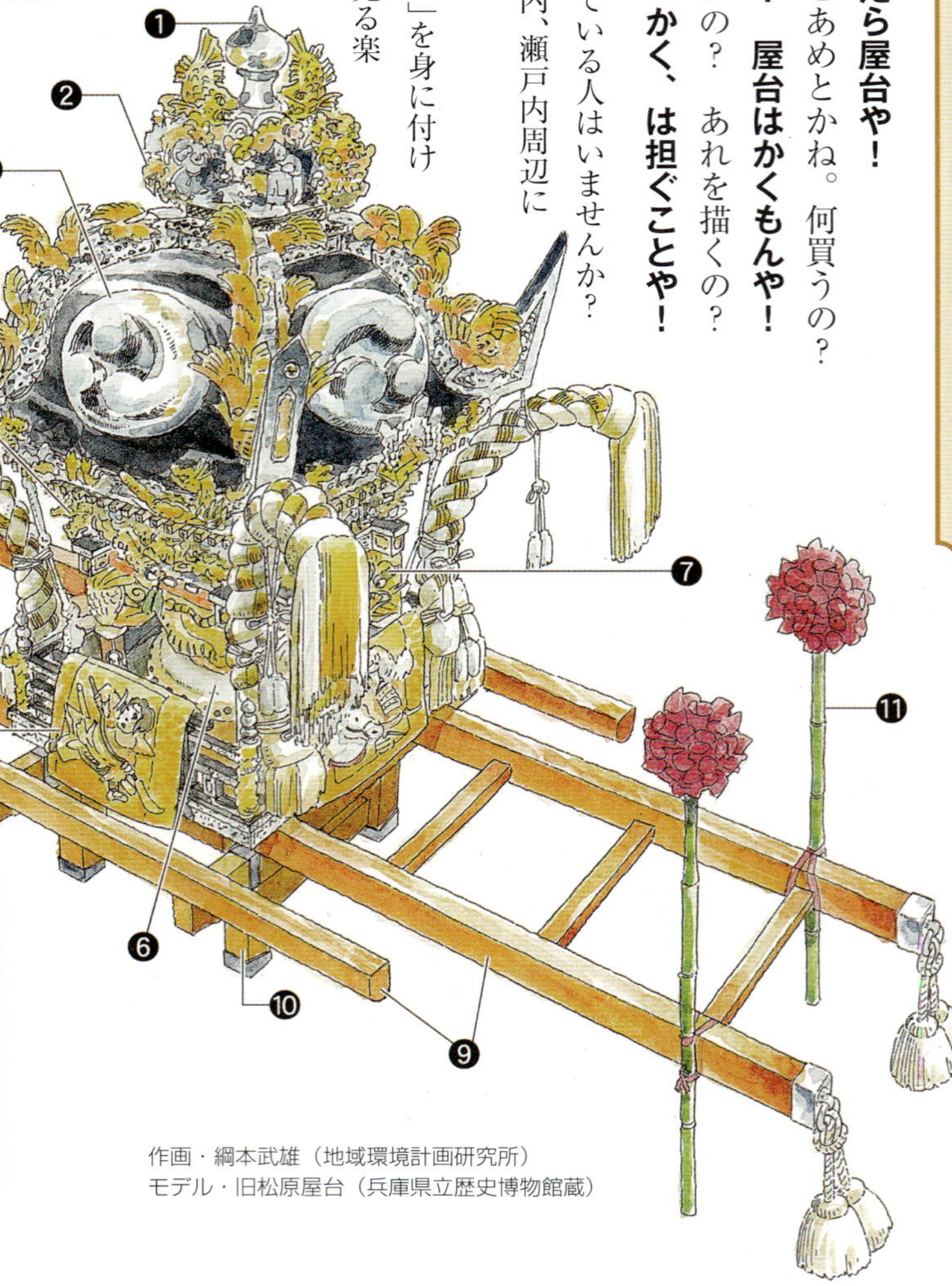

作画・綱本武雄（地域環境計画研究所）
モデル・旧松原屋台（兵庫県立歴史博物館蔵）

刺しゅうの美！

■屋台とは　…練り物の一種

神様の乗り物である「神輿《みこし》」に対し、神様に芸能を奉納する練り物の一種で、太鼓を載せた台を井桁組みの棒で担ぐ。車輪で引っ張る「だんじり」とは異なる。18世紀半ばには存在し、播磨には幕末ごろから広がった。但馬北部を除く県内で広く見られる。

■呼び名　…地域でまちまち

「屋台」と呼ぶのは姫路周辺の西播磨。掛け声から「ヤッサ」とも言う。東播磨では「タイコ」。音から「ドンデンドン」の呼称もある。一方、淡路では「（かき）だんじり」が屋台を指し、ややこしい。丹波では「太鼓山」「太鼓神輿」など。

■形態　…神輿屋根と布団屋根

神輿屋根は姫路を中心に西播磨でのみ主流の特殊な形態。市川を北上して北は神崎や和田山、東は高砂に及ぶ。漆屋根に飾り金具、軒下には狭間彫刻と豪華な装飾が発達する。

大多数を占めるのは布団型。それも、「平布団」と四隅をつまみ上げたような「反り布団」の2タイプに大別される。

平布団は明石から三木、三田へ至る。枚数にバリエーションがあり、標準的なのは「赤3枚」だが、淡路は「5枚」。そのためか、明石には「5枚」がわずかに残るほか、「一丁マカセ」といわれる

高砂では反りが急角度に。色も形も派手だ（曽根天満宮）

姫路の市川流域では神輿と反り布団の混交も（竹宮神社）

屋根の形にバリエーション

❶擬宝珠《ぎぼし》　神の威光を表す金属製の玉
❷露盤《ろばん》　擬宝珠を支える精緻な細工の屋根飾り
❸紋《もん》　地区の象徴や神紋をデザインした金具
❹狭間《さま》　平家物語などの場面を立体的に彫刻

狭間
彫刻の技！

❺伊達綱《だてづな》　四隅に付け、房の揺れが練りの躍動を表す。姫路・網干周辺では金襴《きんらん》の「隅絞り」が主流
❻太鼓《たいこ》　ブイやバイと呼ぶ地区独特のバチを使用
❼水引幕《みずひきまく》　竜虎などを刺しゅうした四本柱を囲む幕
❽高欄掛《こうらんがけ》　乗り子が座る欄干の四面を飾る刺しゅう
❾練《ね》り棒《ぼう》　屋台を担ぐ本（内）棒や脇（外）棒
❿泥台《どろだい》　脚部。差し上げたり担いだりする荒技も
⓫シデ棒《ぼう》　紙の飾りがついた青竹で、屋台を先導

明石・和坂地区の「一丁マカセ」はレアな1枚（林神社）

神戸・垂水は旧播磨国。赤3枚の平布団だ（海神社）

■ 兵庫県の屋台分布地図

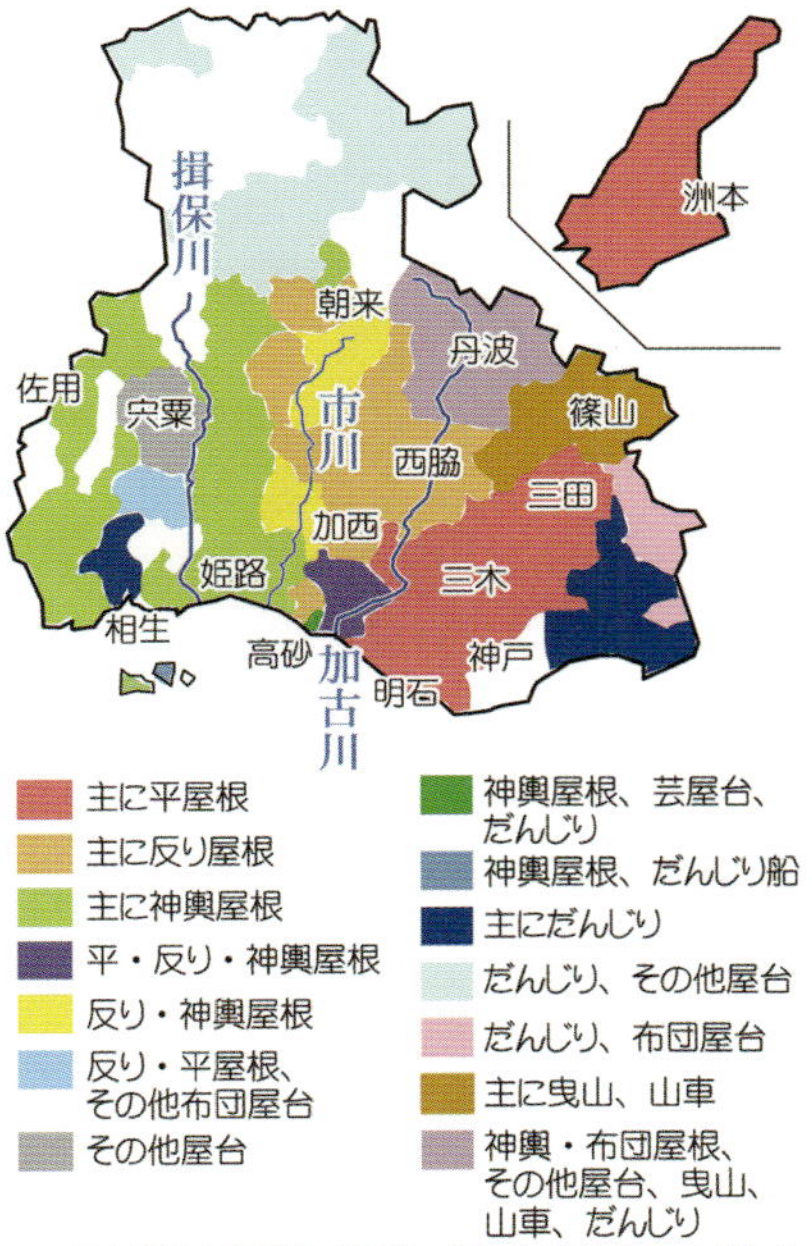

兵庫県教育委員会「播磨の祭礼」（2005年）より作成

加古川・旧大野村の「ちょい反り」（加古川総合文化センター）

淡路のかきだんじりは5枚布団（育波八幡神社）

珍しい「1枚」がある。

反り布団は東播磨から加古川をさかのぼり、西脇や丹波・山南付近へ広がる。明石や加古川にも「ちょい反り」はあるが、西寄りでは角度がきつさを増して、派手さが際立つ。

布団の色も、赤に限らない。白や青、緑や紫などの屋台が勢ぞろいする地域があれば、3枚が「赤・黒・赤」や「青・白・赤」などに多色化する地域も。電飾は布団でも神輿でも少なくない。

◇　◇

屋台は発祥地とされる大阪から、愛媛・新居浜に代表される四国各地、中国・九州地方の港町にまで広がるが、兵庫県は数と種類で群を抜く。分布の境界域では異なるタイプの〝同居〟が見られる。丹波や北摂には木造の「切り妻屋根」、神戸市西区には「笹《ささ》屋根」など祖型的な形態のものもあり、五国から成る風土の多様性を感じさせる。

1

音を継ぐ

空は高く、青い。

９月16日、姫路市飾磨区須加、浜の宮天満宮。氏子地区の一つ、天神町《てんじんまち》で28年ぶりに新調した屋台の入魂式があった。漆塗りを施す前の真新しい白木の屋台は、重さ１・５トンの先代から二回りも大きくなった。

神事が終わると、境内は身動きが取れないほどの人であふれた。新屋台で初となる市重要無形民俗文化財の妙技「台場差し」。安政２（１８５５）年に始まったとされ、天神を含む４地区が受け継ぐ。

24人の男衆が屋台の土台に当たる「泥台」と「角《つの》」を支え、両腕を伸ばして高く差し上げる力技。差し上げている間の太鼓の音を数える。約１００人いる練り子から24人に選ばれるのは最高の誉れ。しかし、一歩間違えば命に関わる。

「はよ、乗れ」。祭典委員会の筆頭幹事長、姫﨑州平さん（41）の目が光る。視線の先には、この日初めて乗り子（太鼓打ち）の頂点、台場差しの真打ちを担う次男塁也《るいや》さん（18）。準備が遅れたのを見逃さない。塁也さんは慌てて襦《じゅ》袢《ばん》を羽織り、頭巾をかぶって屋台に乗り込んだ。

天満宮の赤いお守りが配られた。白いまわしに挟み込む。

辺りが、水を打ったように静まり返る。

「チョー!」。練り子が本棒と脇棒を押し上げ、屋台を差し上げる。州平さんが叫ぶ。「サー!」。全員が続く。「イー、テー、バー、チョー、サア!」

練り子が屋台を宙に放り投げた瞬間、泥台に潜り込んだ24人が手足をぴんと伸ばす。塁也さんがドンと重い太鼓を響かせる。

「屋台と地面のつっかえ棒になる感覚や」。泥台を支えて約20年、祭典委員長の有元伸一さん(54)は言う。紅潮した背中に噴き出す汗。掛け声の中、無心に歯を食いしばる。

だが、大型化した屋台に呼吸が合わない。雪崩のように倒れた。観衆のため息が漏れる。州平さんが叫んだ。「もう1回やあ!」

「サ、イ、テ、バ、チョーサアアアー!」

ぶつかり合う意地。両腕で頭上に差し止めて静止する。神と人が一体となる瞬間。太鼓は3回を数えた。午後は6回と安定した。

晴れの舞台に懸ける男たちの気概が一つになり、伝統の妙技は新たな歴史を刻んだ。

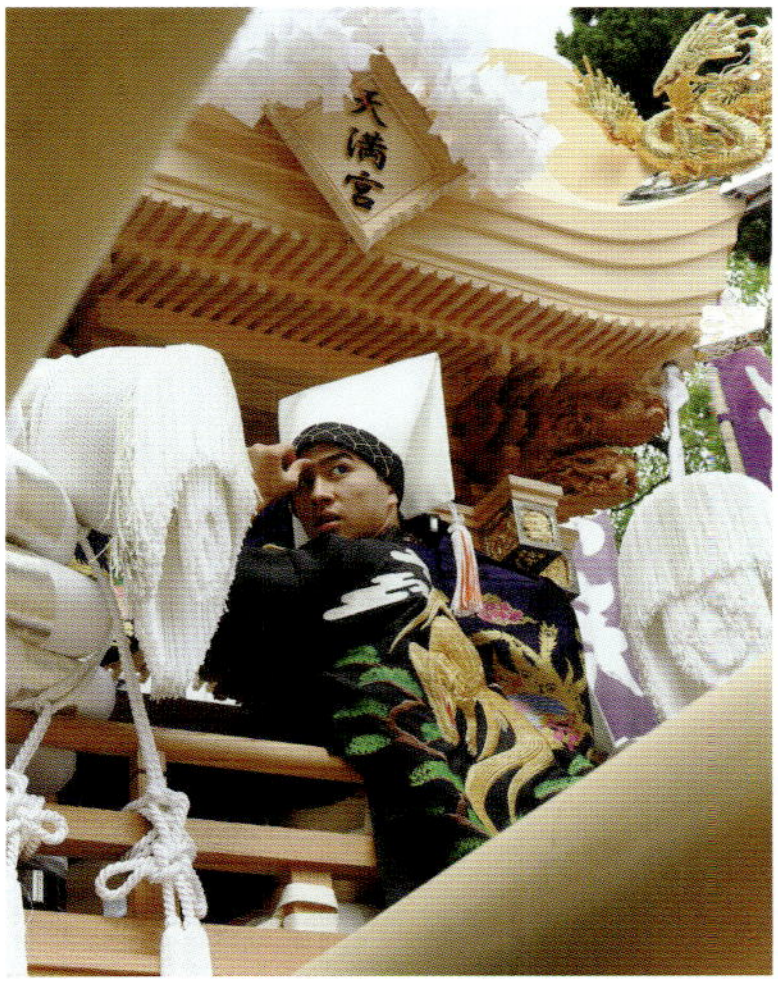

入魂式の日、初めて台場差しの真打ちとして屋台に乗り込む姫﨑塁也さん＝姫路市飾磨区須加、浜の宮天満宮

「サイテバチョーサー」。初めて耳にすると、まじないのようだ。毎年10月8、9日、浜の宮天満宮の秋祭りで披露される「台場差し」には、この不思議な掛け声が欠かせない。一体、どんな意味が?

約45年、在野で祭り屋台の研究を続ける粕谷宗関《かすたにそうかん》さん(73)＝同市飾磨区＝によると、「サイテバ」は「祭典場《さいてんば》」、「チョーサ」は中国語の「招財《チョーサイ》」を語源とする。招財は神輿《みこし》とともに中国から伝わり、めでたい時に使う言葉だという。幼いころ、台場差しをする屋台の屋根下を飾る狭間《さま》彫刻に魅せられ、祭りにのめり込んだ。各地を歩き、宮司らから話を聞いてたどり着いた答えだ。

淡路島の祭りでは「チョーサジャ」の掛け声がある。香川県西部では太鼓台そのものを「チョーサ」と呼ぶ。粕谷さんは「チョーサは祭りの共通語や」と熱っぽく語る。

甲南大の都染《つぞめ》直也教授(59)＝社会言語学＝は、播州を南北に貫く市川を境にした掛け声の変化に注目する。「川の西で『チョーサ』、東で『ヨーイヤサー』が多いのでは」。過去のゼミ生による調査では、屋台の呼び方にも違いがあり、西側は「ヤッ

「サイテバチョーサー」の掛け声とともに、屋台が宙に浮く。白い手袋の24人が泥台と角を必死の形相で支える＝姫路市飾磨区須加、浜の宮天満宮

タイ」、東側が「ヤッサ」。「例外はあるが、川が祭り文化の境界線」とみる。自身は市川の東側、姫路・的形の出身である。

■ ■

「チョーサ」といえば、提灯《ちょうちん》祭りとも呼ばれる魚吹《うすき》八幡神社（姫路市網干区宮内）の秋祭り。毎年10月21、22日、「チョーサ」の掛け声とともに、担ぎ手が屋台を一気に頭上に差し上げ、空中に放り投げる大技で知られる。

網干地方史談会会長の増田政利さん（76）は「幼いころはおもちゃの屋台を作って『チョーサ』をしよった。チョーサを聞けば、『ああ、今年も祭りやな』と思う」としみじみ。網干には「リフレ・チョーサ」という名の市立健康施設もある。それほど「チョーサ」はなじみ深い。

魚吹八幡神社の秋祭りで披露される大技「チョーサ」＝2017年10月21日、姫路市網干区

氏子数で播州最大と言われる同神社。屋台を出す18地区のうち、西土井地区（同市大津区）は「チョーサ」の掛け声を使わない。

元自治会役員の土居教宏《のりひろ》さん（64）によると、明治―大正の約30年間、屋台がない空白期があった。１９２６（大正15）年に新調した際、担ぎ方や掛け声を飾磨で習い、今もその流儀を継承する。土居さんは「掛け声は『ヨーイヤサー』。これが西土井の伝統や」と胸を張る。

ますますの繁栄を意味する「弥栄《いやさか》」などがルーツとされる「ヨーイヤサー」は、松原八幡神社（姫路市白浜町）の「灘のけんか祭り」（毎年10月14、15日）でも響き渡る。

今年の運営を担う「年番」を務める妻鹿《めが》地区の鈴木健太郎さん（36）は「年中、祭りに関わっていたくて」と笑いながら、マイカーのナンバーを指さした。「４１８３」。もちろん、「ヨーイヤサー」と読む。

生後11カ月で法被を着込み、母くるみさん（64）に抱えられて祭りに初参加した。締め込み姿の男たちに憧れ、小学４年で獅子舞の列に加わった筋金入りの祭り好きだ。

実は、くるみさんの車も同じナンバー。「息子と一緒の車屋さんで買い替えたら、勝手に決められとったんよ。ま

「4183（ヨーイヤサー）」ナンバーの愛車を前に、祭りへの思いを語る鈴木健太郎さん＝姫路市飾磨区妻鹿

あ、自分で選んでも４１８３にしとったけど」。家には２台の「ヨーイヤサー」が並ぶ。

■ ■

太鼓の音に、子どもたちの甲高い掛け声が重なる。

姫路市飾磨区天神の屋台蔵。新調屋台の入魂式から３日後の夜、祭り本番に向けた太鼓の練習が熱を帯びていた。小中学生ら約15人が太鼓代わりのタイヤを囲み、先輩の手ほどきでバチを動かす。

祭りが近づくにつれ、世代を超えて熱気が増す太鼓の練習。奥には白木屋根の新調屋台が輝く＝姫路市飾磨区天神

４人の乗り子には脇、副真《ふくしん》、真打ちと階級がある。真打ちにも町《ちょう》練りより宮入り、宮入りより台場差し―と場面ごとに序列がある。練る時の「ヨーイヤサー」、狭い道を行く時の「エンヤーヨッソイ」…。その強弱やリズムを体にたたき込む。

入魂式で台場差しの真打ちを務めた姫崎塁也さんの姿もあった。「もっと４人の息を合わせたい」と精進する。弟に真打ちを譲り、台場差しに入った兄仁《じん》さん（22）が手本を見せる。「練り子の声を聞け」。父州平さんの言葉を、背中で伝える。

親から子へ。子から孫へ。音を継ぎ、心意気を継ぐ。今年も各地で意地がぶつかり合う。はやる心を抑えつつ、ドラマの開幕を待ちわびる。

（２０１８年９月30日掲載）

余白の余話

姫路市飾磨区天神の公民館で、乗り子が手にする太鼓のバチを握らせてもらった。長さ約30センチの木製で、ずしりと重い。「太鼓打ちが下手なら担げへん。練りの良しあしは太鼓で決まるんや」。筆頭幹事長の姫崎州平さんの口ぶりは熱い。

太鼓の練習は夜、子どもたちが帰った後も続いた。新調屋台から繰り出される音に聞きほれる。練習を見守る男たちも何も持たない手を動かし、無意識にたたく所作を繰り返す。恍惚《こうこつ》とした表情には、祭りへの愛情があふれていた。

百花繚乱

秋ともなると播磨路を、祭りの色が染めていく。屋台が豪快に練り歩く。黒く輝く漆塗りの神輿《みこし》屋根に、鮮烈な赤の布団屋根。金銀色の錺《かざり》金具や刺繍《ししゅう》がきらめき、担ぐ男たちの肌も紅潮していく。

赤青黄に緑や紫。青竹の先に色紙の花が咲き誇る。屋台を鼓舞するシデ棒だ。それぞれの祭りで、氏子の地区の数だけシデ棒の色がある。

祭りの色へのこだわりを、染めの技で支える呉服店。播州は「着物も派手好み」だという＝兵庫県福崎町福崎新、志水京染店

「色へのこだわりは強いです」。お祭り用品を扱う兵庫県福崎町の志水京染店3代目、志水泰さん（38）がカラフルな見本帳を広げて見せる。

赤は赤でも一色でなく、明暗濃淡、少しずつ違う。わが地区のシンボルカラーに合った鉢巻きや法被を—という要望に応えるのが、「色をコーディネートする呉服屋の腕」だと話す。

安全祈願の「腕守り」も、好みの色に生地を染める。白が定番の泥まわしにもカラーの注文が相次ぐ。

屋台が練り合う。色彩が渦巻き、さらに激しく燃え上がる。

■■

赤い鳥居が山上に見える。

姫路市内を流れる市川を上流へ。甲《かぶと》八幡神社（同市豊富町）の秋祭りは15台の屋台が出る華々しさだ。

祭りの3週間前、9月16日の朝。山裾の甲池をシデ棒が彩っていく。当番町の赤色に続いて、宮入り順に赤と水色、赤に黄色、青色、黄色、深緑…と15種類がフェンスに立つ。10月7日の本宮ではここにずらりと屋台が並び、甲山を上っていく。

シデ棒立てを指揮しつつ「子どものころはなかったな」と、甲祭会の山本登起男会長（55）。始まったのは平成に変わるころのようだ。

シデ棒は「灘のけんか祭り」など播磨の浜手が発祥といわれる。「江戸後期の祭礼絵巻や絵馬にも描かれている」と、播磨学研究所の小栗栖《おぐりす》健治副所長（64）は指摘する。ただ、色は白と赤くらいで、さほど数も多くない。祭りが大きくなるにつれ、地区の〝色分け〟が進んだとも考えられる。

その色は、実は変化してもいる。灘のけんか祭りで知られる松原八幡神社（同市白浜町）。2018年の年番の妻鹿《めが》地区といえば朱色だが、かつて「妻鹿の紺シデ」の言葉があった。恵美酒宮天満神社（同市飾磨区）の玉地《たまち》地区でも当初の紺を赤に

各地区のシンボルカラーのシデ棒が立ち、祭りを告げる。あふれる色彩が心を沸き立たせる＝姫路市豊富町豊富

変え、今の桃色は1985年からという。シデ棒が内陸部へと拡散していくのも、ちょうどこのころ。今年からプラスチック素材のシデ棒キットを売り出した志水京染店（兵庫県福崎町）によると、注文は「西は龍野、東は明石」と播磨一円に及ぶ。百花繚乱《りょうらん》。ハレの日に心が躍る。

■■

赤でもなく、黄色や青でもなく、「端赤《はしあか》」。それが恵美酒宮天満神社の東堀地区の鉢巻きだ。

白いさらしの端を三角に折って、赤い染料に漬ける。色の生地を買うことが大半になった今でも、700枚前後を毎年手染めし、全戸に配る。

「それが伝統やから」と黒塚賢治自治会長（70）。50年ほど前、屋台の伊達綱《だてづな》を茶色く染めた時期がある。

「鉢巻きも茶色にしてええか、と言うたら当時の会長に怒られてね。ずっとそのまま」と振り返る。

恵美酒宮天満神社の東堀地区は「端赤」の鉢巻き。手染めの伝統を守る＝姫路市飾磨区東堀

飾磨は濃い藍の「かちん染《ぞめ》」で知られた。そんな地元の歴史も思い起こさせる。

軽くねじって横で巻くのは昔風。今は細めに四つ折りし、正面で短く結ぶ。さらに、先をとがったようにカットする人もあり、ピンと立った赤色が勇ましい。

練り子姿といえば、頭に鉢巻き、下は白い泥まわし―だと思いきや、カラーのまわしを見ることがある。

東堀の隣の玉地地区。若手の間で桃色を濃くした小豆色のまわしが、3、4年前から広がる。

「団結力が強くなる」と青年団の藤本一志副団長（24）。まわしの色に決まりはない。繻子《しゅす》のまわしが好まれた時期は紺や黒もあったという。個人持ちなので染め代もかかるが、既に20人

毎年10月8、9日にある恵美酒宮天満神社の祭りには、カラーのまわし姿の氏子も＝姫路市飾磨区恵美酒

ほどに。「よそから見ても、ええなって思うんちゃうかな」
祭りに、新たな彩りを添える。

■■

男衆の左腕に揺れる「腕守り」。灘のけんか祭りでは、無事を祈って妻や恋人から贈るのが習わしだ。

「毎年いろんな色でしょうけど、考えるのが楽しみで」。妻鹿地区の竹内悦子さん（60）が箱を開けると、緑、紫、青と色とりどりの腕守りがぎっしり詰まっている。

布地は半襟。呉服店で、真ん中に「守」の1字、両端に名前と地区名を刺繍してもらうと、袋状に縫い、糸で房飾りを付ける。10月1日が、縫い込む護符を頂く日だ。

カラフルな腕守りは夫婦の歩み。でも、11年前から布地は赤一色だ。屋台が足に落ちて骨折したためで、「赤は魔よけの色というでしょ」。房も重たくないようにと、だんだん短くなってきた。

夫の無事を祈り、毎年手作りしてきた腕守り。結婚前には夫婦鶴の刺繍を入れた＝姫路市飾磨区妻鹿

手作りする人は少なくなったが、腕守りも播磨各地に広がっている。志水京染店には、ぼかし染めにし、房を左右で色違いにするなど凝った依頼が各地から相次ぐ。女性よりも男性にこだわる人が多いという。

播磨の祭りは屋台の祭り。屋台と屋台が力と技の美を競い合う。

「祭りの担い手が盛り上がるだけでなく、観衆も一緒に盛り上がる。それを演出するのが色。華やかさを醸し出す大事な役割を持っている」と小栗栖副所長はみる。

秋は深まり、錦繍《きんしゅう》が景色を彩る。祭りも負けじと華やかに、鮮やかな色を増していく。

（2018年10月7日掲載）

余白の余話

「色彩にもまた一つの近代の解放があった」。そう記すのは、兵庫県福崎町出身の民俗学者柳田国男の「明治大正史 世相篇」である。

天然の色彩の数と、手で染め、装うことのできたものとの隔たりを化学染料が埋め、目に立つ色を避ける意識も変わったとする。

シデ棒などのカラフルな色に、カラーテレビやカラー印刷の影響を挙げる人もいる。より現実に近い色が再現可能だという4K8K映像の時代、祭りの色はさらに変化するのかもしれない。

3

盛衰１２０年

ハレの日を待つ屋台蔵。ひっそりと、ふつふつと＝姫路市飾磨区妻鹿

細い路地が入り組む、昔ながらの街並みが暮れていく。三差路にたたずむ屋台蔵の明かりと熱気が、10月初旬の涼風にたゆたう。

「いち、にのさん」。妻鹿《めが》の男衆が、えんじと金の「伊《だ》達《て》綱」を屋台の四隅に縛り付けている。美しく勇壮に見えるように、激しい練り合わせで外れないように、何度も確認する。

東山、木場《きば》、松原、八家《やか》、宇佐崎《うさざき》、中村の６地区と合わせた旧灘七カ村による松原八幡神社（姫路市）の「灘のけんか祭り」。妻鹿は２０１８年、運営を担う「年番」に当たり、気合と誇りはいやが上にも高まる。

豪快な神輿《みこし》合わせと屋台練り。お旅山の段々畑を埋め尽くす見物客。けんか祭りは七カ村の喜怒哀楽と時代の遷移を詰め込みつつ歴史を重ね、神戸新聞も１２０年の紙齢を刻んできた。

播磨を代表する秋祭りは10月14日、平成最後の宵宮を迎える。

▼明治38年、人出10万人

神輿は毎年修繕を加へて新調せし如《ごと》くせるも此《この》一日にて屋根と飾物は粉微塵《こなみじん》となり僅《わずか》に臺《だい》を残すのみとなる

【１９０５年10月15日付】

神戸新聞120年の歴史で、松原八幡神社（姫路市）の「灘のけんか祭り」の様子を初めて伝えたのは、創刊8年目の明治38年。人出は約10万人、お旅山の練り場を囲む桟敷席の記述も見られ、当時から多くの見物客でにぎわっていたようだ。

文中には「喧嘩《けんくわ》祭」の表現もあり、「神輿の打付け合ひ即《すなわ》ち喧嘩」と説明。なじみの通称が、明治期には定着していたことがうかがえる。

ちなみに、海外の観光サイトでは、通称を直訳して「Fighting Festival」とする紹介文も。八家地区の福井一吉さん（67）は「荒々しさはあるが、れっきとした神事。〝殴り合いのパレード〟みたいに解釈されるのは心外だ」。

灘七郷はさながら沸きかへる様な賑《にぎ》はひ　殊《こと》に賑はいの中心たる松原神社は電車、自動車で集る〱身動きもならず
【35年10月16日付】

この日の1面トップ記事の見出しは「政府、軍部妥協成り」。時代は大正から昭和へ移り、軍靴の足音が大きくなる中でも祭りは盛況だったが、「灘まつり」（神戸新聞出版センター）によると、日中戦争により翌36年限りで中断したという。

妻鹿地区で生まれ、松原地区に嫁いだ加藤照子さん（91）は「女性が日ごとに着物を変えて見物し、さながら衣装比べのようやった」と華やかな戦前の祭りを振り返る。現在の住まいは、中村地区のケアハウスあさなぎ。職員の制服は同地区のシデ棒に合わせたという水色で、年中「祭り衣装」に囲まれている。

▼戦中戦後に中断も

土曜日に快晴ときたので十数万の人出を呼び、さすがの播州祭圧巻絵巻を繰りひろげた
【49年10月16日付】

終戦から4年、祭りは復活した。七カ村を校区に含む姫路市立灘中学校はこの年、校歌を制定。「その名も著《しる》き　祭りの灘と　郷土の誇りを　かざせよ高く」と歌詞に刻んだ。

毎年9月の同校の体育大会では、教員が「世弥栄《よいやさ》」とプリントされたそろいのシャツを着込み、3年生が「棒引き」の競技で使った木の棒を屋台に見立てて担ぐ伝統がある。

白浜の町は十四日からお祭り気分で工場街はほとんど休業、従業員たちは酒こう料をもらって十六十七日ごろまで臨時休暇
【53年10月15日付】

14日の宵宮、15日の本宮に加え、かつては16日を後宮《あとみや》などと呼んで休息日に充てていたという。町内にはサーカス小屋や露店が並び、月末までにぎわっていたらしい。

記事の後段には「白浜の宮駅に特急が臨時停車」との記述がある。恒例となった山陽電鉄の特別ダイヤは、60年以上前から組まれていた。山電と祭りといえば「締め込み姿の乗客は無料」

という〝都市伝説〟があるが、担当者は「公式見解としては、きちんと運賃を支払っていただきたい」と微妙な言い回しだ。

例年ケガ人の続出する屋台の練り合わせは飾磨署と地元の話し合いでことしは全面禁止【68年10月16日付】

勇壮さの一方で、危険と隣り合わせのけんか祭り。50年代以降、死傷者が相次いだためさまざまな対策がとられ、半世紀前にはついに屋台の練り合わせがなくなった。

しかし、70年にテレビ番組の企画で故坂本九さんらスター歌手が訪問。「屋台練りのだいご味を見物人にたっぷり味わってもらうなどサービス」（10月15日付）するなど盛り上がり、いつしか復活したようだ。

▼平成元年、姫路城で屋台練り

世相の混乱による中止はかつても例があったが、平和で豊かな時代の突然の中止に、若者や子供たちも困惑気味【88年10月2日付】

昭和天皇の容体悪化を受け、氏子総代会が屋台の練り合わせなどの自粛を決める。記事には「祭りのために盆や正月も返上して働いてきた」などの戸惑いの声が並ぶが、当時から松原八幡神社の宮司を務める亀山節夫さん（81）は「『荒いだけの祭りか』と言われたらあかんわな。やっぱり礼儀が大事ちゅうことや」と肯定的に振り返る。

元号が平成に変わった翌89年5月、姫路市制100周年記念行事「姫路シロトピア博」で、七カ村が姫路城三の丸広場で屋台練りを披露。約27万人の観衆を集め、前年の分まで大いに盛

（上段）神社前での神輿合わせに熱狂する人たち＝1982年　（下段左）掛け声勇ましくお旅山を登る屋台＝1970年　（下段中央）村と村の誇りがぶつかる屋台の練り合わせ＝1973年　（下段右）かやぶき民家の前を通って屋台がお旅山へ向かう＝大正時代

り上がったという。

妻鹿の屋台は「胴突き」と呼ばれる激しい担ぎ方で知られ、かじ取りをする「棒端綱《ぼうばな》」に手が滑りにくい国産の麻を使うなどしている

【2008年9月14日付】

2018年の「年番」を務める妻鹿地区は10年前、総額1億円超をかけて屋台やだんじりなどを新調した。屋台と一口に言っても、妻鹿の胴突きのほか、先頭で宮入りする東山、早打ち太鼓の木場、龍の紋が特徴的な宇佐崎など、地区ごとにしきたりや個性がある。

「どこも『おらが村が一番』と信じ、村の歴史と人生を祭りに懸けてきた。その積み重ねがあって、今の盛り上がりがある」。妻鹿の総代、篠原大典さん（77）は、七カ村が受け継ぐ誇りと伝統を強調する。

（2018年10月14日掲載）

昨年のけんか祭りで壊れた神輿の修復作業を始める9月1日の「鑿《のみ》入れ祭」。祭りの準備が本格化していく＝姫路市白浜町、松原八幡神社

10月1日、修復した神輿を奉納する「奉据《ほうきょ》祭」。妻鹿の男たちは「ヨーイヤサー」の掛け声で乾杯した＝松原八幡神社

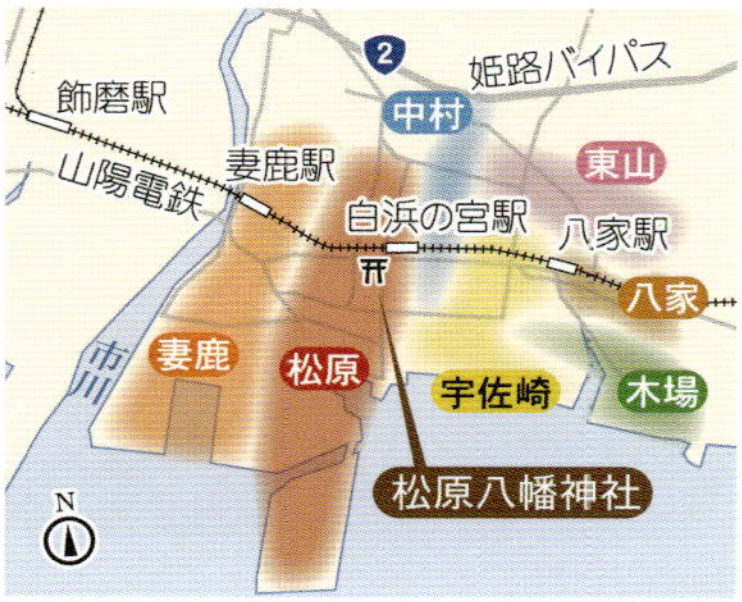

余白の余話

兵庫県の重要無形民俗文化財にも指定されている「灘のけんか祭り」。松原八幡神社の秋季例大祭が正式名称ですが、地元では単に「祭り」で通ります。

現在の祭礼様式は明治初期に固まったとされ、宵宮は神社で屋台の練り合わせ。本宮は、年番による3基の神輿のぶつけ合いと屋台の練り合わせがあり、お旅山の練り場でも繰り返します。

「神輿合わせ」は、神功皇后の戦の帰途、船についた貝を落とした伝説に由来するそうです。

4

屋台の血脈

金銀で飾られた漆塗りの神輿《みこし》屋根が激しく揺れる。周囲を彩るのは赤や白、黄のシデ棒。４台の屋台が練り合わせ、歓声が湧く。

一瞬、播磨の祭りかと見まがうが、ここは国境《くにざかい》を越えた作州、岡山県美作《みまさか》市。７日、大原の秋祭りが本宮を迎えた。

大原は姫路と鳥取を結ぶ旧因幡《いなば》街道の宿場町として栄えた。明治期には隣の兵庫県佐用町などから伝わった。屋台は、現在の４台は姫路の飾磨、網干などで活躍したもので、平成に入って買い替えられた。

「姫路の方はもっと派手じゃろうけど、こっちも面白うやってます」。古町《ふるまち》地区の屋台保存会会長、森岩義幸さん（56）が笑う。

「ヨーイヤサー」。３台が、播磨流の練り合わせで観衆をうならせ、魚吹《うすき》八幡神社がある網干から来た１台は、本場譲りの力技「チョーサ」を堂々披露した。

屋台がつなぐ誇りと絆。今年も作州の町に播州

旧因幡街道の石畳をゆく屋台。落ち着いた町並みを彩る＝岡山県美作市古町

姫路市木場地区の屋台の神輿屋根を描いた立面図。福田喜次さんが先人の残した型板を基に再現した＝姫路市木場

が躍動した。

4枚の図面がある。

描かれているのは1924（大正13）年、33（昭和8）年、72（同47）年、95（平成7）年に作られた播州屋台の神輿屋根の立面図。軒先が端に向かって反り、軒下に垂木《たるき》が寸分狂わぬ等間隔で並ぶ。四隅には「水押《みお》し」が跳ね、壮麗な社寺建築や波を切る舟のへさきを思わせる。

「宮大工と船大工、家大工の技が要る。分かって図面を引かんと、まともには作られへん」。図面を再現した福喜《ふくよし》建設の福田喜次さん（66）＝姫路市木場《きば》＝が明かす。

旧灘7カ村の一つ、木場は神輿型のルーツとされる。過去3代の屋台を祖父の代から仕立ててきた縁で、95年の制作の中心を任された。

作業は5月ごろ始まり、柱同士の距離などで全体のサイズを決め、それに合わせて部材の大きさ、組み合わせを設計した。ベニヤ板に原寸のパーツの図面を引き、切り抜いて型板を作る。立体のヒノキ材に写し、部材に仕立てる。これらの手間が精緻な組み木を可能にする。

白木が変色しないよう鉋《かんな》がけは9月の納品ぎりぎりに。技法に、工程に、計算を重ねたつもりでも不安で眠れぬ日が続いた。魂をつぎ込んだ屋台は、傑作の評判を取った。市外からも依頼が相次いだが、新調は原則、年1台にとどめる。「時間をかけて地元と話し、本当に必要とされる屋台を突き詰める」。長男幸義さん（41）、三男秀介さん（34）も同じ道を歩み、木場仕込みの魂を受け継ぐ。

■ ■

神社の祭りは本来、神事が中心だ。神輿がお旅所に向かう「神幸式《しんこう》」と神社に帰ってくる「還幸式《かんこう》」が執り行われる。「行列に加わった山車《だし》などが各地で発達を遂げた。祭り屋台もその一つ」と神戸市立博物館副館長の山崎整さん（66）。

瀬戸内沿岸では、井桁に組んだ担ぎ棒で太鼓と打ち方を支え、大勢で担ぐ「太鼓台」が文化文政期（1804〜30年）までに広がった。沿岸部を中心に財を成した民衆が求め、周りの農村に波及した。村同士で競い合い、豪華に作り替えた後は他所に売却したため、掛け声や担ぎ方などとともに伝わったらしい。

天保元（1830）年ごろの作とされる「松原八幡宮絵巻」。往時の神輿屋根型屋台の様子がうかがえる（粕谷宗関さん所蔵の複写）

屋根は布団を載せる「布団型」が多かったが、屋台研究家の粕谷宗関《かすたにそうかん》さん（73）＝姫路市飾磨区＝は「18世紀初めごろ、姫路南部で独自の『神輿屋根型』屋台が現れ、周辺にも根付いていった」とみる。

屋根は深く、飾り金具はきらびやかに進化。屋根下の狭間《さま》彫刻も立体化、複雑化した。四隅には伊達《だて》綱を縛り付け、水引幕には派手な刺繍《ししゅう》を施した。浜手から川沿いに山手へと伝わることが多く、岡山県美作市などの内陸部に年代物が多いという。

龍山神社の秋祭り宵宮。きらびやかな大屋台を男たちが支えた＝兵庫県佐用町佐用

兵庫県佐用町、龍山《りゅうざん》神社の秋祭りでも、戦後間もなく赤穂から買ったという大屋台を練った。神社総総代の倉部次男さん（84）は「その前にもあったらしい。お神輿だけやったんが、浜手の祭りがええなあ、と取り入れたようや」と話す。

現在の大屋台は姫路で1998年に新調し、その後、赤いシデ棒や「ヨーイヤサー」の掛け声など浜手流を取り入れた。ただ、屋台を差し上げる声は「サーイタワー」と佐用流を受け継ぐ。「商売繁盛や結婚で花が咲いたわ、というふうなめでたい意味」

と宮総代の山川隆さん（65）。

■■

9月末、兵庫県福崎町八千種《やちぐさ》の鍛冶屋区の屋台蔵。大勢の男衆が夜な夜な集まり、戻ってきたばかりの布団屋根型屋台を飾り付けていた。

130戸ほどの小集落で、1940年代ごろからとされる屋台を担いできたが、2000年と2018年、2度にわたり大規模改修をした。

大規模改修を果たした兵庫県福崎町の鍛冶屋区屋台。姫路の大工、大和勇介さんが精魂込めて仕上げた＝兵庫県福崎町八千種

「理想通りや。これならよそに負けん」。跳びはねて真新しい木組みをきしませる高校生も、下から指示を飛ばす30代も喜びを隠せない。「新しい屋台は落とすと木が縮むから気を付けてや」。そう諭しつつ、毛利工務店（姫路市白浜町）の大和勇介さん（24）の頬も緩む。創業者の孫で、大工になって6年目。今回は彫刻も手掛けた。

大木を丸ごと買ってきて、数年間乾燥させた後、加工する。地域を歩いて歴史や人口、年齢構成、道路網を頭に入れ、安全に担ぐことができる好みの屋台を提案する。

「少子高齢化で担げなくなってしもたら元も子もない。大きく見せて、丈夫に予算内で。神さんに見られる仕事やから手は抜けません」

作り手、担ぎ手、負けじと熱く。播磨魂、ここにあり。

（2018年10月21日掲載）

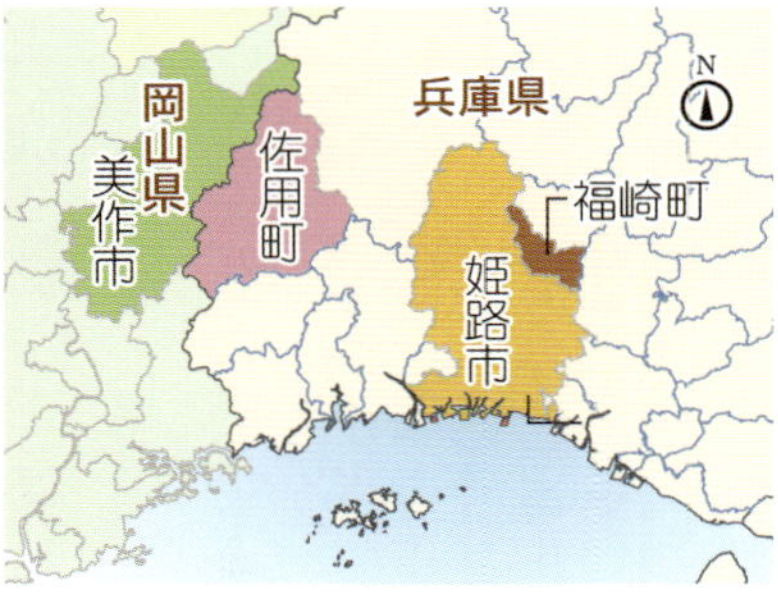

余白の余話

一口に神輿屋根と言っても、江戸期は高さ35センチほどだったのが、明治期には60センチになり、現代は高いものだと約1メートルに。ただ、近年は少子高齢化の影響もあって、大きく見せながら軽量に仕立てるのが流れだとか。

「うちの仕事が50年、100年の看板になるから」「祭りの後、依頼主から『一杯やろか』って言われるとうれしいわな。よかった、うちの屋台、悪うなかったんやと」。担ぎ手はもちろん、作り手も半端ない。ほんま、祭りが好っきゃなぁ。

5 祝い膳

「お皿、ガレージから取ってきたらいい？」「ありがと」

食材も豪華絢爛《けんらん》。女性たちの心づくしの料理が祭りを支える＝姫路市東山

女性６人、勝手知ったる台所を縦横無尽に動く。同じメンバーで約30年。話さずとも役割分担ができていて、動作に無駄がない。

姫路市東山の会社経営、幡中伸一さん（56）宅。松原八幡神社（同市白浜町）の秋季例大祭を前に13日午後、豪勢な料理が並んだ。

コノシロずし、ワタリガニ、シャコ、マツタケ、大鍋の姫路おでん――。

「『ないと寂しい』言われるから。主人孝行やね」と妻の美和さん（53）。当のあるじは、家の庭に出たまま落ち着かない。

毎年、伸一さんと同級生の組織「連中《れんじゅう》」の面々、家族がここで飲食する。女性たちは朝から準備にかかりっきりだが、夜の集合にはまだ時間がある。

台所から絶えず笑い声が響く。百戦錬磨の女子連中、話のさかなは…。「さすがに今は入っていかれへんやろ？」。伸一さんが首をすくめた。

■ ■

10月15日、松原八幡神社（姫路市白浜町）の秋季例大祭「灘のけんか祭り」本宮で、神輿《みこし》が音を立ててぶつかり合うお旅山。この地の女性たちにとっても戦いの場所である。

5段のお重に、色味も鮮やかなワタリガニ、エビ、サワラ、イカ、カマボコ、レンコンやニンジンの煮しめ、コノシロずし―。

親類縁者らを特等席に招き、海、山、野の幸でもてなす「桟敷料理」は、隣近所と競い合ううちに豪華になってきたといわれる。

祭りのお膝元、妻鹿《めが》地区の竹内悦子さん（60）は、昔ながらの手作り派だ。今年も午前5時からフライパン九つと鍋四つを洗い洗い奮闘し、作り終えると11時になっていた。

「主人が祭り好きで、作らんわけには」と苦笑しながらも、客人のリクエストで揚げ物を増やすなど進化を続けている。

魚吹《うすき》八幡神社（姫路市網干区）に程近い網干地方史談会会長の増田政利さん（76）方には、秋季例祭（10月21、22日）の期間中、昼に夜に、大勢が訪れて飲食を共にする。

「この辺りでは、コノシロより『ツナシずし』言うね」と妻の和子さん（74）。大ぶりのエビや五目いなり、巻きずし、コイモやレンコンの煮しめ、おでんなど食卓の皿を見渡しては空になる前に追加する。「調理は苦にならない。食べるのを楽

灘のけんか祭りの本宮で神輿をぶつけ合うお旅山。自慢の5段お重の「桟敷料理」が並ぶ＝姫路市白浜町

「ここの祭り料理が楽しみで」。魚吹八幡神社に近い増田政利さん方に男衆が集う
＝姫路市網干区垣内本町

しみに来ての人もいますから」。笑いつつも、手は休めない。

■　■

屋台こそ担がないが、寝る間も惜しんで料理の腕を振るい、夫や息子の祭りを支える女性たち。

兵庫県立大環境人間学部教授の坂本薫さん（57）は「米や砂糖をぜいたくに使うすしをはじめ、祭りにごちそうでもてなすのは女性の誇りだった」と話す。

伊和神社（宍粟市一宮町）の秋季大祭（10月15、16日）を迎え、今年も氏子地区の東市場に住む柴原美恵子さん（60）方の食卓には、尾頭付きのサバずしとコノシロずし、栗おこわが並んだ。

以前は来客の土産用などに40本分を仕込んだサバずしも、8本にまで減らした。とはいえ、年1度のごちそう作りに手は抜けない。

背開きの塩サバの骨を取り、水にさらして塩を抜く。砂糖、みりん、少しの塩を加えた酢に一晩漬け、翌朝にすし飯を詰める。蔵から出してきた年季の入った木箱に一晩寝かせると、ようやく出来上がり。毎年、その年の米の生育や気候に合わせ、味付けを微妙に変える。

「腕試しの機会でもある。1、2年やらんと勘が鈍る」

何日も手を掛けて作る分、飽きが来ない。少しぐらい残っても、すぐに「また食べたい」と言われる。

伊和神社の秋祭り。柴原美恵子さん方には、尾頭付きのサバずしとコノシロずし、栗おこわが並んだ
＝宍粟市一宮町東市場

■　■

共働きの増加や核家族化、海産の高騰もあり、家庭で作られる機会は減ったが、祭りに料理は欠かせない。

まねき食品（姫路市）では、この30年で注文が膨らみ、10月の祭りだけでオードブル2500食、弁当やすしは約4万食も売れるという。

「家庭の好みに対応し、手間も省けるよう揚げ物などを増やした。祭りの時期の工場はフル稼働。販売エリアも広がっている」と総料理長の中野秀清さん（65）。祭りが終わると弁当の空き箱を回収するなど、今やなくてはならない存在だ。

一方、姫路市木場《きば》にある八木公民館の調理室では、けんか祭りに先立つ10月1日、薄口しょうゆや酒が入っただしの香りが漂った。

鍋を火に掛けるのは、近くの小学6年生。毎年、周辺では山のワラビと里のコイモ、海のレンコダイを食べて祝う習わしがあり、開校記念日の休日に伝承する会を開いている。

子どもたちに聞くと、祝い膳をする家庭は少なく、この日も朝食はおもちやパンだったそう。

館長の筒井康行さん（71）が「灘まつりが無事に終わるよう祈って、いただきます」と呼び掛けると、一斉に声を上げ、はしを伸ばした。男児の一人は「このタイおいしいね。祭りは大好き」とはにかんだ。

祭りを前に祝い膳を囲む児童。山のワラビと里のコイモ、海のレンコダイを味わう伝統に触れた＝姫路市木場、八木公民館

播州の祭り料理にも詳しい伝承料理研究家の奥村彪生《あやお》さん（81）は「昔の日本人は気候風土や産物をよく知り、金がなくてもハレの日には工夫してごちそうを作った。今は何でも手軽に買えるから工夫しない。便利すぎて逆に不便やね」とみる。

これ以上ないハレの日を彩る。心づくしのごちそうをこしらえる人、いただく人。今年もまた料理を囲めた幸せをかみしめる。

（2018年10月28日掲載）

余白の余話

「ここらは、正月よりも祭りの食事にお金をかける」

播磨各地での取材を通じ、何度か聞いた。が、シャコなどの値上がりはすさまじいらしく、「今年はあきらめた」という声も多かった。

手作り派は今や、少数派かもしれない。それでも「みんなで食べるの楽しいやん。いつまでするんやって言いながらも、主人のうれしそうな顔を見るとねぇ」。女性たちがつないできた愛の味。ごちそうさまでした。

6

つなぎ伝える

「ヨーイヤサァ！」

法被を着た子どもたちが屋台を先導し、元気な声を張り上げる。

秋晴れの10月8、9日、浜の宮天満宮（姫路市飾磨区）の例祭。古くから港で栄えた飾磨津の町を各地区の屋台が練り歩く。宮入りからの「台場差し」は高々と屋台を差し上げる力技。祭りの熱狂は最高潮に達する。

「播州の祭りいうたら、ここが始まり」と当番町の釣《つり》昭良・宮自治会長（71）。「子ども練り衆」として、子どもの先導は江戸時代の記録に残る。宮地区だけが継承する獅子舞とだんじりも、子ども会の役割だ。

「太鼓の音で育ってきたから、お祭りは楽しみ」と小学6年の楠慶樹《けいじゅ》君（11）。中学生になるといよいよ、屋台運行の担い手として「青年入り」が待っている。

祭りを守り、伝えていくのは地域ぐるみ。老若男女がいろんな形で祭りを支える。その努力の先に、男たちが差し上げる屋台の輝きがある。

浜の宮天満宮の宵宮。男の子や女の子たちが、練り出す屋台を先導する。将来の祭りを担う一員だ＝姫路市飾磨区

「オッチャン、チョーバに来てか」

10月1日、「子ども触れ」の声と太鼓の音が日の暮れた町内に響く。飾磨津では祭りを1週間後に控え、本部である「帳場」を公民館に開いたことを子どもが触れて回る。

浜の宮天満宮の当番町、宮地区の帳場。女衆の手でおでんやつまみが用意され、壁には巻紙が張り出される。自治会役員や氏子総代に続き、祭典委員長を筆頭に、屋台運行を担う幹事長、太鼓を打つ乗り子、屋台を飾り付ける道具方―と名前がずらりと並ぶ。

「御花《おはな》」という寄付や差し入れが届き、張り出しが続く。その中で、「青年入り」と赤字で記された名前は、赤石一晟《いっせい》さんと川崎琉雅《りゅうが》さん。中学2年になり2018年がデビューだ。

シデ棒を持ち、屋台に付き添う須加地区の「宿老」＝姫路市飾磨区須加

祭り当日、屋台に張り付く2人の姿があった。汗を噴き出す練り子に飲み物を配る。台場差しが始まる。「怖いけど、憧れる」。たくましい背中を追いながら一歩ずつ、重い役を担っていく。

姫路市の文化財専門員として調査した宇那木《うなき》隆司・琴丘高校長（59）は「組織化された年齢集団が祭りの継承を支えている」と指摘する。

古くは若衆と呼ばれた青年組織が祭りの担い手だ。それが今も自治会の中で機能し、子ども会や婦人会も役割を分担する。老人会はシデ棒を手にして屋台に付き添う。その役を「宿老《しゅくろう》」と呼ぶ地区があることも、歴史の名残を感じさせる。

「正直、生きがい的なとこあるからね」と釣昭良・宮自治会長。祭りは地域と共に生きている。

「男前の練りを見せつけたれ！」

飾磨津の恵美酒宮天満神社（同）の宮元・東堀地区。屋台の出立《でだ》ちに斎藤誠二青年会長（45）が力強く声を上げ、男たちが心を一つにする。

伝統的で強固な組織は閉鎖的にも思えるが、「来たい人は拒まない」と斎藤さんは言う。自身、たつの市の出身で二十歳を過ぎての転入組。屋台は触ったこともなかった。

マンションで地域のスポーツ行事に誘われた。チームの主力は青年会のメンバー。「一緒に飯食べて話をした流れで」祭り

本宮で激しく練り合い、伊達綱を揺らす（右から）東堀、北細江、清水地区の屋台
＝姫路市飾磨区恵美酒、恵美酒宮天満神社

に当日参加した。「やるんやったら、組織に入る方が楽しいんやね。性格的にハマる役割が不思議とあるし、先輩は歓迎してくれる」。翌年にはもう、積極的に準備段階から関わり、前年の２０１７年、推されてトップとなった。

「自分みたいな転入組がやってると誘いやすい。休みはつぶれるし、家族や会社の理解もいるから、来るか来んかはその人次第やけど」

東堀の屋台がお宮になだれ込む。泥台を24人の練り子が肩だけで担ぐ荒技「台場練り」に歓声が上がる。激しい練り合わせに場がどよめく。

開かれた組織の新たな担い手が、祭りを生き生きとさせていく。

伝統行事の衰退がいわれる中で、華やぎを増す播州の秋祭り。だが、人口流出や少子高齢化はここでも、無縁ではない。

「よう見たら分かるけど」。ある地区の帳場で役員が巻紙を指さす。「同じ名前が出てくるやろ」。役の兼任を余儀

氏子の家の縄張りに付けられた御花を会計が集める＝姫路市飾磨区東堀

なくされる状況がある。

「これも風流で残したいけど」。町を練りながら、玄関先の「御花」と書かれた三角折りの半紙を示す。「後花《あとばな》」と呼ばれる、祭りの翌日に清算に回る御花だが、平日の人手も減り、飾磨の恵美酒宮では東堀地区、浜の宮では氏子数軒でしか見られなくなったという。

屋台巡行の旧道では今も引き戸の家並みが目立つ＝姫路市白浜町

「しきたりを守ろうとするのは、祭りを続けていく意志の表れ」だと宇那木さん。そのために、女性や他地域からの参加の幅を広げることもあっていいと考える。「祭りの現代的な意義は、地域のつながりを生み出すこと。玄関先から屋台が通るのを見るだけでも参加で、それぞれの形で一翼を担えば、コミュニティーの輪が広がっていく」

10月15日。松原八幡神社（同市白浜町）の「灘のけんか祭り」本宮。旧灘七カ村の屋台がお旅山へ進み、通りの家の引き戸が開け放たれる。町並みもまた、祭りを継承するための舞台に見える。

翌日の朝。通りが地域の人たちにより清められていく。お宮やお旅山では小学生たちも後片付けに参加する。祭りの終わりは、祭りを継いでいく新たな一年の始まりでもある。

（２０１８年11月４日掲載）

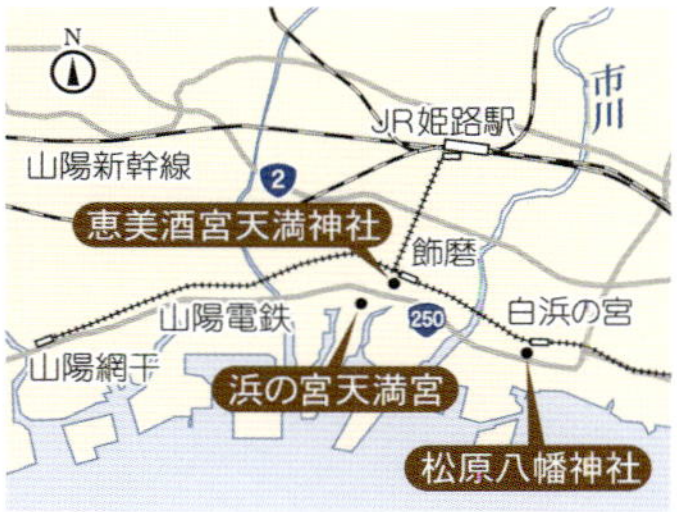

余白の余話

浜の宮天満宮の祭りで宮地区はササを立てる。ササを取る場所も難しくなる中、２０１８年はたつの市御津町へ。加家《かけ》地区の屋台は90年前に〝嫁入り〟した宮浜屋台（宮・大浜地区）で、約20年前からあいさつに訪ね合う仲。とんとん拍子に話がまとまり、「来年はシデ棒の竹も」と笑い合う。

恵美酒宮天満神社の氏子町でササを立てるのは玉地地区だけ。こちらも調達先は、屋台が嫁入りした姫路市豊富町の金竹《かなたけ》地区だ。飾磨津の祭りには屋台譲渡を縁とした、こんな地域交流もある。

シン・ゴコク　余話

保存食からファストフードへ

祭りのごちそうであるサバずしは兵庫県全域、コハダが成長したコノシロのすしは姫路の浜手を中心に、濃いめの味付けで食された。和食の代表格と思われがちだが、伝承料理研究家の奥村彪生《あやお》さん（81）は「起源は東南アジアのメコンデルタにある」と明かす。

かの地では、川から水田に入った淡水魚を、水の減った時に捕まえ、貴重なタンパク源として保存するため、漬物にしたらしい。日本へは稲作と共に伝わったと考えられている。

いわゆる「なれずし」で、魚に塩をして、飯と一緒に漬けた。3カ月から数年発酵させると、骨まで軟らかくなり、保存性が高まった。飯は〝漬け床〟にすぎず、食べることはしなかった。

日本では奈良・平安期、淡水魚だけでなく海水魚や貝、シカ、イノシシ、ウサギの肉も漬けて食べたらしい。

室町時代になると、発酵を5日〜1カ月に短縮し、飯が酸っぱくなるかならないかで食す「半なれ」に。飯も一緒に食べるようになった。江戸初期には、飯を酒と塩で味付けし、発酵を数日に縮めた「浅なれ」が登場。17世紀末には、酢飯にした「早ずし」が生まれ、箱ずしや姿ずしが発達した。そして19世紀前半、下味を付けたねたを酢飯に乗せて握る「にぎりずし」が江戸でお目見えする。

「ひめじ美食クラブTATA」が再現した祭りのサバずし＝姫路市総社本町

屋台で庶民の人気を呼び、かつての保存食はファストフードへと進化を遂げた。

「清らかな水でおいしい米が育ち、魚の生食文化と相まって日本のすしは発達した」と奥村さん。とは言え、近年はにぎり以外のすしは敬遠されがちだ。

姫路ゆかりの料理を研究する「ひめじ美食クラブTATA」（姫路市）は、缶詰・レトルト食品製造の「シェルビーフーズ」（たつの市）の山科雄二さん（64）の協力で、祭りの時に地元で食べられたサバずしを再現した。

NPO法人「姫路タウンマネージメント協会」の寺前高明専務理事（61）は「地元で特別なことを意味する『なんどごと』で食べられた味で、一口食べたら祭りの景色が浮かぶ。観光客のおもてなしに生かせないか」と提案する。

第9部

ゆく際《きわ》、くる人

1

播備作

秋の日はつるべ落とし。収穫を終えた田んぼが描き出す茶色の風景に、小さな駅舎が溶け入る。

西を向けば山並み、東を向いても山並み。その麓から黄色の電車が顔を出し、誰もいないホームに滑り込む。一人、二人。わずかな客が足早に降りていく。

兵庫県の西端、JR赤穂線の備前福河駅。人口約630人の赤穂市福浦地区にたたずむ無人駅は、長らく統計資料から消えた存在だった。

発端は、開業から8年後の1963（昭和38）年に地元で成立した越県合併。岡山県日生《ひなせ》町から福浦地区が切り離され、昔から縁の深い隣接の赤穂市に移った。駅名は変わらず、そのまま残った。

鉄道駅の乗降客数をまとめた岡山県発行の統計資料は、合併によって、同年発行の61年版を最後に備前福河駅の記載が消える。だが、組み込んだ兵庫県側の資料に同駅が登場するのは89年版を待たなければならない。

27年間分の記録が抜け落ちた理由は、同駅の管轄が合併後も国鉄の岡山鉄道管理局にとどまったためとみられる。兵庫県側は、県内をほぼ網羅する大阪と福知山の鉄

開業時は岡山県だった備前福河駅。駅名に「備前」が付くのはその名残だ＝赤穂市福浦

道管理局のデータのみを引用し続け、87年のＪＲ西日本発足による管轄の見直しまで空白が続いた。

その前後で、１日の乗客数は４１２人（61年）から２１４人（89年）とほぼ半減。過疎化で直近の２０１６年は35人にまで落ち込んだ。兵庫県域で唯一、旧律令《りつりょう》制の備前国だった歴史の〝証人〟は静かに時を過ごす。

日没が迫り、西の山並みに朱色がこぼれる。吸い込まれるように岡山行きの電車が遠ざかっていく。

備前福河駅に、学ラン姿の上郡高校１年、有吉晴信さん（16）が降りてきた。駅前に止めておいた自転車のかごにかばんを詰め込んでいる。

「姫路やたつのの人とは言葉のイントネーションがちょっと違うかな。播磨じゃないけど、備前という意識もないし。正直、どっちでもいいです」

そう笑うと、野焼きの煙がたなびく薄暗い田園風景にペダルをこぎ出していった。

高さ１１０センチ、直径60センチ。子どもの全身をすっぽり隠すほどの大きな茶色いかめが、玄関前の植栽にうずもれている。

「和室に飾るような高級品やないけど、備前焼らしいんや」

赤穂市福浦地区で生まれ育った吉栖《よしずみ》清美さん（79）が笑う。先祖が岡山県から大八車で運んできたと伝わり、約60年前までは農業に使うために風呂の残り湯をためていたという。

住民の普段の買い物も、通う高校も、勤め先も赤穂の中心部という福浦。その結び付きの強さゆえに、激しい住民運動の末、兵庫県に編入されて半世紀余り。かつて属した岡山県、備前国をしのばせるものは「備前福河」の駅名や、海沿いにたたずむ旧国境《くにざかい》の石碑ぐらいしかない。

吉栖さん宅に残るような備前焼のかめも、かつては地区のあちこちにあった。家庭での貯水や田んぼの肥だめなどに使われていたそうだが、今ではほとんど見られない。

カン、カン、カン。

ゴムのようにぐにゃりと曲がった真っ赤な鋼から、火花が飛び散る。鍛錬の作業を仕切る「横座《よこざ》」の指示に従って、「先手《さきて》」の２人が交互に金づちを打ち付ける。

備前を代表する伝統工芸として、焼き物とともに知られる日本刀。岡山県瀬戸内市の「備前長《おさ》

吉栖清美さん宅で使われていた大きなかめ。備前焼と伝わる＝赤穂市福浦

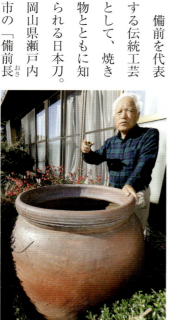

鋼を打ち延ばす「古式鍛錬」の実演。火花や水蒸気が激しく飛び散る
＝岡山県瀬戸内市長船町長船、備前長船刀剣博物館

船《ふね》刀剣博物館」は、刀工や研師《とぎし》、鞘師《さや》など職人による熟練の技術を今に伝える。

武家の世となった鎌倉期以降、一世を風靡《ふうび》した逸品の原材料にも、兵庫との関連がある。6世紀以降、岡山と県境を接する現在の宍粟市周辺で産出されていた「千種鉄」だ。鎌倉期には、長船の刀工が周辺を訪れたとの記録も残る。

兵庫県立歴史博物館（姫路市）の藪田貫《ゆたか》館長（70）＝日本近世史＝は、中世に播磨、備前、美作《みまさか》の「播備作《ばんびさく》」を広域支配した赤松氏の影響が大きいとみる。足利将軍の陣所で千種鉄の刀剣を製造するなどブランド化を推し進め、国境をまたいだ〝鉄のみち〟による結び付きが強まった可能性があるという。

戦国末期、赤松氏の播備作支配は崩壊するものの、江戸期に入り、姫路城を築いた「西国将軍」池田輝政が君臨。一族は播磨、備前を中心に100万石近くを治めるが、後継問題などによって10年ほどで播磨を去り、諸藩に分割されていく。

池田家一族による広範な統治が明治期の廃藩置県まで続いていれば、播磨、備前の国境の風土は今と全く違っていたかもしれない―。藪田館長は、笑いながら仮説を披露した。「いろいろと想像力をかき立てられますが、その場合、播磨は兵庫県に含まれず、備前などとともに別の県を構成していたかもしれませんね」

姫路を中心とした播磨に、赤穂市福浦地区の備前。播備作の3国のうち、残る美作に含まれていた地域も兵庫県にはある。

宍粟市に接し、千種鉄の産地にほど近い佐用町石井地区。1896（明治29）年、旧石井村が岡山県吉野郡から兵庫県佐用郡に編入されてからも、県境をまたぐ交流が続いた。

地区内の奥海《おねみ》集落で暮らす安本文男さん（84）の妻は、岡山県東粟倉村（現美作市）の出身。安本さんが今も通う行きつけの喫茶店は岡山側にある。同世代との会話では、時折岡山弁の「けん」が語尾に出る。

「佐用の市街地まで22キロ、美作まで11キロ。子どもの頃は峠を越えて美作によう行っとったけど、車やバイクが普及して、若いもんの生活圏は佐用に吸収されてもうたなあ」

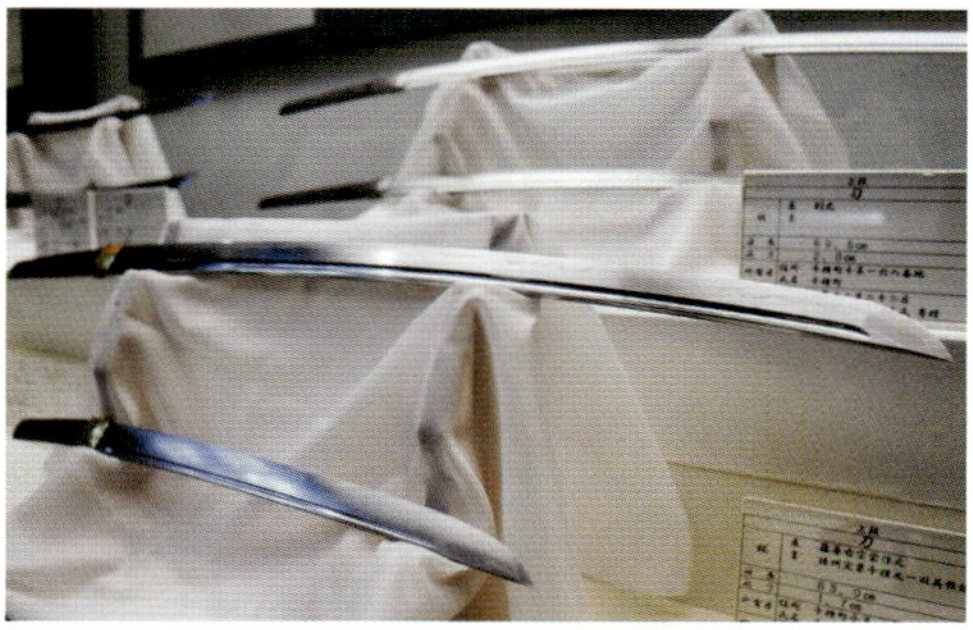
千種鉄で製造された刀剣＝宍粟市千種町西河内、たたらの里学習館

3年ほど前、近所の奥海神社で、うち捨てられていた1枚の板を見つけた。明治中期にさい銭箱を奉納した大工の出身地が「美作国」と記されていた。

安本さんは板の汚れをぬぐうと、目立つように境内の社務所に掲げた。薄れゆく地区の歴史をことさら強調するつもりはない。ただ、自分たちのルーツを物語る大切な証しが、いとおしく思えたという。

兵庫の広大で多様な風土を表すキーワード「五国」。そのくくりから漏れる備前、美作の地域はごくごくわずかだが、独自の存在感が光彩を放っている。

（2018年11月25日掲載）

西の端はこんなとこ　上郡町

山間部にジグザグ状に入り組む兵庫・岡山県境。国土地理院のデータによれば、上郡町行頭《ゆくとう》が、佐用町大日山《おおびやま》との〝兵庫西端対決〟をわずかの差で制している。

標高約300メートル。林道が途切れ、人の手がほとんど入っていない雑木林が広がっているという。近くには、県営安室ダムや別荘地の「播磨自然高原」などが点在する。上郡町を東西に貫き、岡山に通じる県道90号沿いには、備前と播磨の国境を示す石碑＝写真＝が立っている。

2

島の島

車がほとんど走らない静かな島に、和太鼓の音がひときわ大きく響く。

兵庫県の南端、沼島《ぬしま》（南あわじ市）。11月１日、島唯一の沼島小学校で、全校児童11人が「沼島子ども太鼓」の練習に励んでいた。島を拠点に、縦横無尽に船を操り、戦乱の世を駆け抜けた沼島水軍。懸命に太鼓をたたく子どもたちの姿は、劣勢に立たされた味方を太鼓で鼓舞したと伝わる勇猛な姿に重なって見える。

「もっと腕を伸ばして」「ちょっとゆっくり過ぎるで」。９日後に迫る学習発表会を前に、熱っぽく教えるのは、20年前に沼島小を卒業した同級生４人組だ。

「僕らの頃に始まった太鼓やから。子どもの数が減っても、ここまでできるいうんを見せたいんよ」。手ほどきをしながら、浅山豊さん（33）が胸を張る。

人口約４５０人、紀伊水道に浮かぶ小舟のような島。歴史と潮の香りが満ち満ちている。

■　■

淡路島の南約４キロにある「島の島」沼島。周囲約10キロ。上空から見ると勾玉《まがたま》のような形をしている。

迫力ある音色を目指し、卒業生に教わる子どもたち＝南あわじ市沼島、沼島小学校

毎年5月。だんじりが海へ滑り込み、豊漁を願う沼島八幡神社の春祭り。島の北、中、南の3区が受け継ぐのは、泉州や神戸で盛んな曳《ひ》きだんじりだ。沼島伝統文化保存会の磯﨑剛会長（48）は「その歴史は岸和田と同じくらい古い」とみる。

曲がり角でだんじりを直角に方向転換させる「やりまわし」で知られる大阪府岸和田市の祭りは、1703（元禄16）年が起源とされる。当初は長持《ながもち》にコマ（車輪）を付けたような簡素な作り。「車付き引きだんじり」「箱だんじり」と呼ばれるが、岸和田に現物は残っていない。

それが沼島に保存されている可能性がある。中区公会堂の地下に、人が入れそうなぐらい大きく、コマの跡が付いた箱が眠る。「地元では江戸時代の箱だんじりと言われとる」。中区の祭り責任者、藤田学さん（48）が指さした。

島外にいる出身者も帰省し、沼島が華やぐ5月の春祭り。だんじりが豪快に海へ滑り込む

岸和田だんじり会館によると、今は「ソーリャ」が主流の掛け声は、かつて「チョーサヤー」だった。沼島は「チョーサジャー」。コマが本体内側に付く共通点もある。大阪へハモなどを売りに行った沼島の漁師が、立ち寄った泉州から文化を持ち帰ったのか。「沼島の人と話すと、泉州の人かと思うほど違和感がなくて」。同会館の武田吉清《よしきよ》さん（39）は海を介した交流に注目する。

■■

バシッ。漁船のへさきが大きく上下し、波を打つ。そばに淡路島、やや遠くに徳島、和歌山が見える。沼島小学校で児童に太鼓を教えていた浅山豊さんと船で島を一周した。民家が集まる北側と違い、東岸から南岸一帯は断崖絶壁が続く。「ガラッと雰囲気、変わるやろ。こっちは、僕らもあんまり来ることないんよ」。巧みに船を操りながら、浅山さんが大声で話す。

化け猫伝説のある「古水《こすい》ノ浜」、青い巨岩「青磯《あおいそ》」、１９３４（昭和９）年の室戸台風で崩れた「下立神岩《しもたてがみいわ》」、洞窟「穴口《あなぐち》」、国生み神話ゆかりの高さ約30メートルの「上立神岩《かみたてがみいわ》」…。神秘的な景観に息をのむ。

古墳時代、沼島は優れた航海技術を持つ海人《あま》が住んだという。神宮寺《じんぐうじ》には「棒状石製品」という細長い棒が３本、保管されている。和歌山市や淡路市、明石市などの遺跡からも同様の石器が見つかった。塩作りや、死者を祭る道具など諸説あるが、用途ははっきりしない。南あわじ市埋蔵文化財調査事務所の定松佳重《よしえ》さん（49）は「和歌山からやって来た海人が沼島、淡路、明石へと移っていったのでは」と考察する。本州との強い結びつきが見て取れる。

夕日に映える沼島の南側。遠く四国がかすんで見える＝南あわじ市沼島

海人の足跡を伝える棒状石製品

船を操る技術は中世の沼島水軍、さらに漁師へ。海に生きる島人のDNAが受け継がれる。中川宜昭《ぎしょう》住職（79）は「兵庫県では南の端っこでも、海を中心に見れば、沼島は文化の中継地点や」と誇らしげだ。

■ ■

秋晴れに恵まれた11月10日。保育園と小中学校の合同学習発表会が開かれた。会場の沼島総合センターには住民ら約80人が詰め掛けた。

演技や発表のたび、お年寄りが隣とつぶやく。「大きなったなぁ」「しっかりしたな」。島で育つ一人一人の名前を覚えて成長を見守る、昔ながらの近所付き合いが残る。

学習発表会で、沼島子ども太鼓を披露する子どもたち

「沼島子ども太鼓」の番が来た。和やかな雰囲気だった会場が、打って変わって静まり返る。児童が大きく両手を振りかぶり、ドンッと打った瞬間、観客が身を乗り出した。

上立神岩を表現するポーズも織り交ぜ、「沼島水軍」など3曲を演じ終えた。5年の三宅瞳さん（11）は「もうちょっとできたかな。でも拍手をもらえたし、練習してきて良かった」とほっとした表情。「ようう頑張ったな」。会場の最後列で見守った浅山さんが目を細めた。

小さな島の子どもたちが、たくましく育ってゆく。海のように、大きく深い愛に包まれて。

（2018年12月2日掲載）

南の端はこんなとこ　南あわじ市沼島《ぬしま》

兵庫県の南端、沼島＝写真。では、沼島の最南端は？　国土地理院によると、島の南西部の「中瀬ノ鼻」を南へ回り、やや出っ張った辺りだという。漁船で案内してくれた浅山豊さんが「この岸や岩のどれかやろ」と笑う。

迫力ある断崖が連なる。人が寄りつかない場所かと思いきや、岩には何人もの釣り人の姿があった。淡路島から渡船で訪れる釣り人にはよく知られたスポットだそう。ちなみに、兵庫県水産課によると、陸域と違って海域に明確な県境はない。

3

日本一の里山

菊炭。特に良質なものが茶席で使われた＝いずれも川西市黒川

真円に近い切り口の中心から、外側の樹皮に向かって放射状に割れ目が走る。

「断面がキクの花に似ているから『菊炭《きくずみ》』」と兵庫県の東端、川西市黒川で炭を焼く今西学さん（47）。茶道用の最高級炭で、茶聖・千利休も愛用した。

近くで茶道や陶芸をたしなむ澤田博之さん（65）は「見た目や火の付き、持ちが良く、はぜにくい」。

原料は里山で育ったクヌギ。黒川周辺は良質な産地だ。切り株から発芽し、約10年で炭に適した太さに成長する。山を10区画ほどに分け、年に1カ所ずつ交代で「輪伐《りんばつ》」してきた。

切った年の異なる林がパッチワーク状に広がる景観は全国で見られた。「今は黒川ぐらいしか残っていない。『日本一の里山』と呼ぶに値する」と兵庫県立大の服部保名誉教授（70）。

数十軒あった炭の生産家も、今西さんだけに。燃料の転換や高齢化で放置林が増え、「日本一」は瀬戸際に立つ。

「日本一の里山」と呼ばれる川西市黒川の山あいで、どこか神秘的なクヌギ林に出会った。

地上数十センチの太い幹から、細い枝が何本も伸びる。「炭の原料になる伝統の『台場クヌギ』です」。森林ボランティア「菊炭友の会」の中川彰代表（70）が教えてくれた。

菊炭のクヌギは、伐採した部分から枝を再生させ、8～10年ほど育てて切る。繰り返すと、土台の幹だけが徐々に太くなる。独特の形状は輪伐で歴史をつないできた証しだ。

同会は2005年、炭焼きの講座を修了したメンバーが、自分たちで菊炭を焼こうと設立した。

そのころ、黒川の里山では希少種のサクラ「エドヒガン」が絶滅の危機にひんしており、兵庫県は対策に頭を悩ませていた。

エネルギー源と農業形態の変化で炭を焼く人が減り、里山は放置され荒れていた。背の高いササやつる植物がはびこってジャングルと化し、エドヒガンをはじめ他の植物の成長を妨げた。県は炭焼きを考えていた同会に里山の整備を依頼。再生への取り組みは06年に始まった。

会員らは春から夏に下草を刈り、秋から冬にはクヌギやコナラを間伐して炭やまきの原料とした。窯をしつらえ、炭を焼いた。

約7年の歳月を費やし、整備は一段落した。炭の品質は向上し、エドヒガンはかれんな花を咲かせた。「取り戻した里山を次の世代につなぎたい」と中川代表。遊歩道整備や、小中学生の里山体験学習にも力を入れている。

菊炭の原料となる「台場クヌギ」。独特のフォルムは人と共生の歴史をつないできた証し

「見ーてー！　この眺め！」

黒川の里山のほか、遠く大阪湾まで見下ろす妙見山。標高660メートル。弁当を持った家族連れや中高年ハイカーらでにぎわう。

山頂近くに、日蓮宗の寺院「能勢妙見山」がある。山に星の王が降臨した伝説を基に、「8世紀半ば、行基菩薩《ぼさつ》の縁で北極星をまつったのがルーツ」と植田観樹住職（69）。古来、北極星は道しるべとされたことから、川西に本拠を置いた清和源氏の祖・源満仲や、隣国丹波の明智光秀とも親交のあった能勢氏ら武道や学問、芸能など道を究める人たちからの信仰を集めてきた。

江戸期に入ると、近くの一庫《ひとくら》湯、平野湯と有馬温泉の「摂津三湯」巡りが人気を呼んだとされる。

時を同じくして、多田銀山・銅山の採掘が最盛期を迎える。銅の製錬所があった川西市下財町の市郷土館には、重厚な和風建築や道具、製錬のかすが残り、活況をしのばせる。

輪伐し、伐採した年の違う林がパッチワーク状に隣り合う。菊炭を焼く職人は「山は木を切らない方がつぶれてしまう」という＝いずれも川西市黒川

川西の文化財に詳しい郷土史研究家、岡野慶隆さん（66）は、現市域を南北に貫く旧能勢街道を中心に、にぎわいが生まれたとみる。

「北は丹波、南は大阪などとつながり、参拝者や湯治客、菊炭や銅など、人やモノが広範囲に往来する要所になっていた」

■　■

毎年秋に開かれる「黒川里山まつり」。地元産の新米おにぎりや地ビールを味わえるコーナー、新鮮野菜を扱うマルシェ、サイクリングスポットを巡るガイドツアー…。里山の魅力満載の催しに、今年は過去最多の約3300人が訪れた。

メイン会場から徒歩5分、築約70年の古民家でコーヒーのもてなしを受けた。笑顔の主は若者たち。近畿大でまちづくりを専攻する学生で、地元の厚意で空き家を借り受け、夏から秋にかけて月1～2回、「すみっこカフェ」を運営する。

特産の菊炭で焙煎《ばいせん》した自慢の一杯を振る舞う。行楽客やハイカーらが「おいしいわ。手作り?」「頑張って」と声を掛けていく。

「ここは初めて来た時から、どこか懐かしい。残したい場所。それにはまず知ってもらうこと。カフェもそのきっかけになれば」。総合社会学部3年の藤田恭平さん(21)=篠山市=らが意気込む。

会員制交流サイト(SNS)や、小型無人機(ドローン)のプロモーションビデオでPRを—。交通手段をどう充実させる—。指導する田中晃代准教授(56)は「今やらないと手遅れになる。住民の生活とのバランスにも配慮しながら、にぎわいを生み出せたら」と知恵を絞る。

人々の暮らしを長きにわたり支え続けてきた里山。人間が自然の一部として共に生き、資源を活用しながら暮らす知恵が、いま見直され始めている。

(2018年12月9日掲載)

秋の「黒川里山まつり」。今年も多くの行楽客が訪れ、里山の魅力を体感した

東の端はこんなとこ　川西市黒川

兵庫県の最東端は、川西市黒川と大阪府豊能町の府県境で、国土地理院のデータなどによれば、妙見山の山上周辺に当たると考えられる。山頂近くにある「能勢妙見山」は日蓮宗の寺だが、鳥居=写真=があり、「妙見宮」とも呼ばれる。

山頂付近にはブナの林がある。六甲山では標高750メートル以上の場所に育つが、妙見山は同600メートル以上と比較的低く、珍しい。1万年前から人の手が入っていない原生林とされ、多様な植物や野鳥が息づく。

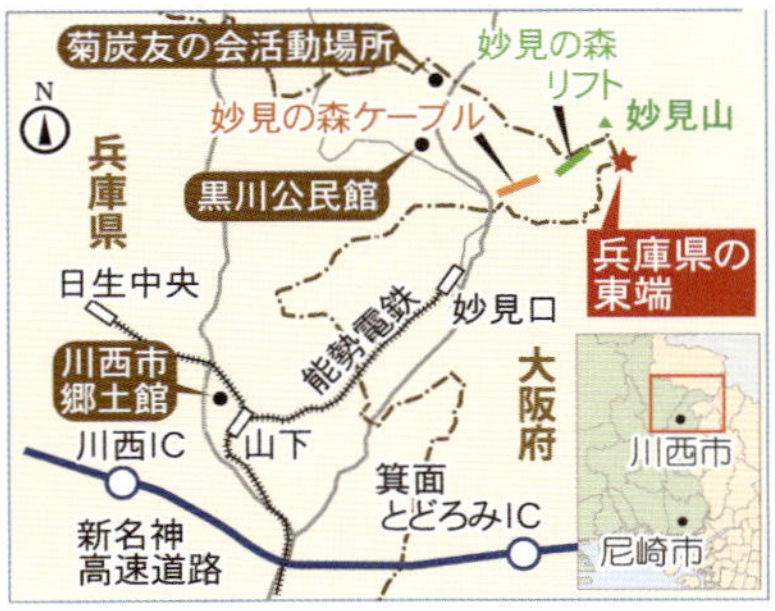

4

コト八日

ＪＲ竹野駅（豊岡市）でスタンプを押すと、図柄はハリセンボンだった。

冬の竹野といえば、松葉ガニなのに…。いぶかりつつも浜辺へ足を延ばすと、焼き杉板の古い家並みが。ここは北前船で栄えた町。路地をさまよい歩いていると、時を旅するようだ。

竹野浜に吹き寄せられたハリセンボンの魔よけ。昔はハリデンブクと呼び、尾っぽからつるしていたという＝豊岡市竹野町

おや、軒先にぶら下がるのは、ハリセンボンでは。「魔よけと聞いてます」と住人の東實千代《みちよ》さん（76）。２００６年冬、大量にハリセンボンが打ち上げられ、地元の商工会がふぐ提灯《ちょうちん》に加工したものだという。

温・熱帯の魚と思いきや、城崎マリンワールド（同市）によると「対馬海流に乗り北上し、冷水で弱って流れつく」のだそうだ。

それを魔よけにする風習が12月８日の「八日吹《ようかぶ》き」。旧暦では１月半ば、ウラニシという西風が吹き、海が荒れる日とされた。

だが、ここ10年はハリセンボンは姿を見せず、特産品化も泡と消えた。「コト八日」というこの日のさまざまな行事も、時のかなたに消えつつつある。

「うそついたら針千本のーます」

昔からの指切りのまじないだが、ハリセンボンもうそと無縁でない。浜に吹き上げられるのは、竜宮さんの釣り針を盗んだのに盗んでないとうそをついたから—。兵庫県新温泉町浜坂の古い八日吹きのいわれだ。

「コンニャク飯や豆腐を食べる」とも、1974年の民俗調査報告書「但馬海岸」にある。当時関わった山田寿夫さん(77)=豊岡市竹野町=は「ハリセンボンはちらほらあったんですが、内容は分からなくなっていた」と振り返る。

ところが、県境を越えた鳥取市では「八日吹きに『うそつき豆腐』をしてますよ」。かやぶき民家のある河原歴史民俗資料館で、民俗行事を語る会の谷幸彦会長(82)が言う。

いろりで焼いた豆腐にゆずみそを塗り、田楽にして食べると「1年のうそが帳消しになる」。廃れていた風習を40年前に復活させた。

「鳥取の城下町は豆腐屋が多く、ごちそうだった」と鳥取市教育委員会の佐々木孝文文化財専門員(49)。因幡《いなば》の霊山・摩《ま》尼《に》寺に参拝し、豆腐を1丁食べる習わしで、昭和30年代までは新聞に豆腐の売り上げ統計が出るほど盛んだったという。

藩主池田公は、豆腐を精進料理として奨励していたことが知

1年のうそを帳消しにする「うそつき豆腐」の風習。商家ではそばを食べて祝うとも=鳥取市河原町、河原歴史民俗資料館

られる。池田氏といえば、姫路藩、岡山藩の藩主でもある。播磨の北の宍粟市、鳥取・岡山県境の千種町西河内《にしごうち》では『八日待ち』の日は豆腐を作り、いろりの鉄鍋で野菜と汁にした」と小原千鶴子さん（86）。「八日待ちやでうそ言うて去《い》んじゃろ、と言うて学校から帰った」と懐かしむ。

旧美作《みまさか》国にあたる佐用町海内《みうち》では「山の荒神さんを祭って、豆腐汁と赤飯をした」と井上輝人さん（70）。きこりや炭焼きの「ヤマ始め」で、お酒も出るごちそうだったという。

■■

針に豆腐やコンニャクといえば、針供養。これも12月8日の行事だ。

姫路城北、藩祖を祭る姫路神社。祭壇の大きなコンニャクに、和裁士の女性らが使い古した針を刺しては手を合わせ、針塚に納める。

「この日は仕事をお休みにして、晴れ着で出掛ける楽しみもある」と中山きみ子さん（69）。神戸・新開地の厳島神社では「コト始め」の2月8日だが、姫路では約45年前に始める際、「コト納め」の日とした。

富山では、その名も「針歳暮《はりせんぼ》」。針を刺す大福餅を、嫁の里から贈る風習が今も珍しくないという。

鉄は鉄でも、金物の町・三木市であるのは針供養ならぬ刃物供養祭。鍛冶の神・天目一箇命《あめのまひとつのみこと》などを祭る金物神社の、ふいご祭の一環だ。烏帽子《えぼし》装束の御番《ごばん》鍛冶の4人が、ふいごで炉に風を送り、赤く熱した鋼から古式ゆかしく金物を鍛える。斎場では、護摩木とヒバがたかれ、炎に古刃物が投げ込まれる。

姫路神社の針供養。和裁士会主体の行事だったが、会員の減少で10年前から神社が引き継ぐ＝姫路市本町

だが、これとは別に、古くからの鍛冶屋のふいご祭がある。のこぎり鍛冶の神澤俊作さん（65）が12月8日に、家を出るのは午前6時。小さく握った赤飯と三角の油揚げを提げて、お稲荷さんを順番に巡る。「風が吹いて寒い方がええねん」。ふいごの風が景気を呼ぶとされた。

ミカンも付きもので、赤飯と共に近所や得意先に配る。ミカンの木にふいごの神が天下った伝承があり、鍛冶の炎の象徴ともいう。配り物はだんだん「近い親戚だけ」になってきたが、早暁参りは「神さんごとだから安直にやめられません」。

■■

コト八日とは「製鉄神を祭る行事だったのでは」と民俗学者の三田村佳子さん（67）＝京都市＝は考える。

「一つ目小僧に足一本なあに?」というなぞなぞがある。答えは針。天目一箇命など製鉄神は一眼一足であるといい、針はまさしく象徴だ。炎を見つめ、ふいごを踏み続ける、たたら吹きの過酷さによる障害が、一眼一足の由来といわれる。

たたら吹きは元々、強い季節風が吹く冬の仕事。八日吹きの「吹く」に通じ、ハリセンボン（ハリフグ）や「うそぶく」へと連想が働いた―という解釈だ。この日、東日本では一つ目の妖怪がやって来るとの伝承があるのにも、一脈通じる。

ふいご祭の古式鍛錬は一昨年から12月第1日曜に催す。2018年は鑿《のみ》部会が御番鍛冶を務めた＝三木市上の丸、金物神社

千種鉄で名をはせた千種や佐用は中国山地の「たたら文化圏」の一角。鉄の道とコト八日の伝播が、重なり合って見えてくる。

北の端から播磨の針へ、兵庫五国を〝際《きわ》〟める旅は、極めて多様で面白い。

（2018年12月16日掲載）

北の端はこんなとこ　豊岡市竹野町

竹野川から〝タケノブルー〟の日本海に突き出た猫崎半島。猫がうずくまったような形には「お昼寝キューピー」の愛称も。天然の風よけとして、江戸時代には北前船の寄港地たらしめ、今は山陰海岸国立公園だ。

遊歩道から見下ろせば、火山岩や海食崖のジオパークらしい地形を楽しめ、標高141・4メートルの賀嶋《かしま》山を息を荒らげつつ越えると、猫埼灯台の先にパノラマが広がる＝写真。片道約1時間のコースである。

シン・ゴコク　余話

地下に眠る「開かずの箱」

南あわじ市の離島・沼島《ぬしま》の中区公会堂地下に、地元で「箱だんじり」と呼ばれる大きく黒ずんだ箱が保管されている。これぞ、大阪府岸和田市など泉州を中心に各地で受け継がれる「だんじり」の元祖では？

岸和田だんじり会館によると、祭りは1703（元禄16）年を起源とし、当初のだんじりは長持《ながもち》に車輪を付けたような簡素なものだった。およそ300年前の現物は、岸和田市にも残っていないという。

沼島の中区公会堂の2階に、昭和50年代とみられる古新聞があった。「果たして箱ダンジリ？」「寸法、型式ほぼ同じだが」の見出しが躍る。記事は岸和田市のグループの探索活動を詳報。箱には車輪を付けた跡があり、長さ1・5メートル、幅70センチ前後と、古文書の記録と同型だと指摘する。

案内してくれた中区の藤田学さん（48）は「地元では江戸時代の『箱だんじり』と言われとるけど、詳しくは知らんのや」と苦笑い。「誰も箱を開けたことがない。中にはいったい何が入ってるんやろ」と首をかしげる。

真相は謎だが、泉州と沼島は、船で行き来する漁師を通じて交流が深く、文化や言葉遣いが似ているという。

交流は今も続く。岸和田などのだんじり祭りに参加する大阪府忠岡町の櫻井保仁さん（56）は、数年前から沼島の春祭りにも通う。趣味の釣りで島を訪れるうち、“だんじり愛”を通じて祭りに加わるようになった。「よそもんでも受け入れてくれたのがうれしい。同じだんじりの祭りでも、沼島は海に入るなど違うところがあって新鮮」と話す。

海を隔てたつながりは、今も生きている。

中区公会堂地下にある「箱だんじり」。大きくて外に出すこともままならない＝兵庫県南あわじ市沼島

岸和田だんじり会館に展示されているだんじり原型の模型＝大阪府岸和田市

第10部

結う、結ぶ

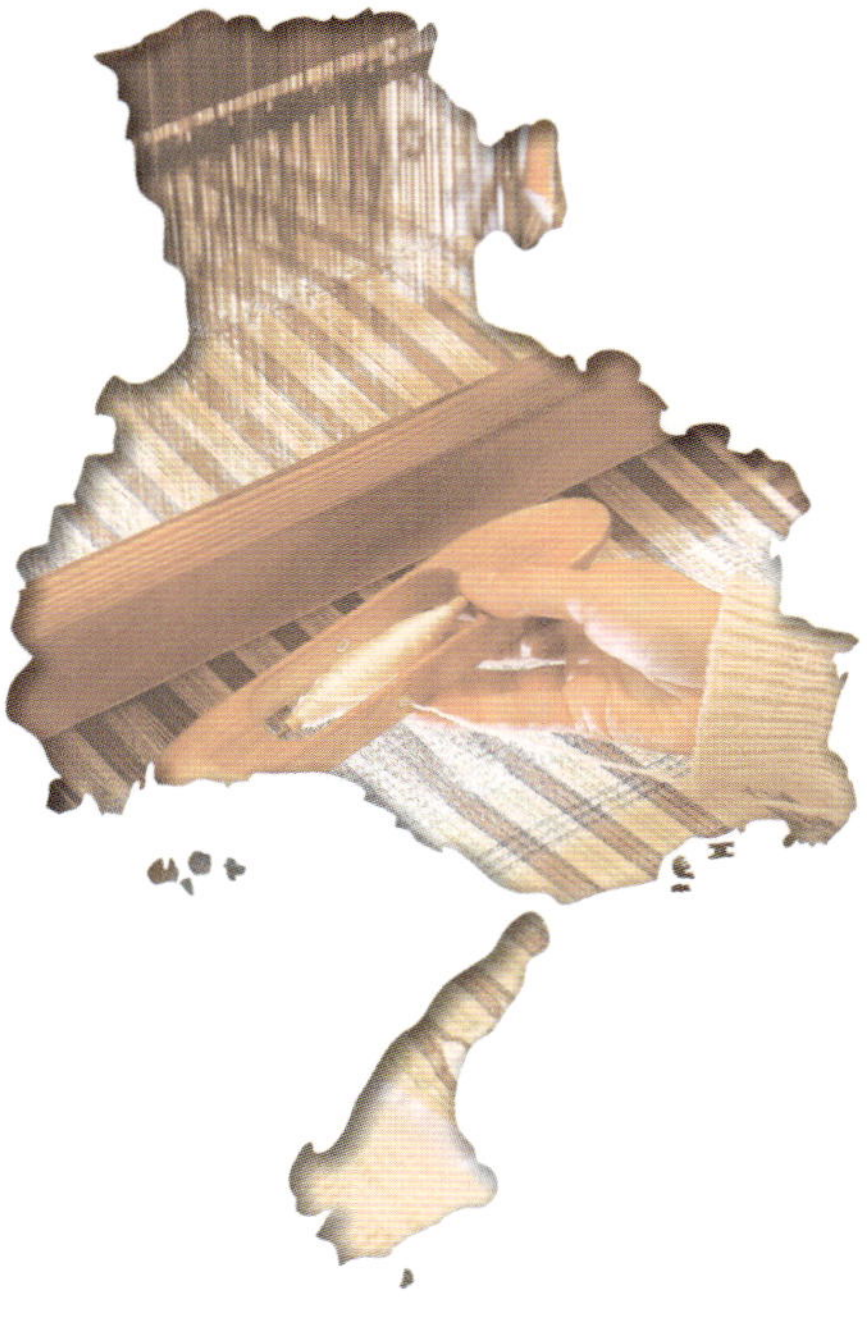

1

天然のみち

…最《さい》っ低《てい》っ。

それが褒め言葉になる、不思議な場所をご存じか。「水分《みわか》れ」という地名が丹波市氷上町石生《いそう》にある。険しい山々が背骨のように連なる日本列島で、ここは標高わずか100メートル前後。本州では最も低い、平地の「中央分水界」だ。

天から降り注いだ恵みの雨は、南と北へ泣き別れ。片や播磨の加古川へ、片や京都丹後の由良川へ注ぐ。瀬戸内側と日本海側を結び連なる低地帯は、まさしく兵庫県を象徴するようだ。

「氷上回廊」――。生物が行き来しやすい天然の切り通しを、地質学者の故藤田和夫・大阪市立大名誉教授はそう呼んだ。半世紀前、神戸新聞の企画「兵庫探検・自然編」に協力し、風土を学び、想を得たという。それまで「兵庫県の地形はあまり調べられておらず、注目されていなかった」。「兵庫の地理」を執筆した田中眞吾・神戸大名誉教授（87）はそう語る。

「加古川・由良川の道」を、考古学者の故佐原真・元国立歴史民俗博物館長が提唱したのも、同じころ。

雲海に沈む氷上盆地を安全山から望む。山の幸を育む霧も地に滴ると、分水界で二手に分かれる
＝丹波市氷上町

水分れ公園の上空から見た分水界。中央の高谷川を挟んで水が南北に分かれるとは、高低差がなさすぎて気付かない＝丹波市氷上町石生（小型無人機で撮影、5枚の写真を合成）

弥生時代の「銅剣形石剣」が、瀬戸内と日本海沿岸部をつなぐように両河川沿いに分布することを指摘し、文化の伝播《でんぱ》する道を浮かび上がらせた。

それから、さらに20年。加古川・由良川の河口から歩いて「水分れ」へ。南北交流を復活させるイベントを1991年、旧氷上町商工会青年部が流域市町を巻き込み実現させる。

古くからの交通の要衝で文化の結節点であることは「ホロンピアのころから、地元も知るようになった」と、実行委員長だった塚口正彦さん（61）。

88年、舞鶴自動車道（現舞鶴若狭自動車道）の開通を機に、「北摂・丹波の祭典ホロンピア」が開催された。それに合わせて建てられたのが「水分れ資料館」だ。

新しい道が未来を開くと同時に、過去へいざなう。

はるか昔、3万年前から氷上回廊を行き交っていた人々の姿を明らかにしたのは、舞鶴自動車道の建設に伴う、ある遺跡の発掘だった。

赤線で中央分水界を示した立体模型＝水分れ資料館

■■

丹波を2本の高速道路が走る。摂津とつなぐ舞鶴若狭自動車道と但馬に通じる北近畿豊岡自動車道。二つが交わる春日インターチェンジ（IC）近くに七日市遺跡はある。

発掘担当者たちは首をかしげた。

遺跡は3万年前の旧石器時代から2千年前の弥生時代にぽんと飛ぶ。その大集落も古墳時代には縮小し、奈良時代には役所の跡となる。

「これ、氷上回廊と違うかという話になった」と兵庫県立考古博物館の山本誠学芸員（53）は振り返る。

旧石器時代はナウマンゾウの季節移動の道。たくさん見つかる大きな石斧《せきふ》は、待ち構えたゾウを仕留め、解体する集団の姿を呼び起こす。

弥生時代は物流の道。瀬戸内系のサヌカイト製石器が、南から北へのモノの動きを示し、竪穴住居の形の変化も播磨の影響を物語る。

流れは一方向でなく、弥生後期、「急激に日本海側の文化に変わる」と兵庫県まちづくり技術センターの多賀茂治課長（52）。石器から鉄器に切り替わると、物流ルートも北から南へと変化する。土器や墓の形も、丹波は日本海側の影響を受ける。

しかし、そうした地方色は「古墳時代には消えていく」と多賀さん。山陰道という官の道が東西を結び、中央の色に塗り替えられる。

文化の通う十字路が、時とともに多様な風土を織り成してきた。

■ ■

祭りも、丹波篠山が京都系の鉾山《ほこやま》なのに対し、氷上は播磨の屋台だ。

「明らかに加古川の舟運やね」。民俗学者久下隆史さん（69）＝篠山市＝はそう話す。

氷上回廊の緩やかな川の流れに、舟運が開かれたのは約400年前。闘竜灘（加東市）から河口の高砂、次いで上流の丹波・本郷までが物流の大動脈となる。下りは丹波と播磨の年貢米、上りは塩や肥料の干鰯《ほしか》を積んで、高瀬舟が行き交った。

「丹波の立杭焼や豊岡の柳行李《やなぎごうり》も高砂の港へ送り出された」と県立考古博物館の松井良祐学芸員（60）。

久下さんによると、その立杭焼の里・篠山市今田町では「祭りに播州のサバのなれずしを作った」という。

篠山のサバずしのイメージは京風といわれる棒ずしだが、幕末に篠山の城下町にあった「播州商人定宿」の記録を指さし、久下さんが言う。「魚屋がぎょうさんおるでしょ」。篠山の「鯖《さば》街道」は川の道にあったのかもしれない。

いや、若狭湾のサバも、加古川で運べたかも――。夢のような由良川との「通船計画」が持ち上がるのも、氷上回廊ならではだ。

狙いは、北前船の西回りルートの短縮にあった。丹後から大阪までは数日となり、冬の荒い日本海よりもずっと安全だと、

加古川舟運の物資の集散地としてにぎわった本郷の舟座跡の碑＝丹波市氷上町本郷

何度もお上に計画が出されたが、幻に終わる。

明治に入ると闘竜灘が、生野鉱山の仏人技師ムーセらの検分を経て、開削される。しかし、江戸時代以上の活況もつかの間、阪鶴鉄道（現ＪＲ福知山線）や播州鉄道（同加古川線）の開通で、舟運は役割を終えた。

■ ■

それでも氷上回廊は生きている。絶滅危惧種のホトケドジョウ。県内は丹波市だけにおり、ここが西限。水系を越え、由良川にも加古川にもすんでいる特異な地形の証言者だ。北のヤマメと南のアマゴの混生や、絶滅したミナミトミヨなどもそう。六甲山にすむキベリハムシや、近畿南部のカンサイタンポポの北上も、回廊伝いとみられている。

方言からも道が見えてくる。

ホトケドジョウは兵庫県レッドデータブックAランクの希少種だ＝丹波市青垣町山垣、青垣いきものふれあいの里

例えば、瀬戸物。大きく見れば、兵庫県の瀬戸内側は「セトモノ」で、日本海側は「カラツ（唐津）」。だが、甲南大の詳しい調査によると、丹波市では両者が入り交じる一方、篠山市にカラツはほとんどない。

「流通経路が北か南かをはっきり示し、ちょうど旧氷上郡（丹波市）が緩衝地帯になっている」と同大の都染《つぞめ》直也教授（60）は読み解く。

舞鶴若狭道の利用開始から32年。北近畿豊岡道と接続後の春日ICは利用が倍増し、1日1万台を超える。道は、地域を結びつけているか。

交わりは広く、深まっているか。兵庫県が大きな回廊となれば、さらに多様な魅力が生まれはしないか。

２０１９年５月、篠山市が丹波篠山市となった。名実ともに兵庫丹波が一つになって、五国を新たに結い結ぶ。

（２０１９年１月27日掲載）

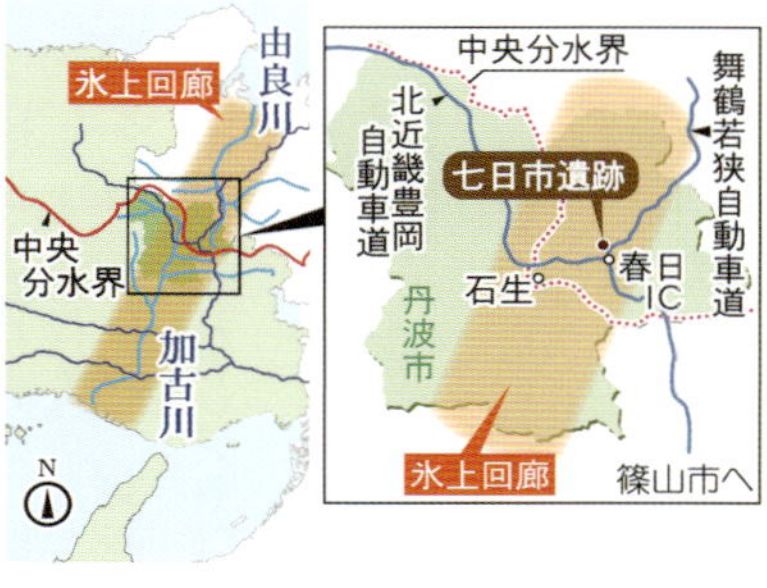

余白の余話

ローマ神話の双面神ヤヌスのように、南北の海に向き合う兵庫県。実は江戸中期、播磨の市川と但馬の円山川にも通船計画があった。商人だけでなく、大和郡山藩の重臣で文人画家の柳沢淇園《きえん》も「諸国之益、人民之為」と参画。松井良祐学芸員は「決して利益のみを追求したのではなかった」と評価するが、こちらも実現しなかった。

篠山川と武庫川は明治の初め、分水界を横切る異例の運河でつながった。通船は、わずか2年で廃止されたが、今も田松川として姿をとどめる。

2

銀のみち

朝来市の生野銀山から姫路市の飾磨津（現姫路港）へ、銀の精鉱を積んだ馬車が列をなす。てい鉄と車輪の音が、播但を貫く全長約49キロに及ぶ日本初の高速産業道路に響く――。

近代日本の黎明《れいめい》期。明治新政府の主導で建設された「生野鉱山寮馬車道」は、平成に入り、「銀の馬車道」の呼び名を得た。絶妙なネーミングとともに、想像力をかき立てるストーリーが加わり、2017年には日本遺産に認定された。

道の駅「銀の馬車道・神河」近くに現存する馬車道。石や砂利で高さを付ける「マカダム式」など欧州の技術が採られたが、1876年の開通から約20年で鉄道に取って代わられた＝兵庫県神河町吉冨

だが、史実は異なる。

銀の馬車道と言いながら、運ばれた銀の量は不明。銅の方が多かったとの説もある。輸送のメインは、採掘、製錬に必要な石炭や機械類で、飾磨津から生野銀山への往来がむしろ活発だったらしい。

ロマンとリアル。日本の近代化をけん引し、時とともに消えていった銀の道は、淡い追憶と夢想を秘めつつ、今なお兵庫の地に確かな足跡を残す。

薄く、点々と雪が覆う境内に、江戸期の山師の名が刻まれた石灯籠がたたずむ。拝殿の裏には、三菱の社章が入った屋根瓦が積み上がる。

1月8日、朝来市生野町口銀谷《くちがなや》の山神社《さんじんしゃ》で「年頭安全祈願祭」が始まった。三菱マテリアルなど関連企業の幹部がそろい、山田定信宮司（81）が祝詞を上げる。かつて銀山の繁栄と、働く人々の安全を願った儀式は、採掘を休止し、スズの製錬に事業が切り替わってからも、鉱山町の歴史を形あるものとして受け継いでいる。

今も昔も厳かな雰囲気の中で執り行われる「年頭安全祈願祭」＝朝来市生野町口銀谷、山神社

円山川と市川の分水界でもある生野は、但馬と播磨を結ぶ街道沿いの宿場町として栄えた。江戸前期にまとめられた「銀山旧記」によれば、本格的な採掘が始まったのは戦国期とされる。「銀の出ること土砂のごとし」と例えられ、江戸中期には新潟・佐渡の金、島根・石《いわ》見《み》の銀と並び栄えたが、次第に衰退した。

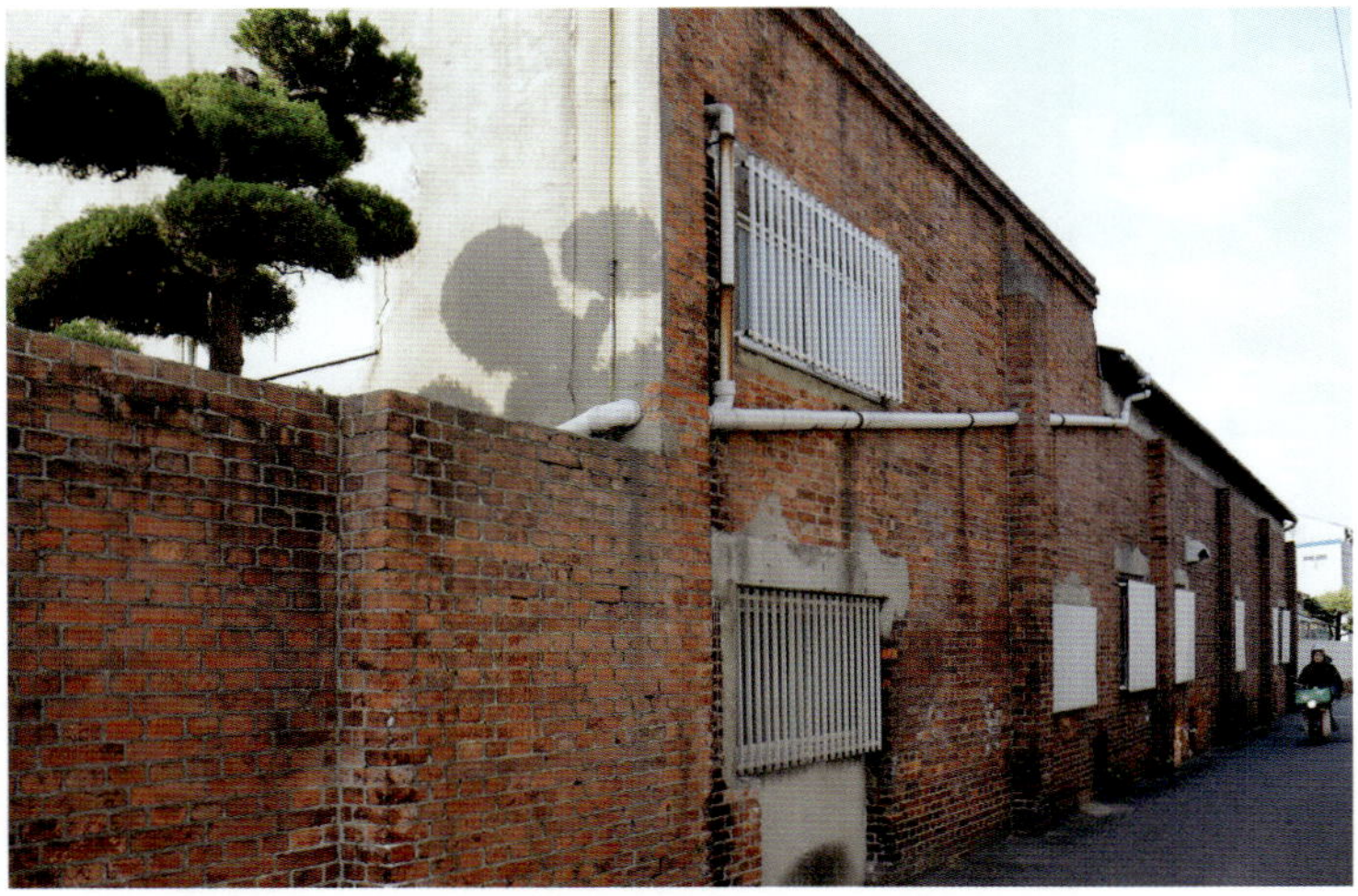

姫路市の臨海部には、銀の馬車道の発着点、飾磨津に造られた倉庫の壁が残る＝姫路市飾磨区宮

生野と飾磨津（現姫路港）をつなぐ「銀の馬車道」が開通した明治初期は、年平均の産出量が1トンを切る「底」の時代だった。山田宮司は「新政府が生野の将来性を有望視していたのは確かだろうが、銀が出ないのに運べるわけがない。馬車道をPRするのはいいけど、ちょっと大げさちゃうか」と苦笑する。

1896（明治29）年に国から三菱に払い下げられると、先進技術によって産出量は回復。昭和期の年平均は10トンを超え、江戸期を上回ったが、徐々に採算が合わなくなり、1973（昭和48）年に休止した。

一方、製錬に使われた一部の建物は、三菱マテリアルの施設として今も現役だ。年1回の開放イベントには、歴史ファンが集まり、往時のロマンに浸る。

しかし、三菱が生野にとどまるのは、地元への恩義や愛着とは別に、理由がある。採掘による水質への影響は、閉山後も懸念が消えない。未来永劫《えいごう》、企業が存続する限り、社会的責任として管理し続けなければならないのだという。

■■

江戸期の生野代官所領に含まれた兵庫県多可町の樺坂《かばさか》や神河町の川上、「鉱石の道」でつながる養父市の明延《あけのべ》…。

生野とゆかりがあったとされる鉱山は多い。但馬、播磨のほか、摂津でも、江戸末期の「神戸石炭」の採掘に生野の山師が携わったという。

そんな中で、生野と似た歴史をたどるのが、猪名川町周辺に広がっていた多田銀銅山。江戸期に銀山として栄え、明治期に民間へ払い下げられ、73年に閉山―。どれも、ぴたりと一致する。

具体的な接点も伝わる。銀山旧記によると、1632（寛永9）年には多田の鉱員が生野を訪れて製錬作業に携わり、60～70年代の寛文年間にも往来があった。

観光地としての現状は、銀の馬車道に加え、マネキンアイドル「銀山ボーイズ」やご当地グルメのハヤシライスなど、多彩な振興策を打ち出す生野に分がありそうだが、多田の存在感が勝るものがある。

多田銀銅山で一般公開されている「青木間歩《まぶ》」。間歩とは鉱山の坑道を表す＝兵庫県猪名川町銀山

埋蔵金伝説である。

■ ■

「もうそろそろ、見つかりそうな気がします」

豊臣秀吉が隠した総額数十兆円とも言われる財産を探し続けた埋蔵金ハンター、鈴木盛司さん。１９９８年と２００４年の2回、神戸新聞社の取材に応じ、発見の可能性をにおわせていた。同75年に静岡から猪名川町に移住し、坑道の探索を続けた。同志の事故死や離脱が相次ぎ、最後は一人きりで夢を追い求めたが、果たせぬまま12年に77歳で亡くなったという。

埋蔵金ハンター鈴木盛司さんが住んでいた民家。カフェを併設したレトロな古道具店になっている＝兵庫県猪名川町銀山、「ton ton ton」

現地の資料館「悠久の館」には、鈴木さんが発見したはしごや樋《とい》など採掘に使われていた道具類が並ぶ。伝説の真偽を検証したコーナーもあり、古文書の分析に基づく同町の結論が明示されている。「埋蔵金は、存在しなかったのです！」

鈴木さんは「拝金主義の時代に、ロマンにお金を注ぎ込む日本一の大ばか者」と自称していた。暮らしていた古い日本家屋は、古道具店に模様替えして今も残る。

年季の入った家具、しゃれた食器類、子どものおもちゃ…。所狭しと並ぶ商品は、埋蔵金でこそないものの、人によっては掘り出し物のお宝に映るだろう。

日本の近現代史を渋い輝きで彩ってきた銀の物語。時の流れに翻《ほん》弄《ろう》されながらも、その雄弁さは失われていない。

（２０１９年2月3日掲載）

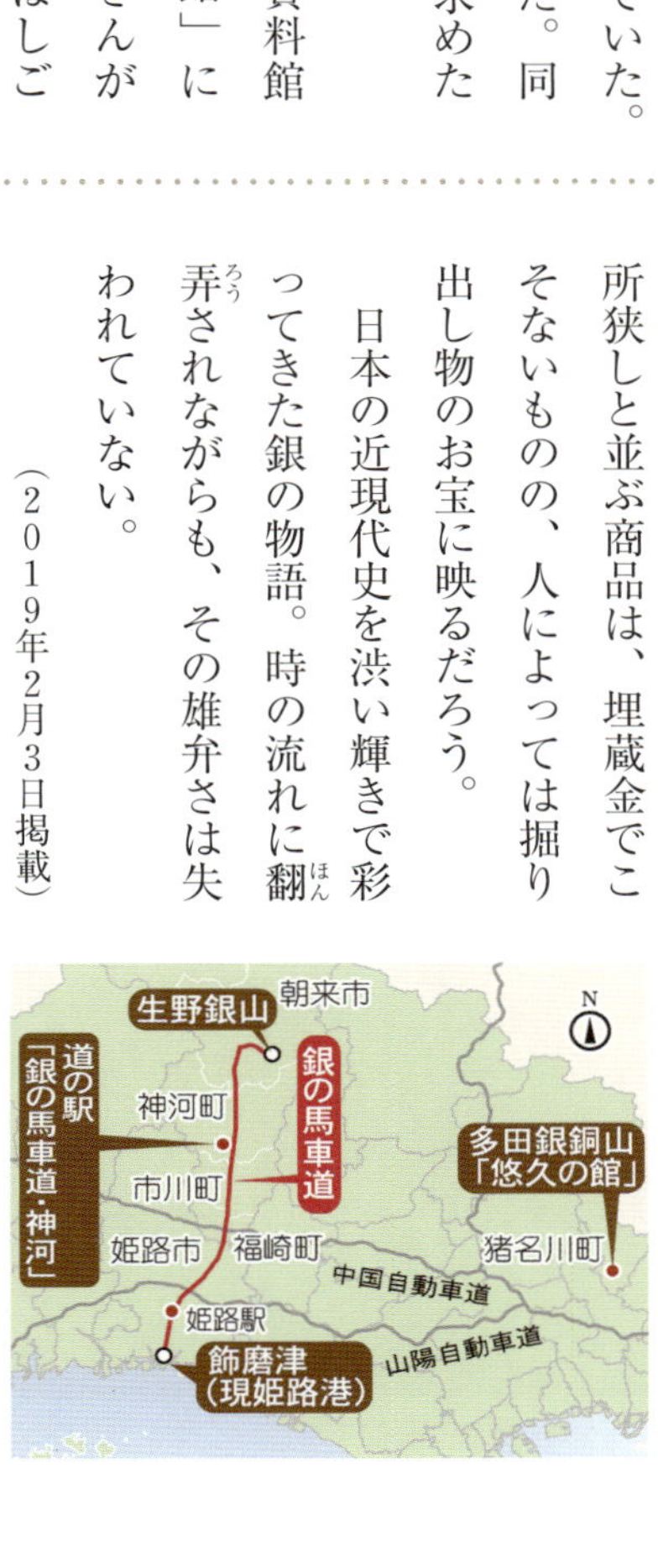

余白の余話

兵庫県内には、但馬や摂津のほか、各地に鉱山や炭鉱があった。播磨では、多可町の妙見山周辺の銅や宍粟市の鉄が知られる。丹波にはマンガン鉱山があり、淡路では洲本市の由良などで石炭採掘の記録が残るが、多くが閉山した。

経済産業省によると、１９５０年代の4千カ所超から、資源の枯渇や安価な外国産の流入によって現在は約３７０カ所に減少。兵庫県内では、昨年4月時点で、加東市や養父市など6カ所でろう石や滑石《かっせき》などの操業が続く。

3

出会いのみち

西宮神社（西宮市）の社務日誌。江戸時代から神職が書き記してきた。1926（大正15）年の元日に、こんな記述を見つけた。

四時半ヨリ賽《さい》者殺到ス。（中略）昨年ノ如キ特例（恵方詣）ニ非ズト雖《いえど》モ参者相応多シ

前年は、縁起の良い方角を指す「恵方《えほう》」で、神社は「恵方まいり」でにぎわった。だが、この年は恵方でもないのに参拝客であふれかえったという。

「元々正月は、神職が氏子の家を回っていた。それが阪神電鉄の宣伝効果もあり初詣が定着したのでは」と吉井良英権宮司（57）。05（明治38）年、阪神は大阪―神戸間を開業し、神社のそばに駅ができた。

九州産業大の平山昇准教授（41）＝日本近代史＝によると、明治期以降、各地の鉄道会社がレジャーを兼ねた正月参詣などを呼び掛けたことで、年中行事としての初詣が広まった。「初詣は、鉄道が生み育てた比較的新しい文化」なのだ。

■■

2019年も、各地の神社は初詣客でにぎわった。

西宮神社の社務日誌。「参者相応多シ」の記述が見える＝西宮市社家町

初詣客でにぎわう湊川神社。最寄りの高速神戸駅の看板が見える＝神戸市中央区多聞通3

高速神戸駅に近い、湊川神社（神戸市中央区）もその一つ。大阪、姫路方面からも鉄道を利用して大勢の人が訪れた。

かつて阪神、阪急、山陽、神戸電鉄の神戸市内のターミナル駅は、ばらばらにあった。その4社をつないだのが、神戸市の外郭団体として１９６８年に開通した神戸高速鉄道。軌道や駅はあるが車両は持たない画期的な〝地下鉄〟で、各社の相互乗り入れを実現した。姫路や有馬温泉と神戸、大阪が結ばれ、「鉄道と鉄道をつなぐ潤滑油になった」と八畠《やはたけ》敦取締役（53）は胸を張る。

だが、24年前の阪神・淡路大震災で、レールは寸断される。大開駅（同市兵庫区）直上の国道が陥没し、駅は壊滅的被害に遭う。地震の直前、三宮方面行き山陽特急が通過していた。「まさか、と思った。地下構造物は地震に強いと信じ込んでいたので」。当時、神戸高速鉄道の技術部で復旧を担当した井上真次さん（58）が述懐する。

崩れ落ちたがれきを二次被害のないよう撤去するなど、前例のない作業が不眠不休で続いた。「なしても（何としても）」。この合言葉が社員や工事担当者の心を一つにした。

7カ月後の95年8月、全線開通したが、大開駅は通過扱いに。駅の再開は96年1月17日までずれ込んだ。いち早く復旧したJR西日本に乗客を奪われるなど震災の傷痕は深いが、開業半世紀を経た神戸高速の〝潤滑油〟としての役割は変わらない。

■■

神戸と淡路島、四国を鉄道で結ぶ計画は古くからあった。約半世紀前まで、洲本―福良間を電車が走っていたが、その記憶も消えつつある。

淡路鉄道の元運転士、市川富夫さん（83）＝南あわじ市＝と痕跡を探す。素人には分からないが、川沿いでは「ここが線路橋の跡」。田んぼに降り立ち「線路の床です」。迷うことなく、指さした。

市川さんは、家庭を支えようと洲本高校を中退し、51年、15歳で淡路交通（旧淡路鉄道）に入った。駅員や車掌を経て、運転士になった。

淡路鉄道の線路橋の痕跡が残る場所で語る市川富夫さん
＝南あわじ市榎列松田

「いろんなにおいがしたもんです」。農家に魚を売るために乗り込む行商人がいた。牛の飼料やタバコの葉も運んだ。昭和30年代には、鳴門の渦潮を楽しむ観潮船に合わせた観光列車が神戸から訪れた客で満員となり、整理券を渡すほどにぎわったことも懐かしい思い出だ。

だが、モータリゼーションの波には勝てず、鉄道はバスにバトンを渡す。最後の営業となった66年9月30日。市川さんは福良から洲本まで運転した。沿線や駅で、市民らが紙テープを延ばして別れを惜しんだ。

「鉄道が人と物の交流を生んだ。淡路鉄道がなかったら、島の発展はなかった」。市川さんの言葉には運転士としての誇りがにじむ。

85年に大鳴門橋《おおなるときょう》、98年には明石海峡大橋が開通。淡路交通はバスで海を越えた。

■■

兵庫県播磨町が整備した遊歩道「であいのみち」は、ＪＲ土山駅のすぐ西から始まっていた。同町や加古川市を走り、84年1月末に廃線となった別府《べふ》鉄道の線路跡だ。

別府港（加古川市）の近くにあった肥料会社「多木製肥所」（現多木化学）の創業者が製品運搬のため、私財を投じて土山線、野口線を敷設した。

野口線の円長寺駅跡近くに、貴重な鉄道遺産がある。同線を走った車両「キハ２号」。その保存、修復を手掛ける市民団体がある。

同県猪名川町の会社員誉田《こんだ》勝さん（60）が呼び掛けた。地元や神戸、大阪などから集い、２０１３年から車両の清掃や修理に当たる。資金はインターネットから募る「クラウドファンディング」で、全国から４００万円以上が寄せられた。

車両の通過音から「多木のガッタン」の愛称で親しまれた同鉄道。誉田さんは廃線間際、何度も乗った。「レトロな車両で、何としても記憶にとどめたかった」。廃止から約30年がたち、屋外にあったキハ2号は朽ちていた。解体のうわさを聞き、加古川市に保存活動を申し出た。

「廃線になったから終わりじゃない。記憶をどうつないでいくか」。廃線跡のウオークや鉄道写真展も企画し、次代へ受け継いでいく。

人を運び、歴史を刻んできた鉄の轍《わだち》は、この世から去ってなお、かけがえのない時間と出会いをもたらしている。

（２０１９年2月10日掲載）

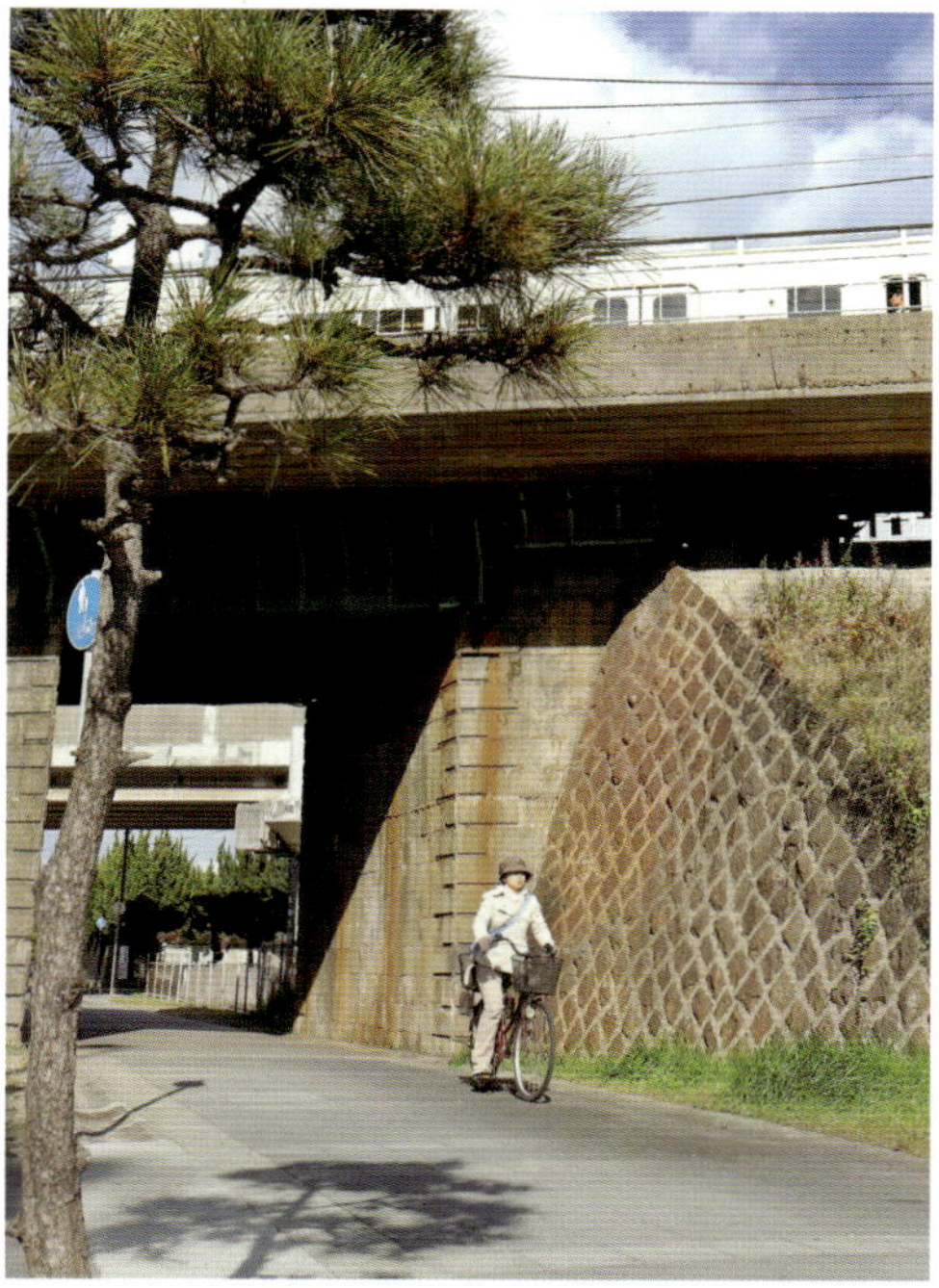
山陽電鉄別府駅の下を通る遊歩道は別府鉄道の線路跡だ＝加古川市別府町別府

保存されている別府鉄道「キハ2号」＝加古川市野口町長砂

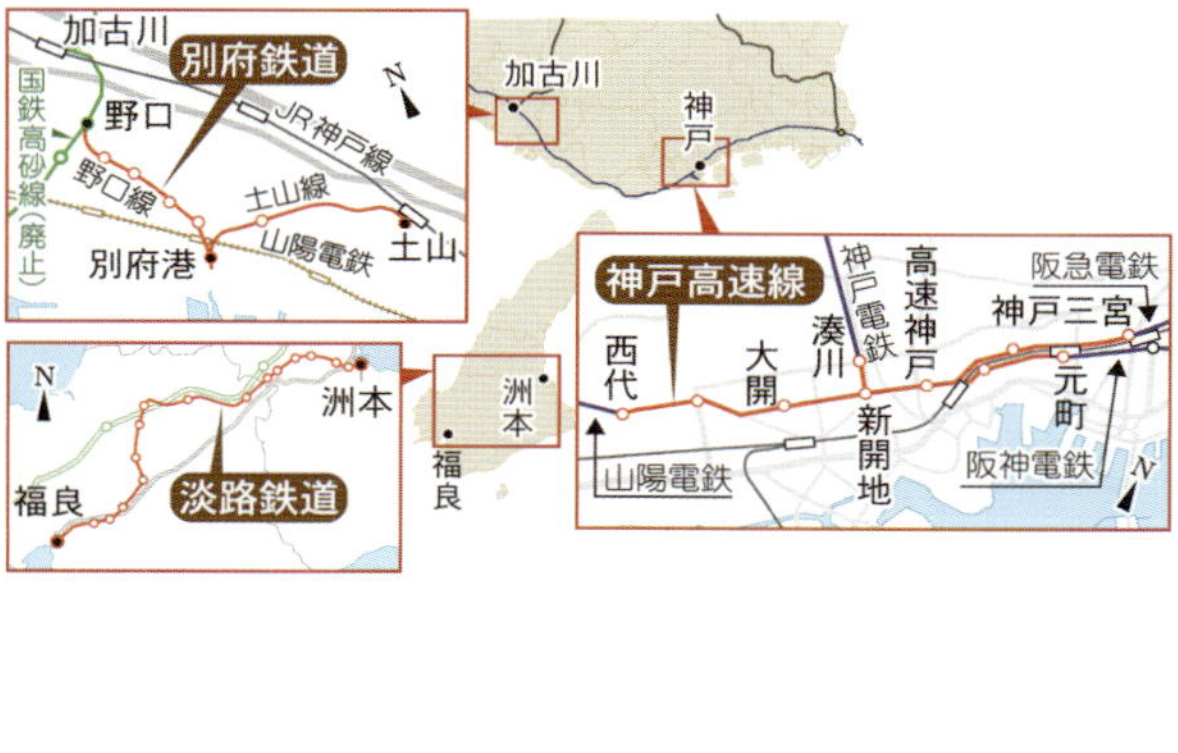

余白の余話

淡路島で生まれ育った。幼いころ、電車は船で明石へ渡ってから三宮へ向かって乗る、特別な乗り物だった。まだ明石海峡大橋がなかった時代。時間はどこかゆったりと流れていた。

橋ができて島は「陸続き」となり、神戸にもバスで気軽に行けるようになった。もし、この橋を電車が通っていたなら、四国とも鉄路で結ばれていたなら。島は一体、どんな道を歩んだだろう。兵庫の各地で、人と人を結びつけてきた鉄道に接し、しばし想像してみる。

4

甘辛のみち

グラスの中で光る琥珀《こはく》色の液体。紹興酒にも似た香りは古酒か。飲むと、想像は鮮やかに裏切られた。飲み慣れたよりもかなり濃厚な味わいの日本酒だった。

「赤穂義士が討ち入った元禄15（1702）年の造りを再現しました」と小西酒造(伊丹市)技術部の秋田耕治さん（61）。

1550年創業の同社には、5万点以上と言われる古文書が残り、その多くが伊丹市立博物館で保管されている。元禄―明治期の酒造レシピもあり、二十数年前、再現に挑んだ。

現代は、米1に対し水1・3の割合で造る。ところが当時は、水が0・7前後と現代のほぼ半分。当然、米が水を吸ってもろみが固まり、桶《おけ》をかき混ぜる櫂《かい》すら入っていかない。

「本当にできるのか」。清酒の発祥にして、日本一の酒どころ・灘五郷の礎も築いた伊丹諸白《もろはく》。江戸で「丹醸《たんじょう》」「下り酒」と絶賛された味をたどる最初の一歩だった。

小西酒造と伊丹市立博物館の協力で、江戸の酒造レシピと再現した清酒が共演＝伊丹市千僧1

昔ながらの手法「石掛式天秤《てんびん》搾り」で、日本酒のルーツに迫る「庭酒」を手掛ける＝姫路市広畑区本町3、田中酒造場

深さ1メートル、幅70センチ、奥行き1・5メートル。昔ながらの木製の「槽《ふね》」に、何十ものもろみの袋を積み上げる。袋はその重みで、澄んだ液汁をにじませる。果実のような香りと共に、みずみずしい新酒がほとばしる。

姫路市広畑区の田中酒造場。「搾ったのは『庭酒《にわざけ》』。播磨で生まれた日本酒のルーツを再現した」と、田中康博社長（66）が胸を張る。

奈良時代の地誌「播磨国風土記」に、現在の宍粟市周辺の「庭音《にわと》（庭酒《にわき》）村」でこうじの酒を造り、神にささげて宴《うたげ》を開いた、との記述がある。こうじの酒造りについて書いた最古の資料とされる。

「播磨は日本酒のふるさと。『風土記の酒』をよみがえらせたい」

２０１３年、姫路など播磨の４酒造組合が、宍粟市一宮町の庭田神社で酵母菌探しに挑んだ。

通常、酒造りの酵母菌は専門機関から仕入れる。自然界で新たに見つけるのは容易ではない。

採取は5度に及び、兵庫県立工業技術センター（神戸市須磨区）の原田知左子さんが約１００サンプルを調べた結果、拝殿近くのサカキの菌が使えることが判明。幸運は続き、こうじ菌も見つかった。「神様に熱意が届いたのかも」と田中さん。

原料は播磨の米と水▽精米歩合は90％前後▽蒸した米とこうじ、水を一度に仕込む「一段掛け」—などの共通ルールを設け、各社が製品化した。試飲してみると、甘酸っぱく、うま味が強い。ああ、甘露、甘露。

■■

伊丹市の公園に立つ「鴻池稲荷祠碑《こうのいけいなりしひ》」。1600年ごろ、戦国武将・山中鹿之介の息子と伝わる山中新六幸元が、この地で濁り酒に代わる澄んだ清酒を生産し、江戸に運んで成功した逸話を伝える。播磨国風土記から約900年。隣国摂津・伊丹が酒どころの名声を博していた。

高度精米や雑菌を抑える寒造り、掛米《かけまい》の量を徐々に増やしていく「三段仕込み」などの技術革新で品質が安定し、大量生産も可能になった。五摂家筆頭の近衛家が領主となり、産業として手厚く保護された。

「鴻池稲荷祠碑」。この地で清酒が量産され、江戸で称賛された逸話を今に伝える＝伊丹市鴻池6

「造りやすい環境が整い、船便の発達もあって支持された」。伊丹市都市ブランド・観光戦略課の中本賢一課長（49）はみる。

味はどうか。元禄（1688～1704年）の酒の再現に挑んだ小西酒造の秋田耕治さん（61）は「現代とほぼ同じ技術水準に達していた」と驚く。

硬かったもろみはやがて溶け、濃厚な酒に。昔は雑菌が出やすく、薄めない方が安全だったのか。水が少ない分、より甘く酸味が利いた。

文化・文政（1804～30年）や慶応（65～68年）期も分析すると、元禄に比べて淡麗辛口になっていたといい、「市場調査をして江戸っ子の好みに合わせていたらしい」。

元禄の酒は今も販売する。「手間はかかるが、原点ですから」と秋田さん。沿岸部で輸送に便利な灘五郷の隆盛もあり、伊丹の蔵元は同社と伊丹老松酒造の2社になったが、清酒を生んだ街の誇りが息づく。

■■

「JAPANESE PURE SAKE」。印字された箱がコンテナに手詰めされていく。神

神戸港から輸出される白鶴酒造の製品。海外向けの大半が船便で、いわば現代の「下り酒」＝神戸市東灘区向洋町東3

戸港から船便で1カ月、目指すははるか遠くイタリアだ。神戸・六甲アイランドにある日本通運の支店。業界最大手白鶴酒造（神戸市東灘区）の日本酒が、次々と輸出されていく。

北米、アジア、欧州…。海外では燗《かん》が中心だったが「最近では常温や冷酒も好まれる。行き先、量ともに増えている」と、執行役員海外事業部長の松永将義さん（55）。

県酒造組合連合会などによると、清酒の国内出荷量に占める兵庫勢の割合は26％に上る。だが全体としては1970年代をピークに下げ止まらず、2017年度は88年比で64％減の52万4561キロリットルだった。

兵庫県産の日本酒に特化したバー「試《こころみ》」。季節限定商品などを豊富に取りそろえる＝姫路市南駅前町

ただ、13年に和食が国連教育科学文化機関（ユネスコ）の無形文化遺産に登録された頃から海外で人気が高まり、輸出量は88年比3倍強の2万368キロリットルと右肩上がりだ。

神戸税関によると、国内の17年港別日本酒輸出数量で、神戸港は49・7％と東京港の18％を引き離し、20年連続の1位。「世界に認められれば国内でも見直される。歴史豊かな兵庫から魅力を伝えたい」と、小西酒造の小西新太郎社長（66）。

酒米に水、丹波や但馬の杜氏《とうじ》の技にも恵まれ、唯一無二の酒の歴史を紡いだ兵庫。歳月を経て、洗練された現代の下り酒は、世界の左党をもうならせる。

（2019年2月17日掲載）

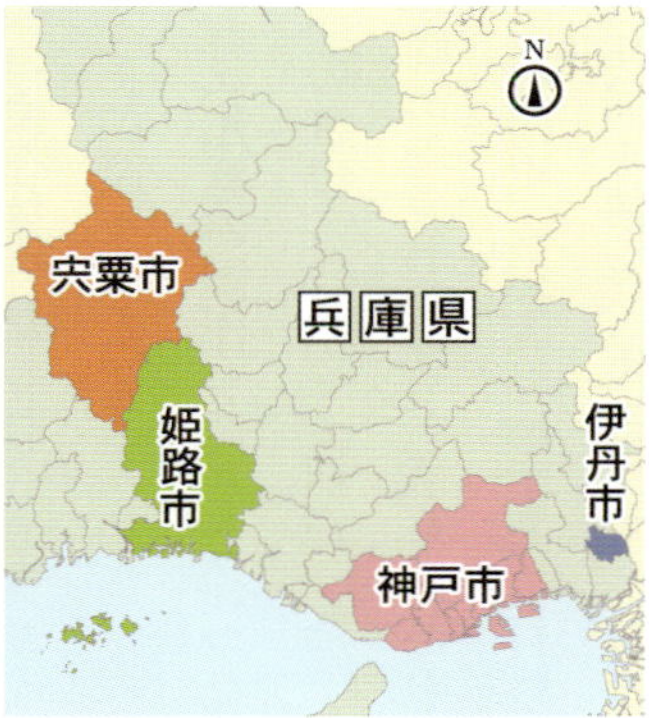

余白の余話

「アローイ！」。JR姫路駅の高架下にある兵庫県産日本酒の限定バー「試《こころみ》」をのぞくと、タイから取材に訪れたブロガーが「おいしい！」とコメントをしたところだった。

立ち飲みスタイルで、58社の約300種類が並ぶ。タッチパネルの端末から、味わいや銘柄の情報を参考に注文する。1杯65ミリリットル130円から。

おしゃれな雰囲気にリピーターも増えている。「兵庫の酒は流行に流されない」と五十木《いそぎ》洋介店長（48）。さあ、もう一杯頼んで、勉強？だ。

5

絹のみち

生糸の強度を測る機器を手に思い出を語る宮垣貴美代さん。奥に掲げられた機器の写真パネルが、生糸検査所の華やかな時代をしのばせる＝神戸市中央区小野浜町

ミナト神戸を見て歩く。

三井、三菱、住友。重厚な旧財閥系企業の倉庫が、新港突堤に顔をそろえる。神戸と兵庫県を飛躍させた港湾施設が整えられたのは約１００年前。弧を描く建物や土地の形に、鉄道の引き込み線があった時代の残り香を感じる。

「潮風に吹かれながら、検査が終わった生糸を運んでいったの。港の労働者や小型運搬車がひっきりなしに行き交ってたわね」

倉庫群の北、神戸税関の向かいに立つゴシック調の旧生糸検査所で、〝最後の検査員〟だった宮垣貴美代さん（69）＝神戸市北区＝が振り返る。

神戸の海の玄関口を近代建築の傑作が続々と飾った１９２０年代は、国際港の歴史の一大転換期だった。

第１次世界大戦後の経済恐慌で貿易が落ち込む中、神戸港のシェアは、23年の関東大震災で壊滅的な打撃を受けた横浜港に代わり、４割を占めるまでになる。摂津・播磨・但馬・丹波・淡路の旧五国を一つに結ぶ扇の要となった神戸港が、日本の産業動向を映し出すほど存在感を増してきた。

神戸税関の輸出品目統計を見ると、開港当初の主力は緑茶や米。次いで軽工業の発達で、兵庫県の地場産業のマッチなどが加わり、綿織糸《めんおりいと》が急増する。そこへ

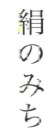

トップに躍り出てきたのが横浜港の独占だった生糸。県内をはじめ、西日本での養蚕の発展も、神戸からの輸出を後押しした。輸入港から輸出港へかじを切るのもこの時期だ。

だが、生糸の生産は戦後になると、合成繊維の普及もあって、とりわけ西日本では激減する。宮垣さんが検査所に入ったのは衰退期の68年。神戸港の貿易額が伸び続ける一方で、その6年後、生糸の輸出はゼロになる。検査所は縮小を繰り返し、2009年に閉鎖。宮垣さんも退職した。

「周りの景色も雰囲気も様変わりしたけど、これだけは同じね」

宮垣さんが、旧検査所の正面玄関をいとおしむように見上げる。アーチの上部には、糸を吐く蚕の装飾が今も残る。

ミナトが生んだ兵庫県。

記憶の糸をたぐり寄せ、五国の歩んだ道をたどる。

「神戸　絹の道」。開港150年目の2017年、そう題した展示を神戸ファッション美術館（神戸市東灘区）がデザイン・クリエイティブセンター神戸（同市中央区）と連携し、開催した。

1973年に「ファッション都市」を宣言した神戸らしい美術館だが、「素材や産地は意外と取り上げてこなかった」と次《じ》六《ろく》尚子学芸員（36）。「日本絹業博覧会」が25年に神戸であったと知り、産業としての重要性に目を開かされた。

では、生糸はどこから来たのか。訪ねたのは養父市大屋町。江戸後期に技術書「養蚕秘録」を世に広め、独特な養蚕住宅が残る地に、「お蚕様」と歩んだ風土を肌で感じた。

衣服文化に潜む物語とも出合う。昭和初期、民芸運動が美を発見した手織り木綿の「丹波布」。草木染のしま模様に、白い絹の緯糸《よこ》が入る。この、くず繭から取った「つまみ糸」が丹波布の欠かせない条件だ。

旧財閥系企業の倉庫や神戸税関、旧生糸検査所などが並ぶ神戸港の新港突堤周辺＝神戸市中央区（4枚の写真を合成）

「商品にならない生糸を、野良着のおしゃれにしてたなんてすてき」と次六学芸員。「訪ねた人や場所をつなぐと、道が見える気がした」

丹波を歩く。京都に接する篠山市桑原。山里の毘沙門堂に、平安時代の歌人、和泉式部の供養塔が立つ。桑の栽培と養蚕を式部が伝えたのが地名の由来とされる。戦後しばらくまで「畳を上げて蚕を飼いよった」と地元の人は記憶する。

式部伝説は明石、加古川、姫路と播磨に広がる。雨露から身を守った珍しい枝垂《しだ》れ栗の旧跡がある相生市若狭野町。同町内の大避《おおさけ》神社が祭る渡来人秦河勝《はたのかわかつ》にも、旧赤穂郡一帯に養蚕を広めた伝説があるのは、偶然にせよ面白い。『播磨国風土記』によると、姫路の地名も神様の船から「蚕子《ひめこ》」が落ちた場所からだ。

国無形文化財の丹波布。絹のつまみ糸が木綿に織り込まれる＝丹波市青垣町西芦田、丹波布伝承館

蚕は島に渡ると、釣り糸にも。淡路・由良の「磨きテグス」は戦前、一大産業として花開いた。

遠い昔に、海を渡って来た生糸。その近代化の道を兵庫県でたどるには、ある企業の名が外せない。

■ ■

「郡是」と書いてグンゼと読む。京都府何鹿郡《いかるが》（現綾部市）で波多野鶴吉が興した繊維メーカーは1896（明治29）年の創業以来、漢字の社名を約70年間守り続けた。込めた思いは「郡是を挙げての蚕糸業の発展」。発案者は「神戸阿利襪園《オリーブ》」や「播州葡萄園《ぶどう》」を手掛けた農政官僚の前田正名《まさな》だ。積極的な品種改良で全国屈指の製糸会社となり、生糸の町を育んだ。

成松《なりまつ》（丹波市）▽梁瀬《やなせ》（朝来市）▽養父（養父市）▽八鹿（同）▽江原（豊岡市）▽山崎（宍粟市）――。同社の県内工場を示す1933年の「購繭《こうけん》区域図」は、各地に張り巡らされた供給網を浮かび上がらせる。「気

グンゼ山崎工場周辺の生糸供給網を表す1933年の「購繭区域図」。地区ごとに拠点があり、養蚕が広く浸透していたことが分かる＝京都府綾部市

候が厳しい農村部では、養蚕が貴重な収入源だったのでしょう」。グンゼ博物苑（綾部市）のスタッフ天橋《あまはし》歩さん（45）の見立てだ。

絹靴下の生産拠点として造られた塚口工場（尼崎市、現つかしん）を含め、ほぼ全て現在のJR山陰線や福知山線沿いに立地する。それぞれの拠点に集められた生糸は、鉄路で神戸港へ。生糸検査所の神戸開設にも、グンゼの働き掛けがあったという。横浜港経由に比べ、鉄道輸送費が半額以下になるためだ。

戦後、グンゼの主力商品は、生糸から肌着へと変わった。県内に唯一残る梁瀬工場も、インナーの製造に衣替えした。だが、生糸を束ねていた「GUNZE」の色鮮やかなラベルを神戸で今も見ることができる。

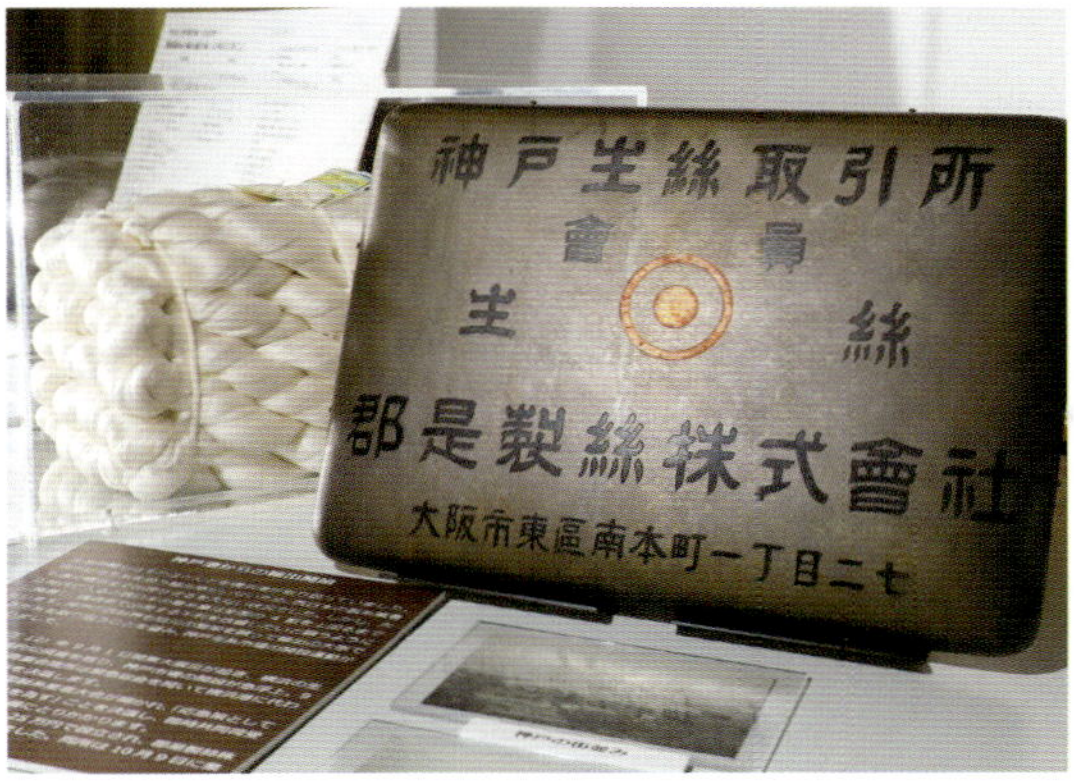

1951年設立の「神戸生糸取引所」。グンゼも加盟していた＝京都府綾部市

「KIITO」の愛称で知られるデザイン・クリエイティブセンター神戸。旧生糸検査所を再生した建物は、デザイン都市を掲げる21世紀の神戸のシンボルとなった。

「戦争も震災も乗り越えてね。生糸はなくなったけど、神戸らしさは残っているかな」。様変わりしたKIITOを歩きながら、元検査員の宮垣貴美代さんがほほ笑む。

幹部の個室は企業のオフィスに。荷さばき場だった大部屋はイベントホールに。音楽、ダンス、アート。食、多文化共生、まちづくり…。五国の過去と未来を橋渡しする近代産業遺産は、〝創造と交流の拠点〟として、人と情報をつなぐ。

かつて「雄県」といわれた、個性際立つ五国から成る兵庫県。激しい時代の流れにも、変わらない繊細な風土がそれぞれにある。150年の歴史を素地として、時に固く、時にしなやかに互いを結い合わせつつ、未来の道を紡いでいく。

（2019年2月24日掲載）

KIITO2階のギャラリーには、グンゼのラベルが展示されている＝神戸市中央区小野浜町

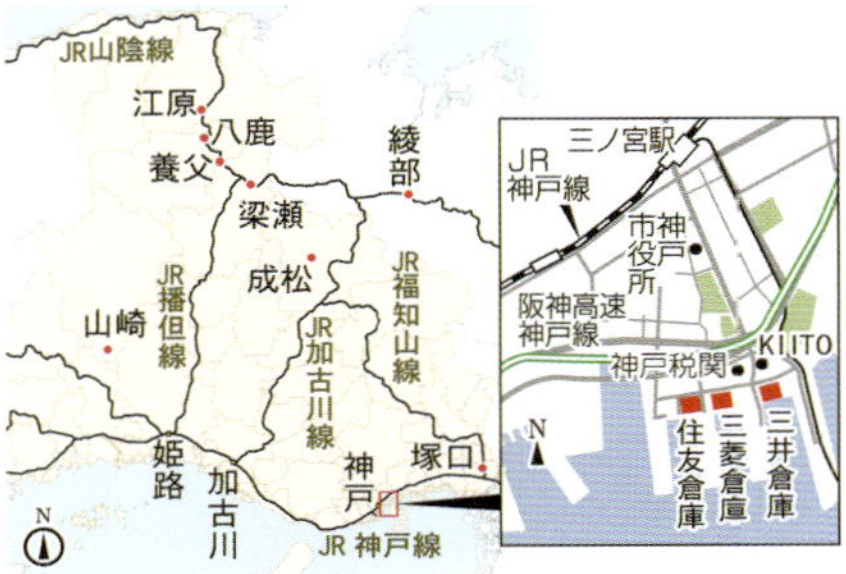

シン・ゴコク 余話

君の「社名」は

肌着や靴下の製造で知られる「グンゼ」（大阪市）は、製糸会社として規模を拡大してきた企業だ。社名の由来や発祥の地、創業者らをたどっていくと、生糸にちなんだ逸話に彩られていることが分かる。

グンゼは1896（明治29）年、「郡是製《せい》絲《し》」として京都府何鹿《いかるが》郡（現綾部市）で創業。1967年まで引き継がれた漢字表記には、地元の経済振興への強い思いが込められている。

同社によると、何鹿郡周辺の丹波・丹後地域で生産されていた生糸は、江戸期に品質が低下していた。殖産興業の時代、産業化を図るため、蚕糸業の発展が何鹿郡の方針、つまり「郡の是」であるとして、社名に採用したという。

綾部の地名も、生糸とのゆかりがある。元々の表記は「漢部」と書き、絹織物に携わる渡来人「漢《あや》氏《うじ》」の存在をうかがわせる。

さらに、創業者の名前は波多野鶴吉。グンゼは「具体的な関連性は不明」とするものの、波多野姓は、漢氏と並ぶ渡来人「秦氏《はたうじ》」をルーツとする説がある。

現在は生糸の生産から離れ、カタカナの社名もすっかり定着したが、経営理念にはその名残がある。

「創業の精神を経糸《たていと》に、社会からの期待に誠意をもって柔軟に応えることを緯糸《よこいと》として…」

グンゼの歴史や創業者・波多野鶴吉の業績をまとめた展示パネル
＝京都府綾部市青野町膳所、グンゼ博物苑

君の「呼び名」は

養蚕を、但馬では「ようざん」と発音する。「新明解国語辞典」には別読みとしてヨウザンがあるものの、「日本国語大辞典」や「広辞苑」にはない。

しかし、但馬だけでなく、相生市那波の大避神社の由緒書も「ようざん」とルビを振る。古い書物でも、「養蚕緒言」は「やうざん」、唱歌集「養蚕唱歌」は「よーざん」と読ませており、丹後や岡山、伊予や阿波、信州や三河・尾張でも、古老は「ようざん」と言うらしい。

ちなみに、郡是製糸の工場があった養父が、鯉の里でもあるのは、繭から取れるサナギを餌にし、円山川の水質もあいまって発展したから。食用として始まるが、戦後は観賞用の養鯉に移り、いわゆる「黒ダイヤ系」品種の発祥の地となったという。

みんなで兵庫、彩《さい》発見。

全部、青い海と空。
海幸山幸は茶に赤に。
黄金に波打つ稲田。
白亜まばゆし美の城。
荒ぶる祭りに彩あふれ。
夜景燦燦《さんさん》輝く港都―。

兵庫県ができて、２０１８年で１５０年。摂津、播磨に但馬と丹波、淡路の五国が組み合わさった兵庫は、五彩の郷土《くに》。独自の風土と文化をはぐくんだ歴史が織りなす県土は、一つの色には染め上げられない豊かさがある。

では、私たちの暮らす地域はどんな色？郷土で１２０年の紙齢を刻んできた神戸新聞社は、県民の皆さんから「五国の色」を募集。一つの国に4色ずつ、計20色の色を選んだ。

風の声を聞く。土に触れる。広大で、多彩な五国を訪ねてみれば、心躍る発見がある。大都市あり、農漁村あり。そこに生きる人たちがいて、暮らしがあり、伝統がある。海と大地の恵みは、四季折々に喜びをくれる。

地域の人々によって守り継がれてきた美しい風土は、未来に残したい地域の遺産。開発や少子高齢社会が進み、違いが見えにくくなってしまった中で、イメージする色は、魅力を再認識する手掛かりとなる。

自然や風物、地場産業に密着した色を、兵庫に生きる私たちが自覚するきっかけにしたい。そんな願いも込めて選んだ20の「五国の色」。そして、その中から1国1色に絞る投票によって選ばれた五色の色。

摂津は六甲アイビー、播磨は播州姫路白《しら》鷺《さぎ》色、但馬は蟹朱色《かにしゅいろ》、丹波は猪栗茶《いのくりちゃ》、そして淡路は渦潮セルリアン―。

ふるさとと兵庫の模様をもう一度、織りなそう。その先に、五国の未来がある。

#【摂津】

投票で
選ばれたのは
この色

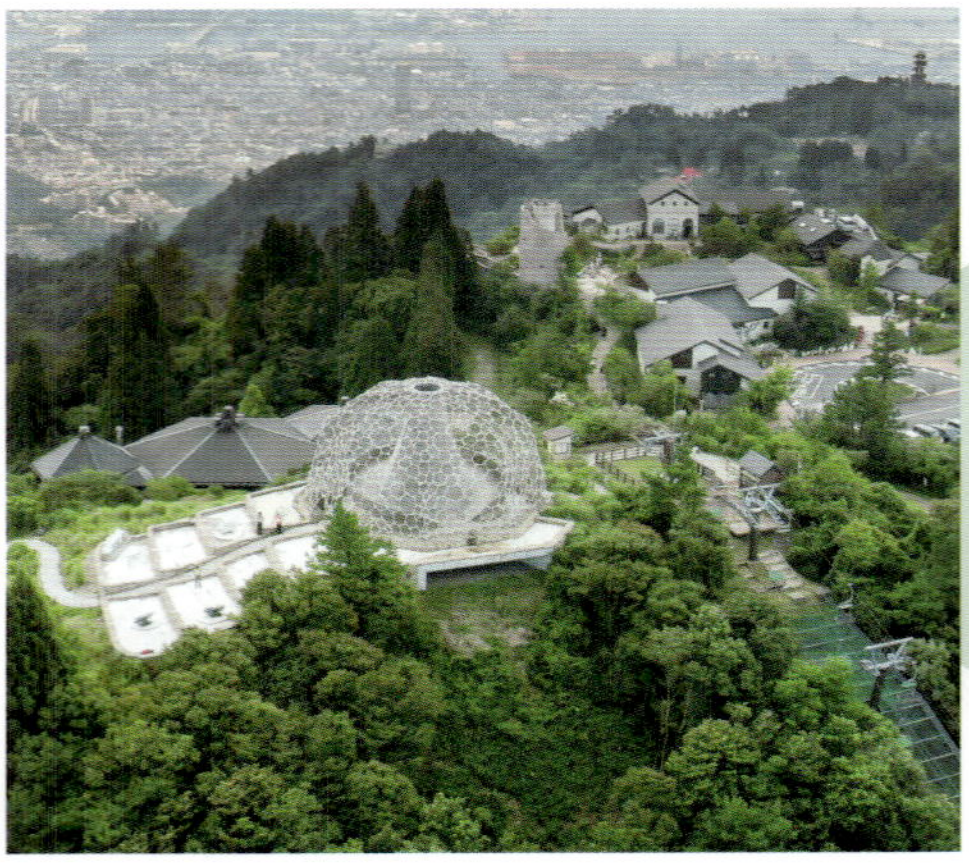

心を癒やす
六甲山の緑

六甲アイビー

摂津の人々に愛される六甲山は、西洋文化の風をまとったような洒落たグリーン。諸外国との交流から、日本初のゴルフ場やホテル、別荘地などリゾート開発の歴史を辿ってきた。初夏に萌える瑞々しい緑は、１００年をかけた植樹のたまもの。異国情緒ある街並みや、青春の聖地・甲子園球場を覆うツタなど、都市の身近に緑の景色が広がる。

ハーバー・ルミナス

気品あふれる紺色の空と海が混じり合う世界に、キラキラと浮かぶ１０００万ドルの夜景。煌めく無数のゴールドに、ブルーグリーンやバイオレット、ピンクの光が融ける。六甲山から見下ろす宝石箱のような景色と、船上から遠く漆黒の海にこぼれる華やかな幻想。日本三大夜景の一つでもある神戸の夜景は、ロマンティックなデートスポット。

エバー・マルーン

緑の山すそや、オレンジ屋根と白壁のスパニッシュ建築にアクセントの彩りを添える、落ち着いた印象の艶やかなマルーン。伝統の宝塚歌劇、大学や学校、高級住宅街など、阪神間の地にモダンでハイカラなブランドイメージを築いてきた。復興を経て変わらぬ深い色彩は、四季折々、誰もが子どもの頃から親しんできた、心に生きる思い出の色。

ポート・レッド

鉄塔の美女と称される美しい外観と、鼓型のパイプ構造が特徴の「神戸ポートタワー」。ウォーターフロントにそびえる赤は、開港１５０年の歴史を誇る国際貿易港らしい存在感と、日本有数の商工業都市の繁栄を象徴するランドマークカラー。展望台からは、床下が透明になるスカイウォークや、海と市街地を見渡す一大パノラマなどが楽しめる。

【播磨】

投票で選ばれたのは**この色**

国宝姫路城
鮮やかな白

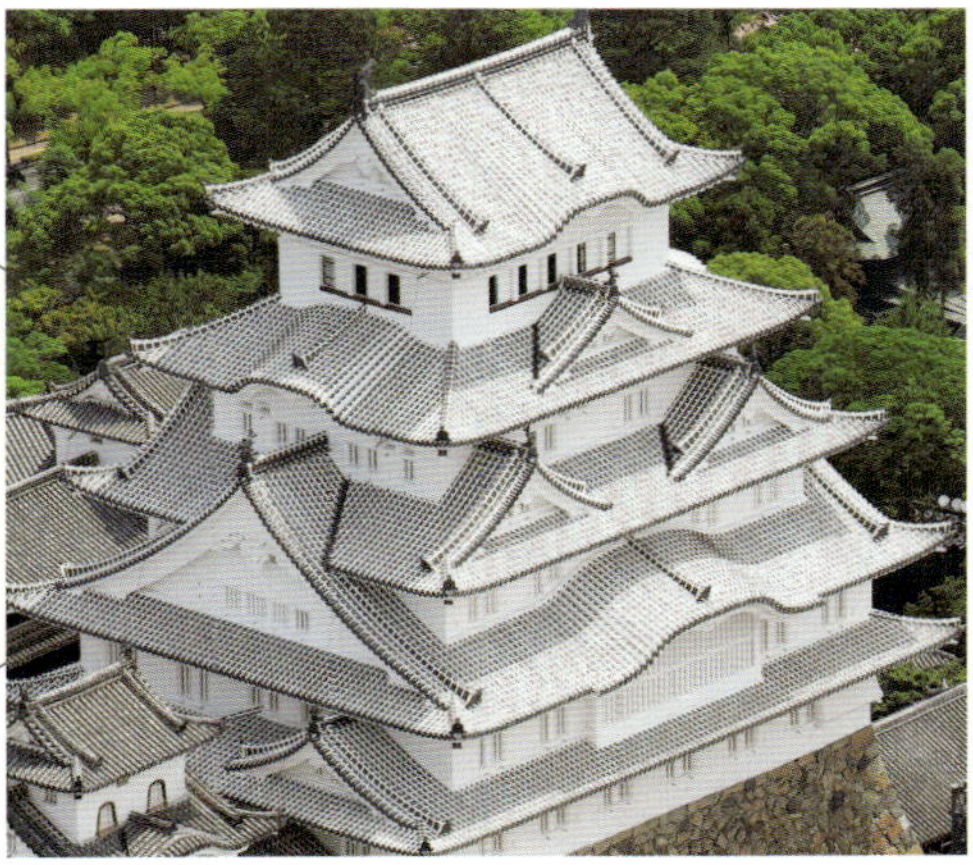

祭紅緋《まつりべにひ》

秋の播磨は祭りの季節。きらびやかな刺繍や精巧な彫刻で飾られた屋台が、歓声に包まれて町を練る。中でも、全国に知られる神事「灘のけんか祭り」（姫路市・松原八幡神社）は、勇壮で激しい。男衆の力がたぎり紅潮した肌、音を立てて神輿をぶつけ合う勇姿は、白砂青松の地・播磨灘の空を染める夕陽とともに、古来変わらぬ播磨の風物だ。

播州姫路　白鷺色

「白鷺の羽のごとき天守の輝き」と讃えられる世界遺産・国宝姫路城。青空に映える真白のまばゆさは、白鷺を想起させる。五層七階の城郭の優美さを際立たせる白壁は、伝統の工法を継承した白漆喰総塗籠造によるもの。内部の重厚な木造には、武家らしい厳粛な風情が漂う。漆喰美のほか、特産のそうめんや白なめし革など、播磨の白は人々を魅了する。

ため池ターコイズ

兵庫県は日本有数のため池を誇る。水不足の暮らしに実りをもたらした、先人たちの大いなる遺産だ。県内最大の加古大池は、甲子園球場の約12倍の広さ。空を飲み込むような水面は、四季の移ろいとともに翠から蒼の多彩な表情をみせる。広大な田畑を潤し、数多くの動植物が憩う水辺は、この地に連綿と、いのちを育み続けている。

ハーベスト・ゴールド

播磨平野に広がる、水と緑に満ちた里山の風景。豊かな生命の息吹にあふれた田園では一粒一粒が大きく膨らみ、力強く空に伸びた麦の穂は陽光をまぶしく照り返す。風が吹けば波打ち輝く黄金色の穂の海は、播磨に実りの季節到来を告げる。最高級酒米で知られる山田錦も播磨で誕生した。田畑の輝きは、この地の暮らしに息づくふるさとの色だ。

【但馬】

おいしい蟹
地域の宝物

投票で
選ばれたのは
この色

蟹朱色

名産のマツバガニ（ズワイガニ雄）は、温泉地とともに冬の但馬観光の顔。一足早く出回るベニズワイガニも人気だ。ミネラル豊富な日本海で育まれた甘味たっぷりのカニは、茹でるとあたたかな朱色に染まる。志賀直哉ら文人も愛した城崎温泉や湯村温泉でくつろぎ、火照りも引けぬ間に味わうカニは、訪れた人に幸せをもたらす。

但馬牛ブラック

清涼な水と牧草の山地で育つ、緻密で繊細な肉質の但馬牛。日本原種の黒毛和牛として徹底した管理のもと、100年以上も血統を守り続けている。心を込めて丁寧に育てられた但馬牛の毛並みは、艶やかで深みのある黒褐色。中でも、最高級のものだけが「神戸ビーフ」の称号を得る。但馬の地が育んだブランドとして世界中で愛されている。

竹野ブルー

かつて広重も浮世絵に描いた竹野海岸。冬には白銀の雪や鈍色の荒波が寄せる日本海に、夏の間だけ現れる刹那の楽園がある。驚くほど透明で、濃いブルーやエメラルドグリーンのグラデーションが美しい。太陽の光を反射して輝く、白い砂浜と岩礁に弾ける波しぶき。この奇跡の海と空の蒼茫は、日本の渚百選にも選ばれている。

コウノトリコロール

すっくと伸び立つ真っ赤な脚、しとやかな白と、光沢を帯びた漆黒の風切り羽のコントラスト。コウノトリのトリコロールは、鈍色の空と雪を塗り重ねた但馬の長い冬の風景に、鮮やかに映える。野生種の絶滅後、最後の生息地・但馬の人里で始まった野生復帰への取り組みは世界でも例がない。紅白に黒を飾った瑞鳥は、人と自然の共生のシンボルだ。

【丹波】

素晴らしい大地の恵み

投票で選ばれたのはこの色

丹波立杭焼　陶炎朱

丹波焼は平安時代末期に生まれ、日本六古窯の一つに数えられる。素朴で野趣あふれる姿は日用の美を醸す品として親しまれてきた。全長47メートルの登り窯は国内最古。夜の間に、蜂の巣状の窯穴から勢い良く吹き上げる炎は、昔から変わらぬ美しさを見せる。燃え立つ灼熱は気まぐれに釉薬と灰を溶け合わせ、陶器に唯一無二の色彩や模様を生み出す。

猪栗茶

丹波地方は「栗作郷」ともいい、秋には色づいたイガから艶やかな栗が顔を出す。大粒できめ細やかな甘い栗は、献上品として「延喜式」にも記された。臼で搗《つ》いて皮を除いた「搗ち栗」と武家の伝承が相まって「勝栗」と呼ばれ、縁起物になったという。他にも、里山の大地はヤマノイモや松茸など豊かな農畜産物を育み、特産の猪も旨みを蓄える。

丹波黒緑

粒が大きな黒豆は、丹波篠山の特産品。かつては年貢米の代わりに上納していた。収穫は11月頃。天日で乾燥させ、丁寧に手で鞘から取り出した豆は白い粉を吹いたような黒。これを炊き上げると艶やかでふっくらした上品な漆黒に。正月にいただく黒豆は邪気を払う縁起物だ。近年は枝豆としても人気で、茹でた豆は黒みを帯びた穏やかな緑色になる。

ウィスタリア・ミスト

季節ごと、幻想的で神秘的な光景が現われる丹波の国。5月初旬、白《びゃく》毫寺《ごうじ》に広がる九尺ふじは、花房が紫の濃淡を重ねながら白を織り交ぜ、甘く香り立つ。紅藤、青藤、藤鼠、淡い青紫のウィスタリア。揺らめく多彩な紫色はまるでオーロラのよう。秋にはしっとりと冷えた霧が低く濃く立ち込める。朝日の中、雄大な雲海に浮かぶ連山のパノラマは絶景。

【淡路】

晴天に輝く
海と空の青

投票で
選ばれたのは
この色

渦潮セルリアン

淡路島は四方に青い海をもつ。東に大阪湾、西に播磨灘、北の明石海峡、南には鳴門海峡。鳴門に起こる巨大な渦潮は、世界最大級を誇る観光の目玉だ。瀬戸内海と太平洋の潮の満干差、海底の複雑な地形の影響で発生する。年間を通して晴天の日が多い淡路では、海と空のダイナミックで透明な青色が、果てない水平で美しく交わっている。

サン・オニオン

古来「御食国《みけつくに》」とされる淡路島。豊かな海と大自然、燦燦と輝く太陽のもと、山の幸・海の幸に恵まれてきた。中でもタマネギ島と呼ばれるほど淡路のタマネギは全国に名を馳せている。オレンジ色に光る薄皮と白い肌のコントラスト。張りがあり、みずみずしく甘い味わい。本格栽培から１００年以上、ブランド力は増し続けている。

菜の島色

青い海に描かれる緑の島の輪郭。内陸には山並みが続き、草木が芽吹く。山間には棚田の緑、大地を覆うレタスのやさしい黄緑色。冬は水仙の黄色と白が寒風に彩りを添える。そして春になると一面に菜の花が咲く。司馬遼太郎作品でも淡路に縁の深い、日射しに映える色彩。温暖な気候に恵まれ手つかずの自然も残る島は、一年を通じて色を失わない。

国生み丹色

悠久の昔、伊弉諾尊《いざなぎのみこと》・伊弉冉尊《いざなみのみこと》が天の沼矛で海原を掻き、その滴りから日本の島々が生まれたという神話が淡路に残る。二神を奉るおのころ神社には丹色の鳥居が構え、伊弉諾神宮は「日之少宮《ひのわかみや》」として夕日の尊称ももつ。神事の錦旗や御食の鯛など、生命の源にまつわる赤色がここにある。

あとがき

摂津、播磨、但馬、丹波、淡路。

多様な歴史と風土が育んだ、個性際立つ旧五国から成る兵庫県。瀬戸内海から日本海にまで及ぶ広大な県域は、明治初期、国際貿易港・神戸港を有するに見合うよう設計されたとされる。戦後復興〜高度経済成長期には「強く、たくましく、優れた地方団体である」と誇り、「雄県《ゆうけん》兵庫」とも称した。

いわばミナトが生んだ兵庫県は、五国がそれぞれ異なる自然環境を内包し、国境を介して人と物とが行き交う中から、豊かな産物や多様な文化、複雑な気質が醸成されてきた。そこに生きる人々がいて、暮らしがあり、伝統がある。受け継がれてきた祭りがあり、消えようとする風習がある。食は四季折々に喜びをもたらし、時代の変化も映し出してきた。

半世紀近く前、神戸新聞社では、失われつつある祭礼や風習、伝統行事などを記録した大型連載「兵庫探検」を手掛けた。平成が幕を閉じようという時代の転換期を前に、広い県土をもう一度歩き、訪ね、自然と生きる営みに触れ、五国の魅力を再発見したい。民俗や風物を伝えよう、受け継ごうと踏ん張る地域や人々への応援歌にもなれば。そんな思いから始めた創刊120周年連載「新五国風土記　〜ひょうご彩祭《さいさい》」は、2017年4月から19年2月末まで神戸新聞朝刊に掲載された。

キーワードは「『雄県』から『結《ゆ》う県』へ」。規模や力を誇るよりも、全国でもまれな多様多彩な地域のカラーを結い合わせ、紡いでいくことが地域資源の再評価、まちの活性化につながる。神戸新聞社が創刊120周年を記念し、県民から公募した「ひょうご五国の色」の選定も、そうした願いを込めて取り組んだものである。

ふるさとを愛し、地域をよく識《し》る。今回の出版化を通じ、より多くの人々に伝えることができるならば、望外の喜びである。連載、出版に当たっては多くの方々の協力をいただいた。各地で記者たちの取材に快く応じていただいたすべての皆さまに心よりのお礼を申し上げたい。

この連載は、記事を田中真治、小川晶、上田勇紀、佐伯竜一、金慶順が、写真を大山伸一郎、斎藤雅志、大森武が担当した。記事のデスクは長沼隆之、写真は藤家武が担当した。

2019年10月

取材班を代表して　神戸新聞報道部長　**長沼　隆之**

新五国風土記《しんごこくふどき》　ひょうご彩祭《さいさい》

2019年11月15日　第1刷発行

編者　神戸新聞社《こうべしんぶんしゃ》

編集　のじぎく文庫
発行者　吉村一男
発行所　神戸新聞総合出版センター
〒650-0044　神戸市中央区東川崎町1-5-7
TEL　078-362-7140　FAX　078-361-7552
https://kobe-yomitai.jp/

印刷　神戸新聞総合印刷
デザイン　正垣　修

ISBN978-4-343-01058-2　C0039